物喻中华

METAPHOR OF CHINA BY OBJECTS

杰 著

器物文化传播对中国国家形象影响机制研究

THE EXTERNAL COMMUNICATION OF ARTIFACT CULTURE AND THE CONSTRUCTION MECHANISM OF CHINA'S NATIONAL IMAGE

江苏凤凰美术出版社

图书在版编目（CIP）数据

物喻中华：器物文化传播对中国国家形象影响机制研究 / 李松杰著. -- 南京：江苏凤凰美术出版社，2023.9
ISBN 978-7-5741-0555-3

Ⅰ.①物… Ⅱ.①李… Ⅲ.①古器物-文化传播-影响-国家-形象-研究-中国 Ⅳ.①K875②D6

中国版本图书馆CIP数据核字（2022）第252165号

本书得到国家社科基金项目"器物文化传播对中国国家形象影响机制研究"，国家社科规划办（15CXW031）"资助
本书入选"十四五"时期江苏省重点出版规划项目

责 任 编 辑　孙剑博
责任设计编辑　韩　冰
装 帧 设 计　焦莽莽
责 任 校 对　唐　凡
责 任 监 印　唐　虎

书　　名	物喻中华：器物文化传播对中国国家形象影响机制研究
著　　者	李松杰
出版发行	江苏凤凰美术出版社（南京市湖南路1号　邮编：210009）
制　　版	南京新华丰制版有限公司
印　　刷	盐城志坤印刷有限公司
开　　本	787mm×1092mm　1/16
印　　张	17.75
字　　数	380千
版　　次	2023年9月第1版　2023年9月第1次印刷
标准书号	ISBN 978-7-5741-0555-3
定　　价	98.00元

营销部电话　025-68155675　营销部地址　南京市湖南路1号
江苏凤凰美术出版社图书凡印装错误可向承印厂调换

序　言

　　人类从鸿蒙进入文明，是以制器为标志的。造物能力是先民心智发育和外显的记录，是人类原始造物文化的最初形态，也是先民农耕、游牧、渔猎等生活方式的折射。器物是人类早期文明的标志物，是氏族和部落成员情感、精神、信仰的符号。中国古代文献中，器物常常以"形而下"的方式被书写和表达。《尔雅》之《释器》篇记载了许多今人既不知其名，亦不知其功能的远古器物，为我们呈现了华夏远古器物的基本风貌。《易经》及其中的造物十三卦，以文字方式对先民"观象制器"进行了说明和记录。《诗经·秦风·无衣》中"王于兴师，修我戈矛"；《诗经·周颂·丝衣》："自堂徂基，自羊徂牛，鼐鼎及鼒"，以神圣仪式中器物的视角反映了中国古代"国之大事，在祀与戎"的历史情景。

　　《周礼》中"苍璧礼天，黄琮礼地"既是以德配天的礼仪制度，也反映了"天圆地方"的宇宙模式。先民的知识体系中重要内容就是制器、用器，古人对宇宙万物的认知思考和把握模式也离不开器物。《考工记》中"天有时、地有气、材有美、工有巧"体现了中国古代工匠的造物智慧，也记录了中国古代造物标准和赏器美学。宋代吕大临的《考古图》开启了中国器物考古学的先河，明清时期的《长物志》《园冶》则把器物研究推进到生活美学的新阶段。

　　在当今众多物质文化研究著作中，景德镇陶瓷大学陶瓷文化学者李松杰教授的《物喻中华：器物文化传播对中国国家形象影响机制研究》是一本视角新颖、材料丰富、观点出新，既具学术性又兼可读性的著作。2008年，李松杰博士结缘制器名城景德镇，至今已有十余载。这期间他在教学之余，关注艺术人类学的物质文化研究，把景德镇作为研究对象，发表了几十篇学术论文，出版专著3本。这些研究聚焦于器物文化传播与国家形象等相关学术领域，2015年问鼎国家社科基金项目"器物文化传播与中国国家形象建构"，这本书就是他承担的国家社科基金项目结题成果。

　　《物喻中华：器物文化传播对中国国家形象影响机制研究》以历史学的学术背景和人类学、传播学的视角，在中国古代社会生发的华夷、胡汉、中外几个宏大历史场景中，揭示了器物文化建构的"中国形象"：衣冠中华、丝绸之国、世界制造大国等形象。"礼仪之大曰夏，服饰之美曰华"，中华民族的最初标识就是精美器物以及庄严的仪式。在人类文化和文明史上，器物一直是忠实的记录者和精神文化的观照者。伴随人类贸易、迁徙、战争等交往行为，器物也在宏大的历史时空中流动和传播。北方草原之路、中欧陆上丝绸之路、南方海上陶瓷之路等是这些历史场景的证明。这些器物贸易的商路，是中外文明交流互鉴的和平之路，传递了器物文化在国家形象建构中的重要作用，外化为历时性的叠加模式与共时性的互动影响机制。作者认为，世界上不同地区、不同国度、不同文化之间器物的交流和传播表明：不管山长水远和阻力重重，人类之间各个层面的交往交流是无法隔断的，文化交流和文明互鉴是人类历史进程中的常态。文章还以宏大的历史叙事和简洁的逻辑结构，记录了洋务运动"师夷之长技以制夷"的理念，100多年来中国人的工业化理想和现代化情结，也通过历史上器物文化的强大影响和近现代以来中华器物文化的复兴，喻示中华文明的辉煌—衰落—重振辉煌的发展历程。与此同时本书还通过大量史实和资料证明：在近代中西文化碰撞和变迁的语境下，对器物、制度、文化的全面反思和实业救国行动是近代中国工业化的开端，也是中国仁人志士自醒自强心路历程的起点。

当你打开这本书时，自然而然地随作者一同回望中国辉煌灿烂的器物文明史。眼前呈现的是以陶器、玉器、青铜器、金银器、漆器、丝织品等为代表的精美器物；耳边响起的是丝绸古道上的驼铃声声、海上瓷路上的滔天巨浪；情感深处涌起的是对历代工匠的由衷敬意和对中华文明的高度认同。你的思绪也会跟随书中的文字、图片而穿越历史时空，想象着制陶工匠的陶轮飞动，沉醉于铸铜工坊的陶模物象，惊叹于能工巧匠的造物神奇，震撼于华夏造物体系的博大精深。

从物质文化和传播学的视角，以长时段中外物质文化交流为对象，结合世界上不同地区民众生活方式和日常器物进行器物、技术、文化交流和国家形象综合性研究，在全球化语境中讲述中国故事，是当代人文学科研究新的领域和方向。不少学者在这个领域深耕也取得了可喜成果，李松杰教授的成果就是其中之一，这些研究有助于在新的时代语境下多维度建构国家形象，也有助于读者更客观地在心中建构一个悠久辉煌的中华器物文化形象。

正基于此，我十分乐意向学界和读者推荐《物喻中华：器物文化传播对中国国家形象影响机制研究》这本书。

景德镇陶瓷大学中国陶瓷发展研究院

李兴华教授、博士生导师

2022年7月5日

目录

001 绪 论
 一、研究目的、意义及研究方法 001
 二、研究文献综述 003
 三、研究内容和主要观点 024
 四、理论依据 027
 五、研究成果的学术价值和应用价值 028

029 第一章 "物化"的中国形象建构及传播
 第一节 器物文化构成要素与传播机制 029
  一、器物文化和器物形象 029
  二、器物文化传播媒介与传播机制 034
  三、国家利益关联器物形象 036
 第二节 器物形象与国家形象的中国建构 037
  一、历史语境下中国器物形象的多重镜像 037
  二、器物形象折射变化的中国形象 041
 第三节 器物文化在国家形象建构中的作用 048
  一、造物能力彰显国家实力 048
  二、器物形象关乎国家利益 051
  三、器物形象影响国家形象的路径与机制 053
  四、小结 056

057 第二章 古代器物形象演绎中华礼仪之邦
 第一节 中国古代造物体系与器物文化传播 057
  一、中国传统造物体系的演变 057
  二、文化交流视域下的器物文化传播 060
 第二节 丝绸之路与汉唐器物文化传播 061

一、汉朝器物与"衣冠中华"的国家形象　　061
　　二、唐朝器物与"华丽的丝绸之国"的国家形象　　064
第三节　宋元时期器物外传与中国形象　　069
　　一、宋朝器物折射经济发达、文化繁盛的国家形象　　069
　　二、元朝器物文化展示多元融合的帝国形象　　073
　　三、"东亚文化圈"内的器物贸易和中国形象　　081
　　四、域外旅行家传播中国器物形象和国家形象　　084
　　五、小结　　089

090　第三章　早期全球化阶段器物传播构建中国形象
第一节　中国主导亚非器物贸易和文化交流　　090
　　一、郑和下西洋弘扬中华礼乐文明　　090
　　二、器物贸易提升中华文化在日影响力　　094
　　三、朝鲜使臣眼中的中国器物形象和国家形象　　098
第二节　16—18世纪中西器物贸易与中华文化传播　　099
　　一、东印度公司主导中国器物西传　　100
　　二、中国器物影响欧洲生活方式　　103
　　三、中国样式影响欧洲设计　　109
第三节　器物形象与中国形象的"他者建构"　　112
　　一、游记中的中国器物和中国形象　　112
　　二、传教士记述的中国器物和中国形象　　117
　　三、启蒙运动时期的中国器物和中国形象　　120
　　四、欧洲文学作品中的中国器物和中国形象　　124
　　五、思想界塑造的"道德文明国"　　125
　　六、小结　　130

131	**第四章　近代中西器物文化博弈背后的中国形象**	
	第一节　器物形象承载中国国家形象的话语转向	131
	一、国家利益影响近代欧洲"中国观"	132
	二、传统器物体系折射落后的中国形象	147
	第二节　"西物东渐"与洋货崇拜	148
	一、"以西为师"与中国传统造物体系的崩溃	148
	二、洋货崇拜语境下国人传统器物认同的衰退	152
	三、国货运动与器物民族主义构建	157
	第三节　博览会与近代中国器物形象	164
	一、近代博览会展示世界工业发展成就	164
	二、衰退守旧的中国器物形象与国家形象	167
	三、追求进步改良的近代中国器物形象	178
	四、博览会上的器物形象折射中国国家形象	181
	五、小结	183
185	**第五章　"世界制造大国"语境下的中国形象**	
	第一节　新式博览会与"中国制造"重新走向世界	185
	一、广交会搭建器物文化传播新平台	186
	二、新中国参加的世界博览会及国家形象塑造	193
	三、博览会上器物产品重塑中国形象	200
	第二节　"中国制造"的复合形象	204
	一、"中国制造"风靡世界	204
	二、海外媒体呈现的中国器物形象	216
	三、国外民众认知的中国器物形象与国家形象	220
	四、中国器物"他者形象"的多重因素	229

第三节　建构新时期中国器物形象传播机制　　235
　　　一、重视器物基础形象建设　　235
　　　二、打造全方位、多主体的器物形象传播机制　　241
　　　三、小结　　244

245　结　语
　　一、器物形象是中国国家形象的基础性表达　　245
　　二、器物文化传播对中国国家形象的影响机制　　247
　　三、器物形象丰富国家形象塑造　　248
　　四、本课题研究不足和需要深入之处　　249

251　后　记

图表目录

图 0-1	器物文化传播对中国国家形象影响研究框架图	027
图 1-1	器物形象影响国家形象结构图	054
图 2-1	唐代长方形丝绸残片	064
图 2-2	唐代蓝黄丝绸织物残片	064
图 2-3	正仓院藏的花树对鹿纹夹缬	066
图 2-4	龟背狮象莲座纹锦图案复原	066
图 2-5	唐代仕女俑	068
图 2-6	西安安伽墓中的丝路舞会	068
图 2-7	南宋黑漆素面葵口盘	069
图 2-8	南宋雕漆剔黑山茶纹盒	069
图 2-9	景德镇窑青白釉印花葵口碟	071
图 2-10	龙泉窑青釉刻花菊瓣碟	071
图 2-11	福建德化窑青白釉印花四系罐	072
表 2-1	宋代器物对外贸易情况	072
图 2-12-1	元黑漆嵌螺钿梅鹊纹八方盘（俯视图）	074
图 2-12-2	元黑漆嵌螺钿梅鹊纹八方盘（正视图）	074
表 2-2	元朝对外贸易和文化交流的器物种类	075
图 2-13-1	北宋景德镇窑出口到朝鲜的青白瓷瓜形执壶（正视图）	083
图 2-13-2	北宋景德镇窑出口到朝鲜的青白瓷瓜形执壶（左视图）	083
图 2-14	元朝时来中国的传教士鄂多立克	086
图 2-15	尼科洛、马菲奥和马可·波罗在威尼斯城门告别家人	086
表 3-1	郑和下西洋对外输出中国产品一览表	091
图 3-1	郑和下西洋路线示意图	093
图 3-2	郑和下西洋时的金锭	094
表 3-2	清朝中国部分省输出日本商品一览表	096
图 3-3	"广州口岸"纸本水彩版画	101

图 3-4 "哥德堡"号船模	101
图 3-5 《诸神的盛宴》	104
图 3-6 斯尼德斯水果静物画	104
图 3-7 广彩描金纹章纹盘	105
图 3-8 广彩人物图盘	105
图 3-9 粉彩四博士图茶具	108
图 3-10 西洋"吹乐人"图案陶瓷茶具	108
图 3-11 法国仿珐琅彩西洋景物壶	109
图 3-12 葡萄牙仿青花瓷盘	109
图 3-13 法国巴黎怡黎园	111
图 3-14 法国里尔湖心亭	111
图 3-15 《中国哲学家孔子》中的孔子肖像	122
图 3-16 基尔谢《中国图志》插图	122
表 4-1 五口通商期内历年中英直接贸易总值表	150
图 4-1 民国时期的国货广告	162
图 4-2 民国时期的国货运动	162
表 4-2 晚清民国中国参加部分国际博览会情况一览表	167
图 4-3 1904年圣路易斯博览会中国日常生活展	172
图 4-4 1904年圣路易斯博览会中国馆正门全景	173
图 5-1 不同时期的广交会标识	187
图 5-2 1958—2020 年世博会 logo	194
图 5-3 上海世博会 logo	201
图 5-4 上海世博会中国馆	201
图 5-5 第二届中国国际进口博览会	203
图 5-6 中国国际进口博览会中国馆	203

表 5-1 2015 年世界主要国家（地区）货物贸易额	207
表 5-2 中国进出口总额（1981—2014）	209
表 5-3 对外贸易出口商品构成（1953—1984）	211
表 5-4 2002 年世界前 10 位国家（地区）核心文化商品进出口额排行榜	213
图 5-7 中国品牌海外宣传海报	215
图 5-8 媒介宣传影响器物形象机制	217
图 5-9 调查问卷男女比例	220
图 5-10 调查问卷年龄结构分布	221
图 5-11 了解中国商品的途径调查	221
图 5-12 本国是否看过中国商品的广告	222
图 5-13 是否使用中国制造产品	222
图 5-14 对中国商品印象如何	223
图 5-15 如何看待中国产品售后服务	223
图 5-16 对中国商品质量评价	224
图 5-17 经常使用中国哪种商品	224
图 5-18 使用和购买中国手机	225
图 5-19 认知和了解中国品牌	225
图 5-20 当前能够代表中国形象的产品	226
图 5-21 如何看待中国发展？今昔印象变化	226
图 5-22 器物跨文化传播路径	234
图 5-23 2019 年世界包容大会上展示的具有中阿融合风格的瓷器产品	236
图 5-24 2019 年世界包容大会上展示的具有中阿融合风格的瓷器纹饰	236

绪　论

一、研究目的、意义及研究方法

1.研究目的

国家形象是一个国家综合实力的重要标志，是一国屹立国际舞台的重要体现，也是一国重要的无形资产，尤其在信息化的当代社会具有至关重要的作用。良好的国家形象不仅有利于构建良性的国际关系和经贸关系，还有利于该国在国际社会中发挥重要影响力。许多国家都非常重视自身国家形象的建设，比如美国通过不断努力建构了民主自由的国家形象，德国塑造了精益求精的工匠大国形象等。近年来，随着中国综合实力的增长和国际地位的提升，通过不同方式建构开放包容、和平发展的中国国家形象。

国家形象的塑造包括"自塑"和"他塑"两个维度。由于受到国家利益、文化特征和社会习俗等不同因素的影响，国家形象塑造过程中会出现"自塑"和"他塑"结论的偏差，甚或截然相反的看法，且这种差异性时时处于变动之中。因此，寻找到一个相对稳定、各方均认可的视角去阐述国家形象就显得尤为重要。

器物形象是国家形象的"物化"表达，是国家形象组成要素中最可控的因素。在长期的器物贸易和文化交流中，器物形象最能反映和体现一个国家的造物技艺和国家实力，彰显一个国家国民素质和文化创新力。不同于其他国家形象组成要素的多变性和不可控性，器物形象的可接触性和直观性以及附带的宣传效应就成为其对所在国进行评价的重要标准选择。诚然，不同时期，器物形象也会因诸多因素影响而发生变化，但其依旧是国家形象各要素中最可达成共识的因素。本课题的研究在运用社会学、文化传播学、历史学等多学科交叉研究基础上，对器物贸易和文化交流中产生的显性和隐性作用进行分析，思考作为文化载体的器物在国家形象建构中的地位和影响力。

2.研究意义

造物体系的变革影响生活方式的变革，如同马克思的经典论述："手推磨产生的是封建主的社会，蒸汽磨产生的是工业资本家的社会。"[1]基于"物"的生产和贸易、文化交流和文明互鉴等

---

[1] 中共中央马克思恩格斯列宁斯大林著作编译局编：《马克思恩格斯文集》（第1卷），北京：人民出版社，2009年，第602页。

视角，全面系统地研究器物文化传播对中国国家形象的影响，探索中国国家形象建构的新路径，彰显器物文化在国家形象建构中的价值和意义。

其一，挖掘器物蕴含的意义和价值，思考其在国家形象建构和文化交流中扮演的重要角色。器物是文化的载体和重要组成部分，在"异文化"交流中，器物交流扮演了"先头兵"角色。通过课题的研究，了解器物文化在国家形象建构中的作用，有利于认知其影响力和价值。

其二，探索提升中国器物文化传播的新模式。改革开放以来，中国经济高速发展，国际地位和影响力迅速提升，"中国制造"风靡全球，中国制造能力和质量得到越来越多他国国民的认可，打造了许多有国际影响力的知名品牌。但同世界上知名制造强国相比，中国新型制造业体系建立时间比较短，依旧有改进和提升的空间。就产品质量和数量而论，"中国制造"已经具有全方位的国际影响力，但在应对危机公关、产品形象宣传和传播路径等方面仍存在着许多不足。在总结近年来国内外器物成功传播模式基础上，课题组更为深入全面地研究器物传播和国家形象之间的多元、复杂关系。通过研究，有利于进一步丰富中国国家形象，提升视角，增强提升器物文化影响力建构的针对性和实效性。

其三，研究彰显中国产品国际地位和影响力的新路径。"制造业是国民经济的主体，是立国之本、兴国之器、强国之基"。以席卷全球的"中国制造"为重要支撑，在改革开放以来较短的时间内，中国经济取得了巨大成功，但也面临转型发展的压力。基于此，2015年5月国务院正式印发《中国制造2025》，以期通过提升中国产品的核心竞争力和品牌塑造能力，为中国建成具有全球引领力的制造强国奠定坚实基础。课题研究围绕上述核心目标，强化路径和具体模式研究，从政府层面、企业视角、品牌建设等方面，思考不同的路径，充分发挥不同主体的作用。

其四，寻求人类命运共同体宏观建构的器物视角。中国提出的构建"人类命运共同体"的倡议，获得了国际社会广泛的认同，也推进了以平等、互利为核心的新型国际关系的建设。但在现实国际关系中，文化信仰差异、政治和经济利益等因素的存在影响了人类命运共同体发展历程。以器物文化共同体为视角，论证基于利益共同体前提下的文化共同体形成进程，推动人类命运共同体思想在新型国际关系构建中的深入实践。

3.研究方法

资料梳理、调研和深度访谈结合的方法。从历史上来看，不同文明的往来和交流多是从器物贸易开始的。通过对中外器物文化交流和文明互鉴模式的梳理，总结归纳器物文化交流的不同机制。在此基础上，结合文献资料与问卷调研，全方位、多角度地分析中国器物贸易和文化交流过程中不同主体发挥的作用，探索器物文化交流影响中国国家形象建构的有效路径。

多学科交叉研究法。综合运用文化传播学、历史学、社会学、消费心理学等多学科知识，深入分析器物文化交流的模式、特点及互动性原则，揭示器物质量、品牌和象征意义在国家形象建构中的地位和作用，总结思考器物文化在中国国家形象建构中的意义和影响力。

理论联系实际的方法。对器物文化在国家形象建构中扮演的角色和地位研究，既对实际个案进行理论提升和总结，又将相关理论应用到实践之中。从器物文化交流中代表性个案入手，紧扣其与国家形象之间多元、复杂的互动关系，坚持理论和实践相结合的研究方法，实现有效性突破路径的总结和阐释。

历时性与共时性研究法。课题研究将器物文化交流对中国国家形象的影响置于长时段的发展历程中，对比不同时期、不同阶段，器物形象塑造对中国国家形象的影响及其背后复杂的机制，关注不同类别器物在同一时期起到的作用和扮演的角色。

二、研究文献综述

器物、器物文化等概念以及其衍生出来的生活方式和影响力的问题，越来越受到学术界关注。与此问题同样受关注的是"国家形象"的研究，来自不同领域的学者、政府智库专家对上述问题开展了多学科、多角度的研究，取得了丰硕的研究成果，包括中国外交、形象宣传、跨文化传播、软实力、中国品牌、文化产业、形象塑造等领域。但学术界从器物文化交流视角，思考其对国家形象的影响，还有进一步拓展的空间。

1.物质文化研究综述

"物"是文化的载体和组成部分，是促进人类社会发展的重要因素。国内外学术界从多个视角、多重领域进行了研究，取得了丰硕的成果。从学科视角来分析，器物文化研究涉及考古学、社会学、历史学、艺术学、哲学和文化传播学等多个学科，这些专门性学科的学者也从各自的视角进行研究和梳理；从研究内容来看，包括造物智慧、器物蕴含的文化价值和社会意义、物质文化研究理论、中外文化交流中的器物作用等。大体而论，学术界对器物文化和物质文化研究主要从以下几个方面进行了系统性的研究和梳理。

中国古代典籍中相关论述的梳理。《考工记》是关于中国古代造物理念和制作规范的专书，详细从材质、功能、结构等视角论述传统造物理念与社会制度的融合，器物从一开始就被赋予了制度、等级和社会规范的意义。此外《礼记》《髹饰录》等均有关于中国古代青铜器和玉器作为"礼器"的描述。明清时期，物质文化生产和消费达到了鼎盛时期，这一时期出现了大量关于物质文化的书籍，著名代表有《天工开物》《长物志》《燕闲清赏笺》《扬州画舫录》等，均描述了传统中国高超的造物技艺和用器制度，也从一个侧面证实了器物在中国古代的历史地位和巨大影响力。近代以来，面对洋货的冲击，出现了两种不同对待外来器物产品的观点：保守派坚决抵制"奇技淫巧"的西洋器物，以管同的《禁用洋货议》为代表；革新派主张吸收外洋器物的优势，进而实现中国的富强，以郑观应的《盛世危言》，薛福成的《振百工说》和康有为的《请励工艺奖创新折》《物质救国论》等为标志。在实际层面，大量外来器物也对中国生活方式产生了重要影响。随后，孙中山在《建国方略》中也提出了希望借鉴外来先进器物制造理念推动中国发展的观点。

物质文化和器物文化研究的相关理论以及个案分析。器物是文化载体，器物文化研究离不开对物质文化研究的梳理和借鉴。与中国古代典籍重视论述器物文化一样，其他国家和民族也高度重视对造物理念和技艺的研究，但对器物文化的理论研究发端于社会学和人类学学者。19世纪初，在社会进化论的影响下，欧美学者对非洲和美洲地区传统文化的系统研究过程中，部分学者基于"物"的角度认知文化的生成和传播，进行物质文化的系统研究。这一时期的相关研究主要集中在博物馆学和社会学研究领域，研究器物类型涉及艺术品、生活日用品、宗教祭祀品等。随着研究理论的深入，许多学者从各个角度开启了对"物"的重视和深入研究。博厄斯对北美印第安人"夸富宴"（potlach）的研究是关于物质文化研究的重要视角，其论证了物质文化在人类社会生活中的重要作用和影响。以此为发端，社会学家对物的研究也日益得到重视。马歇尔·莫斯的《礼物：古代社会交换的原因与形式》，从波利尼西亚独特的礼物交换模式入手，提出了人与物密不可分的观点。"这些物品可以成为负荷道德和情感内容的礼品，也可以以非商品的方式交流保存。"[2]马林诺夫斯基的《西太平洋的航海者》，发现了礼物交换和馈赠中的互惠关系。莫里斯·古德利尔的《礼物之谜》，论述了礼物在不同社会结构和社会关系中的作用和意义。罗杰·桑斯的《艺术、人类学和礼物》运用多学科交叉的方法，揭示了艺术品作为礼物的独特性，扩展了礼物研究的范畴。克洛德·莱维-斯特劳斯从结构主义视角论证了物的背后是一种复杂的社会机制，要从更深层次的社会结构视角去解读和认知。"在经济社会里，交往总是在三个层面上完成：妇女的交往、商品和服务的交往、信息的交往。"[3]马克思在《资本论》第一卷中通过对资本主义社会商品拜物教的分析，论述了资本主义社会外化为"物与物之间关系"的商品经济中，掩盖了资本主义剥削的本质，从一个新的角度解读了在资本主义社会中独特的社会关系。其中，对"物"的全新解释也开启了在经济体系中的物所起到的重要作用和角色。随后，对"物"的研究也一直是各方关注的重点。英国社会学家格雷格里的《礼物与商品》，将礼物和商品作为一个整体来看待，从商品交换领域中走出的物品在礼物体系中也形成了互惠的社会关系，构成了整个物的交换的全部过程。

在众多研究基础上，年鉴学派大师费尔南·布罗代尔从长时段的角度论述了"物质生活"和"物的交换"在资本主义发展中所扮演的重要角色。在《十五世纪至十八世纪的物质文明、经济和资本主义》一书中，作者论述了形形色色的各类层次的交换在商品世界和人类社会发展中所起到的重要作用。也正因为如此，物质生活在人们社会活动中扮演了重要的角色。法国年鉴学派从关注宏大的历史叙事转向对日常生活的社会文化史的关注，在对微观日常生活研究的基础上，开启了物质文化研究新的视角。但真正将物质文化作为整体进行系统

---

2 孟悦、罗钢主编：《物质文化读本》，北京：北京大学出版社，2008年，第2页。
3 （法）克洛德·莱维-斯特劳斯：《结构人类学》，谢维扬、俞宣孟译，上海：上海译文出版社，1995年，第32页。

性研究是近年来的事情。1967年，法国哲学家鲍德里亚完成了对物质文化研究代表性的著作《物体系》。在他的这篇博士论文中，作者将物分为功能性或客观论述、非功能性系统或主观论述、元功能及功能失调体系以及物品与消费社会等四个方面，详细论述了被"物"所包围的人类世界。正是基于前述研究思考，他完成了《消费社会》这部具有代表性的著作。在他看来，"物质文化是一种非人的、无生命的、无情感的、无人性的，因而富于压迫性的物质环境"[4]。不同于鲍德里亚的观点，1974年，E.M.弗莱明在《人造物品：一种建议模式》中提出了"蒙哥马利鉴赏原则"，即从人造器物中提取文化内涵，通过器物蕴含的文化论证其在社会发展中的意义和价值。1975年在温特图尔博物馆召开的物质文化研讨会，意味着物质文化研究进入新阶段，物质文化研究也逐步走出了考古学和艺术学的领域，向更广的人文社科领域发展。1995年詹姆士·G.凯瑞厄出版专著《礼物和商品：1700后的交换和西方资本主义》，论述了礼物和商品在消费领域的意义。丹尼尔·米勒在《物质文化与大众消费》《物质文化：为何物重要》等专著中，强调了物的重要意义和地位[5]。进入21世纪后，相关学者将物质文化研究推向深入，从具体物的视角入手，阐释物质文化研究新的范式和路径。西尼·W.敏茨在《甜与权力——糖在现代历史上的地位》[6]一书中，详细论述了社会性的糖在资本主义原始积累阶段中所扮演的重要角色，以及其如何从奢侈品向工业化生产产品转换背后的消费和权力，进而揭示其旧有象征意义被新的样态所取代的过程。在他的研究中，糖成为社会关系和权力的缩影，折射出各方面的发展和演变。与此研究有异曲同工之妙的是刘禾的《燃烧镜底下的真实：笛福、"真瓷"与18世纪以来的跨文化书写》[7]，将作为全球性商品中国瓷器在笛福笔下的描述与欧洲瓷器生产现实结合起来，展示了工业文明发展领先阶段的欧洲人的傲慢。安·杜西尔的《染料和玩具娃娃：跨文化的芭比和差异销售规则》，论述了芭比娃娃绝非一个普通的玩具，而是承载了独特的价值和意识形态功能。这些玩具不仅在儿童成长中扮演了引领和模仿的作用，还在跨文化交流中，展示了白人文化霸权和社会文化的男权意识。

作为一门新型学科体系，中国物质文化的相关研究尽管受到欧美研究成果的影响，但也有自身独特的研究视角。大体而论，中国大陆和台湾地区的物质文化研究包括以下几个方面：第一，翻译和引入了关于物质文化研究的书籍和理论。随着物质文化研究的深入进行和学术交流频繁，国外关于物质文化研究的论著被介绍到国内，推动了中国物质文化研究的深入。在这些引入的理论著作中，关于中国的研究尤为受到关注。高罗佩从新文化史的视角，对中国器物文化进行了系统研究，受到海峡两岸学者的关注。其相关研究诸如《米海岳砚史考》《中国古代

---

4 孟悦、罗钢主编：《物质文化读本》，北京：北京大学出版社，2008年，第2页。
5 韩启群：《物质文化研究——当代西方文化研究的"物质转向"》，《江苏社会科学》，2015年第3期，第75页。
6（美）西敏司：《甜与权力——糖在近代历史上的地位》，王超、朱健刚译，北京：商务印书馆，2010年。
7 刘禾：《燃烧镜底下的真实：笛福、"真瓷"与18世纪以来的跨文化书写》，《视界》，2003年第10辑。

房内考》等很早引入中国,成为该研究领域的模板。巫鸿的《武梁祠——中国古代画像艺术的思想性》等著作[8],将对中国传统造物艺术的研究置于思想文化视阈之下,思考器物背后的文化和生活方式,对中国古代艺术研究产生了较大的影响。罗伯特·芬雷的《青花瓷的故事》,由中国台湾地区文化学者郑明萱翻译,对中国陶瓷文化领域相关研究起到了推动作用。雷德侯的《万物:中国艺术中的模件化和规模化生产》,论述了体系化生产对中国造物理念的影响。此外,大量关于物质文化研究理论引入中国也引起了学术界的重视。邱澎生的《物质文化与日常生活的辩证》[9],分析了欧美和台湾地区物质文化研究的发展历程,包括相关的学术专著、论文和研讨会,尤其侧重对明清物质文化研究的论述。在众多研究学者中,孟悦和罗钢等的贡献甚大,他们翻译的《物质文化研究读本》,将相关物质文化研究成果引入中国。第二,关于物质文化研究的成果。台湾地区学者黄应贵主编的《物与物质文化》[10]是一本台湾地区物质文化研究学者成果的论文集,研究者多从服饰、艾灸、食物等物的视角入手,分析了少数民族地区的社会生活方式、交换和象征性沟通系统等。王玉哲的《中国古代物质文化》[11],依照历时性发展历程,论述了从远古至明清时期中国古代高超的造物技艺和器物种类,内容包罗万象,有服饰、饮食、器具、住宅、交通工具、生产工具等,这也是国内较早以"物质文化"为主题的论著。其研究视角和方法不同于欧美学者,开创了国内相关研究先河。在相关通史性研究中,孙机的《中国古代物质文化》[12],按照类别详细分析了中国古代物质文化的类型和演变,依照十个类别进行分析和研究,论述了中国古代造物的历程。第三,关于传统器物和时尚文化的研究也受到了学术界的关注。大陆学者多从瓷器、茶叶和丝绸的中外文化交流的视角,思考在中西文化交流中器物所扮演的角色。东南大学凌继尧曾主持"中国器物文化走出去内涵与路径研究"课题,从瓷器等传统器物文化交流视角,论述了中国文化走出去战略。他认为如果中国能够生产出承载文化意义的产品,中国文化就会伴随着产品走向世界,进而推动全世界对中国文化的认知和了解。此外,该课题组相关研究成果也从中外文化交流中"器物"扮演作用的视角对中国器物文化进行研究和论述。

  器物的象征作用以及与文化之间的关系。器物的象征意义和人文价值也是学术界关注的热点。陶思炎从作为文化象征的镇物和祥物的视角入手,把象征符号与实用生活结合起来分析了镇物和祥物在艺术学、考古学和社会学等研究中的意义和价值。从"物"的视角入手,进行文学方面的研究,开辟了文学研究新的路径。闫月珍的《作为仪式的器物——以中国早期文学为中心》和《物:中国文学研究的新途径》是这方面代表性的研究成果。作者通过对

---

[8] (美)巫鸿:《武梁祠——中国古代画像艺术的思想性》,柳扬、岑河译,上海:生活·读书·新知三联书店,2015年。
[9] 邱澎生:《物质文化与日常生活的辩证》,《新史学》,2006年第4期。
[10] 黄应贵主编:《物与物质文化》,民族学研究所,2004年。
[11] 王玉哲主编:《中国古代物质文化》,北京:高等教育出版社,1990年。
[12] 孙机:《中国古代物质文化》,北京:中华书局,2014年。

早期文学作品中乐舞仪式中器物的研究，论证了器物的文化功能，进而发现和总结隐藏于器物背后的社会意识形态和历史叙事范式。对礼器的研究也是学术界关注的重点之一，张辛的《礼与礼器——中国古代礼器研究札记之一》详细论述了礼器在中国古代社会规范建构中的地位和影响力[13]。此外，大量关于玉器、丝绸和青铜器的研究也从多个视角论证了器物的社会意义和文化象征意义。叶舒宪的《物的叙事：中华文明探源的四重证据法》[14]，从器物视角反作用于文献再解读，进而形成多重证据来思考中华文明的起源和发展。肖清风的《制器尚象——中国古代的造物方式》[15]，对中国古代造物理念进行研究，从"物象""意象""道象"三个层次解读中国造物方式的文化内涵和设计价值。

"礼物"在人类社会发展与社会关系构建中的地位和作用。礼物作为中国社会的重要研究内容，社会学研究学者的相关研究推动了器物的深入进行。阎云翔的《礼物的流动：一个中国村庄中的互惠原则与社会网络》，通过对下岬村一个村庄个案随礼现象的跟踪和实践考察，认为在中国农村语境中，礼物不但是可以让渡的，而且必须是被让渡的。任何违反这种模式的个体，都要承受巨大的压力。也正因为如此，才形成了中国复杂的礼物互换关系[16]。杨美惠基于中国独特的社会结构和政治运行模式，从礼物与关系学的视角入手，论述了关系学中的民间话语和国家话语，进而分析和研究中国根茎式的关系网[17]。在众多相关研究中，赵旭东从土地集体所有制的视角，论述了中国乡村礼物经济与关系运作问题。他认为中国礼物盛行的原因并非完全基于商品交换的原因，而是一种以集体人格为依托而实现的责任约束[18]。

作为哲学范畴的"物"的概念及其相关研究成果。对物的研究也是哲学领域关注的问题之一，许多研究人员进行了深入系统研究。马克思在进行政治经济学研究中，非常重视"物"在资本主义社会运作体系中所扮演的重要角色。在提出商品概念的同时，指出生产资料在人类社会发展中有着重要的地位和作用。"为了生活，首先就需要吃喝住穿以及其他一些东西，因此第一个历史活动就是生产满足这些需要的资料，即生产物质生活本身。"[19]海德格尔曾在《艺术作品的本源》《物》和《物的追问——康德先验原理的学说》等论著中对哲学上的"物"进行思考。在《艺术作品的本源》中，他把"物"定义为一种不依赖于任何

---

13 张辛：《礼与礼器——中国古代礼器研究札记之一》，《考古学研究》（五），北京：科学出版社，2003年。
14 叶舒宪：《物的叙事：中华文明探源的四重证据法》，《兰州大学学报》（社会科学版），2010年第38卷第6期。
15 肖清风：《制器尚象——中国古代的造物方式》，《湖北美术学院学报》，2013年第4期。
16 阎云翔：《礼物的流动：一个中国村庄中的互惠原则与社会网络》，李放春、刘瑜译，上海：上海人民出版社，2000年。
17 杨美惠：《礼物、关系学与国家——中国人际关系与主体性建构》，赵旭东、孙珉译，南京：江苏人民出版社，2009年。
18 赵旭东：《礼物与商品——以中国乡村土地集体占有为例》，《安徽师范大学学报》（人文社会科学版），2007年第35卷第5期。
19 中共中央马克思恩格斯列宁斯大林著作编译局编译：《马克思恩格斯选集》（第1卷），北京：人民出版社，1995年，第79页。

社会和历史关系的载体特性。在后来的论述中,他又重新将物定义为既有联系又有条件的反映世界本身的东西[20]。尽管上述关于"物"的描述,是存在论上抽象的观念,但依旧反映出"物"在社会发展中的意义和价值。马克思主义理论家卢卡奇在马克思关于资本主义商品拜物教理论基础上,提出了"物化理论",认为"人自己的活动,人自己的劳动,作为某种客观的东西,某种不依赖于人的东西,某种异于人的自律性来控制人的东西,同人相对立。"[21]

近代中国器物形象以及洋货对中国影响的相关研究成果。近代以来,在大工业生产模式的推动下,器物种类和数量迅速增加。中国传统造物体系在新式工业化造物模式冲击下陷入困境,外来器物的融入也重构了中国的生活方式,进而对中国社会、政治、经济产生了深刻的影响,诸多学者从上述视角,进行了系统研究。熊月之认为近代工业革命以来的器物在一定程度上改变了人们原有的生活习惯和轨道。随后,作者从交通工具、照明工具等视角进行研究,提出器物文化的研究能够弥补近代中国历史研究中的不足,能推动历史研究的深入进行。李长莉系统研究了晚清中国被迫开放以后,大批洋货进入中国市场,引起了中国消费观念的变革。从最初视为有害道德的炫耀型风气到逐步接受洋货,成为中国生活方式的代表和象征。大体而论,洋货进入中国分为初销、流行和普及三个时期[22]。同样基于消费观念视角对洋货进行研究的还有郭立珍,她认为随着洋货数量和种类在中国的不断增加,不但改变了中国人的消费观念,也影响了中国经济基础,在两者的相互影响和变迁中,重构了中国的社会形态。洋货广告引发的生活方式和消费理念的迁移也是近代器物消费的组成部分,其中对《良友》画报广告的研究也是部分学者切入近代洋货消费的独特视角。钟建珊通过研究,认为广告分为"物质神话"营造、拟态环境营造、意识形态三个阶段。通过洋货广告,可以透析出近代上海社会的变迁[23]。洋货的流入对中国传统手工业生产带来了巨大的破坏和影响,为了维护自身利益和国家权益,商会、学生等主导了多次的抵制洋货运动,成为近代外来器物进入中国市场后的重要特征之一。一般而言,抵制洋货多与各国列强对中国不平等的待遇有关。抵制洋货各方出于各自的因素加入这一独特的运动之中,但抵制洋货过程也是近代中华民族危机的反映,各方抵制活动加速了现代中国形成过程[24]。

在对近代器物研究历程中,博览会是一个非常重要的视角。近代博览会的诞生标志着全球性技术和贸易系统的形成,许多国家通过博览会上的器物展示证实自身大国地位和形象。在逐步认知和了解世界发展以后,中国也通过博览会展示自身的国家形象。台湾地区学者古伟瀛是较早关注民国博览会的学者,他通过中国参加博览会历程的描述,将其总结为从最初的"炫

---

20 康加恩:《马克思与海德格尔思想中的"物""事物"和"物化"》,《南京社会科学》,2015年第9期,第54页。
21 (匈)卢卡奇:《历史与阶级意识》,杜章智等译,北京:商务印书馆,1992年,第150页。
22 李长莉:《晚清"洋货流行"与消费风气演变》,《历史教学》(下半月刊),2014年第1期。
23 钟建珊:《〈良友〉画报洋货广告与上海市民文化变迁(1926—1945)》,[硕士学位论文],广西大学,2014年。
24 吴志国:《近代中国抵制洋货运动研究(1905—1937)》,[博士学位论文],华中师范大学,2009年。

奇"和"赛珍"到"交流"和"商战"的过程,既是中国不断融入世界的历程,也是中国自身造物体系衰退的过程[25]。赵祐志从国际交往的视角,分析了清政府参与近代博览会的情况,论述了清政府对近代博览会认知的变化。在器物方面,中国在博览会上展示的依旧是丝绸、瓷器和茶叶为代表的手工艺品。作为近代世界诸强炫耀国力的"竞技场",中国的表现也从器物层面表明了当时中国的国际地位[26]。马敏从近代中国参加博览会的历程透视出对博览会看法的改变。大致而言,对博览会的认识是逐步加深的过程。在最初阶段,清政府官员对博览会多采取抵制心态,认为博览会上的商品给商人偷税提供机会,也担心家底暴露出去,被列强觊觎。甲午海战的失败,让多数中国人清醒起来,认知到自身落后以后,开始进入对赛会鼓励的阶段,地方大员也都以参加和举办赛会标榜自身的身份。这段时期,参加博览会的积极性大为提升,1905年,清政府商部颁行《出洋赛会通行章程》,支持商人出国参加万国博览会[27]。洪振强将博览会与晚清中国国家形象塑造联系起来,通过对博览会上中国展示器物种类,分析器物形象对晚清国族意识以及对外国家关系的形成。据相关研究,晚清博览会上中国产品多为农渔牧及其副产品、矿产品及初级制品、手工制品、文房和古玩等文化用品、体现中国风俗人情的物品等类别。其中,依旧以丝绸、茶、瓷器、玉器、竹器等为主,得大奖的依旧是这些传统产品,几乎没有新式机器制品。也正基于器物在博览会上展示的古老、不变的国家形象,中国也经常成为被歧视和侮辱的对象。为此,先进中国人开始的以"国权"意识主导的抗争,在一定程度上加快了建设近代中国的步伐[28]。

2.国家形象和中国国家形象研究综述

形象学的研究发端于19世纪的文学研究领域,法国学者卡雷较早对形象学研究给出界定:"各民族间的、各种游记、想象间的相互诠释。"[29]这种最早基于文学研究而兴起的理论在很长一段时间内难以发展。20世纪60年代以后,随着狄泽林克、巴柔、莫哈等相关学者的研究推动,形象学在比较文学研究领域再次得到认可,并成为研究"异文化"视域下文学作品、游记等的重要研究路径。此后,米歇尔·福柯从话语理论视角对形象学研究进行了相关论述,形成了较为系统性的研究成果。以孟华为代表的中国学者在研究西方相关理论的同时,开启了对中国文学的形象学研究路径。此后,该理论广泛应用于社会学和民族学研究之中。周宁基于跨文化交流视角,从解构西方的中国形象入手,提出了中国现代性建构面临的

---

25 古伟瀛:《从"炫奇"、"赛珍"到"交流"、"商战":中国近代对外关系的一个侧面》,《思与言》,1986年第24卷第3期。
26 赵祐志:《跃上国际舞台:清季中国参加万国博览会之研究(1866—1911)》,《台湾师范大学历史学报》,1997年第25期。
27 马敏:《中国近代博览会事业与科技、文化传播》,《历史研究》,2004年第2期。
28 洪振强:《国际博览会与晚清中国"国家"之形塑》,《历史研究》,2011年第6期。
29 转引陈惇、孙景尧、谢天振主编:《比较文学》,北京:高等教育出版社,2007年,第120页。

各种问题[30]。此后,随着中国国际地位的变化,相关形象学的研究多集中在国家形象层面。

国家形象是指国家的客观状态在公众意识中的反映以及公众对国家的总体评价,是国家力量和民族精神的象征,是主权国家最为重要的无形资产,同时也是国家综合实力的集中体现[31]。由于各自的研究视角不同,许多对国家形象的概念以及定义也有不同的表述方式。较早提出"国家形象"一词的美国政治学者博尔丁认为,国家形象是"自我认知与国际体系中其他行为体对它的认知,是一个系统信息输入与输出产生的结果"[32]。国家形象是一个"自我建构"与"他者建构"的过程,包括多种复杂的因素。在中国学者研究视域中,外国人对中国的认知是中国形象研究领域的重要组成部分。20世纪90年代至今,随着中国对外开放的日益深入,国外民众和媒体对中国的认知已经对中国发展问题产生了影响。在此背景下,关于"国家形象"的理论研究也呈现出逐年增加之势。进入21世纪后,相关研究开始了"井喷式"发展。根据笔者在中国知网搜索统计,以"国家形象"为主题的论文超过6000篇,相关研究范围涵盖了政治学、经济学、新闻传播学、艺术学、应用经济学和教育学等诸多学科。其中,绝大多数论文以"中国国家形象"建构为基础,多角度、全方位思考如何建构中国国家形象。大体分析,对中国国家形象的研究包括国家领导人对中国形象的诠释、国外媒体对中国国家形象的报道、文化影响力在国家形象中的地位、重大国际活动和仪式对国家形象素质的影响、影视和文学作品中的中国国家形象以及各种国家形象传播的方法等。

国家形象理论研究的相关成果。尽管对国家形象真正意义上的学术研究发端于1956年美国政治学家博尔丁,但对自身形象和地位的建构历史悠久,由于地域和文化的差异,对"异文化"认知既是一种好奇,也成为自我建构的重要模式。自从人类交往以来,关于"他者"的文化研究和感知就是各方关注的话题。具体就国家形象而论,学术界也进行了系统性的研究。关于国家形象的学术专有有管文虎的《国家形象论》,这是国内较早关于国家形象的论著,运用比较的方法,论述了中华人民共和国成立以后不同时期国家形象的变化以及整体的国家形象观[33]。张昆的《国家形象传播》运用传播学的理论,从国际关系视野理解和认知中国国家形象传播的路径[34]。刘继南、周积华等的《国际传播与国家形象——国际关系的新视角》,在对国家形象概念、功能、历史演变和发展趋势论述的基础上,阐释了国家形象的内涵和外延,进而对中国国家形象的建构提出了建议[35]。陈宇、胡晓明和王玉君等也从各自视角

---

30 周宁:《跨文化形象学:思路、出路或末路》,《东南学术》,2014年第1期。
31 袁赛男:《哲学视域下的国家形象建设研究》,[博士学位论文],中共中央党校,2011年,第1页。
32 刘辉:《国家形象塑造:大众传播不可承受之重》,《现代传播》,2015年第12期,第46页。
33 管文虎主编:《国家形象论》,成都:电子科技大学出版社,1999年。
34 张昆:《国家形象传播》,上海:复旦大学出版社,2005年。
35 刘继南、周积华、段鹏等:《国际传播与国家形象——国际关系的新视角》,北京:北京广播学院出版社,2002年。

对国家形象进行了系统的研究[36]。此外,国家形象相关研究论文也从不同角度深入分析和研究。张昆认为国家形象构成要素包括物质要素、精神因素和制度要素三个方面,这些要素通过新闻媒介等的流动和传播,形成对一个国家的总体认知。外化为国家形象的上述要素呈现出系统性和多维性、动态性和稳定性、对内和对外的差异[37]。吴献举、张昆通过对国家形象多种界说的分析,提出了国家形象具象性与抽象性、主观性与客观性、多维性与整体性、稳定性与变动性特征[38]。张法从艺术视角,论述了艺术作品在国家形象的塑造。艺术发展历史、艺术多元性和相关性以及艺术创作的规律性等在国家形象塑造中扮演的角色,进而提出了当下艺术创作中的国家形象问题。潘一禾从国家形象的内涵和功能视角出发,提出了中国亟须从全方位、多角度思考如何构筑更为复杂全景和正面形象[39]。也有学者从建构主义视角提出将国家形象置于多元、开放和互动的语境中,思考基于信息资本的国家实力论、基于公众感知的国家声誉论和基于媒介表征的媒介镜像论等,只有这样才能充分认知主体间性和文化间性在国家形象建构中的重要意义和价值。梁晓波从概念隐喻的理论入手,认为国家形象的建构很大程度上依靠语言的表达和建构,指出语言的短小精悍、鲜明突出和鲜活特点,能够推动国家形象的认知和传播[40]。

中国国家形象的整体性研究和相关路径。作为有世界影响力的大国,中国国家形象的现实和理论一直是各方关注的焦点,也取得了卓有成效的研究成果。范红、胡钰主编的《国家形象多维塑造》是2015年清华国家形象论坛的论文集,该论文集从国家形象建构策略、政府形象与国家形象、企业品牌与国家形象、城市品牌与国家形象、艺术设计与国家形象、建筑空间与国家形象、文化传播与国家形象以及国家形象对外传播等方面思考中国如何正确释放软实力,提升国家形象[41]。刘继南等的《中国形象:中国国家形象的国际传播现状与对策》,在大量访谈基础上,运用多种研究方法,对中国国家形象进行了整体性的把握和了解,进而提出了传播中国形象的路径[42]。美国的哈德罗·伊罗生的《美国的中国形象》,详细论述了20世纪上半叶不同阶段美国人在信息不对称的语境下,根据自身的理念,建构出来的不同的中国形象以及中美关系不同阶段体现出来的变化[43]。蒙象飞运用符号学的视角,提出文化符号

---

36 陈宇:《国家形象》,北京:九州出版社,2008年。胡晓明著:《国家形象:探究中国国家形象构建新战略》,北京:人民出版社,2011年。王玉君著:《国家形象》,北京:中国言实出版社,2014年。
37 张昆、徐琼:《国家形象刍议》,《国际新闻界》,2007年第3期。
38 吴献举、张昆:《国家形象:概念、特征及研究路径之再探讨》,《现代传播》,2016年第1期。
39 潘一禾:《"国家形象"的内涵、功能之辩与中国定位探讨》,《杭州师范大学学报》(社会科学报),2011年第1期。
40 梁晓波:《国家形象的概念隐喻塑造研究》,《湖北大学学报》(哲学社会科学版),2013年第40卷第2期。
41 范红、胡钰主编:《国家形象多维塑造》,北京:清华大学出版社,2017年。
42 刘继南、何辉等:《中国形象:中国国家形象的国际传播现状与对策》,北京:中国传媒大学出版社,2006年。
43 (美)哈德罗·伊罗生:《美国的中国形象》,于殿利、陆日宇译,北京:中华书局,2006年。

在传播信息、建构身份、塑造形象中的作用和意义，进而总结各国文化符号在国家形象建构中的地位，思考中国传统文化符号的价值和作用[44]。美国学者雷默主编的《中国形象：外国学者眼里的中国》，收录了国外不同学者从不同视角论述了中国走出去和国家形象构筑中的诸多问题，也论述了中国国家形象的论述中面临的问题[45]。为了更为全面地认知和了解中国国家形象，中国外文局连续几年发布《中国国家形象调查报告》，该报告选取亚洲、欧洲、北美洲、南美洲、大洋洲、非洲等大洲的不同国家，涵盖中国国家的整体形象、政治、经济、外交等不同方面，长时段关注中国在世界各地国家形象的发展演变。在论文研究方面，张昆等结合中国国家形象存在的问题，包括传播过于依赖官方渠道，忽略了民间渠道；传播中重视正面信息，遮蔽负面信息；过于重视硬实力宣扬，忽略软实力传播；公信力缺失，影响有限等。针对上述问题，作者提出通过加强公共外交，利用国内和国际传播，强化传播模式，充分挖掘中华文化的深层魅力，从整体性视角加强文化传播。在此基础上，展示中国政府的施政特质与施政过程，传播中国声音[46]。从相同视角出发进行相关思考的还有湖南大学的刘少华等学者，针对当下中国国际形象中发达国家和发展中国家评价的差异，作者通过社会制度差异、意识形态影响、文化交流和国际传播制约等方面的因素，提出了明确国家定位、发展文化软实力、加强国际传播能力等，扩大中国国际社会的话语权，塑造良好的国家形象[47]。江轶把对中国国家形象的研究置于历史发展与现实语境下，通过长时段中国形象在不同历史时期的表现，思考当下国家形象建构的路径。总体而论，中国国家形象经历了古代繁荣昌盛、近代抗争交织以及当下复杂多变的国家形象，提出在挖掘文化软实力基础上，对内提升国民素质，对外加强宣传，为中华民族崛起和伟大复兴提供力量源泉[48]。孙英春从文化建构的视角，认为文化可以超越政治、经济利益局限性，更具有穿透力和影响力。为此，要以积极的姿态推进文化建构，实现传统文化和现代文化的有效性融合，进而思考未来中国形象的建构，以中国文化的世界化为目标，寻求长期、可持续发展的路径[49]。许雨燕从中国国家形象国际认知差异入手，认为发展中国家与发达国家对中国形象认知差异在于历史渊源、价值观以及意识形态等方面的因素。为此，要提升中国国家形象，就要逐步形成有中国特色、能代表中国现在与未来发展的现代文化价值理念，让世界逐步认知中国[50]。

---

44 蒙象飞：《中国国家形象与文化符号传播》，郑州：五洲传播出版社，2016年。
45 （美）乔舒亚·库珀·雷默等著：《中国形象：外国学者眼里的中国》，北京：社会科学文献出版社，2006年。
46 张昆、刘旭彬：《中国国家形象传播的思考》，《理论月刊》，2008年第9期。
47 刘少华、唐洁琼：《中国国家形象：问题与思考》，《湖北师范大学社会科学学报》，2010年第4期。
48 江轶：《论中国国家形象的历史变迁与现实构建》，《湖南工业大学学报》（社会科学版），2013年第18卷第1期。
49 孙英春：《中国国家形象的文化建构》，《教学与研究》，2010年第11期。
50 许雨燕：《中国国家形象的国际认知差异及其原因分析》，《深圳大学学报》（人文社会科学版），2015年第32卷第5期。

国家形象的重要作用以及国家形象塑造路径研究。中华人民共和国成立以后，党和国家也非常重视国家形象的地位和解读。在此背景下，科研机构、高等学校等相关部门出现了关于研究国家形象的研究中心和研究人员，从不同角度分析和研究中国国家形象。1999年，清华大学国际传播中心召开了"21世纪中国国家形象构建研讨会"，进行了专题性的研究和讨论。2014年，成立清华大学国家形象传播研究中心，进行更有效的研究和学术交流活动。北京大学以关世杰教授领衔的学术团队也长期从事中华文化对外传播和文化软实力的研究，在大量实证调研基础上，提出了加强中国对外文化传播的路径，作出了卓有成效的贡献。近年来，中国外文局多次在全球范围内进行中国国家形象的调研，有利于我们更为深刻地认知其他国家对中国国家形象的看法，思考跨文化语境下国家形象建构的路径。在新的时代，通过对文明大国形象、东方大国形象、负责任大国形象和社会主义大国形象等基础上，提出了美美与共的人类命运共同体的理念，提升了中国形象和国际影响力。

其他国家和地区也非常重视自身国家形象的建设。作为全世界最强大的国家，美国自建国以来，就非常重视国家形象的塑造。在美国建国以后的很长一段时期，通过灵活的外交活动、积极参与国际事务以及科技发展，逐步树立了自身的国家形象。近年来，美国依托自身在文化和科技领域的影响力，全方位塑造自身的国家形象。好莱坞电影、苹果手机、麦当劳等均是美国国家形象塑造的载体。2011年，英国发起"非凡英国"国家形象品牌计划，通过展示企业、知识、创造力、文化、环境保护、音乐、语言、文化遗产等各方面的成就，建构新时期的英国国家形象，提升英国的国际影响力[51]。日本一直重视自身国家形象的建设。"二战"结束以后，日本国际形象严重受损，但从20世纪60年代日本经济腾飞开始，日本就通过"日本制造"等各项国家行为，逐步确立了自身的国家形象地位。类似日本的情况，战后德国国家形象严重受损，但通过"德国制造—质量保证"为基础的国家形象塑造，德国逐步在全球树立了严谨、务实的国家形象。近年来，德国通过"德国制造2025"树立"创新产品"的形象。与此同时，德国通过全方位的行动，在全球塑造国际关系的积极参与者，欧洲利益的代言人。时间维度上，德国把自己塑造为历史的忏悔者，国际关系文明化的建设者；道义维度上，德国把自己塑造为言行必果的睦邻友好者、公道正义的遵约建制者[52]。俄罗斯也非常重视国家形象的建设，并通过一系列的活动展示新时期的国家形象。韩国通过一系列举措塑造了"动感韩国""IT强国""文化强国""旅游目的地"等良性国家形象[53]。法国依托文化优势，向外传递浪漫、包容的国家形象。从2010年开始，新加坡提出了"你的新加坡"的国家品牌战略，通过在世界主要国家举办"新加坡节""新加坡艺术节"等活动，推广新加坡城市国家形象。此外，许多国家也都提出了国家品牌营销计划，新西兰以"百分百纯净新西

---

51 王乐、张鹏：《英国国家形象品牌推广案例："非凡英国"计划》，《公共外交季刊》，2017年第1期，第100—105页。

52 詹霞：《后结构主义视域下的德国国家形象构建》，《中国外语》，2016年第6期，第30页。

53 王众一、朴光海：《日本韩国国家形象的塑造与形成》，北京：外文出版社，2007年。

兰",宣传其良好的生态环境;泰国以"神奇泰国",宣传其独具魅力的佛教文化;马来西亚以"亚洲魅力所在",重点宣传其美丽的风景。

建构主义理论视野下中国国家形象的相关研究。近年来,在建构主义理论的影响下,相关研究者越来越关注国内外媒体对中国国家形象的报道,进而提出提升中国国家形象的路径。邵静以《纽约时报》和《华盛顿邮报》2009年涉华报道为依据,研究美国主流报纸对中国国家形象的看法和观点,分析美国媒体试图塑造负面的中国形象的各种因素。为此,作者提出既要了解美国民众对媒体的看法,也要正确理解和看待媒体的报道,这样才能有利于中国自我形象的构建[54]。同样基于美国报纸对华报道进行研究的还有张媛,她通过对2007—2008年《纽约时报》中1246篇涉华报道,涉及政治、经济、文化、社会、产品安全和奥运报道等多个方面。在报道中,《纽约时报》对中国形象定位负面评价比正面评价多,即便是在客观报道中,也会选取对中国不利的报道。这种报道也代表了这一时期美国对中国整体性建构需要,服务于"中国威胁论"的观点。为此,作者提出了由于意识形态等方面的差异,中国一方面应该客观看待美国新闻的报道,另一方面要改进对外宣传工作模式[55]。邱林川选取李文和案为个案,通过对1999—2001年间《纽约时报》《华盛顿邮报》和《洛杉矶时报》等美国报纸中关于中国报道的分析,了解美国各类报道中的刻板中国形象的影响因素,揭示美国报纸报道背后的政治、文化与报业竞争的复杂现实[56]。此外,对欧洲、中东地区、非洲、亚洲等国家和地区主流报纸和媒体中的中国国家形象研究也是诸多学者关注的问题。韩宏研究了德国《明镜》周刊中相关中国的报道[57]。朱伟婧以英国BBC报道为研究对象,分析了中国国家形象在英国的变化[58]。王现江选取非洲的中国形象为研究对象,深入分析和思考中国在非洲塑造负责任大国形象的原因。但值得警惕和注意的是:西方媒体对中非关系的担忧而催生出的对中国不切实际的批评以及中国部分不当行为引发的非洲部分人士对中国的误解和抱怨也是中国形象宣传中应该重视的问题[59]。吕可丁以《中东报》和《生活报》为例,研究了阿拉伯地区关于中国国家形象的报道。[60]张帅以《南洋商报》为个案,研究了马来西亚华文报纸中有关中国的报道。[61]纪勇敢以《亚洲日报》为研究对象,分析了泰国媒体对中国国家形象的报道[62]。

---

54 邵静:《〈纽约时报〉和〈华盛顿邮报〉的涉华报道研究》,[博士学位论文],上海大学,2011年。
55 张媛:《〈纽约时报〉中的中国形象研究:2007—2008》,[硕士学位论文],陕西师范大学,2010年。
56 邱林川:《多重现实:美国三大报对李文和的定型和争辩》,《新闻与传播研究》,2002年第1期。
57 韩宏:《德国〈明镜〉周刊中的中国国家形象研究(2008—2016年)》,[硕士学位论文],华中科技大学,2017年。
58 朱伟婧:《英国电视媒体BBC中国国家形象报道》,[硕士学位论文],中共中央党校,2015年。
59 王现江:《中国在非洲的国家形象:现状、问题与构建》,[硕士学位论文],华中师范大学,2011年。
60 吕可丁:《泛阿拉伯报纸上的中国国家形象——以2011年〈中东报〉〈生活报〉为例》,[硕士学位论文],北京外国语大学,2013年。
61 张帅:《马来西亚华文报纸镜像中的中国国家形象——以〈南洋商报〉为例(2009—2013)》,[硕士学位论文],暨南大学,2015年。
62 纪勇敢:《〈亚洲日报〉中国国家形象建构分析》,[硕士学位论文],广西大学,2012年。

裴氏黄银以2016年越南《人民报网》和《越南快讯》为研究对象，分析了越南媒体对中国国家形象的报道[63]。李琰等以塔吉克斯坦的《亚洲之声》为研究对象，采用对比分析的方法，以2007年和2012年两年的报道对比来看，对中国正面报道远远优于美国媒体的报道，但相关负面的报道也表明两国交流中的相互隔阂。为此，意味着要进行有效的传播，既要考虑政府和媒体的因素，又要考虑中国自身形象、中塔关系和国际环境的影响[64]。日本媒体对中国形象研究也是学术界关注的问题，仇小卫以《读卖新闻》和《每日新闻》报道的中国游客问题，描述游客对中国形象的影响[65]。香港和台湾地区媒体关于中国形象的报道和宣传也是学术界的研究内容。毕笑楠以香港《南华早报》为研究对象，通过对该报1992年到2002年10年间关于中国形象报道进行分析和比较，从正面新闻、负面新闻和中性新闻进行分析，得出了该报对中国的报道依旧多以正面报道和客观报道为主。但就相对比较高的负面比例，作者也从政治因素、商业因素、香港传播机制和殖民地文化影响等多重原因分析，这也就意味着中国要重视传播技巧、扩展传播渠道和增加信息渠道等[66]。就中国国内媒体的研究和分析也是学术界关注的视角，戴长城以《中国日报》为个案，研究了1981年到2013年30多年该报关于中国形象的对外传播模式和路径的变化。就传播模式变化来看，从最初的突出重点向趋于平衡的转变；从简单正面向理性正面的转变。在近期报道中展示积极进取的政治形象、自信的政治形象、兼顾公平的社会形象，对中国国家形象的构建有着积极的推动作用[67]。

3. 器物形象相关理论的研究综述

器物产品与中国制造对国家形象影响力研究。早在1983年，台湾地区的学者和经贸人员就专题讨论如何提升台湾产品品牌形象。20世纪70年代，台湾地区产品质量低劣，假冒和仿制国外产品大量出现，严重影响到台湾的出口和地区形象。为此，参加研讨的学者和官员认为要加强法制建设，提出商标以品质为后盾、产品应具备文化特质等，通过注重产品包装、提升自身影响等全方位提升台湾地区的产品形象[68]。王秀丽等分析了1979年到2008年美国4家主流媒体对"中国制造"的报道，认为美国媒体呈现出的中国产品形象与国家形象紧密相

---

63 裴氏黄银：《越南报网中的中国国家形象研究——以〈人民报网〉与〈越南快讯〉2016年涉华报道为例》，[硕士学位论文]，南京大学，2017年。
64 李琰、马静：《塔吉克斯坦〈亚洲之声〉传播的中国形象》，《新疆师范大学学报》（哲学社会科学版），2014年第35卷第3期。
65 仇小卫：《日本主流媒体视野中的中国形象研究——以〈读卖新闻〉〈每日新闻〉对中国游客的报道为例（2006—2015）》，[硕士学位论文]，上海外国语大学，2017年。
66 毕笑楠：《香港英文媒体如何塑造中国大陆形象——以〈南华早报〉为例》，[硕士学位论文]，上海外国语大学，2004年。
67 戴长征：《〈中国日报〉国家形象建构研究（1981—2013）》，[博士学位论文]，上海大学，2014年。
68 刘水深：《如何提高国家产品品牌形象》，《管理评论》，1983年第4期。

关、彼此影响[69]。闫隽等以《华尔街日报》为研究对象，分析了中国制造的西方媒介印象[70]。江大庆基于《澳大利亚人报》关于中国产品品牌的角度，分析中国品牌在海外构建中的国家因素、媒体因素以及企业因素等。在分析中国品牌构建基础上，作者提出了国家应该加强对中国制造自主创新品牌的扶持、建立国家主导的品牌战略、企业管理中应该强化企业社会责任、品牌塑造中应该融入国家软实力等[71]。邵学琪以印度报纸对中国产品的报道，分析中国制造与国家形象之间的关系。总体来看，印度《印度斯坦时报》对中国产品的报道定位在"廉价""低档"和"无品牌"等方面，其主要因素为印度市场始终将中国企业置于竞争地位，从政府到民众均怀有既希望又担心与中国合作的态度。对于中国企业而言，要摆脱这种"标签"的限制，就要提升创新能力和品牌意识，尊重知识产权并加强沟通，逐步树立自身良好的品牌形象[72]。当来源国形象或者品牌形象正面积极的时候，其产品会得到消费者的信赖和好评，也会在市场竞争中处于优势地位；反之，则会处于不利地位。对于中国来说，要从重视产品质量和品牌形象入手，提升国家形象[73]。陈美玉选择马来西亚"90后"消费者群体对中国制造的感知和购买为例，分析中国产品在马来西亚年轻群体中的影响力。通过研究，作者得出消费者对中国纺织品满意度与购买欲最高；对数码产品的购买意愿与产品值得信赖、质量和品牌影响力等有着密切的关系。在调研基础上，作者提出采取有效的营销策略，能提高消费者信赖和品牌影响力[74]。莫心渊在前人研究的基础上，通过数据建模分析，认为中国自主品牌形象对国家形象有着显著的正面推动作用，产品品牌是展示国家综合国力和国家形象的窗口，产品品牌能够支撑国家整体形象。张芷雁以台湾地区的《自由时报》《联合报》和《苹果日报》等不同政治历程的报刊为研究对象，分析了不同媒体对中国大陆商品形象的报道。总体而论，从2004年到2008年间，台湾地区三家媒体对中国大陆商品的报道多为负面，且把"反中国商品"与政治议题结合起来，或者将单一商品事件上升到两岸议题的政治事件的层面[75]。但不可否认的是，正是这一时期中国大陆部分商品质量问题，为台湾地区媒体对中国大

---

[69] 王秀丽、韩纲：《"中国制造"与国家形象传播——美国主流媒体报道30年内容分析》，《国际新闻界》，2010年第9期。

[70] 闫隽、石静远：《"中国制造"的西方媒介形象——对2007年、2008年〈华尔街日报〉的内容分析》，《河南社会科学》，2010年第1期。

[71] 江大庆：《澳大利亚报纸上的中国产品品牌形象研究——以〈澳大利亚人报〉为例》，[硕士学位论文]，华中科技大学，2015年。

[72] 邵雪琪：《印度英文报纸上的中国产品品牌形象研究——以〈印度斯坦时报〉为例》，[硕士学位论文]，华中科技大学，2015年。

[73] 高鹏飞：《海外消费者对于中国品牌认知的研究——基于来源国效应》，[硕士学位论文]，华中科技大学，2016年。

[74] 陈美玉：《马来西亚90后消费者对"中国制造"的感知与购买意向研究》，[硕士学位论文]，东华大学，2016年。

[75] 张芷雁：《从报纸新闻看中国大陆商品形象——以自由时代、联合报、苹果日报为例》，[硕士学位论文]，暨南国际大学，2009年。

陆无理由的攻击提供了借口[76]。赵立师选取原产地产品品牌形象的角度，以皮鞋为例，通过实地调研和分析，认为整体国家形象和产品形象对消费者产品评价有显著的正向作用[77]。李彦驹以日本、美国和德国三个来源国的汽车购买为例，研究产品来源国形象对产品购买选择的影响。经过研究，作者发现：无论是何种情况下，来源国形象所形成的保证和依赖度均对产品购买产生影响[78]。林信丞等运用实验法，分析来源国家形象与国家情境对消费者产品购买的影响。通过研究证实，来源国形象或国家情境高的广告，会对消费者品牌态度产生积极影响，反之也是[79]。杜立婷等基于国家形象对产品质量感知效应影响，分析了中国不同城市消费者对来源国为美、德、日、韩的产品感知效应，认为国家形象的认知构面和情感构面对产品质量感知影响显著。从国家层面上而言，良好的国家形象是赢得产品质量感知的先决条件[80]。刘宇文以台湾地区胡须张卤肉饭为个案从产品形象和企业形象的视角，论述了品牌命名决策和延伸的影响[81]。

对"中国制造"影响力等的报道和研究，也是国外媒体和学术界关注的对象。美国的各大媒体《华盛顿邮报》《纽约时报》和《华尔街日报》等对"中国制造"进行了持续报道，尤其是进入2000年以后，开始出现了"井喷式"报道。其报道大致分为以下三个阶段：第一个阶段对"中国器物"报道多从中国产品物美价廉的角度，主要分析了中国发挥劳动力资源优势，在市场竞争中处于优势地位，美国几乎所有家庭的日用品等全部都是来自中国制造的各种产品；第二个阶段是随着大量中国产品进入美国，产品质量和设计等方面的问题开始成为美国各大媒体关注的对象，尤其侧重对中国产品负面因素的报道。在2007年到2008年之间，这方面的报道尤为多。在《纽约时报》的报道中，关键词为"中国制造""中国假货""巨大""劣质"等非常多，大篇幅的相关报告，也影响了中国产品在美国民众中的形象。这些报道包括"China Finds Poor Quality on Its Store Shelves"[82]；"poorly Made in China"[83]；"Made in China: Fake Stores"[84]等。上述报道侧重对中国出口产品质量的报道，包括宠物食品、牙膏、

---

76 莫心渊：《中国自主品牌形象感知对国家形象的作用研究——基于外国消费者品牌认同的中介分析》，[硕士学位论文]，华南理工大学，2018年。
77 赵立师：《原产地形象对消费者产品评价的影响研究》，[硕士学位论文]，河北经贸大学，2013年。
78 李彦驹：《来源国形象对产品选择的影响——涉入程度之干扰效果》，[硕士学位论文]，暨南大学，2008年。
79 林信丞、谢秉陞：《来源国形象和广告中的国家情境对消费者品牌态度之影响》，《传播与管理研究》，2007年第6卷第2期。
80 杜立婷、武瑞娟：《国家形象对产品质量感知影响效应研究——中国消费者地区性差异检验》，《预测》，2014年第5期。
81 刘宇文：《国家形象、企业形象与产品形象对品牌延伸与命名决策之影响》，[硕士学位论文]，台湾大学，2010年。
82 David Barboza, China Finds Poor Quality on Its Store Shelves, July 5, 2007.
83 Williams James, poorly Made in China, Supply Management, Vol.16, No.14, 2011.
84 Burkitt Laurie; Chao Loretta; Powers Melissa; Zhang Yoli, Made in China: Fake Stores, Wall Street Journal - Eastern Edition, Vol.258, No.2, B1-B2, 2011.

海鲜以及含铅的玩具。在美国媒体对中国器物产品进行全方位诋毁的情况下，吴仪同志在美国报纸上发表文章，"China stands for quality"[85]，提出在中国政府不断制定的法律法规和相关政策下，中国在食品安全等方面取得了巨大成绩，中国产品依旧是值得信赖的。个别企业、个别产品出现问题一方面是因为相关生产商和经销商之间的沟通问题，另一方面是极少部分企业出现了问题，并不代表中国产品的整体形象。并且针对这些情况和问题，中国政府已经采取了严厉的处罚措施。在产品质量方面，中国政府也将进一步履行责任和义务。基于此，吴仪同志指出：涉及产品质量和食品安全问题要基于事实进行讨论，不能将其政治化。第三个阶段，随着"中国制造2025"计划的提出以及中国在高科技产品领域取得的可喜成就，部分美国政客、媒体报道人开始对中国企业进行攻击，尤其侧重对华为公司、大疆集团、中兴公司、阿里巴巴公司等高科技公司。在报道中，多存在污蔑和不尊重事实的现象，并试图对中国高科技制造形成一种压力。以对华为公司的报道为例，就出现了多篇相关的报道。"美国官方称华为可以秘密进入电信网络，特朗普政府加大力度要求盟友阻止中国公司。"[86]；"美国法官命令中国中兴通讯再接受两年的监控，直到2022年，此前该公司违反了逃避制裁的和解协议。"[87]；"中国华为被控敲诈勒索、窃商机密，布鲁克林联邦检察官的新指控加大电信巨头的压力。"[88]；"在与中国的贸易中，美国忽略了一点，重点不是填补贸易逆差，而是确保美国继续出口复杂的产品。"[89]等。对中美贸易谈判和争端的报道也是美国报纸关注的重要问题，并从不同视角分析了中美贸易冲突对美国的影响。"随着中国加征关税的迫近，一些美国公司表示购买美国产品不是一个好的选择。努力寻找中国进口产品替代品的企业主敦促特朗普政府放弃塔利斯计划。"[90]，该文提出随着对中国加征关税的临近，需要在全球寻找中国产品的替代品，但由于中国制造体系完善，产品物美价廉，很难找到合适的替代品。尤为值得注意的是：美国部分媒体的报道中经常使用"可能""我个人认为"以及"暗示"等表述模糊的词汇来规避自身的责任。但部分报道传递的负面信息对中国器物形象和国家形象造成了严重的伤害。此外，随着中国经济的高速发展，其他国家的媒体报道也或多或

---

85 Wu Yi, China stands for quality ,The WSJ, Dec.11,2007.

86 By Bojan pancevski, U.S. Officials Say Huawei Can Covertly Access Telecom Networks Trump administration ramps up push for allies to block Chinese company, WSJ ,News, xclusive,Feb.12,2020.

87 Dan Strumpf, U.S. Judge Orders China's ZTE to Two More Years of Monitoring Court appointed monitor to scrutinize telecom until 2022 after it violated a settlement over dodging sanctions ,WSJ,Oct.4,2018.

88 Corinne Ramey and Kate O'Keeffe, China's Huawei Charged With Racketeering, Stealing Trade Secrets New charges filed by federal prosecutors in Brooklyn amp up the pressure on the telecommunications giant ,WSJ, Feb.13,2020.

89 Jon Sindreu, In Trade With China, the U.S. Is Missing the Point What matters isn't plugging the trade deficit but making sure the U.S. keeps exporting complex products ,WSJ, Jan.21,2020.

90 Katy Stech Ferek and Josh Zumbrum, As China Tariffs Loom, Some U.S. Companies Say Buying American Isn'tan Option Business owners struggling to find alternatives to Chinese imports urge Trump administration to drop taris plans, WSJ,June.16,2019.

少地涉及中国制造，相关国内学者也有系统性的研究。但总体而论，部分欧美等发达国家媒体在对"中国制造"报道的时候，会出现诸多负面的语言，并经常与中国体制联系起来；绝大多数发展中国家对中国产品报道客观真实，较为贴近中国制造的实际情况，对中国近年来制造业的发展提出了肯定和赞美。

对中国制造的研究，是学术界研究的热点。《中国制造：关于中国如何定义美国》[91]该文以美国总统特朗普就任总统将对中美关系进行重大调整为引子，认为中美之间40多年曲折发展以后，美国可能在右翼民族主义影响下重新回到"对抗政策"。该文从中美关系入手，论述了在中美关系中，对中国采取友好态度的美国国家领导人，也论述了中国如何影响美国的思想。尤其强调19世纪美国的对话政策问题。《中国的外交政策是如何制定的？》[92]该文从中国外交政策入手，论述了不同时期中国外交政策的变化，尤其是新时期中国采取的外交政策在调整国际角色中作出的努力。"《中国制造：它是如何影响我们对全球市场份额的理解？》"[93]该文以中国制造为例，详细解释说明了在发达国家高质量生产外包过程中，推动了发展中国家制造业的发展，也很好地说明了以中国为代表的发展中国家在市场份额增加中起到的重要作用。《在亚洲，"中国制造"不再意味着廉价或劣质》[94]（《基督教科学箴言报》）发文称，随着中国制造提升和"中国品牌"影响力的增强，中国产品也越来越多地成为精品的代表和象征，也不断提升自身产品影响力。《应对"中国制造"丑闻》[95]该文针对近年来中国制造出现的各种丑闻，提出企业要确保产品质量和产品安全，以保护企业形象。《中国制造到中国创造》[96]该文论述了中国制造逐步从产品加工到科技创新的转变，认为在不断发展的科技背景下，中国制造产品质量和品牌意识的提升。《中国制造，美国制造》[97]该文以2012年中国制造的发展升级以及中国经济增长方式转变为切入点，论述了中国制造对美国制造产生的影响。对于中国企业和全球企业而言，要提高安全和质量保证，这样才能保证全球企业所建立起来的信誉。"中国の現在（いま）中国モノづくりの現在（上）ハイスピー

---

[91] Daniel M. DuBois, Made in China: How Ideas About China Have Defined America ,2017,Vol.45. No.3,p 504-510.

[92] Jakobson;Linda; Manuel; Ryan, How are Foreign Policy Decisions Made in China? Asia & the Pacific Policy Studies,2016, Vol.3. No.1,p98-110.

[93] Benkovskis, K.;Wörz, J. B.E, Made in China: How does it affect our understanding of global market shares?Journal of Macroeconomics, 2018 ,Vol.18. No.2.

[94] Ralph Jennings Correspondent, Around Asia, 'Made in China' no longer means cheap or shoddy, Christian Science Monitor,2015.

[95] Goodman Mark C.;Brown-Barrett; Coping with 'Made in China' Scandals, LaRhonda, Business Week Online,2009,p14.

[96] Kemp Rodi, Made in China to created in China, International Journal of Cultural Studies, Vol.9, No.3, 2006, p 267-270.

[97] Orlik Tom;Lahart Justin, Made in China, Made in America ,Wall Street Journal - Eastern Edition, Vol.259,No.57, 2012 ,p16.

ドで変化する中国に、日本の製造業はどう対応するか"[98]该文结合近年来中国制造业的高速发展，以及不断提升的制造水平，提出了日本发展制造业的策略。"レベルアップは本物か 軽視できぬ 中国「製造強国」の伝播力"[99]该文以中国制造的C919为个案，分析了中国制造业不断提升的国际影响力，并指出：随着中国制造业技术的提升，中国将在国际竞争中具有越来越重要的地位。"日本と中国の製造業輸出競争力再考:付加価値貿易(TiVA)の観点から"[100]，从增值贸易的视角，论述和分析了中日在未来制造业竞争中的优劣地位，进而思考和研究日本在增值贸易中应该采取的策略。"現代製造業のグローバルな再編と21世紀前半世界（1）中国・アジア産業構造転換と情報ネットワーク化"[101]该文指出，随着制造业的迅速发展，中国已经成为亚洲乃至世界的经济中心。在面临劳动力不足和工资上涨的情况下，中国已经由注重基础设施建设开始向信息技术、新型汽车制造、生物领域和新型健康产业转变，以"中国—亚洲为轴"的世界性产业重组是21世纪上半期世界各国地位变化的重要课题。"賃金高騰に直面した中国製造業の変貌"[102]该文指出，在激烈的全球背景下和中国国内工资上涨的情况下，中国制造业发展面临严峻的挑战和压力。在此背景下，中国必须以低成本运作向高质量和更为先进的技术转变。该文以吉利汽车为个案，论述了该公司以提升为客户创造更高的价值，以技术开发为主导，向世界顶级公司学习的发展目标。通过并购沃尔沃汽车和引进丰田汽车管理理念，来提升公司的发展。但具体到实际运行中，该公司能够如何执行，还处于探索阶段。"中国製造企業の国際ビジネス展開におけるIT経営課題"[103]该文以在中国迅速发展的IT行业为个案，研究了在全球化背景下，中国制造业发展的转型。但由于经营管理结构不完善以及认识不足、经营管理体制改革迟缓、经营人才不足以及全球化标准缺乏的原因，IT经营还没有在中国充分有效率地工作，这是中国IT行业发展面临的重要问题。"生産計画システムの中国市場展開のための現地製造業を対象とした生産計画実態の調査"[104]该文指出，随着中国制造的转型与激烈的国际竞争形势，中国制

---

[98] 蓑田光，中国の現在（いま）中国モノづくりの現在（上）ハイスピードで変化する中国に、日本の製造業はどう対応するか，とみん経営ビジネス Vol.21,No.328,2017,p18-21.

[99] レベルアップは本物か 軽視できぬ 中国「製造強国」の伝播力，日経ビジネス，No.1897，2017，p44-48.

[100] 広田堅志，日本と中国の製造業輸出競争力再考：付加価値貿易(TiVA)の観点から，日本貿易学会誌 No.55, 2018,p40-55.

[101] 田中裕之，現代製造業のグローバルな再編と21世紀前半世界(1)中国・アジア産業構造転換と情報ネットワーク化，経済学季報，Vol.65,No.3-4, 2016,p143-156.

[102] 小林美月；新宅純二郎；朴英元；藤本隆宏，賃金高騰に直面した中国製造業の変貌，赤門マネジメント・レビュー，Vol.13,No.6, 2014,p235-246.

[103] 庞箫明；石井成美；近藤高司，中国製造企業の国際ビジネス展開におけるIT経営課題，日本経営診断学会論集，Vol.13,2013,p69-74.

[104] 黄双全；丹治秀明；浦邊信太郎；齋藤邦夫；手塚大，生産計画システムの中国市場展開のための現地製造業を対象とした生産計画実態の調査，Vol.124, No.03,2014,p245-248.

造向品种多数量少转变，这也意味着对生产计划系统要求越来越高。该文课题组中国社科院蓝皮书内容，以及他们对中国制造业和IT供应商的调查，认为中国市场对生产计划系统的投资是消极的。其根本原因是生产体系并没有实现电子化，即便导入该系统，也无法达到期望的高成本运作，这也就影响了生产者的积极性。"海外（中国）での品質保証事情と製造現場での問題点"[105]该文通过对中国产品海外质量的调研，并根据中国企业制造的实际情况调查，分析了中国器物在海外形象需要提升的路径。"17世纪から19世纪前半期の中国对日贸易に関する研究"[106]该文以17世纪到19世纪上半期中日丝织品贸易为例，介绍了中国通过更多的制造技术和过硬的产品质量，在日本市场大受欢迎，并在与日本丝织品竞争中取得优势地位。"経営とガバナンスから見た食の安全：日本・中国・韓国の比較"[107]该文指出，食品安全涉及宏观和微观，包括国家层面、社会层面和个人层面，是一个非常复杂的系统。在相关食品安全中，企业起着主体作用，包括企业检查、管理层的判断以及事务管理体制等各方面的因素。但在面临食品安全问题时，由于企业企图隐瞒等诸方面的因素，不仅造成了更大范围的负面因素，也给企业形象带来了更大的负面影响。在对比中日韩三个企业中，该文认为中国和韩国部分企业道德水平低，多次出现的食品安全问题是这些企业面临的最大问题。但该文也指出，在四川进行调查中，中国部分企业采取了不同企业相互检查的策略，以保证食品安全，这在日本是难以想象的。此外，食品安全对一个国家的经济增长和国家形象也有很大影响。"中国経済の発展と構造転換"[108]该文从国际化、市场化和产业化的视角，论述了中国制造近年来变化的特征。首先，国有资产在固定投资、城市从业人员以及工业产值中的比重大幅下降，意味着中国市场经济取得了巨大的成就。其次，对外经济依存度高，双重经济结构依旧存在，农村过剩就业，低收入、低劳动力等经济结构问题突出。最后，贸易规模和生产结构转型同步实现，工业产品出口逐步取代初级产品为中心的对外贸易模式。

对"中国制造2025"的研究，也是当下国外学术界的研究热点。《中国制造2025：中国新能源汽车产业的发展》[109]该论文分析了新能源汽车在"中国制造2025"中的地位，并指出中国如何通过积极的市场政策、产业法规等非企业行为来创造最大的新能源汽车市场。"Still made in China"[110]该文指出，中国政府通过"中国制造2025"计划，对中国产业进行升级，

---

[105] 大久保今朝秀,海外（中国）での品質保証事情と製造現場での問題点,エレクトロニクス実装学会誌,Vol.14,No.2,2011,p109-113.

[106] Liang Hao;Fang Suchun, 17世紀から19世紀前半期の中国対日貿易に関する研究,聖泉論叢,No.25,2018,p71-83.

[107] 林康史,経営とガバナンスから見た食の安全：日本・中国・韓国の比較,経済学季報,Vol.67,No.2-3,2017,p73-109.

[108] 厳善平,中国経済の発展と構造転換,比較経済体制学会年報,Vol.40 No.1,2003,p62-74,121.

[109] Yeung, Godfrey, 'Made in China 2025': the development of a new energy vehicle industry in China, Area Development and Policy,Vol.4.No.1,2019,p. 39-59.

[110] Anonymous,Still made in China ,Economist,Vol.416. No.8955, 2015,p. 14-15.

认为中国制造在未来国际市场竞争中仍具有重要的地位和影响力。《中国制造2025：技术转让与外国高科技公司投资——中国未来竞争之道》[111]该文认为，中国制造2025中通过技术转让和投资国外，促使前沿技术的发展。通过抓住关键产业发展试图在全球范围内进一步加入全球产业链，开放的市场为中国投资者提供足够的机会。在马克斯·赞涅克和安娜·霍勒曼看来，到2049年，中国甚至可能成为发达国家中的全球领袖。在论文中，研究者指出：中国需要在发展自身高科技产业的同时，也需要重视与其他国家的合作，要为西方企业发展提供机会。在更长的时间内，中国还有可能被外国知识、国家保护和培育以及它自己的聪明企业家精神相结合，在全球市场上形成巨大的竞争。"産業高度化を狙う「中国製造2025」を読む"[112] "国際経済 中国製造業はどこに向かう：「25年目標」の実現可能性を探る"[113]该文以"中国制造2025"为研究对象，分析了中国制造推行和实施的可能性，并论述了"中国制造2025"在实施过程中遇到的诸多困难和压力。"中国のIOT市場の現状と『中国製造2025』に関する日系企業のビジネスチャンス"[114]该文从物联网的角度论述了当下中国制造的迅速发展，许多公司已经加入了物联网体系。不同于国际市场模式，中国物联网模式是由政策驱动形成，需要关注政府行为在该模式中的作用和影响。"중국의 4차 산업혁명 담론과 전략, 제도"[115]该文作者车政美把"中国制造2025"看成中国的第四次工业革命。对于需要传统制造业升级的中国而言，第四次工业革命对中国有着极其重要的地位和意义，其采取的模式为"市场主导、政府引导"原则。2017年，十九大以后，在"中国制造2025"涉及的核心制造领域政策正在具体化。对于中国而言，要以此次工业革命为契机，实现中华民族的伟大复兴。

4.传播学相关理论的研究综述

传播历史悠久，从广义视角来看，传播伴随着人类社会进步发展的全过程，传播模式、传播载体和传播符号等在人类文明交往中扮演着越来越重要的角色，具有重要的社会影响力，也正是不同文化的交流与传播，才实现了人类文明的快速发展。但现代意义上传播学的出现大致在20世纪初期逐步确立，沃尔特·李普曼是公认的对传播学有重要影响力的人物，其代表作《公众舆论》也被认为是传播学的奠基之作[116]。该书自1922年问世以来，至今仍具

---

111 Kunze Frederik;Windels Torsten;Zenglein;Max J.;Holzmann Anna, Löchel, Horst;Reinecke, Antonia;Schmerer, Hans-Jörg;Emons, Oliver; Made in China 2025: Technologietransfer und Investitionen in ausländische Hochtechnologiefirmen - Chinas Weg zum Konkurrenten um die Zukunftstechnologien ,Taube Markus,ifo Schnelldienst , Vol.71. No.14, 2018,p3-20.
112 金堅敏，産業高度化を狙う「中国製造2025」を読む，研究レポート，No.440,2017.
113 金森俊樹，国際経済 中国製造業はどこに向かう：「25年目標」の実現可能性を探る，時事トップ・コンフィデンシャル+,No.10613, 2016,p14-18.
114 近藤信一，中国のIOT市場の現状と『中国製造2025』に関する日系企業のビジネスチャンス,産業学会研究年報 , Vol.2017,No.32,2017,p137-153.
115 차정미 세계정치, 중국의 4차 산업혁명 담론과 전략, 제도 ,Vol.28,2018,p173-226.
116 （美）沃尔特·李普曼：《公众舆论》，阎克文、江红译，上海：上海人民出版社，2011年。

有很大的影响力，分析了舆论形成的影响和结果，进而对成见、兴趣和民主形象等诸多问题进行分析。此后，传播学与政治学、经济学、社会学、新闻学、语言学等学科交叉，迅速推动了传播学研究的快速发展。1948年，美国学者哈罗德·拉斯韦尔在《社会传播的结构和功能》一书中，提出了传播学的"五W模式"，成为传播学研究的重要理论依据[117]。1949年，施拉姆编写了《大众传播学》一书，集中了当时美国传播学研究的著名学者，并对传播学的相关理论进行整理与总结，形成了真正学科意义上的传播学。此后，传播学在全球范围内扩展开来，并形成了诸多的研究理论，包括修辞学、符号学、现象学、控制论、社会心理学、社会文化和批评理论等[118]。在传播学的发展历程中，出现了库尔特·卢因、保罗·拉扎斯菲尔德、卡尔·霍夫兰等为代表的传播学理论的奠基者。

　　传播学的相关研究理论在20世纪50年代就被引入中国，其代表性人物是刘同舜和郑北渭，但由于诸多方面影响，真正开启相关学科系统性研究是中国改革开放以后。1978年，郑北渭发表了《公共传播学研究》和《美国资产阶级新闻学：公众传播学》两篇文章，是中国传播学发端的标志性论文。此后，作为一门新兴的学科，传播学在中国迅速发展。大体而论，国内关于传播学的研究分为以下几个方面：第一，传播学相关理论研究成果的翻译、解读与引入。从80年代至90年代中期，许多关于传播学的经典著作被引入中国，推动了中国传播学的迅速发展。著名代表有施拉姆的《传播学概论》[119]、赛弗林等的《传播学的起源、研究与应用》[120]、德弗勒的《大众传播学诸论》[121]等。第二，相关国外经典传播学研究的引入，推动了中国传播学学科的迅速发展，开启了中国传播学学科建设步伐。1988年，戴元光等编著的《传播学原理与应用》，可以说是中国传播学研究的第一部教材，系统地介绍了传播学的相关研究理论[122]。此后，沙莲香主编了《传播学：以人为主体的图像世界之谜》一书，介绍了传播的历史、文化传播以及中国传统传播方式与特点。随后，还介绍了大众传播、流行与生活方式、人际传播等，是较早对中国传播学探索的论著[123]。这一时期的中国传播学的研究，多是在吸收、借鉴西方传播学理论的基础上，思考中国传播学的发展之路。第三，20世纪90年代中期以后，中国传播学开始了本土化研究模式的探索，孙旭培、钟元、李彬等学者均提出了类似的观点，认为中国传播学者必须研究中国传播实践，才能提升中国传播学的影响力。

117　（美）哈罗德·拉斯韦尔：《社会传播的结构和功能》，何道宽译，北京：中国传媒大学出版社，2013年。
118　丁方舟、韦路：《西方传播学研究的理论体系及其演化》，《南京社会科学》，2017年第3期，第121页。
119　（美）威尔伯·施拉姆、（美）威廉·波特：《传播学概论》，陈亮、周立方、李启译，北京：新华出版社，1984年。
120　（美）沃纳丁·赛弗林、小詹姆斯·W.坦卡特：《传播学的起源、研究与应用》，陈韵昭译，福州：福建人民出版社，1985年。
121　（美）梅尔文·德弗勒，（美）桑德拉·鲍尔-洛基奇：《大众传播学诸论》，杜力平译，北京：新华出版社，1990年。
122　戴元光、邵培仁、龚炜编著：《传播学原理与应用》，兰州：兰州大学出版社，1988年。
123　沙莲香主编：《传播学：以人为主体的图像世界之谜》，北京：中国人民大学出版社，1990年。

张国良、胡翼青、袁军等学者在对传播学定义重新解读的基础上，思考了中国传播学建构的模式和路径。在此基础上，传播学的概念和范围进一步扩展，跨文化传播、媒介传播、大众传播等相关研究成果越来越多，成为中国传播学研究的方向。受此影响，跨学科的传播学研究也成了学术界关注的重要内容，并与哲学、历史学、社会学、文艺学、政治学等学科紧密结合在一起，拓展了传播学研究的领域。进入21世纪以后，传播学研究从原有的粗放式研究阶段进入精细化的量化研究阶段，对许多理论以及研究个案的深入研究，也成为传播学研究关注的对象。

在中国传播学众多研究成果中，对中国古代传播模式的研究，也成为中国学者关注的内容。李彬的《唐代文明与新闻传播》一书，从传播方式、传播主体、传播思想等视角，论述了唐代文明传播史，是对中国古代传播研究的代表性著作之一[124]。此外，李寅生、陈雅莉、郑立、郑阿财、姜革文等学者从唐代文化对日本影响、唐代汉字文化在丝绸之路传播、唐代政治体系传播、商人在唐朝文化对外传播等视角，对唐代对外传播进行研究。姚兆余通过宋代文化对外传播的四种模式，分析了宋代中国文化的对外传播，提升了中华文化的对外影响力。李漫的《元代传播考》，对元代的传播活动、传播类型、传播方式和传播规律进行研究，梳理了传播与元代政治、经济、文化、商业等诸因素之间的关系[125]。陆高峰的《马可·波罗笔下的元代传播》，论述了元代传播以维系军事和政治等为目的，忽视了文化知识传播的作用和影响力，是造成元代统治短暂的一个因素[126]。高艳林通过官方赠予模式介绍了明代图书在朝鲜的传播，进而对朝鲜文化、社会发展以及"儒家文化圈"的巩固所起到的重要作用。金正恩通过对明代演义小说等在朝鲜的传播，论述了其在朝鲜社会文化中起到的作用和影响力[127]。郑沃根也对中国古代小说在朝鲜的流传进行了研究，并从传播路径的视角进行了相关分析。程丽红通过对清代传媒文化的演变，论述了其在清代社会文化发展变迁中的作用和地位。

三、研究内容和主要观点

1.研究内容

全球性商品贸易和器物流动是不同文明交往的重要模式之一，也是推进人类社会进步和文化繁荣的最重要动力之一。作为国家形象的"物化表达"和基础要素，器物形象能够展示一个国家的综合实力、造物技艺和科技创新能力，折射国家形象。课题研究基于历时性和共时性研究视角，应用传播学的相关理论，以期通过器物文化传播的微观视角，整理出器物形

---

124 李彬：《唐代文明与新闻传播》（修订版），北京：中国人民大学出版社，2014年。
125 李漫：《元代传播考——概貌、问题及限度》，北京：北京大学出版社，2013年。
126 陆高峰：《马可·波罗笔下的元代传播》，《青年记者》，2019年第9期，第110页。
127 金正恩：《明代历史演义小说在韩国的传播研究》，[博士学位论文]，东北师范大学，2014年。

象的中观表达，认知器物文化传播对国家形象影响的复杂机制。

本课题研究包括六部分内容：第一部分为绪论。在对器物文化、国家形象、中国器物形象、文化传播学等相关国内外研究成果综述基础上，提出课题研究目的、研究意义、研究价值和主要观点等；第一章，在对器物文化构成要素和传播机制分析基础上，厘清器物"外化"的国家造物能力、科技创新和文化软实力等因素，探究器物基础形象、国家利益、文化信仰等要素在器物文化传播过程中对中国国家形象的影响，论证作为国家形象的基础要素，器物形象在国家形象建构中的地位和价值。从传播机制视角分析，器物文化传播呈现为"叠加"趋势与"互动"影响机制，即物种类、传播主体、传播范围和传播模式等影响要素不断增加、相互影响，推动中国器物文化影响范围不断扩大；第二章，重点讲述古代中国器物文化对外传播对国家形象的影响。依托领先造物技艺和精良的器物产品，至迟从汉朝开始，通过"丝绸之路"，中国将先进的器物产品与高度发达的造物技艺传播到周边国家和地区，对亚洲许多文明产生了深刻影响。也正因为如此，塑造了繁荣昌盛的中国形象；第三章，分析了明早期至清中期，在原有"器物文化圈"影响力基础上，中国器物文化在欧洲产生的影响力。以精湛的器物产品为基础，中国文化成为欧洲社会各界追捧和模仿的对象，掀起了长达2个多世纪的"中国风"时尚，塑造了具有全球影响力的中国形象；第四章，论述了在以机械化为引领的近代工业生产体系冲击下，中国传统手工造物体系的衰退与落后。洋货在中国成为身份和时尚象征的背后，是国民对自我国家认同和文化认同的消减，印证了落后的中国国家形象。通过参加近代博览会等展示器物文明和科技发展水平的国际舞台，国人逐步认识到自身的落后。在传统与现代两种造物体系博弈语境下，中国向世界传递了追求改良的国家形象；第五章，论述了中华人民共和国成立至今，尤其是改革开放以来，随着经济的迅速发展，中国成为世界上拥有最完备的工业制造体系的国家。这既展示了开放包容、和平发展的中国形象，但也折射出中国在媒介国际传播中的"失语"现象。通过对媒体报道、调研问卷等的实证分析，明晰"中国制造"对国家形象影响的各种复杂因素。课题结语部分概述作为国家形象的基础性表达，器物文化传播对国家形象的影响机制，并提出在新的历史语境下，器物产品在国家形象塑造中扮演的重要角色。

2.主要观点

（1）器物文化传播影响国家形象是基于微观视角揭示国家形象研究的宏大叙事。器物不仅是异域文明交流的物质载体，还与一个国家的生活习俗、文化传统、价值理念和审美取向息息相关。课题研究通过对器物文化传播微观视角的分析，建构器物形象的中观表达，分析国家形象的宏观建构，实现微观、中观和宏观的有机统一，并透过纷繁复杂的历史现象进行全方位、多角度思考其相互关系和影响机制。

（2）器物形象承载国家形象，是国家形象的"物化表达"。器物形象是国家形象组成要素中最直观、稳定的要素，在国家形象建构中发挥着不可替代的作用。通过器物文化的传播，产生器物形象的"自我"建构和"他者"建构，折射国家的整体实力。器物体现国家硬实力，展现一个国家的经济实力、科技水平与产业体系。器物蕴含国家软实力，传递一个国家的诚信机制、国民素质与创新意识。

（3）器物文化传播影响中国国家形象表现为历时性的"叠加"模式与共时性的"互动影响"机制。历时性是指在长时段商业贸易和文化交流中，器物文化传播经历了古代时期、明至清中前期、近代和中华人民共和国成立至今不同的发展阶段，各个时期器物文化传播表现出各自特点，承载了不同的中国形象。依托高度发达的造物能力和生产技艺，在古代器物贸易和文化交流中，形成了以器物贸易为主导的文明交流模式，建构了开放包容、文明发达的引领性的中国形象；近代以来，由于传统手工造物体系在与工业化造物体系竞争中处于劣势，器物承载的中国形象演变为"保守""落后"等。与此同时，以西方为主导的器物贸易对中国生活方式产生重要影响。为了提升自身经济水平和造物能力，"以西为师"的先进国人全方位学习西方，形成了追求改良进步的国家形象。

中华人民共和国成立至今，尤其是改革开放以来，随着中国造物技艺和科技能力的迅速提升，"中国制造"风靡世界，展示了中国强大的制度优势和造物能力。但与此同时，欧美等发达国家依旧在科技创新领域有巨大优势，物美价廉的中国制造因为缺乏核心竞争力而出现了"制造大国"与"制造强国"的反差，在世界范围内建构了"多元复合"的中国国家形象。共时性侧重关注同一历史时期、不同类别的器物在文化交流中承载的作用，形成不同类别、不同主体的互动影响机制。基于历时性和共时性的研究视角，能够合理地诠释不同阶段中国器物文明的纵向传承和横向外延，实现了中华器物文明从夷夏之间、胡汉之间、中西之间到全球传播，影响范围、影响主体表现为递增趋势。

（4）器物文化传播包含多主体、多路径的传播模式，外化为复杂的传播机制和影响因素。就器物自身因素而论，器物的基础形象和延伸形象等在器物形象塑造中具有至关重要的作用和地位。在不同历史时期，中国器物的多重形象，是由器物自身基础形象所决定的。就器物产品的功能和角色而论，大体分为实用性产品、文化产品、精神类产品等。其中，文化产品在器物形象塑造中扮演的角色和影响力更为重要。就器物文化传播主体而论，以商业传播、官方传播和文化交流传播等为代表的不同主体的传播模式，在器物形象建构中发挥着各自的功能和作用。在古代器物贸易和文化交流中，商人、使臣、僧侣等扮演了重要角色。近代以来，随着技术发展和进步，博览会、各类媒体在器物文化传播中的作用越来越大；在新的历史时期，以各种网络媒介、信息媒体等为载体的影响力扩大，器物文化传播主体呈现出多元化的现象。器物文化传播对中国国家形象的影响，已经从简单的器物实用性和文化性影响转变为一个包括了器物背后的技术、价值、文化、审美、理念、意识形态等多维度影响。

四、理论依据

1.建构主义理论。建构主义理论是20世纪80年代以来兴起的社会科学领域的研究理论,其学术发展和主要流派观点包括个人建构主义、社会建构主义、激进建构主义、批判建构主义和语境建构主义等。建构主义理论强调和重视集体在文化发展和国际社会中所起到的决定性作用。就国际关系领域,影响国家形象的因素除了客观性的物质因素外,更为重要的是观念性的作用。各种复杂的因素决定了一个国家在国际社会中的地位及其在国际交往中所扮演的角色,而非单纯的物质因素。就器物形象和国家形象之间复杂的关系而论,器物的质量、品牌美誉度等仅仅是最为基础性的构成,而在现实复杂的互动中,还包括一个国家在国际关系中处于互动者或施动者的角色,以及背后的文化认同等因素。只有从全方位、多角度认知这些因素在其过程中所扮演的重要角色,才能更为全面地认知和透析其历史意义和价值。

2.跨文化传播和国际传播理论。跨文化传播理论是研究国际关系的重要理论,是指在个体或者国家与不同文化信仰与价值观互动过程中所要采取的路径或模式,也是在国际交往中处理不同文化主体之间关系的重要理论支撑。跨文化传播理论在面临文化差异基础上,认知和思考不同主体对异文化的看法。在跨文化传播理论的基础上,产生了国际传播理论,其主要理论来源包括传播学、国际关系学和新闻学等。国外学者研究围绕发展理论、依附理论、系统理论和共识理论等领域展开,国内学者主要运用霸权理论、过滤式传播理论、关氏传播理

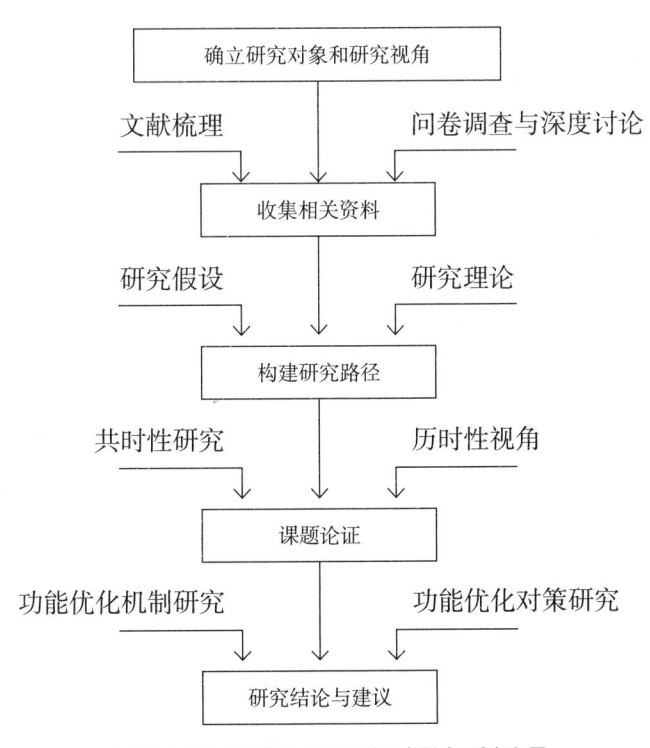

图 0-1 器物文化传播对中国国家形象影响研究框架图

论等相关理论进行研究。课题研究基于上述理论，运用各种传播理论，分析器物文化在跨文化传播过程中所扮演的角色以及这一过程中多重因素认知器物文化影响和国家形象之间的复杂关系。

3.形象学研究理论。形象学理论发端于19世纪法国学者在比较文学中的相关研究，主要侧重对"异文化"现象的认知和思考，具有跨学科研究的典型特征。在此理论形成过程中，贝茨、韦勒克、卡雷、爱德华·萨义德等为形象学的研究作出了重要贡献，丰富发展了形象学的理论。形象学的相关理论关注"他者"与"自我"的关系，重视政治、经济以及意识形态等对形象学研究的影响。近年来，以周宁等为代表的学者从跨文化形象学研究视角关注中国形象构建中各种因素的作用和影响。

五、研究成果的学术价值和应用价值

1.研究学术价值：本课题基于历时性研究视角，通过对中外器物贸易和文化交流中器物在中国国家形象建构中扮演的角色的视角进行思考，拓展和深化国家形象研究的相关理论。在方法上，笔者运用跨文化传播和建构主义理论对器物文化和国家形象之间关系进行分析，建立对这一问题解决的立体框架，以期形成多学科视角的全景关照，丰富国家形象的立体化内涵。在理论探索方面，课题组通过对器物文化传播的微观视角与器物形象的中观建构的研究，探索宏观国家形象建构的路径。

2.研究应用价值：在现有国家形象理论研究的基础上，笔者从器物文化视角，运用多种研究方法和理论，系统研究器物形象在国家形象建构中的地位，丰富国家形象研究的理论成果。课题研究从多种视角理性看待国外相关媒体对中国器物形象的报道和观点，既可以为国家相关部门的理论计策提供政策建议，又能为企业提升产品竞争力提供参考。研究成果既有对古代中国器物与国家形象关系的分析，又有对当下新的国际传播语境下的分析，从长时段视角思考器物形象与国家形象之间复杂互动关系，思考器物与器物形象、器物形象与国家形象、国家形象与人类命运共同体构建等相互影响的多元复杂关系。

第一章 "物化"的中国形象建构及传播

器物是文化的载体和象征,彰显国家实力。在长时段的中外贸易往来和文化交流中,器物扮演了至关重要的角色。器物文化传播影响中国国家形象具有多重文化内涵:其一,不同时期、不同类型的器物产品塑造不同的器物形象和国家形象;其二,器物文化传播的主体在器物形象和国家形象塑造中扮演重要角色;其三,器物文化传播在不同时期表现为不同的特征。通过分析器物文化传播在中国国家形象塑造中的作用,探究"物化"的中国形象的特征及其建构路径。诚然,不同历史时期器物文化传播在国家形象塑造中扮演的角色会受到各种因素影响,其影响程度、范围也不尽相同。但总体来看,器物文化交流中构筑的器物形象能大体折射和反映国家形象。

第一节 器物文化构成要素与传播机制

一、器物文化和器物形象

1. 器物概念的内涵与外延

对"物"或"器物"概念的界定非常困难,从广义概念来分析,凡是人类制造和使用的物质产品都可以称为"器物",抑或称为"产品";从狭义概念来看,器物特指蕴含造物科技并具有深刻文化内涵的产品。古今中外的许多学者从不同角度和视角对器物进行研究,也给出了各具体的分类模式。《六家诗名物疏》中关于器物概念的界定:"巧心劳手以成器物曰工。"[1]罗福颐在《古器物概说》中,依照中国传统器物分类方法,把器物分为甲骨类、金玉类、石刻类、附砖、陶土类、道释家造像类、竹木缣素类、陶瓷类、景泰蓝类、料器、文房具类等十余种类型。王玉哲在《中国古代物质文化》中,将"物质文化"定义为人类在与自然界进行斗争过程中所采用的一切物质手段,以及所获得的一切物质成果。具体来说,物质文化史的研究包括四个方面的具体内容:生产工具的发展状况、先进科学技术在实际生产和生活中的应用状况、人们所需要的生活资料的发展变化情况、为了满足人类精神生活需要的各种物质条件[2]。孙机以"物质文化"

---

[1] 朱钤总校,《文渊阁四库全书》(卷十一),上海:上海古籍出版社,1987年,第2311页。
[2] 王玉哲主编:《中国古代物质文化》,北京:高等教育出版社,1990年,第3页。

为切入点，对中国古代器物文明进行研究。依照他的分类，中国古代物质文化包括农业与膳食，酒、茶、糖、烟，纺织与服装，建筑与家具，交通工具，冶金，玉器、漆器、瓷器，文具、印刷、乐器，武备和科学技术等十个类型[3]。上述对中国古代物质文化进行专题性研究的著作，详细记述了中国古代造物的历程以及包含的器物种类。为此，可以大致将器物文化概括为金石学、器物学、考古学等关于古代器物的研究。

同样，对"物"的关注也是其他国家学者关注的热点话题。"如果按照我们已经习惯的西方思维方式，把物当作人的对立面，那么物质文化，顾名思义，应该是客体本身的文化或保留在客观物体上的文化。在这种物与人的对立中，物体即使有文化，也是外化于人的。"[4]但随着对"物"理解的进一步加深，或者说由于商品化程度的加深，物质已经对人的生活产生了深刻影响，甚至达到了物人不分的地步。约翰·弗洛也从这个视角诠释了器物在人类发展中起到的作用："即使是商品，那些仿佛决定了人类生活的物的意义和功能，也可以重新被人类内在的因素如记忆、情感、非经济性交换决定。"[5]也正因为如此，物质文化中包含着多重复杂的因素，既有文化的传承，也体现"物"自身的发展演变。如果跳出实际存在"物"层面，上升到文化和象征层面，其内涵更具有象征意义和价值。依据克洛德·莱维-斯特劳斯结构主义思维模式，"物"像语言一样，没有一个单纯存在的单位，而是两两相依的二项对立。"物"是以结构符号的形式存在的，并没有本质意义[6]。马克思也从"物质"视角，研究了物质之间的关系。在马克思看来，"物"包括有形之物，也包括无形之物。尤为重要的是，马克思从"物"的使用价值和交换价值视角论述了商品在资本主义社会运作中的地位和价值。"物的使用价值对于人来说没有交换就能实现，就是说，在物和人的直接关系中就能实现；相反，物的价值则只能在交换中实现，就是说，只能在一种社会关系中实现。"[7]如果依照马克思主义理论，"物"只有在交换和流通中才能体现其意义和价值，而不在其自然属性。"这种社会性特质才使得现代意义上的'物'得以被设计、生产、交换、衡量、比较、占有、消费、充实，而且，现代'人'也不断依靠这种意义上的'物'来标识、表达，甚至人的感情、价值、尊严、地位、智力等，都倾向于借助不同层次、不同功能的'物'来表达，也就是说，感情、价值、尊严、地位、聪明才智等，都体现在价格、复杂性、功能、品牌、外观都不一样的'物'上。"[8]基于上述观点，课题研究从器物视角分析其与国家形象之间的关系，也有着重要意义和价值。如果从马克思思想的来源以及西方哲学家关于物的分析和解读，也能透析出"物"的意义和价值。康德提出的"自在之物"概念是

---

3 孙机：《中国古代物质文化》，北京：中华书局，2014年，第6页。
4 孟悦、罗钢主编：《物质文化读本》，北京：北京大学出版社，2008年，第1页。
5 孟悦、罗钢主编：《物质文化读本》，北京：北京大学出版社，2008年，第2页。
6 孟悦、罗钢主编：《物质文化读本》，北京：北京大学出版社，2008年，第3页。
7 马克思：《资本论》（根据作者修订的法文版第一卷翻译），中共中央马克思恩格斯列宁斯大林著作编译局译，北京：中国社会科学出版社，1983年，第63页
8 刘森林：《物、物化、物象化：马克思物论的新认识》，《高校理论战线》，2012年第7期，第16页。

约束人的主体性的概念,人能把握的只能是现象之"物",而不是"自在之物"。作为一个哲学概念上的词汇,康德的理论表达了人类自身的局限性。但这一理论,没有得到卢卡奇的认可。他通过对马克思商品拜物理论分析,认为康德的主体是分裂性的。"现象界的主体与本体界的主体,或者认识论范围内的主体与实践哲学范围内的主体是分裂的,前者被明确限定,后者被赋予一个巨大的形而上学希望"[9]。

从广义视角来看,器物可以理解为自远古以来,人类所创造的所有物质产品。在约定俗成的概念中,"器物"一词虽通俗易懂,但会有不够贴切的缺点,在使用中存在概念泛化的倾向,模糊了各类物品的区别,落入相对悖论的俗套之中。但正是在日常生活中,这些毫不起眼的各类器物产品支撑着人类发展,并将世界各国联系起来,已经成为我们研判一个国家实力以及国家形象的重要标准之一。为了课题研究的实际需要,也有利于了解物质产品及其承载的文化与国家形象的复杂关系,笔者对于概念界定的诸多争议性问题搁置不谈,仅仅从更为宽泛的角度进行分析和解读。如果从造物体系的形成和发展来分析,或许能更进一步加深对器物的了解和认知。在漫长的造物历程中,几乎所有的材质均被纳入造物历程之中,极具代表意义的有金银器、陶瓷器、青铜器、木质、玉器等。到了近代,各种新型技术和材料的出现,再次将这一范围扩展到几乎所有的材料之中。从造型来分析,种类繁多的器型,为当下中国器物制造提供了丰厚的传统资源。尤其是基于现代审美和文化追求而进行的多样化器物造型设计,进而形成了完备的造型体系。就器物功用而言,依托技术体系的支撑,器物已经成为人类延伸,在人类生活中扮演了重要角色。此外,无论是作为礼物或是商品的器物,在交换过程中也起到了至关重要的作用。正是"物"在全球范围内的推动和传播,才推动和促进了文化交流和文明互鉴。

器物或者器物文化概念可能都无法全部囊括中外交流中的关于产品、造物技术传播、器物制造的交流和融合等全部内容,如果单从概念进行推敲,可能存在许多缺点和误解,但本课题的研究概念非常明确,即通过"物"的视角,分析影响国家形象的诸多复杂因素。

2. 器物文化

"器物文化"的概念也是一个极为宽泛且无法明确把握的概念。如果结合课题的研究去论述,其概念本身也会因时空变化外化为不同特征。为了清晰地表达器物文化的含义,笔者在此进一步概括其概念所蕴含的意义和价值。汉唐时期,在古老的丝绸之路上,中外贸易往来和文化交流日益频繁,来自中国的丝绸、陶器等产品运输到其他国家和地区,而中国也在学习别国的造物技艺中形成了早期的中外文化互动和交流。尽管由于史料限制,我们无法定量分析器物产生的具体影响,但在大量史料和现存的器物中能够进行定性判断。宋元明清时期,随着造物技术的不断提升,中国对外贸易的范围进一步扩大,器物在更广范围上得以

---

[9] (匈)卢卡奇:《历史与阶级意识》,杜章智等译,北京:商务印书馆,1992年,第195页。

传播和交流，形成来自中国器物文明引领世界造物先进水平的时代。具体分析，这一时期，中国的代表性器物包括瓷器、丝绸、茶叶、夏布等。这种基于材质视角分析和探究的器物文化交流或许难以彰显更大范畴内的器物意义和价值，但能够直接反映器物在文化交流中的作用，也能从现存史料证实器物对一个国家形象影响的关系。同样，能够印证上述观点的是，近代以来随着现代科技发展和造物技术提升，器物种类或者数量以"几何平方"式规模增长，人类生活中"物"所形成的世界中，产品或者商品已经成为人们生活的重要组成部分，也构筑了完备的器物文化。

器物文化就是指器物制作过程中所体现的技术、理念以及造物态度最后在器物上的体现和表达。换言之，所有能够反映人类智慧创造的产品均可以归为器物文化的范畴，既包括实用的器物，还有各类精神产品，折射出人类在造物过程中持有精益求精的态度、开拓创新的意识等。此外，更为复杂的是，器物文化并非单向度的，而是受到多元复杂的影响。在世界器物文化交流和贸易过程中，这种案例比比皆是。以中西贸易中的中国瓷器为例，在欧洲国家和地区最先接触到来自遥远东方中国瓷器时，无论是对欧洲人的生活方式还是文化均产生了巨大影响。中国瓷器是奢侈品的代表，是欧洲上层社会身份的象征。但到了18世纪，欧洲的商界和知识界开始抨击中国瓷器，认为中国瓷器是"脆弱""女性化"的代言，这与当时欧洲构筑的理性、坚韧的形象相去甚远。其根本原因一方面是欧洲各国仿制成功中国瓷器，另一方面是中国在瓷器贸易中的主导地位伤害了各国的经济利益。通过长时段的诋毁、商业贸易保护以及有了可以替代的产品，中国瓷器逐步失去了欧洲市场。从这一典型性案例可以发现，器物贸易绝非仅仅是商业利益，还涉及其他多重复杂的因素。

20世纪50年代以来，伴随着全球化和人类文明全世界范围内的传播和影响，器物文化的外延更为扩大，尤其是各类虚拟的文化产品影响力尤甚。为此，课题组将各类文化服务产品归为课题研究范畴之中。根据联合国教科文组织在2005年发布的《1994—2003年文化商品和文化服务的国际流动》中对文化产品进行的界定，"文化商品指的是那些能够传达生活理念、表现生活方式的消费品，它具有传递信息或娱乐的作用，有助于建立集体认同感，并能影响文化实践活动"[10]。据此，电影、电视节目、报刊和网络上的各类信息可以归于人类的创造，也能从广义的器物视角对其进行论述，因为相比较生活中使用的各种日常用物，上述文化产品更具有影响力，更能在国家形象塑造中起到关键性的作用。如前述，对器物文化概念的界定是非常困难的事情。为此，在课题的相关研究中，也会根据不同时段中器物所起到的重要作用和价值进行具体分析。50年代以来，关于文化产品或者文化服务的关注是课题研究的重要内容。

具体就器物的造物理念、用器制度、器物交换的文化意义等视角，会更清晰、直观地认知器物文化的内涵。器物产品是人的功能的延伸和体现，从最初的造物技艺开始，其就承载

---

10 关世杰：《中华文化国际影响力调查研究》，北京：北京大学出版社，2016年，第60页。

了使用功能和象征意义两个层面的内容。就实用而言，所有器物就是为了满足人们需要而制造的，时至今日，这一定位依旧没有改变。在满足实用的同时，器物还有精神象征功能。比如各类精美的奢侈品，其象征意义和文化功能超越了原有的实用功能。简言之，满足同样实用功能的器物，会因为文化附加值的强弱，外化为不同的价值和意义。以食器为例，中国最初的碗、鼎、簋、镬、杯、壶等均为实用器物，但到了后期部分器物成为礼器，演变为身份的象征。此外，在器物表面精美的装饰品也是其文化意义的体现。在器物交换中，外化为两个大的范畴，包括交换中的礼品以及商品贸易中的产品。如果从这个视角出发，上述文化产品的意义和价值就非常明确，也有着重要的价值和意义。也正是因为任何个体都无法制造出所有满足自身生存和消费的器物，才有了最初的交换形态，也演变成为当下全球性范围内的文明互鉴和交流。

近年来，随着造物技术的提升，全球范围内的"物"的流动已经成为各国文化交流的常态。器物在不同民族和不同群体中的使用，会出现那种直观感性的器物形象，也会出现理性的分析和解释。通过对这些内容的系统研究，能够反映和体现一个国家的造物能力，进而与国家形象紧密联系在一起。

3. 器物形象

器物形象，即器物蕴含的文化内涵，彰显了器物的使用功能、文化功能和美学功能。"器以载道""道器合一"，一直是中国对器物形象界定和认知的重要基础。"故自形外已上者谓之道也，自形内而下者谓之器也。形虽处道器两畔之间，形在器，不在道。既有形质，可为器用，故云'形而下者谓之器'也"[11]。换言之，器物承载的功能既包括器物自身的实用功能，也包括其蕴含的文化象征意义。据此，器物形象可以分为基础形象与延展形象等。

器物基础形象主要是指器物产品的实用性，包括器物的功能、质量、价格、使用价值、科技创新力、设计风格等诸要素，这些基础形象直接决定了对器物的认可与评价。从古至今，器物形象的基础要素是决定器物得到认知的最为根本的原因。如果器物产品制造精良、技艺高超就会受到欢迎和认可；反之，就可能因此而降低其在市场上受到欢迎的程度。在中国器物影响力塑造过程中，这样的个案比比皆是。以古代中国最受欢迎的丝绸为例，周边地区和国家之所以喜欢来自中国的丝绸产品，就在于其精良的制造技术以及精美的纹饰等。相比较其他国家的类似产品，中国的这类产品更具吸引力和影响力。此外，器物产品的价格也是决定器物是否受欢迎的主要因素。近年来，"中国制造"风靡世界，其根本原因在于相对低廉的价格。

器物延伸形象涉及范围广泛，包括品牌象征意义、诚信意识、文化内涵、经济利益等诸多要素。就器物品牌而论，是基于器物基础形象而延伸形成的人们对某个国家或器物产品的高度

---

11 （魏）王弼、（晋）韩康伯注，（唐）孔颖达疏：《周易正义》，北京：九州出版社，2004年，第876页。

认可，已经超过了器物自身价值的内容。以中国瓷器为例，依托自身强大的造物科技能力，在很长一段时间内，瓷器在全球范围内是垄断性的商品，在得到社会上层阶层认可后，迅速在更广范围内传播，形成了固有的消费时尚。如同西美尔论述的那样，"时尚是既定模式的模仿，它满足了社会调适的需要；它把个人引向每个人都在行进的道路，它提供一种把个人行为变成样板的普遍性法则。但它同时又满足了对差异性、变化、个性化的要求"[12]。进入全球化新阶段，许多产品都承载了上述意义，无论是风靡欧洲的"中国风"，还是当下苹果手机、瑞士手表、德国汽车、法国和意大利的时尚产品，均是这方面的代表。经济利益是器物延伸形象的重要组成要素，进而对器物形象产生影响。前述中国瓷器在欧洲受到抵制的根本原因是因为其触动了欧洲部分国家和生产者的经济利益。近年来，中国制造的产品受到部分国家媒体的"丑化"，其根本原因是中国制造冲击了一些国家的制造业生产。基于此，他们通过对中国制造的诋毁，试图在民众中塑造不好的中国器物形象，进而维护自身的利益。

器物形象的塑造有"自塑"和"他塑"两种形式，两者相互区别又相互影响。器物形象的自塑就是器物生产者和制造国通过各种途径来塑造自身的器物形象。在古代社会，由于器物种类不多以及各种宣传媒体不发达等因素的综合影响，器物自塑主要通过在长期的使用过程中，由产品基础形象而引发对器物的评价与看法。在此过程中，商品生产者和销售者也会通过一些宣传来塑造器物形象。近代以来，随着报纸、杂志、电视、网络媒体等的出现，对器物宣传和塑造的途径也越来越多。对于器物制造者而言，"自塑"侧重对器物优势方面的宣传，进而引起消费者的关注和购买；"他塑"是由产品使用者而延伸出来的塑造模式。一般而言，在器物购买和使用过程中，会对产品给出评价，并通过各种传播途径产生社会影响力。在多媒体发达的当今社会，媒体宣传在器物"他塑"方面扮演了重要的角色。通常而言，无论是"自塑"还是"他塑"，都是基于产品的基础形象而展开，但在"他塑"过程中，会受到各种延伸形象的影响，表现出更为复杂的机制。

二、器物文化传播媒介与传播机制

多样化的传播模式和传播机制助推了器物更广范围内的交流，实现了不同文明的相互沟通和了解。在漫长的中外器物贸易过程中，器物传播模式主要包括商业传播、官方传播与文化交流传播等方式。

商业传播主要是指在商业贸易过程中，商人等在器物文化传播中对相关器物进行的一种信息传递活动，以商业贸易为主导的物质交换在其中扮演着重要角色。至迟从汉代开始，商人就通过陆上丝绸之路进行贸易往来，将中国精美的器物产品源源不断地运到中亚的许多国家和地区，在这些地区产生了重要的影响。宋朝时期，随着海上贸易的发达与造船技术的提升，海洋贸易进一步提升了中国器物文化的影响力。商人凭借自己对市场的敏锐把握和理

---

12 （德）齐奥尔格·西美尔：《时尚的哲学》，费勇等译，北京：文化艺术出版社，2001年，第73页。

解能力，挑选出适合市场交易的产品，进而将中国器物文化传播出去。以中日贸易为例，大量中国的丝绸、布匹等销售到日本，进而在日本产生深刻的影响和作用。清朝时期，中日商业贸易进一步发展，大量来自中国的商船到日本进行商业贸易。据浦廉一氏相关统计，1688年，中国有193艘船只到日本进行商业贸易。其中，福州船45艘、宁波船32艘、厦门船28艘、广东船17艘、泉州船7艘、潮州船6艘、广南船5艘、普陀山船5艘、台湾船4艘、高州船4艘等[13]。明清时期，随着中西贸易的直接往来，来自欧洲的各大公司把中国瓷器、茶叶、丝绸等运输到欧洲，对中国器物文化风靡欧洲起到了积极的推动作用。在此过程中，也对中国瓷器设计产生了影响。以瓷器为例，随着大量中国陶瓷器物销售到欧洲，由于文化审美系统的差异，部分欧洲上层通过商人定烧瓷器。"1736年后，荷兰买家将瓷器订单交给工厂，下一年交货，变成常规做法。此后荷兰东印度公司发往中国成百上千的瓷器画样，特别是1750年以后"[14]。商人追求利润最大化的目标，促使他们最敏锐地把握到了市场前沿需求，也重构了器物的造物风格和设计理念。在中国器物对外贸易历程中，无论是丝绸、瓷器、茶叶、书籍，还是各类造物技术，商人在器物文化交流中起到了非常大的作用。

以官方为主导的器物文化交流在中国器物对外传播过程中也扮演了重要的角色，其传播模式包括以礼物形式传播宣传造物技艺、朝贡贸易体系以及为商业贸易提供支持等。作为东北亚区域性大国，古代中国在对外国家关系中一直采取"怀柔"的政策，会采取赠送礼物的形式展示中国的影响力。以朝贡形式为主导的对外关系，也在推动中国器物文化传播中起着非常关键的作用。在漫长的中国古代社会，许多周边国家与中国保持密切关系的一个重要因素是对先进造物体系的推崇。以日本遣唐使为例，在中日朝贡贸易基础上，官方主导商业贸易和往来形成了独特的"官营贸易"模式。明朝郑和下西洋是最具代表性的官方器物文化交流模式。通过郑和下西洋，宣传了中国的器物文化，塑造了强大的中国国家形象。到了清朝，依旧延续这种朝贡贸易模式，并在原有贸易范围的基础上，扩展到与欧洲之间的贸易往来。官方对贸易的支持，也是推动中国器物文化传播的重要手段。从广义上来看，官方主导的器物贸易和文化交流包括设立商业贸易机构，制定各种优惠政策等。市舶司商业管理制度从唐朝便开始设立，持续了非常长的历史时期，在中国对外商业贸易中具有重要的作用。此外，清朝政府在广州设立的专门管理对外贸易的机构——广州十三行，也是官方对贸易传播影响力的重要模式。清朝的商部，"中华民国"和中华人民共和国成立的各类商业对外管理机构，都在推动器物文化传播过程中产生了重要的影响。近代以来，博览会成为各国展示自身实力和文化影响力的重要手段，官方主导的贸易和文化交流主要体现在举办和参与各类展览会。基于此，晚清到民国，中国政府从对博览会的排斥，到接受，再到积极参与和举办，也对中国器物文化传播和技术发展有着积极的推动作用。中华人民共和国成立以后，中国政

13（日）大庭修：《江户时代中国典籍流播日本之研究》，戚印平、王勇、王宝平译，杭州：杭州大学出版社，1998年，第24页。
14 万钧：《东印度公司与明清瓷器外销》，《故宫博物院院刊》，2009年第4期，第120页。

府更是以积极的态度融入世界之中，通过多路径、全方位推动器物贸易和文化交流，取得了举世瞩目的成就。

文化交流传播指通过文化名人、新闻媒介、文化作品等多种形式进行器物文化交流的一种传播模式。依据前述对器物种类的概述，器物大致可以分为日用型器物和文化型器物，其在器物形象构筑过程中扮演了不同的作用。但总体来说，文化型器物在器物形象的构成中具有更大影响力。文化名人传播模式广义上的概念是指包括旅行家、僧侣、文学家、哲学家等。在儒家文化圈范围内，日本、朝鲜和越南等国家和地区的使臣中，也有大量的文人记述中国高度发达的器物文明，对中国器物形象在这些地区的传播有着重要的作用和影响。至迟在元朝，欧洲和中亚的旅行家的记述中都出现了关于中国国土面积广阔、物产丰富的国家形象，尤其以《马可·波罗行纪》为代表。明清时期，随着大航海时代的到来，中外贸易和交通越来越密切，在欧美对中国器物推崇的背景下，欧洲许多哲学家、文学家等对中国器物和中国文化高度赞美，尤其以法国为代表。也正因为如此，才在器物自身质量基础上，构筑起强盛的中国形象。近代以来，随着各类媒体的迅速发展，新闻媒介在器物形象构筑中的影响力越来越大。无论是商业广告还是器物对外推广和宣传，都在影响和塑造着器物形象。2011年1月，在纽约时代广场播放的中国形象宣传片中，就出现了姚明、成龙、杨利伟等社会各界名人。

三、国家利益关联器物形象

器物产品的自身质量、器物所体现的创新力以及在时尚消费文化中的地位和作用等基础要素，是决定器物形象的关键。以中国丝绸长时段范围内在世界上的影响力来说，其主要原因也是如此，即中国丝绸精美的纹饰与高超的技艺一直得到认可和欢迎，无论是在东亚的日本还是遥远的欧洲，其制造技艺都难以与中国相媲美。也正因为如此，才使得丝绸在全球消费市场一直占有领先地位。中国瓷器在全球范围内受到欢迎的原因亦是如此，凭借具有垄断性的技术优势，在长达1000余年的时间里，中国瓷器一直是世界上最受欢迎的文化商品之一。但无论是丝绸和瓷器，均满足了当时社会的消费需求。以当下在全球范围内得到认可的各类产品来说，无论是好莱坞的电影、德国和日本的汽车、法国和意大利的时尚日用品等均是如此。以具体器物产品为例，近年来，美国苹果手机在全球范围内受到追捧，其关键因素是器物承载的美学理念和文化功能满足了消费者的需求，也体现了各国自身利益。

国家利益是影响器物形象塑造的另外一个重要原因。在对外贸易过程中，受到不同国家自身利益的影响，会对中国器物形象的塑造产生积极或者消极作用。早在汉代，当中国风格的丝绸在罗马受到欢迎的时候，古罗马作家普林尼就表达了自己的不满，认为这些商品削弱了罗马。"花了这么多人力，从那么远的地方运来，就为了让罗马妇女在公共场合炫耀透明的衣衫。"[15]上述情况在中国对外贸易历程中绝非个案。在中西贸易之初，中国瓷器因为精

---

15 （美）芮乐伟·韩森：《丝绸之路新史》，张湛译，北京：北京联合出版公司，2015年，第23页。

湛的技术引起了整个欧洲社会的追捧，拥有中国瓷器产品是身份和地位的象征。但随着瓷器影响到英国等国家的经济利益以及欧洲不断试烧出类似中国瓷器的产品，以英国笛福为代表的各个阶层开始宣称中国瓷器的各种缺点，从不同角度诋毁中国瓷器等器物产品。近年来，"中国制造"在国际市场上遭遇的各种不公正待遇也大抵如此。

第二节　器物形象与国家形象的中国建构

与虚拟或模糊的文化差异和精神信仰不同，器物形象是建立在物质消费基础上的形象建构。这种直观、明确的器物形象，能够为我们了解国家形象提供更为精确的信息。也正因为如此，在不同时期、不同国家的国家形象建构中，器物均扮演着重要的角色，具有重要的影响力。探究两者之间的关系，有助于从客观层面了解器物形象对国家形象的影响。

一、历史语境下中国器物形象的多重镜像

在漫长的人类造物历程和中外器物文化交流中，器物在促进人类社会发展和文明进步中起了积极的作用。为了更清晰明了地了解不同时期的中国器物形象及其影响因素，课题研究将器物文化研究分为三个阶段：古代器物贸易和文化交流、近代中国器物贸易和文化交流、现代新阶段器物文化贸易和交流。

1. 古代中国的器物形象

技艺精湛、器物精良是各国对中国古代器物形象的总体评价。由于传统农业社会发展较慢，在上千年的中外器物交流过程中，造物文明和造物体系的影响范围还相对有限，多以农产品和手工业品等为主。作为区域性的造物技艺大国，器物在中国对外形象塑造过程中，有着重要的作用和影响力。早在西汉时期，张骞就出使西域，逐步建立了中国与中亚许多国家和地区之间的联系。东汉时期，古罗马史书上有对中国诚信经商的记述："赛里斯国即界居二山之间。其人诚实，世界无比。善于经商，可以不面对面贸易，遗货于沙碛中。"[16]受到诸多因素的限制，器物在对外交流和文化往来中扮演重要的角色。古罗马白里内《博物志》曾记述精美的中国丝织物情况："其林中产丝，驰名宇内。丝生于树叶上，取出，湿之以水，理之成丝。后织成锦绣文绮，贩运至罗马。富豪贵族之妇女，裁成衣服，光辉夺目。"[17]希腊人包撒尼雅斯也记述了中国物产丰富，尤其是以丝绸为代表的中国器物技术精良，深得许多国家民众的欢迎。尽管在记述中，有对中国丝绸制作想象的元素，但可知早在2000年前，中国丝绸已经通过贸易运输到欧洲，精美的丝织品引起了欧洲上层社会的追捧，也奠定

---

16 张星烺编注：《中西交通史料汇编》（第一册），北京：中华书局，1977年，第20页。
17 张星烺编注：《中西交通史料汇编》（第一册），北京：中华书局，1977年，第20页。

了中国"丝国"的地位和影响力。在古代，国家和地区之间的交流受到交通不便利等诸多因素影响，精美的器物产品以及诚信的商业态度就成为国际关系与国家形象塑造最为有效和便捷的模式。随后，在诸多欧洲的游记和史料中，均提及中国丝绸，并逐步成了中国的代表和象征。西汉初年，张骞通西域时，就发现了中亚各国"其地无漆、丝"，在携带的器物礼品中，就有来自中国的漆器和丝绸。以此为发端，以丝绸为代表的中国器物传播到世界上许多国家和地区，也因此形成了闻名世界的"陆上丝绸之路"。通过丝绸之路，形成了以中国为主导的世界贸易圈，不断扩大中国器物的影响力和国际地位。

宋朝海上贸易发达，大量中国产品出口到国外，引起了世界各国对中国产品的羡慕。对中国产品的赞誉也出现在各种游记中。爱德利奚的《地理书》中记述了中国无与伦比的丝瓷制造技艺以及高度发达的商业贸易。"建筑华丽，商业隆茂，商务信用，驰名世界。制有佳磁（瓷），其质良美。中国人所称之格柴儿，为他方所无。产丝绸，坚实华丽，举世无匹。"[18]元朝国力强盛，加之蒙古人的重商政策，中国制造业能力进一步增强，推动了更广范围内的器物贸易，确立了中国全球引领性的造物技艺的标杆，器物文化影响力进一步扩大。在对外器物贸易和文化交流中，出现了以青花瓷为最具影响力的器物产品。这一融合中外风格的器物产品，也彰显了中国瓷业工匠的创新意识和精良的造物技艺。以收藏于大英博物馆的现存有纪年的至正青花瓷器为例（元至正十一年四月，1351年，笔者注），该瓷器瓶身的纹饰包括莲花纹、蕉叶纹、云纹、龙凤纹、菊纹等，无论是釉料使用、器型布局与分工、纹饰的绘制，都彰显了当时高超的造物水平。《马可·波罗行纪》中记述了中国高超的造物技艺。"中国人技艺上特别之天才。中国人较他种人，技艺天才特高，艺术精美异常，世人皆承认之，甚多书中，已言之矣。至如绘画之高妙，世界人种，莫可伦比。即希腊或他种人亦当退避三舍也。"[19]这些高超的造物技艺，尤其以瓷器、茶叶、造船等各个方面，充分体现中国匠人的造物成就。

在元朝造物技艺基础上，明朝的造物水平达到了更为发达的程度，最具代表性的是郑和下西洋。1405年至1433年，郑和率领着当时世界上最大规模的船队开启了明朝对外朝贡贸易，向外宣告着一个强大的造物能力。与此同时，中西直接贸易也让中国器物走向了全世界，构筑了以丝绸、瓷器和茶叶等为代表的中国器物体系。在此之前，上述中国产品已经在亚洲大部分国家和地区销售和贸易，也奠定了中国器物文化的影响力。但由于交通限制，中西之间的贸易多通过中转形式开展，仅有少量的社会精英会拥有和使用来自中国的产品。即便如此，这种间接贸易形式依旧拉近了中国与欧洲的联系，为后来中西间的直接贸易奠定了基础。在此过程中，尽管欧洲人不了解中国产品装饰风格的象征意义，也可能存在着这种"误读"的现象。但这并非中国产品在欧洲受到欢迎的原因。产品的质量和实用性是中国产品受到认可的关键因素。在瓷器和丝绸等代表性产品的影响下，许多其他中国商品也开始在欧洲

---

18 张星烺编注：《中西交通史料汇编》（第二册），北京：中华书局，1977年，第237页。
19 张星烺编注：《中西交通史料汇编》（第二册），北京：中华书局，1977年，第73页。

畅销。技艺精湛、质量上乘,是对中国产品认知的整体印象。西班牙人克拉维局的《奉使东方记》描述了拥有丰富的商品种类与高超的造物技艺的中国。"由中国运来丝货,美丽非凡,尤以绸缎为最。又麝香一物,世界他处所无。红玉、钻石、珍珠、大黄等物,亦皆来自中国。中国货物,在撒马尔罕者,最良且最为人宝贵。中国人者,世界最精巧之工人也。"[20]明至清中期之前,大量中国商品销售到欧洲各国,进一步提升了中国的影响力。与此同时,大批欧洲商人和传教士来到中国,催生了中西之间的贸易往来。在这一时期,几乎所有欧洲的东印度公司的利润大多来自同中国直接的贸易。

作为中国生活方式的象征,饮茶风尚首先被英国人模仿,进而引发了其他欧洲民众的模仿,也带动中国其他器物在欧洲的流行。中国漆器、家具、园林、壁纸、乐器以及其他各种生活用品都大量出口到欧洲,部分欧洲社会上层以身穿中国官员的袍褂参加各种社交活动作为时尚象征。从上层贵族发端,在大量商品的推波助澜下,这种风尚成为其他社会阶层模仿、炫耀身份的象征,中国产品恰好赶上了当时风行欧洲的消费时尚。与中国商品在欧洲受欢迎相匹配的是大量中国书籍被翻译到欧洲。"1735年至1795年间,北京的耶稣会士总共翻译了400多种中文作品,利玛窦、白晋和殷弘绪等人写了卷帙浩繁的报告,寄给他们在法国的上级。"[21]尽管动机并非传播和弘扬中华文化,但其依旧在推动中国文化影响力方面有着积极的作用,也在欧洲形成了长达2个多世纪的"中国风"。在繁盛的背后,也蕴藏着巨大的危机,在长期学习和模仿中,凭借工业革命造物技艺的发展,以英国为代表的国家在机械化造物技艺的推动下,开启了全球性的对外贸易输出。而中国引领世界的器物制作理念也因此成为英国攻击和诋毁的目标。曾经在英国备受欢迎的中国瓷器被认为纹饰丑陋、形制怪异,是女性脆弱的象征。而英国人也在印度和斯里兰卡等殖民地成功种植出茶叶,并逐步取代对中国茶叶的进口。而欧洲在科技方面所取得的巨大成就,让他们一直试图打开中国的市场。1792年,马戛尔尼访华过程中出现了各种冲突,被部门历史学家认为是世界上两个大的国际市场国家为了自身器物体系而进行的竞争。在长期相对封闭的农业生产体系下,中国并不了解世界科技发展成就,曾经引领世界发展的中国造物手工体系渐渐落后于世界。

2. 近代中国的器物形象

传统造物体系的被动瓦解,新型造物体系尚未确立,是近代中国产业发展的尴尬局面。曾经居于引领地位的中国传统造物体系,在新式机械化造物体系的冲击下,处于被动落后的处境。在对外贸易过程中,中国输出的多为农产品和手工业品等各种初级产品,而购买的却是机械制造的各种工业品,中国产品在国际市场上没有任何的竞争优势。与之相伴随的是,在近代人类世界"弱肉强食"的丛林法则下,中国成为西方列强侵略和剥削的对象。国力衰退背后是庞大的中国市场成为西方产品倾销地,而半殖民地半封建社会的中国现状和不利的

---

20 张星烺编注:《中西交通史料汇编》(第一册),北京:中华书局,1977年,第326页。
21 (美)罗伯特·芬雷:《青花瓷的故事:中国瓷的时代》,郑明萱译,海口:海南出版社,2015年,第56页。

国际关系也影响了近代中国器物贸易，进而影响中国的国家形象。在器物层面，大量洋货倾销到中国，其背后被国人认同的价值观念，让近代中国出现了极端狂热的"洋货"崇拜，而曾经引领世界消费时尚的中国传统产品不再得到认可。这种从上海、广州等沿海开放城市扩展到内地的消费文化，催生了近代中国独特的消费理念和消费心态，也对中国传统器物体系带来了更大的影响。

被动纳入世界新式制造业体系的中国器物体系，加之近代西方强势话语建构，中国传统造物体系就成了"落后"和"衰退"的代表，预示了中国在各方面的衰落。古老的手工业品和农业品等原料和初级产品是中国对外贸易的重要组成部分。即便在民国时期，中国也逐步建立了自身的工业体系，但依旧无法在国际竞争中处于有利地位。在展示各国自己形象的博览会等国际平台上，能够代表中国形象的依旧是瓷器、丝绸和茶叶等原来在国际市场上被认可的产品。与此形成强烈反差的是，欧美各国展示的是自己先进的工业制造产品。这种差别背后是中国缺乏完备的教育体系、创新的人才机制，在与先进器物制造体系竞争中落后于世界。

3. "中国制造"与新中国器物形象

中华人民共和国成立以后，依靠制度优势，迅速在中国确立了工业化发展体系。在很短的时间内，改变了长期以来中国工业发展一直依附于西方国家的被动局面，构建了自身完备的造物体系。1956年，毛泽东在中央政治局扩大会议上作了《论十大关系》的报告，提出了要正确处理重工业、轻工业和农业之间的关系，为社会主义初期制造业体系的构建提供了理论上的指导。但在当时复杂的国际关系背景下，中国主要与社会主义国家保持贸易往来。为了提升中国影响力和国际地位，中国多次参加各类国际博览会。在这些博览会上，中国制造的产品不仅受到各国民众的欢迎，也受到商人的认可。也正因为如此，在器物贸易的基础上，中国与世界许多国家保持了友好的贸易往来，也赢得了其他国家对中国的认可。改革开放之前，在严峻的国际背景下，中国在重工业、轻工业等方面取得了巨大成就，树立了独立自主、奋勇争先的造物形象。

改革开放以来，中国造物技艺迅速发展，大致经历了以下几个阶段。第一个阶段是依托自身劳动力优势和丰富的资源，通过农产品、手工艺品和矿产品与世界各国进行联系，中国实现了经济增长和造物技艺的提升。第二个阶段是从20世纪90年代初期开始，中国制造以"来样加工"和"贴牌"的模式，带动了中国制造业基础的迅速提升，并在全世界范围内构筑了"物美价廉"的中国器物形象。这一时期，凭借价格优势，中国产品开始在世界范围内得以迅速传播，也因此形成了价格低廉的中国器物形象。很长一段时期，有产品、无品牌是国际社会对中国器物形象的看法。进入21世纪以来，在吸收借鉴先进造物理念基础上，中国制造迅速发展，在诸多领域取得了全球性的领先地位。在此背景下，中国开启了"品牌大国"和"科技大国"的历程，通过多渠道塑造科技领先、造物精良的中国器物形象。在5G、高铁、信息技术等领域，中国已经取得了全球性的领先地位，逐步由制造大国向制造强国转变。

新中国成立至今70余年的造物历程,中国制造取得了令世界震惊的成就,实现了从贫穷落后的国际形象向经济强盛的大国转变。在此历程中,中国也构筑起完备的制造业体系,也在全球确立了良好的国际形象。但器物形象塑造是复杂的历程,一方面与一个国家自身制造体系有关;另一方面也与国家利益等诸多复杂因素有关。就中国器物形象而论,物美价廉背后是有影响力的产品品牌缺失,也伴随着创新力不足、产品质量等诸多问题,这也影响中国器物形象的塑造。但更为关键的是,中国高度完备发达的造物体系以及迅速发展的科技产业,威胁到部分国家,尤其是以美国为代表的部分发达国家的商业利益。正因为如此,他们从多个角度诋毁中国制造,在本国塑造中国产品不值得信任的"假象",这也是当下中国器物形象塑造中面临的巨大挑战。因此,在提升中国制造能力和技术创新的同时,我们也需要通过多角度宣传和推广中国器物形象。

二、器物形象折射变化的中国形象

在漫长的中外文明交流过程中,中国国家形象会随器物贸易和文化交流的变化而变化。不同时期中国的国家形象与器物形象有密切的关系,其发展阶段和表现特征,正好与器物形象相吻合。通过对国家形象的整体性分析,能够更为明晰地了解器物形象在国家形象塑造中的地位和价值。

1. 文明亲善、繁荣富庶的古代中国国家形象

中国国家形象在不同时期表现出不同的特征,这些既与中国国家实力有关,也与国际局势变化有密切的关系。大体而论,中国国家形象分为三个阶段:古代中国的国家形象、近代中国的国家形象、中华人民共和国成立以后不同时期的国家形象。尽管由于各种因素限制,关于古代中国国家形象的记录和史料比较少,但从现存的少量资料中依旧能够看出繁荣强大的中国国家形象。

国力强盛、自信开放的汉唐帝国形象。汉唐时期,中国就开始了对外贸易往来和文化交流,依托自身强大的传统文明体系和高超的造物技艺,中国构筑了繁盛、强大的国家形象。这一时期,以中国为核心的"东亚贸易和文化交流圈"开始形成,并在区域文化交流中起着重要的作用和影响。有学者研究指出,早在战国时期,中国已经与朝鲜半岛开始了文化交流,汉字已经传入该地区。新罗统一朝鲜半岛三国以后,中国政治制度、教育体系和文化观念等大量传入朝鲜,对朝鲜文字和文化等的形成具有重要的影响和作用。以儒学为主导的中国文化也成为朝鲜学习和模仿的标准,新罗多次派出大量遣唐使到中国学习中国文化。"据统计,自(唐)太宗贞观十四年(640年)新罗派遣留学生起至五代中叶,三百年间,新罗所派遣的留学生最保守估计当有二千人。"[22]在遣唐使学习基础上,新罗也设立了国学机构,推

---

[22] 李英顺:《试述唐朝与新罗文化的交流与影响》,《东疆学刊》,2005年第22卷第2期,第11页。

行儒学教育，并学习唐朝律令，创办自身的国家律令制度。可以说，从国家法律制度，再到文学艺术和科学技术，新罗无一不呈现和表达了对中国文化的认可和艳羡。日本也多次派遣唐使到中国进行文化交流，其人员组成包括大使、副使、判官、录事等，这些人多为了解中国文化的日本学者或者文人，此外还有医师、阴阳师、乐师、画师等。这些人到中国以后，积极学习包括建筑、医学、宗教、艺术等在内的各类中国文化。日本的佛教寺院文化和茶道就是在学习中国的基础上，而形成自身独特的文化的。

除了朝鲜和日本外，唐朝时期，还有许多国家与中国保持贸易往来和友好的文化交流。"正是由于唐朝政府对外国使节的友好接待和重视，由于唐朝的政治军事强大和经济文化繁荣，当时不少国家都主动保持与唐朝的通交往来。据史书记载，与唐朝往来的国家有七十余国"[23]。唐朝时期，中国一直以开放的心态来处理自身文化与其他各国文化之间的关系，都城长安是闻名世界的国际大都市，对外贸易和文化交流频繁。来自周边地区的商品和贸易不断促进不同文明之间的相互交流和文化传播，也构筑了强大的唐朝国际形象。大批外国人在长安居住，甚至在唐朝政府任职，不同国家和地区的异域文化，包括印度文化、波斯文化等均可以在此传播，也因此构筑了亲邻和善、开放包容的中国形象。欧洲旅行家白里内的《博物志》中也曾描述中国物产丰富，民众温厚敦实的形象。"塞里斯人举止温厚，然少与人接触，贸易皆待他人之来，而绝不求售也"[24]。魏晋时期，希腊人马赛奴斯记述了热爱和平、性格温和的中国人的形象。"塞里斯人平和度日，不持兵器，永无战争。性情安静沉默，不扰邻国。气候温和，空气清洁，适卫生。天空不常见云，无烈风。森林甚多，人行其中，仰不见天"[25]。安静平和、热爱和平的国家形象与生活简朴、恬静好学的国民形象，成为中国形象的标志性特征。唐朝时期，随着中外交流的进一步加强，中国的大国国家形象也进一步确立，得到了周边许多国家的认可。作为区域性，甚至全球性的大帝国，无论是器物贸易还是文化交流上，中国一直采取开放融合的国家政策。

文化昌盛、富裕文明的宋朝形象。尽管古代中国一直是繁荣昌盛的世界性大国，在全球文化交流中具有重要的地位和影响，但在不同时期，也呈现出不同的特点。同唐朝相比，宋朝军事实力下降，在同周边国家往来中，宋朝一直处于弱势。正因为如此，宋朝内部也出现了危机感。在同日本、朝鲜等文化交流中，凡是涉及国家政治、军事方面以及有损民族关系的书籍都禁止外传。"臣僚章疏及士子策论，言朝廷得失、军事厉害，盖不为少，兼小民愚陋，惟利是图，印行戏亵之语，无所不至，若使尽得流传北界，上则泄露机密，下则取笑夷狄，皆极

---

[23] 李喜所主编，陈尚胜著：《五千年中外文化交流史》（第一卷），北京：世界知识出版社，2002年，第209页。
[24] 张星烺编注：《中西交通史料汇编》（第一册），北京：中华书局，1977年，第20页。
[25] 张星烺编注：《中西交通史料汇编》（第一册），北京：中华书局，1977年，第47页。

不便"[26]。宋朝时期，由于活字印刷术的发明与推广，书籍刊印更加便利，文化进一步发展繁荣，但由于中国与周边关系紧张，文化的繁荣昌盛没有改变当时国力衰退的局面。在文化上，采取相对保守的政策，也是当时宋朝政府的态度。此外，周边国家在模仿中国的基础上，经济实力等也得到了进一步发展，曾经在唐朝时期引领世界发展的中国也面临压力。宋太宗时期，日僧奝然曾向宋太宗进献各种日本宗教书籍，并介绍日本的国家发展模式。在经历了唐末五代的战乱以后，中国国力大受影响，文化也因此受到影响。反观日本，却经历了一段很长时间的发展，维系了政治稳定。"此岛夷耳，乃世祚遐久，其臣亦继袭不绝，此盖古之道也。中国自唐季之乱，禹县分裂，梁周五代，享历尤促，大臣世冑鲜能嗣续"[27]。

但总体而论，宋朝是历史上中国文化最为繁盛的时代，在各方面均取得了巨大成就。在造物技艺方面，瓷器制造技术达到了新的高峰，并随着海上贸易的发达，传播到世界各地。欧洲的旅行家和学者对中国依旧充满羡慕和敬仰。南宋时期，欧洲人爱德利奚的《地理书》中，记述了面积广大、政治清明的中国形象，尤其记述了中国皇帝关心人民、仁义好施的开明君主形象。"中国面积甚广，人口甚庶。国王称号曰拔格伯格。为人聪明谨慎，有威有势。行政宽惠公平，度量宽洪，不吝施舍。外国自事，亦极留心。惟自己臣民疾苦，则更视为切心矣"[28]。亚美尼亚史书中就有对中国的记述，描述了一个国力强盛、人民富裕的中国国家形象。"（中国）国境皆为平原，位于西提亚之东，为世界最东之国。人民富裕、文物昌明。民性温和，不但可称为'和平之友'，而实亦为'生命之友'也。其国产丝甚旺。自上至下，视丝衣为寻常；而在亚美尼亚则至稀罕，且极珍贵"[29]。宋朝时期，随着海上贸易的发达，中国对外影响力进一步扩大。摩洛哥旅行家拔都他的游记也记述了中国繁华富庶的形象。他认为当时中国繁盛程度世界各国都难以企及。"中国幅员甚广，土产甚丰。有水果、五谷、金银等。世界各国，莫与伦比也"[30]。亨利玉尔在他的游记中也同样记述了中国国土面积广大、繁华富庶的国家形象。"中国有三百名都大邑，皆人烟稠密，富厚莫加也"[31]。元朝建立以后，尽管在文化繁盛程度上不如宋朝，但由于军事实力强大，国土面积广大，中国依旧是其他国家羡慕的对象。随着海外贸易的进一步扩展，关于中国的记述进一步增多。波斯人拉施特爱丁曾在他的著作中记述了中国的繁荣富庶。"契丹国幅员甚广，文化极高。最可恃之著作家皆云，世界上无一国，开化文明，人口繁盛，可与契丹比拟者"[32]。随后，又具体描述了元大都繁华富庶的场景以及政治制度、不同行省的情况。

---

26 《栾城集·北使还论北边事札子五道》，（卷四二），中华书局，1990年，第747页。转引葛兆光著：《宅兹中国——重建有关"中国"的历史论述》，北京：中华书局，2011年，第53页。
27 （日）木宫泰彦著：《日中文化交流史》，胡锡年译，北京：商务印书馆，1980年，第269页
28 张星烺编注：《中西交通史料汇编》（第二册），北京：中华书局，1977年，第237页。
29 张星烺编注：《中西交通史料汇编》（第三册），北京：中华书局，1977年，第7页。
30 张星烺编注：《中西交通史料汇编》（第二册），北京：中华书局，1977年，第68页。
31 张星烺编注：《中西交通史料汇编》（第二册），北京：中华书局，1977年，第218页。
32 张星烺编注：《中西交通史料汇编》（第三册），北京：中华书局，1977年，第237页。

开化文明、技艺精湛的明帝国形象。陆上和海上贸易的拓展，实现了全球更广范围内文化的交流和传播。元朝时期，以青花瓷为代表的中国瓷器产品在亚非的许多国家和地区产生了巨大的影响，许多国家民众以拥有中国瓷器产品而感到骄傲，并催生出其对中国技艺和各种造物文化的争相模仿。在元朝发展基础上，明朝国力强盛，文化进一步繁荣，与世界文化交流进一步频繁，在更广的范围内推广了中华文化。在东亚范围内，明朝依旧可以凭借自身强大的国家实力，维系与周边国家的朝贡贸易。《大明律》等中国政治制度的书籍成为日本和朝鲜等国学习和模仿的榜样，并成为他国执政的标准。与此同时，海上交通的便利，欧洲传教士、商人和旅行家等与中国接触越来越频繁，对中国了解也越来越多。明朝时期，意大利人尼哥罗梯游历东方诸国后，得出了中国人民温和慎重、聪慧多智以及中国要比他国富裕繁荣的结论。荷兰人白斯拜可通过与土耳其游客的谈话，也认为中国富裕文明。"土国游客又言契丹人精于各种技艺，开化文明，深知礼让……其人有印书术已数百年矣。土国游客在其国见活字版印成书籍甚多，可以证明此事也。印书之纸，皆极薄，为蚕丝所制成。仅能一面印字，他面则留空白"[33]。

盛极而衰、闭关落后的清王朝形象。清朝建立以后，恢复了经济生产和社会秩序，在强大的造物体系支撑下，中国迅速成为当时世界上最强大的国家之一。在对外贸易和文化交流中，中国以丝绸、瓷器和茶叶等产品为主导，在全世界范围内形成了自身巨大的影响力。在与周边国家关系上，清政府继续沿袭明朝的朝贡贸易体系，构筑与周边国家的良性和平的国际关系。在此基础上，中国与欧洲、美洲等建立了直接的贸易往来，形成了以中国为主导的全球性的贸易体系。也正是依托自身强大的国家实力，中国成为全球性的大国。在中西贸易往来和文化交流中，欧洲的传教士在中西文明交流和中华文化影响力传播方面扮演了重要角色。明清时期，欧洲传教士来到中国并长期在中国生活与工作，为了传教需要和加深欧洲社会对中国的认识，他们翻译了大量的中国著作，有助于欧洲各界了解中国文化。他们对中国的描述，让欧洲各界对中国文化非常羡慕。传教士白晋把康熙皇帝描述为宇宙间最伟大的君主之一。"拥有最高程度的治国之道，他本人身上汇集了构成一位正人君子和君主的一切品质。他的风度举止，他的体形，他泰然自若的种种特征，某种高贵气息，再加上温和仁慈的性情，从一开始就向人表明他是宇宙间最伟大的帝国之一的君主"[34]。杜赫德的《中国全志》是18世纪欧洲最为详细介绍中国的书籍，该书通过传教士在中国的经历，详细论述了中国自然、文学、儒学、社会和文化等各个方面的情况，在欧洲社会精英阶层中广为流传，在欧洲产生了长达一个世纪的中国影响力。也正因为如此，欧洲社会精英对中国文化非常关注，伏尔泰、莱布尼茨、休谟、魁奈等也因此对中国文化非常推崇，认为中国哲学和政治制度是世界文明的样板。也正是在欧洲社会精英的推动下，整个欧洲社会掀起了推崇中国文化的风

---

[33] 张星烺编注：《中西交通史料汇编》（第一册），北京：中华书局，1977年，第370页。
[34] （美）雷蒙·道森：《中国变色龙——对于欧洲中国文明观的分析》，常绍民、明毅译，北京：时事出版社，1999年，第70页。

尚，也构筑了繁荣昌盛、造物精良的中华形象。

繁华盛世的背后也暗藏了发展危机，随着西方工业革命的快速发展，中国传统的造物体系在新式体系的冲击下陷入困境。加之由于明亡清兴，在东北亚文化圈里面，对中国文化的认同也出现了不同的看法。朝鲜人对于自己仍然坚持穿着明朝衣冠，甚至认为"明朝后无中国"的现象，感到特别自豪，且对清帝国人改易服色，顺从了蛮夷衣冠相当蔑视。"每与渠辈语，问其衣服之制，则汉人辄赧难有惭色，为什么？因为'问我人服色，或云此是中华之制'"。[35]同样，曾对中华文化非常认可的日本，也认为清朝建立以后，中国放弃了自身的文化，不能代表中华文化的正统，反而认为自己的国家保留了中国文化传统。"为了证明自己古代衣冠源自上古正宗，也为了说明古之中华文化在日本而不在中国，他们不断在漂流人那里寻找证明。一个叫作关龄修的日本人，便拿了日本保存的深衣幅巾及东坡巾，告诉中国人说这是'我邦上古深衣之式，一以礼经为正。近世以来，或从司马温公、朱文公之说，乃是此物'，而且故意说，你们那里一定也有吧？中国船员仔细看过后，只好尴尬地承认，这是'大明朝秀才之服饰'"。[36]清朝建立以后引发了中国与日本、朝鲜等东北亚国家之间的文化冲突与张力，意味着中国文化影响力的下降。诚然，在历次中国王朝更替的语境下，中国影响力也或多或少地下降。但清朝正处在世界格局大变化的关键时期，在东亚等国家和地区实现文化向心力的同时，也在世界发展中逐步落后。以中国传统农业体系相配合的整个文化体系转型缓慢，越来越难以跟上人类社会发展的步伐。1792年，英国使臣马戛尔尼访华过程中的中英礼仪冲突，可以看作英国人为了追求经济利益而产生的冲突，也可看成文化之间的冲突。在英国等欧洲诸国迅速强大的历史背景下，原本引领世界文化，在全球产生巨大影响力的中国开始成为落后的象征，并随着国力的衰退，逐步沦为半殖民地半封建社会的国家。

2. 积贫积弱、落后保守的近代中国国家形象

近代以来，在科技和经济衰退的背景下，中国也从引领世界发展的角色，变为落后的象征。由于受到诸多因素的影响，曾经古老而闻名的东方大国，一直难以转型。一方面，在科技和经济发展层面，中国转型比较慢，能够在国际舞台展示和对外贸易的产品都是传统的手工艺品和农产品等初级产品；另一方面，在国际外交舞台上，由于不熟悉和不了解国际规则，也无法展示中国发展的成就。在迅速发展的媒体传播语境下，对外交流中处于被动局面，中国至此形成"落后""保守""贫穷"等固化的形象。诚然，这与中国自身的地位和实力有关，但也与中国国家形象的塑造策略有密切的关系。因为不注重自身的形象建设，在学习西方过程中，近代国人难以适应人类社会快速发展的需要。长期以来，根深蒂固的"天下观"，让中国政府和知识分子形成了高高在上的心态，对别国文化不认同和蔑视。最为典型的代表个案是，曾经长时间向中国学习的日本，不再把中国作为学习的榜样，甚至一度认

---

35 葛兆光：《宅兹中国——重建有关"中国"的历史论述》，北京：中华书局，2011年，156页。
36 葛兆光：《宅兹中国——重建有关"中国"的历史论述》，北京：中华书局，2011年，156页。

为中国是落后的代表，曾经强大兴盛的中国反而成为日本鄙夷的对象。1899年12月，宋恕在《与孙仲恺书》中曾提出，日人之评价中国，认为中国文明早已过去，六经早已扫地之国，日本的文明程度也早已超过中国。中国的落后成了日本强大的参照对象。许多日本学者也认为中国文明早已衰落，不再代表亚洲最先进的文明，这从近代日本屡次侵略中国也可证明。

如前所述，正是近代中国的工业生产能力不足，加速中国沦为半殖民地半封建社会历程，中国成为落后、保守的"东亚病夫"。以制造体系为标志的全方位落后，加剧了近代中国面临的危险，这体现在器物、制度和文化等方面的全方位落后。在政治上，半殖民地半封建社会的中国，无法维护国家权威，在国际关系中处于不利地位；在经济上，传统的中国经济体制瓦解以后，并没有建立起新型工业生产体系，也无法建立独立的国民生产体系；在产业发展模式上，成为西方发展模式的附庸。在这种情况下，中国成为西方商品倾销地和原料的来源地。在西方强势的经济体制和文化冲击下，中国一直难以建立自身完备的发展模式。尽管进入20世纪以后，中国试图通过各方面的努力，建立自身的工业发展模式，但依旧处于落后的地位。也正因为如此，才逐步在中国形成了对"洋文化"的推广，洋货和东西洋时尚是国人不断追求的代表身份和地位的象征。近代中国陷入可怕的"恶性"循环局面，在这种局势下，中国自然难以树立强大的国际形象和国家地位。从内部而论，清王朝并没有从自身的文化体系出发思考中国的发展模式和发展道路，而是不断以西洋和东洋为师，进行自身的发展和改革。诚然，这也是后发性国家发展的必由之路。但由于缺乏政治上的独立性，也难以找到合适的发展路径，无论是洋务运动、戊戌变法、清末新政乃至"中华民国"的改革，无不如是。在文化上，由于更为复杂和艰难的探索道路，让中国人在传统文化体系崩溃以后，无法建立新的文化机制，也出现了更为复杂的社会问题。在对外交往中，原本的文化自信逐步丢失，进一步固化了落后、封闭的中国国家形象。诚然，在近代100余年的发展历程中，中国也因为自身的努力，树立了较好的国际形象。比如在第二次世界大战中，作为区域性大国，坚持抗战，为人类社会抗击此次大规模的战争，付出了巨大牺牲。美国等国也曾经对中国人尊重，认为中国是值得信赖的国家。但在大部分时间里，中国依旧是一个落后的农业国，国民素质低下，国家积贫积弱，无法承担起作为大国的责任，也没有得到认可。在国际社会中，依旧难以取得应有的国际地位和影响力。

3. 开放创新、毁誉交织的中国国家形象

中华人民共和国成立以后，通过内政外交一系列改革，迅速恢复了国民经济，初步建立了自身的工业发展体系，树立了独立自主的新中国形象。在对外关系上，由于受到以美国为首的资本主义世界的封锁，中国与美国等国家的外交关系基本上处于停滞状态，美国国内通过新闻媒体宣传和各种途径，宣扬中国是不值得信任的东方国家，尤其是在抗美援朝历程中，中国各方面的表现也引起了美国的关注和重视，认为中国将是一个巨大的威胁。"我们必须以某种方式构筑堤坝。在今后100年中，中国人的力量将同化整个东南亚。将没有任何东西阻挡他们……"[37]尽管并没有与中国建立任何的往来，但美国政界和外交官依旧认为：上升的中国将具有巨大潜力，会呈现出让世界震惊的力量。尽管在中华人民共和国成立初期，中美之间存在紧张的外交局面，但中国依旧欢迎美国民间和媒体到中国进行交流。1956年，中国邀请18名美国记者到中国，遭到美国政府的顽固拒绝，但仍有3名记者违抗美国禁令，来到中国，记录了他们在中国的切身体会。"在1957年4月16日的《瞭望》杂志中，史蒂文斯说他发现'人们比我们想象的更加友好，我们遇到的官员比苏联人随意得多，也更加令人愉快'"[38]。但也正因为如此，美国人才认为比苏联更灵活、更机智的中国会更加危险。"《生活》杂志——不倾向于对共产主义中国有同情的幻觉——于1957年1月发表了新西兰摄影师拍摄中国的一系列照片，有男女劳动者们铺设铁轨、采油、建桥、使用现代化农机、在图书馆学习、进行创业跋涉去建设未开发的边远地区的照片。《生活》杂志评论道，这个图片报道清楚地表明了'红色中国已经做了一些令人生畏的努力'，并且补充道：'如果它达到预定目标，到1962年，共产主义中国将列入世界上前十位工业强国。'"[39]尽管遭到以美国为首的资本主义国家的严厉封锁，但中国依旧通过灵活的外交政策，在保持与社会主义国家密切关系的同时，积极开展与其他国家的外交往来，尤其是探索与发展中国家之间的外交关系取得了很好的成效。在1954年的万隆会议上，周恩来总理通过一系列外交活动，展示了热爱和平、不断进步的强大的中国国家形象。

改革开放以后，中国各方面迅速发展，在短短40多年的时间里，实现了经济总量居世界第二位的经济奇迹，成为拥有世界上所有工业制造体系的国家。"中国制造"在全世界几乎所有的国家和地区具有压倒性的地位。与此同时，中国在外交、政治、军事、体育和文化事业等诸方面均取得了让世界惊讶的成就，也因此成为国际舞台上重要的和平力量之一。近年来，中国提出的"一带一路倡议""人类命运共同体"等主张，也得到越来越多国家的认可和支持，赢得了负责任的大国的国家形象。但在经济快速发展过程中，中国也面临着一些亟须解决的问题。比如环境污染问题和食品安全问题等成为国外媒体关注的对象，也因此影响良好的中国国家形象。此外，中国制造在塑造物美价廉形象背后，还部分存在着不尊重知识产权、创新意识和创新能力不足，中国品牌国际影响力不够的问题，中国商业影响仍需要进一步提升。在文化科技方面，尽管中国取得了可喜的发展成就，但在何种文化代表中国形象的各类调研中，历史悠久、文明厚重的器物产品依旧是中国形象的标志性符号，而新时期的文学艺术、科技成就等依旧存在影响力不足的情况。开放创新、充满活力与批评的声音多元并存，造成了中国形象塑造中出现的各类"模糊不清晰"的情况，进而影响整体性的对中国国家形象的判断和评价。

新的历史时期，中国"国家形象"是在民族复兴和国家崛起的语境下生成的。就中国国

37（美）哈罗德·伊罗生：《美国的中国形象》，于殿利、陆日宇译，北京：中华书局，2006年，第238页。
38（美）哈罗德·伊罗生：《美国的中国形象》，于殿利、陆日宇译，北京：中华书局，2006年，第229页。
39（美）哈罗德·伊罗生：《美国的中国形象》，于殿利、陆日宇译，北京：中华书局，2006年，第239页。

家形象的定位，习近平总书记有清晰的表述："要注重塑造中国的国家形象，重点展示中国历史底蕴深厚、各民族多元一体、文化多样和谐的文明的大国形象，政治清明、经济发展、文化繁荣、社会稳定、人民团结、山河秀美的东方大国形象，坚持和平发展、促进共同发展、维护国际公平正义、为人类作出贡献的负责任大国形象，对外更加开放、更加具有亲和力、充满希望、充满活力的社会主义大国形象。"[40]

第三节　器物文化在国家形象建构中的作用

一个完整的社会有机体通常由器物、制度和文化等要素构成。各要素间既密切联系，又相互影响相互渗透，任何一个组成要素出现问题，都会影响整体。而在前述三个主要组成要素中，器物又是最直观、最有效的认知模式。换言之，一个国家的器物形象直接影响使用者对该国国家形象的认知。诚如陈旭麓在《近代中国社会的新陈代谢》中的精彩论述："在这个过程中，正是来自西方的商品改变了中国社会的面貌。它没有大炮那么可怕，但比大炮更有力量；它不像思想那么感染人心，但却比思想更广泛地走到每一个人的生活里去。"[41]正是因为器物产品带给人们直接的看法和认知，才促使器物使用者对异国其他层面的关注。要探究器物文化在国家形象建构中的重要作用和意义，就需要从多方面认知器物文化的意义和价值，思考器物文化传播在国家形象建构中的地位和影响力。

一、造物能力彰显国家实力

器物反映一个国家的造物能力，折射造物体系，体现包括经济、文化和社会体系等各种因素在内的系统工程。就生产体系而论，器物是一个国家整体性的生产体系的外化表现。无论是古代还是现代，在造物过程中，均需要原材料、人力、技术等的相互融合与协调。在农业文明时期，整个造物体系以满足当时社会的需求而展开，也构筑了相应的造物模式。而到了工业文明乃至当下的后工业文明时期，也要有与之相协调的高度发达的自身的造物体系和造物模式。如果将复杂的造物体系进行简化分析，就可从具体器物制造背后了解和认知高度发达的器物模式。以瓷器制作为例，从陶器到瓷器，中国也经历了漫长的发展历程。在不断的技术革新背后，是整个生产体系的演变和发展，包括原材料开采和加工、瓷器产品烧制以及审美需求。诚然，不同时期的产品又与其消费习惯和消费模式有关。无论是古代各国内部器物制造的分工合作，还是全球化背景下各国制造体系的分工协作，均能从不同层面折射出造物体系背后的国家实力和国际竞争力。强大、创新的造物体系和造物理念，彰显了一个国家硬实力，是该国自身综合实力最为基础、最为明显的表现模式。

---

40 《习近平谈治国理政》，北京：外文出版社，2014 年，第 162 页。
41 陈旭麓：《近代中国社会的新陈代谢》，上海：上海人民出版社，1992 年，第 19 页。

器物产品，尤其是文化产品，更是承载了一个国家的生活方式和文明体系。一个国家优秀的商品或器物背后通常意味着这个国家悠久的文化、文明的国民以及良好的秩序等国家形象。但与此同时，也会因为本国产品的滞销或商业利益受到影响，产生和出现另外一种截然相反的感受。仍以瓷器为代表的中国器物产品在18世纪的遭遇能够很好地说明上述观点。近代以来，当洋货在中国倾销的时候，消费和使用国货就成了爱国主义的象征，是民族文化认同的表现，反之就意味着卖国行为。这样的区分也从一个层面证实了笔者前述关于器物的思考。时至今日，民族文化内容规则依旧在全世界通用，被认为是体现民族特性的标志。"法国要求剧院每年保留20周的时间放映国产影片。同样，澳大利亚要求国产节目时间占电视时间表的55%。在加拿大，35%的无线电台的日间播放时间表必须用于播放加拿大的内容"[42]。作为古老悠久的文明国家，中国器物蕴含了丰富的文化理念，彰显中国文化发展历程。诚如徐复观在论及中国文化时提出的那样，"中国文化的主流，是人间的性格，是现世的性格。所以在它的主流中，不可能含有反科学的因素。可是中国文化毕竟走的是人与自然过分亲和的方向，征服自然以为己用的意识不强。于是以自然为对象的科学知识，未能得到顺利的发展"[43]。在漫长的农业文明历程中，中国之所以能够引领世界造物体系，其根本性的原因是基于整个人类世界造物模式简单，基本上以满足生产需求的日用品为主。在尊重自然、利用自然的过程中，中国能够将自身的手工优势发挥到极致，进而构筑和塑造自身的造物模式。但近代以来，以自然科学知识为基础的工业化模式与中国传统的文明体系无法有机地融合。也正因为如此，近代中国才在社会竞争中落后下来。器物蕴含和折射文明体系还在于器物蕴含一个民族的文化，也反映了一个国家的文化习惯和生活样式。"器以载道""寄情于物"是中国人的生活方式，也是中国文明体系的重要组成部分。《礼记》中记述了国人所认为的圣人标准。"故圣人作则，必以天地为本，以阴阳为端，以四时为柄，以日星为纪，以月为量，鬼神以为徒，五行以为质，礼仪以为器，四灵以为畜。以天地为本，故物可举也"。纳礼与器，以器显德，也是中国人的生活方式。"古之君子必佩玉。君子无故，玉不去身"。也是将个人的精神追求融入器物之中，以玉器代表圣洁、高贵、神圣等，彰显了中国的文化模式和生活方式。器物彰显的生活方式和价值体系，是中国文化体系的重要组成部分，也从一个层面体现了器物的价值和意义。在中国器物体系中，"言必有义，图必吉祥"是中国器物文化体系的重要组成部分。将象征对美好生活追求的愿景，以纹饰形式描绘在器物上，是器物和文明体系关系的直接证明。这贯穿于整个中国造物体系之中，从青铜器、玉器、陶瓷器、家具、剪纸直到当下的服饰等，均是如此。植物纹饰包括梅兰竹菊等为代表的圣洁文化，动物纹饰包括龟、蝙蝠、鱼以及创造出的龙凤等，这些均以丰富多样的文化符号和独特形象传递中国自身的文化体系。尽管在对外文化交流中，许多其他国家的民众并不了解其内

---

[42]（美）葛凯：《制造中国——消费文化与民族国家的创建》，黄振萍译，北京：北京大学出版社，2016年，第16页。

[43] 徐复观：《中国艺术精神》，北京：商务印书馆，2010年，第1页。

涵与意义，但并不妨碍其传递美好的价值追求和人类对幸福吉祥生活的追求。同样，在欧洲的古希腊、罗马的器物文化也传递着他们的精神追求。

器物塑造生活方式，推进人类文明进步。造物能力是人类特有的能力，是人类智慧的延伸和体现。从拥有造物能力那一刻起，人类的生活方式就因为器物的不断制造和生产发生巨大的改变。在国与国器物贸易和文化交流过程中，通过器物的交换与使用，在潜移默化中推动人类养成一种新的生活方式，进而塑造和形成一种对异国形象的认知和把握。在漫长的古代器物文化交流历程中，中国依托"丝绸、瓷器和茶叶"等为代表性的器物产品，在全世界范围内对各国民众生活方式产生了重要影响。以瓷器为例，精美的产品首先促使东南亚等许多部族地区的民众，实现了生活方式的跨越，直接提高了生活质量和人均寿命。瓷器产品让中东和欧洲等许多国家快速实现了分餐制，减少了疾病传播，也形成了近代的餐桌礼仪和餐桌文化。同理，近代以来，出现的各种代表性的器物，也影响了人类的生活方式，快速推动了人类文明进程。以蒸汽机为代表的工业革命成果，让人们从繁重的劳动中解放出来，开启了人类快速发展的历程。以电灯、电报等为代表性的电力革命的器物产品，大大缩短了人类之间的原始距离，也极大改变了人类的生活方式，让人们享受到科技带来的便利。在此基础上，飞机等远程交通工具的出现，也实现了不同文明的快速融合和相互借鉴。在新的历史时期，新式信息革命的产品，包括电脑、手机等的出现，也在重塑着人类的生活方式，改变了人类发展的进程。时至今日，人类创造出前所未有的各种器物产品，但一直以来，在众多器物产品中，影响最大的是各类文化产品。在中国器物贸易和文化交流中，有许多产品，但影响甚深且持久的产品均是文化产品。纸张技术在唐朝传播了中国高超的造物技艺。从宋朝开始，开启了中国的"瓷时代"，瓷器背后的造物技术、生活方式以及文化象征力，对整个世界，尤其对欧洲世界产生了巨大的影响。近代以来，欧洲影响中国的方式依旧是通过销售与人们生活联系紧密的各种产品。深入分析就会发现，近代欧洲出口到中国并产生巨大影响力的"洋货"，许多在中国依旧频繁出现。但因为其具有了巨大的文化象征意义，就赋予了这些产品新的生命，成为生活方式、身份地位的象征。拥有这些产品就意味着引领着社会消费的时尚，也意味着会产生更广范围的影响。

器物文化传递一个国家的国民素质和道德规范。作为一国硬实力象征和软实力表达的载体，器物能够彰显一个国家的国民素质和道德规范。在漫长的中国造物历程中，依托精益求精的产品质量和诚信的商业体系，中国逐步在全球范围内确立了器物体系的巨大影响力，也塑造了自身的大国形象。优雅的生活方式和精致的生活态度背后是完备的造物体系。但近代以来，在新式造物体系的冲击下，中国传统造物模式陷入了困境，进入了"模仿"和"学习"的阶段。由于自身造物能力不足和创新力不够，不仅无法确立自身器物体系的影响力，也引发了一系列社会问题。一方面，在国民生活中，出现以"洋货"为尊的消费模式，中国自身制造的产品难以受到认可，也不再是身份和形象的象征，其背后是整个中国文化体系的改变和调整；另一方面，由于处于"追赶者"的角色，在造物过程中，也存在着各种知识产权保护以及创新力等各方面的问题，进而影响中国国家形象的塑造。

二、器物形象关乎国家利益

商品贸易的本质是利益交换，即通过器物贸易满足各自的需求。这也就意味着，不同国家对其他国家器物产品进行评价的时候，自身国家利益是一个重要因素。这类个案在人类器物贸易史上比比皆是。在前工业时代的国家交往和文化交流中，对异国形象认知最为便捷的方式就是其器物质量以及其背后的造物能力。近代以来，在竞争日益激烈的国际背景下，器物更是扮演了至关重要的角色。18世纪首先从英国发难，将以瓷器为代表的中国描述为脆弱、易碎的国家形象；而在近代困境中，中国历届政府或者商人群体进行的抵制洋货和提倡国货的活动也是如此。购买或者使用国货就演变为爱国和对中华民族认同的形象，反之则表现为卖国的形象。时至今日，在全球化和自媒体快速发展的时代，一个国家的器物也常常会与这个国家的管理体制、国民素质、诚信意识等联系在一起。可见，器物文化对国家形象或者国家认同有极为深刻的影响。这一依照器物所构建的话语体系在人类发展历史上屡见不鲜，且常新常在。随着近年来"中国制造"在全球范围内产生的巨大影响力，物美价廉的"中国制造"冲击了部分西方发达国家的制造体系，也严重影响这些国家的国家利益。在此情况下，对中国制造的诋毁和污蔑也成了西方媒体和政客的常态。尤其是美国媒体关于中国器物的片面报道中，充斥着"可能""我个人认为"以及"暗示"等模糊表述的词汇，上述诸多表述传递出来的信息，及其所带来的负面影响对中国器物形象和国家形象是严重的伤害，但这些无法表明确切证据的词汇有利于他们规避责任。

中外器物贸易和文化交流史，是人类造物文明不断发展和进步的历程，也是国家形象展示和塑造的历程。在传统农业文明时期，先进的手工业品和进行加工的各种农产品等初级产品加工的程度意味着造物技艺的高低。以陶瓷为例，全球范围内所有的国家和地区制作低端的陶器，但中国瓷器的发明就是伟大的创造，从最早的7世纪开始一直到18世纪，在将近1000年的时间里，中国的瓷器制造都领先世界，并通过出口贸易改变了世界上许多国家民众的生活方式，提升了生活质量。此外，中国的丝绸和茶叶等产品无不如是。但进入18世纪中期以后，发端于英格兰的工业革命逐步改变了原有的手工生产模式。机器大工业生产在与手工生产的竞争中形成了压倒性的优势，开启了工业革命时代。这一时期，最大的变化是器物的种类和数量呈现几何级增长。同农业文明时期相比，世界性贸易的范围和交流速度明显提升，大量新式器物开始出现，极大地改变了人类的生活方式，其中最具代表性的包括火车、汽车、电报、电灯以及大量的生活用品。这种基于工业生产体系的器物迅速打败了传统手工器物，成为先进性的代表和象征。在近代100多年的发展历程中，中国对机械制造的影响印象深刻，不仅仅因其对中国传统造物体系带来的毁灭性的打击，也是造成中国沦为半殖民地半封建社会的重要原因之一。正因为如此，中国开始了"以西为师"的历程，加速了中国传统造物体系的崩溃。曾经引领世界器物贸易影响力数千年的中国器物在新的世界贸易体系中，成了落后和低廉的代称，也严重影响中国的国家形象。1949年以后，中国不仅在制造业方面迅速追赶，还在新的信息革命竞争中逐步取得优势地位，在构建"中国制造"全球影响力的基础上，开启了"中国智造"的历程，进而重塑良性的中国国家形象。

器物的使用和流通，不仅仅是在交换价值和使用价值领域，还外化为政治、社会和文化行为。对此问题的研究，无论是莫斯提出的"礼物"，还是鲍德里亚提出的"符号消费"，抑或是齐奥尔格·西美尔的"时尚哲学"理论，都表明了"物"在人类生活和交往中扮演了重要的角色。基于微观视角分析，器物的拥有和使用是个人身份的标志和象征；从宏观视角来看，器物的制造体系是国家实力和国家形象的重要组成部分。以早期全球化时期的中西贸易为例，当大量中国等亚洲的产品输入欧洲的时候，不仅引起了类似产业工人的抗议，也引发了他们国内知识界的抵制。最具代表性的是英国抵制中国瓷器产品的案例。通过英国重商主义群体和知识界对中国瓷器的不断重塑，将原本代表优雅生活方式、质优物美的中国瓷器塑造为丑陋、脆弱的形象，进而折射出一个落后、保守、无能的中国形象。曾经风靡欧洲的"中国热"迅速消退，取而代之的是到处充满了对中国的贬抑。与此同时，他们通过对古希腊罗马等古典美学的颂扬和挖掘，重构了英国的审美理念。同样是中国瓷器，不同历史时期的不同遭遇，其根本原因是政治和社会语境的改变。上述个案比比皆是，甚或影响当下国际关系。鸦片战争以后的100余年，西方通过武力打开中国大门，急于改变自身命运的中国人开启了"以洋为师"的历程。无论是有意或者无意，上述观念或多或少地影响了国人观念，"洋货"成了时尚和身份的象征。在此过程中，西方人通过自身强大的现代文化传播体系，更加巩固了包括中国在内的世界范围内的文明形象。笔者并非否定近代先进中国人向西方学习的尝试，只是想强调的是，现代化发展过程中有太复杂的多重要素，也与各国自身发展阶段和具体国情有紧密联系。如果仅仅是照搬或者模仿，没有结合自身国情，就难以在实践层面取得成功，近代中国历次改良失败的最根本原因即是如此。中华人民共和国成立以后，经过短短70余年的历程，中国就成了世界上拥有最完备制造体系的国家，器物制造能力和制造水平实现了根本性的跨越。但即便如此，中国器物并没有取得与自身质量相匹配的国际地位，依旧受到西方建构的强势话语体系的消极影响，其根本原因依旧是不同国家的不同利益。

器物是国家实力和国际关系的"缩影"，是人们对自己国家或他国形象最直观、最朴实认知的有效路径。以中国为例，从汉唐时期，已经开启了与周边国家和地区的器物往来，正是以领先的造物技艺为基础的器物生产体系，中国才形成了强大的国家影响力和良好的国家形象。从唐宋到元朝，中国的贸易范围已经从东北亚扩展到东南亚、西亚和中东等许多国家和地区。也正是在这一时期，构筑了中国丝绸、瓷器和茶叶"三位一体"的器物对外体系。到了16世纪，随着中西直接的贸易往来，开启了具有全球影响的"中国风"。对于绝大多数没有到过中国的欧洲人来说，精美的瓷器、优雅的饮茶方式以及考究的漆器、风格多变的园林建筑等，均引发了他们关于中国的美好想象，进而引发了他们对中国文化的艳羡和模仿。"异文化"所带来的想象，开启了中西之间最佳的一段历史历程。上述情况，也适合早期中国与美国等国的交流。但近代以来，从英国发端的大工业生产体系凭借更为先进的生产理念，摧毁了中国传统的手工合作分工的生产模式。类似前述模式，欧洲器物开始在中国产生了巨大的影响。尽管从器物形象影响国家形象的视角来分析，器物在国家形象中扮演的实质性意义并无本质区别。但近代以来，随着器物种类的快速增多，在器物消费选择以及器物交流中也就出现了各种新型模式和理念。具体而论，在中国传统消费模式中，并没有基于对市场调研以及需求的情况进行研究，多为依托自身产品稀缺性以及产品的价格优势。在近代以前，在器物种类和数量相对较少的情况下，还具有优势，但在近代机械化造物体系的冲击下，其产品生产和销售并不具有多大的优势。与此相对应的是，西方形成了较为立体化的商品销售模式，从商品质量、营销模式和身份象征等诸方面对产品进行包装，进而对中国商品形成了全方位的碾压。依托新式的传播方式和传播媒介，推动了西方先进文化在中国大众中的传播。在中国传统的理念里，仅注重对产品实用性的追求。但近代以来，欧洲诸发达国家特别重视造物文化的传播和推广，其最为重要的是通过报刊和博览会等平台进行传播。换言之，器物体系的内涵和外延更加丰富，其所代表和蕴含的各种文化因素更为复杂，也更需要具体的策略进行应对。在新的历史时期，这种关系表现出更为复杂的因素，以器物基础形象为依据，外化为更为复杂的营销模式和销售策略，体现更为复杂的内涵和外延。

三、器物形象影响国家形象的路径与机制

器物形象是国家形象的基础性表达和重要组成部分，与国家形象紧密相连。有利的（或不利的）国家形象可能有助于（或抑制）制造国器物在海外的承认、接受和快速传播。但器物文化传播对国家形象影响的关系是动态的、变化的，受到诸多复杂因素的影响，且在不同时期呈现出不同的特征。器物有多重属性，从其出现起，就承载着许多意义和价值。随着民族国家的形成以及跨国贸易的产生，器物就与制造国与消费者的命运紧密地联系在一起。诚如马克思对商品论述时候提出的那样，"（商品）一种非常奇怪的东西，富有形而上学的微妙和神学的精密"[44]。自然，器物承载的民族文化意义也是其重要方面。换言之，消费和使用器物背后所承载的国家形象也是器物价值和意义的一个组成部分。如前述，在中国古代精美器物背后彰显了一个世界性大国的国家形象，也形成了中国巨大的国际影响力。但近代以来，由于造物能力落后，中国地位下降，成为落后的象征与代表。此外，在不同历史时期，也会以国家利益为核心，在器物贸易和出口方面采取诸多的举措。唐朝时期，中国国力强盛，采取了开放包容的对外政策，任何器物，甚至包括国家政策决策的书籍等均可以进行"文化馈赠"。但到了宋朝时期，就不允许部分中国书籍出口，以免对自身的国家利益构成威胁[45]。其他国家的情况亦是如此。近代以来，国家和企业等的技术保密与知识产权保护方面的举措与制度，也大抵可以归入这一范畴之中。

---

44 马克思：《资本论》（第1卷），北京：人民出版社，1975年，第87页。
45 葛兆光：《宅兹中国——重建有关"中国"的历史论述》，北京：中华书局，2012年，第51—52页。

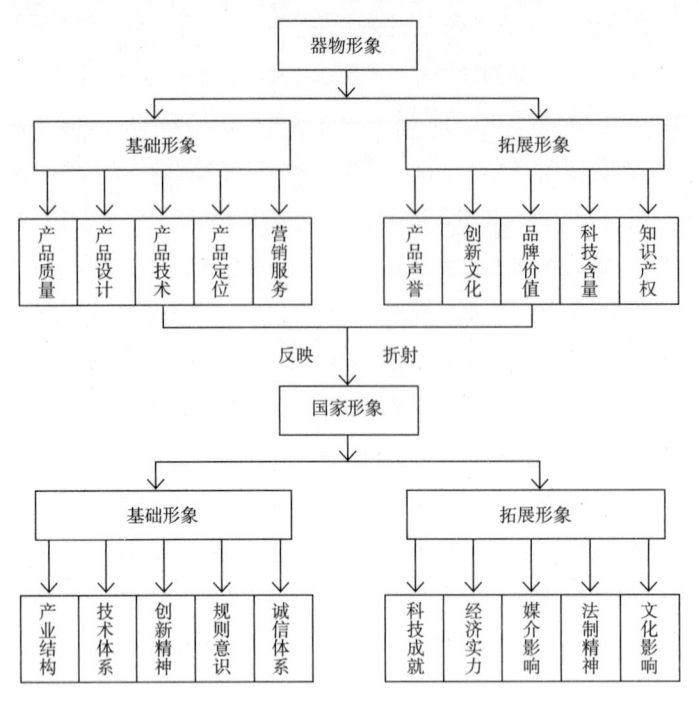

图 1-1 器物形象影响国家形象结构图

  由于器物在国家形象中具有的重要作用和地位，器物形象也有了更大的意义和价值。器物形象塑造和影响国家形象，是国家形象外化的反映和体现。不同于文化等无形的、多变的形态，器物可观性和实用性是其最具代表性的特征。在国与国的交流中，器物是最能体现和彰显国家形象的重要元素。在世界性文化交流体系中，器物也总是扮演着先行者的角色，也能消减因为文化差异而产生的诸多冲突。无论是中国古代的器物，还是当下世界性流行的器物，均在文化差异的情况下，很好地传递了国家形象，传播了该国的生活方式和文化。中国依托发达的造物体系，在东亚范围内传播了自身儒家文明的思想体系，产生了如今的文化圈。英国依托在工业革命中取得的巨大成就，在人类近代社会发展历程中，有着巨大的影响力，也出现世界各国对英国文化的认同。在人类发展的新的历史阶段，器物依旧扮演着非常重要的角色和地位。美国凭借在电力革命和信息革命过程中的引领地位，奠定了其世界唯一强国的历史地位。时至今日，美国的好莱坞电影、苹果手机以及各大信息系统依旧具有全球领先地位的话语权。同理，许多发达国家也依托自身的器物制造构筑了自身的国家形象。德国凭借其高度精良的造物技术，成功塑造了诚信和高品质的国家形象。"德国的整体形象，很多人认为严谨是重要特征，究其原因，很重要的来源在于汽车、电器乃至厨具等产品的客观品质上"[46]。日本依托在20世纪60年代发端的器物制造，成功塑造了质量过硬、产品精良的国家形象。近年来，韩国凭借工业制造，尤其是文化创意产业中的创新理念，在全球刮起了

---

46 范红、胡钰主编：《国家形象多维塑造》，北京：清华大学出版社，2017年，第44页。

影响深远的"韩流",也迅速形成了巨大影响力。

中国器物形象和国家形象之间的关系,也很好地诠释了前述理论推断。在长时段的器物贸易和文化交流过程中,器物形象是国家形象的"物化"表达。在古代中国造物技术发达、处于引领地位的时候,整个国家形象也多以正面、积极的模式传递给全世界;反之,器物制造体系的落后,也是国家落后的象征。近代以来,国家的落后反映为制造体系的落后,表现在器物上就是低端的象征。在国内市场上,"洋货"成为高质量生活方式的象征,中国产品被污蔑为"土产品",赋予了低端、落后的含义。其产生的巨大消极影响是:整个中国处于积贫积弱、被动挨打的境地。改革开放以来,依托自身强大的基础造物体系,中国在全世界塑造了"物美价廉"的器物形象,既体现出中国具有丰富劳动力资源、产业体系完善等优势,又反映出创新力不足等多重形象。在新的历史机遇期,随着科技进步和创新力的迅速发展,中国在高科技领域迅速确立了自身的优势,也形成了更大程度的国际影响力。与之相伴随的是,中国器物形象也由"物美价廉"向"质高物美"转变,也在高科技领域具有巨大的影响力,得到许多国家的认可。

器物形象与国家形象之间有互动影响关系:第一,器物承载国家形象。人们在使用器物过程中会形成直接印象,进而对该国形象进行评价;第二,国家形象反作用于器物形象。人们会因为对一国历史文化、政治体制的认同,更加使用该国制造的器物,并根据使用情况进行调适。基于器物形象和国家形象之间的紧密关系,在新的历史语境下,我们需要通过器物形象的塑造机制,构筑新型的中国国家形象。为此,就要重视和加强器物形象和国家形象之间的联系。国家形象对器物形象有反作用,良好的国家形象也有利于器物形象的塑造与形成。国家形象是公众对一个国家的综合评判和总体印象[47]。国家形象包括政府形象、企业形象、产品形象、城市形象、国民形象、文化形象以及自然景观形象等要素。这些要素通过媒体或者他国民众的认知进一步形成和明确固有形象,进而实现对一个国家形象的认知和了解。在此过程中,客观性的元素在国家形象塑造中起重要作用。而这些客观形象会反作用于器物形象,进而形成对一个国家器物形象的认知和了解。良好的政府形象、政府决策、文化传统、企业形象以及国民素质等有利于形成对器物形象的认知和了解;反之,消极的上述要素会对器物形象产生反作用。以中国器物形象塑造为例,在器物形象塑造过程中,企业的创新精神、诚信的商业意识和良好的国民素质等对器物形象塑造有着良好的推动作用,也会有助于推动国家器物品牌的塑造。

通过器物形象的基础性表达,塑造良好的中国国家形象。我们不仅要注重器物形象的宣传和推广,通过器物形象客观性的宣传,塑造良好的国家形象;还要重视和加强国家形象其他方面的建设,提升他国民众对中国器物文化的认同。基于此,要从以下几个方面加强器物形象的建设:首先,重视产品质量,加强品牌建设,提升器物形象的科技含量和文化含量。

---

[47] 范红、胡钰主编:《国家形象多维塑造》,北京:清华大学出版社,2017年,第44页。

质量和创新能力是器物最为基础和关键的要素，也是器物形象最具影响力的因素。在器物贸易和文化交流中，重视对器物质量的监管和提升创新能力是塑造器物形象的关键要素。前述的美国、德国、日本、意大利等国无不如是。近年来，中国制造风靡全球，取得了举世瞩目的成就。但在此过程中，也应该保持清醒的头脑，在认识到中国已经具有世界上最完备的制造业体系，成为世界经济发展的"引擎"以后，主动地更进一步进行产业体系调整和变革，加强品牌建设，实现从制造业大国向制造业强国的转变；其次，重视对器物文化的宣传和推动，提升中国品牌的全球影响力。宣传和推广在商品销售和器物形象构筑中具有重要作用。中国瓷器在欧洲不同时期外化的器物形象是极具代表性的个案，从作为引领消费时尚的奢侈品，到被看作"脆弱""丑陋"的中国器物，英国文学界和经济学界扮演了推波助澜的角色。时至今日，部分中国商品认同度不高，也与器物文化传播不及时、不准确有密切关系。在新的历史机遇期，需要政府和生产主体等各方更为精细地规划，继续扩大对中国造物技艺和造物能力的宣传和推广，全面提升中华器物文化的影响力和国际地位。

四、小结

器物形象是国家形象的"物化"表达，不仅彰显国家的硬实力，还蕴含国家文化软实力。在中外文化交流过程中，器物扮演着先行者的角色，是他国民众对中国国家形象的最先认知，在国家形象建构中发挥着基础性的先导作用。良好的中国器物形象会对中国形象的建构起促进和推动作用；反之，就会有消极作用。重视器物形象在国家形象建构过程中的地位，有助于从器物文化交流视角思考中国国家形象建构的新路径。

不同于文化传统、政治体制、宗教信仰等要素，器物形象是国家形象最稳定、最可控的组成要素。诚然，器物形象也会受到国家利益、消费时尚、生活习惯的影响，产生偏差或不公正的评价。但在历史的长河中，器物基础形象一直是对一国器物形象评判最关键的要素。正因为此，许多国家都非常重视产品质量等的建设，进而树立优良的器物形象。基于器物形象的重要作用，在中国国家形象建构中，我们既要重视器物基础形象建设，也要重视产品宣传与推介、国际文化交流平台等其他影响因素的作用。

第二章　古代器物形象演绎中华礼仪之邦

作为造物智慧的象征，器物在人类文明交往中扮演重要角色，也间接影响人们对器物制造国国家形象的评价。领先全球的造物技艺让古代中华文明在亚洲文明体系中扮演引领者角色，形成了以中国为核心的"器物文化圈"。至迟从汉朝开始，通过丝绸之路，中国器物产品和造物技艺传播到许多国家和地区，塑造了繁盛的中国形象。唐朝至元朝，中国历届王朝政府采取不同的模式，在更广范围内传播中国器物文化。在对外贸易和文化交流中，中国输出的是以丝绸、瓷器、书籍以及古代四大发明为代表的当时世界的文化产品，进口的多为农产品、海产品等初级产品，显示了中国发达的手工造物体系。在此历程中，中国和其他各国使臣、商人、遣唐使、僧侣、旅行家等扮演了重要角色。

第一节　中国古代造物体系与器物文化传播

一、中国传统造物体系的演变

器以载道、纳礼于器是中国造物体系的准则，昭示了器物在国人生活中的重要地位和作用。造物能力是人类代表性的技能，推动了人类社会的快速进步与发展，形成了系统的造物文化史。中华民族有精湛的造物技艺，从远古陶器开始，中国就不断形成和塑造了多样的造物技艺，构筑了独特的造物文化。春秋战国时期，中国传统手工业已经取得了较大发展，形成了完备的造物门类，将自然材料较好地应用到生活之中，提升了人们的生活水平。据《考工记》记述，当时官营手工业有六大部门三十个工种，包括木工艺、金属工艺、皮革工艺、雕刻琢磨工艺、绘染工艺和制陶工艺等。上述不同工艺也形成了明确的分工协作体系。"凡攻木之工七，攻金之工六，攻皮之工五，设色之工五，刮摩之工五，抟埴之工二。攻木之工：轮、舆、弓、庐、匠、车、梓；攻金之工：筑、冶、凫、㮚、段、桃；攻皮之工：函、鲍、韗、韦、裘；设色之工：画、缋、钟、筐、㡡；刮摩之工：玉、楖、雕、矢、磬；抟埴之工：陶、瓬"[1]。完备的造物体系和精湛的造物技巧成就了中国古代的造物成就，形成了其巨大的影响力。《考工记》作为官方的造物模式，也与中国社会制度结合起来，逐步形成了

---

[1] 闻人军译注：《〈考工记〉译注》，上海：上海古籍出版社，2008年，第10页。

中国的造物哲学和造物观。在此推动下，民间影响力巨大的造物体系是推动和构筑中国造物能力的重要组成部分。

中华传统器物造物体系反映和折射中华文化发展历程。从最初的陶器到烧造技艺成熟的瓷器，器物发展和演变的历程就是中华文明不断进步的历程。早在新石器时代晚期，中国先民已经掌握了高超的制陶技艺，已经能够绘制有黑色、红色装饰花纹的陶器。这些陶器既具备了完备的实用功能，又体现出先民伟大的艺术创造力。仍以陶器为例，中国彩陶烧造分布范围比较广，在黄河中上游的河南、河北、山西、陕西、甘肃、青海等地有仰韶文化；在黄河下游和淮河下游的有大汶口文化和青莲岗文化；在长江中下游的有河姆渡文化和屈家岭文化[2]。陶器类型种类繁多，上述地区的陶瓷既包括壶、罐、瓮、盆、钵、豆、碗等各种饮食器、储存器、水器等，也包括作为装饰的各种其他器物类型。也正是因为多功能的陶器才促使了中华文明的迅速成长，呈现出如同苏秉琦先生所言的"满天星斗"式的状态。这种多重样式的发展模式，直接推动了整个中华民族的发展和融合，奠定了早期的中华文明的器物基础。商周时期，青铜器冶炼技术发达，更进一步促使了造物能力提升。"金有六齐：六分其金，而锡居一，谓之钟鼎之齐；五分其金而锡居一，谓之斧斤之齐；四分其金而锡居一，谓之戈戟之齐；三分其金而锡居一，谓之大刃之齐；五分其金而锡居二，谓之削杀矢之齐；金、锡半，谓之鉴燧之齐"[3]。这种合金锻造器物的方式，是世界上较早使用的制器模式。在造物技术支撑基础上，根据用途，商周青铜器大致包括烹饪器、食器、酒器、水器、兵器、杂器、乐器、工具等类型。与此同时，其造物的装饰风格和器物纹样等也丰富多彩，体现了独特的审美样式和文化风格。除了迅速发达和进步的青铜铸造工艺外，商周时期，中国陶瓷工艺也在原有基础上得以提升和发展。随着烧造技艺的成熟，商周时期陶器地位和影响力下降。尽管陶器并非国家上层和贵族使用的重要器物，但其在普通民众生活中依旧扮演着重要角色，是先民生活的最基本保证。与此同时，随着人工养殖桑蚕面积扩大和丝织技术的成熟，中国丝绸织造技术也迅速提升，较早掌握了人工造丝技艺。"慌氏湅丝，以涚水沤其丝，七日。去地尺暴之。昼暴诸日，夜宿诸井，七日七夜，是谓水湅。湅帛。以栏为灰，渥淳其帛。实诸泽器，淫之以蜃，清其灰而盝之，而挥之，而沃之，而盝之，而涂之，而宿之，明日沃而盝之。昼暴诸日，夜宿诸井，七日七夜，是谓水湅"[4]。此外，漆器等造物技术的成熟和发展，也彰显了中国传统造物技艺的进步。

在原有陶器制造的基础上，秦朝陶器制造水平进一步提升，其品种包括陶鼎、陶簋、陶甑、陶豆、陶盂、陶盆、陶罐、陶钵、陶瓮、陶釜、陶灶，以及陶蒜头瓶等。其中，具有代表性的是在全世界极具声誉的秦兵马俑。这些在世界范围内罕见的陶俑群，用现实的造物手法塑造了中国古代的士兵形象，在色彩应用上面，十多种各类颜料把这些陶俑刻画得形象逼

---

[2] 田自秉：《中国工艺美术史》，北京：东方出版中心，2010年，第7页。
[3] 闻人军译注：《〈考工记〉译注》，上海：上海古籍出版社，2008年，第41页。
[4] 闻人军译注：《〈考工记〉译注》，上海：上海古籍出版社，2008年，第75页

真，达到了极高的造物成就。[5]与此同时，其他造物门类也在技术驱动下，不断提升和发展，进而在更广范围内推广和传播，形成巨大的社会影响力。汉朝时期，随着社会经济繁荣和发展，其他造物技艺在原有基础上得到进一步发展，形成了更大的范围和影响力。在此过程中，中国造物种类进一步丰富，技艺也迅速发展。尤为值得一提的是：在原有陶器烧造技术基础上，其技术进一步成熟和进步，其种类和烧造技术进一步提升，推动了瓷器烧造技艺的发展和进步。

隋唐时期，中国造物技术得以进一步提升和发展。就陶瓷器物和工艺发展而言，在六朝时期已经在浙江地区出现了原始青瓷，瓷质同陶器相比，更为坚硬，原料方面也超越了原有陶器的烧造特点。在六朝原有基础上，唐朝越窑瓷器更进一步发展。"内库有青瓷酒杯，纹如乱丝，其薄如纸，以酒注之，温温然有气相次如沸汤，名自暖杯"[6]。其产品种类包括各种钵、盆、灯、罐、瓶、执壶等，各种造型精美的陶瓷产品逐步开创了属于中国的陶瓷时代。在众多的陶瓷产品中，唐三彩也是唐代瓷器最为杰出的代表之一。唐三彩是在中国原有陶器彩绘基础上出现的低温铅釉产品，陶器表面施黄、绿、褐等色釉，色彩斑斓，搭配合理。在造型方面，唐三彩种类多样，既包括各种壶、杯、盘、枕、盒，也包括各种人物和动物雕塑作品。在烧造技艺方面，唐三彩要经过两次烧造，以保证胎坯和器型的规整。

唐朝造物文明既与高度发展的社会文明有关，也与迅速变迁的生活方式有关。以陶瓷器物制作为例，随着社会经济的迅速发展和造物技术的提升，陶瓷逐步取代青铜器和玉器成为人们生活的必需品。换言之，作为上层社会消费品的重要类型，金银器和玉器一直都没有进入普通民众的生活之中，陶器则是生活中的重要器物。到了宋朝时期，中国真正进入了瓷器时代。北方窑口中的官窑、汝窑、钧窑、定窑和南方窑口中的景德镇窑、哥窑等大大小小的几十个窑口以及联通的海内外贸易连接了中国与世界，也形成了中国陶瓷文化对世界的影响力。到了元朝时期，无论是对外贸易还是独特的审美需要，更广范围的对外文化交流进一步提升和扩展，形成了更大的影响力和作用。到了明清时期，中国古代的造物技术已经产生了巨大的影响力。作为前现代语境下最强大的国家之一，明朝在原有的基础上，在广泛的范围内进行对外文化交流，无论是对外贸易输出的器物数量还是进口的器物数量均超过了以往任何时期。清朝在原有基础上更进一步发展，实现了器物文化和交流的最高峰。

近代以来，中国传统造物技艺遭遇到巨大的冲击和压力，以机械化为代表的造物理念相对手工造物理念有巨大优势，这也使得中国在国际竞争中处于被动落后的局面。如果单纯从造物利益追求视角来看，新式工业文明对中国传统农业文明理念下的造物体系具有巨大的优势和地位，也出现了中国造物体系被全方位取代的局面。但总体来说，近代以来，中国依旧沿袭了传统造物体系，但在此过程中，也在不断学习和吸收工业化的造物技艺，推动中国造物体系的改变和提升。近代中国也在一直重塑和改变着自身的造物体系，提升中国造物技艺

---

5 田自秉：《中国工艺美术史》，北京：东方出版中心，2010年，第90页。
6 田自秉：《中国工艺美术史》，北京：东方出版中心，2010年，第145页。

和造物水平。

二、文化交流视域下的器物文化传播

任何文明的发展都会吸收借鉴其他文明的优秀成果，中国器物体系的形成和发展亦是如此。中外文明交流历史久远，有学者依据三星堆文明遗存的特点，提出了这一商代晚期的文明遗址已经表现出有与异域文明交流融合的特征。在三星堆遗址中，出土了大量货贝、虎斑贝和环纹货贝等海贝，但成都平原并不临海，则其所出的大量海贝是通过某种渠道由印度洋北部地区输入[7]。到了西汉时期，这种文明交流的范围更进一步扩展，通过丝绸之路，中国的丝绸等产品通过中亚运输到世界上的许多国家和地区，他国产品也通过贸易和文化交流运输到中国。唐朝时期，随着国力的进一步强大，对外贸易的联系更为广泛，影响力进一步提升。从唐朝开始的海上贸易更是推动了中外文化的往来与发展，确立了唐朝文化地位和影响力，也在一定程度上形成了盛唐的国家形象。宋朝时期，海外贸易进一步发达和提升，中国文化影响力进一步扩大，对外传播了中国独特的造物理念和领先世界的中华文化。明清时期，在原有造物体系的基础上，中国造物水平得到进一步提升，对外影响力更大，器物造物水平和造物能力得以更进一步发展，成就了独特的造物体系。其代表性的中国科技著作是明末清初宋应星的《天工开物》，该书详细记述了中国古代造物体系和理念，包括农业和手工业等方面的内容。全书共分为三卷，上卷记录了农业机械生产与制造等，中卷记载了陶瓷、冶铸、舟车、锤炼、燔石、膏液和杀青等，下卷记载了五金、佳兵、丹青、曲糵和珠玉等。器物贸易的过程，也是国人不断了解世界的过程。大体而论，随着国际关系的变化，中国处理中外关系有三种认知模式。

第一个模式为华夷关系。在中外文化交流中，由于交通不便利以及相关信息闭塞，中国依托自身强大的造物体系，在周边国家产生了巨大影响。也正因为如此，形成了"天朝上国"的观念。如前所述，在古代中国并没有民族国家的概念，而是以"王朝"象征形式出现，长期以来，中国自我认知中的概念，也日渐形成了中华大帝国的理念，并延续到明清时期。在与其他国家器物往来和文化交流中，他国器物多以"朝贡""贡物"等形式出现在中国历史记载中。也正因为古代中国高度发达的造物体系，中国多以高度发达的造物技艺和造物理念引领与周边地区的往来。唐朝时期，许多国家和地区商人来到长安，从事贸易和文化交流。"自葱岭以西，至于大秦，百国千城，莫不款附。商胡贩客，日奔塞下，所谓尽天地之区已。乐中国土风因而宅者，不可胜数。是以附化之民，万有余家。门巷修整，阊阖填列。青槐荫陌，绿柳垂庭。天下难得之货，咸悉在焉"[8]。大量外国人到中国，实现了器物文化的交流和融合，也促使唐朝都城长安成为当时世界上著名的国际大都市。这些贸易往来和文化交流随着交通工具的发明而变得更加便利。宋朝时期，海外贸易发达，中国通过陆路和

---

[7] 邱登成：《从三星堆遗址考古发现看南方丝绸之路的开通》，《中华文化论坛》，2013年第4期，第38页。
[8] （北魏）杨衒之著，周振甫释译：《〈洛阳伽蓝记〉校释今译》，北京：学苑出版社，2001年，第102页。

海路产生了更广泛的影响力,也加快了器物文化的交流和互动。到了元朝时期,这种情况就变得更为普遍。元青花瓷器就是中外文化交流和文明互鉴的代表性器物。这种基于中国引领的器物贸易模式,也塑造了中国的形象,并影响到明清时期。

第二种模式为胡汉关系。随着对外往来和文化交流的不断加深,器物之间的互补和联系也推动了器物之间的相互往来。在中国器物中依旧存在着以"胡"来命名的产品,包括胡琴、胡椒、胡笳等,都意味着外来器物对中华文化产生了重要影响。这种器物文化交流和贸易往来一直持续并产生重要影响。不同于前述的"华夷理念","胡汉关系"更多地体现出了商业关系和利益往来。也正是存在器物之间的互补,才促使了更广范围内的贸易往来。

第三种模式为中西关系。明清时期,海上贸易的发展,促使了全球范围内的商品流动和贸易往来,也实现了全球性的文化交流。在此过程中,中国大量商品出口到世界各地,也从别国购买商品和器物,推动着更广范围内的器物文化交流和往来。来自中国的瓷器、丝绸、茶叶、家具、园林等对欧洲产生了影响;同样,来自欧洲器物的装饰风格也对中国器物生产产生了影响。以瓷器为例,克拉克瓷、纹章瓷等具有明显的欧洲风格,也折射了中西器物文化的融合。近代以来,随着器物种类和影响力的进一步扩大,器物交流在更广范围内产生更大的作用,器物融合更进一步发展,实现了全球范围内的器物贸易和文化交流,以西方工业文明为引领的造物体系逐步取代了中国传统手工造物体系。近代中国器物制造史是中国不断调整、不断改变的历史,也是中国不断学习和追求进步的历程。总之,正是全球范围内的交流和传播,实现了器物种类和范围本质性的改变,也推动了器物种类的发展和推广。

第二节 丝绸之路与汉唐器物文化传播

汉唐时期,中华文明进入了第一次鼎盛时期,无论是政治文明还是经济繁荣都达到了很高的层次,成为当时世界上最具影响力的王朝国家。通过以陆上丝绸之路为代表的商业贸易路线,中国与西域、中亚等紧密联系在一起,对世界文明发展作出了重要贡献。强盛的国家实力、开放的对外政策、包容的文化形态外化为商业贸易传播、官方主导传播等多样化的器物传播模式,密切了中国与其他国家和地区之间的联系。在对外交流中,中国输出的产品既包括以丝绸、服饰、建筑等有形的器物种类,也包括火药、造纸与雕版印刷等为标志的先进的文化科技产品,更包括以汉赋唐诗为代表的中华文化的影响力。也正因为如此,器物对外传播塑造了强盛的汉唐帝国形象。

一、汉朝器物与"衣冠中华"的国家形象

丝绸之路商业贸易对西域和中亚区域文明产生了重要影响。汉朝开始加强对外联系,开通了中外贸易和文化交流的丝绸之路。早在公元1世纪,汉朝就尝试打通中国与其他民族和地区直接的关系往来。"自玉门、阳关出西域,有两道:从鄯善傍南山北,波河西行至莎车,为南道。南道西逾葱岭，则出大月氏、安息。自东师前王庭随北山、波河西行至疏勒，为北道。北道西逾葱岭，则出大宛、康居、奄蔡、焉耆"[9]。汉武帝时期，张骞曾多次出使西域，并记述了中国货物已经在西域等地出现的现象。"臣在大夏时，见邛竹杖，蜀布，问曰'安得此？'大夏国人曰：'吾国人往市之身毒。身毒在大夏东南可数千里。其俗土著，大与大夏同，而卑湿暑热云。其人民乘象以战，其国临大水焉。'骞以之：大夏去汉二千里，居汉西南；今身毒国又居大夏东南数千里，有蜀物，此其去蜀不远矣"[10]。这也就意味着从西汉开始，中国已经开始探索连接亚、欧、非的国际交通大动脉，中华民族所创造的物质文明及其所携带或附属的精神文明传播到其他国家和地区，推动了这些民族地区的社会发展；同理，他国文明也会传播到中国，重构和发展中华文明。诚然，受到交通工具等因素限制，中华文明多集中在对周边地区的影响。但在对外文化交流中，通过器物文明所承载的精神文明，用和平的方式沟通了世界各国之间的联系，也树立了领先世界的先进文明形象。

  高度发达的造物体系和农业文明以及领先周边区域少数民族的强大造物能力，意味着中国需要承担更大的责任。西汉时期，北方游牧民族匈奴军事实力强大，但在许多器物产品上，他们很难实现自给自足，需要进行贸易才能满足自身生活需要。"（匈奴）尚乐关市，嗜汉财物，汉亦尚关市不绝以中之"[11]。著名的代表是在汉武帝时期，由于国力强大，多次派霍去病、李广等人反击匈奴，形成了对匈奴战争的优势，也依靠国力强大而形成了较长时间的和平时期。与其他民族地区对比，在造物能力方面，汉朝有明显的优势。张骞通西域后，其他政权对中国实力有了更清晰的认识，主动加强了与中国的联系。"乌孙使既见汉人众富厚，归报其国，其国乃以重汉。其后岁余，骞所遣使通大夏之属者皆颇与其人俱来，于是西北国始通于汉矣"[12]。正是在不断交流沟通中，促使了丝绸之路的不断扩展，也推动了中国器物文化的不断传播。西汉初年，由于匈奴势力强大，且他们需要来自中国的丝绸、铁器等产品，为了维护政权稳固和社会安定，西汉政府采取了"和亲"政策，加强与匈奴的联系。通过这种模式，既加强往来，又维系和保证匈奴对中国的需求，直接或间接推动了中国文化的对外传播。公元前174年，汉孝文帝与匈奴达成和解，赠送大量的丝绸和黄金饰品。"服绣袷绮衣、绣袷长襦、锦袷袍各一，比余一，黄金饰具带一，黄金胥纰一，绣十匹，锦三十匹，赤绨绿缯各四十匹"[13]。由于中国的丝绸在古代贸易中非常受欢迎，这些赏赐给匈奴的器物，多被用于贸易。正是在和亲政策的影响下，以中国为起点的丝绸之路才得以开通，并促进了中国与世界许多国家的联系。据史料记载，通过不断的对外贸易和联系，西汉政权已经和今天的古罗马帝国和印度地区有贸易往来。"元丰三年，大秦国贡花蹄牛。其色

---

9 （汉）班固：《汉书·西域传上》（卷九六上），北京：中华书局，2000年，第3872页。
10 （汉）司马迁：《史记·大宛列传》（卷一二三），北京：中华书局，1982年，第3166页。
11 李明伟主编：《丝绸之路贸易史》，兰州：甘肃人民出版社，1997年，第26页。
12 （汉）司马迁：《史记·大宛列传》（卷一二三），北京：中华书局，1975年，第3169页。
13 （汉）司马迁：《史记·匈奴列传》（卷一一零），北京：中华书局，1975年，第2897页。

驳，高六尺，尾环绕其身，角端有肉，蹄如莲花，善走有力"[14]。到了东汉时期，古罗马地区开始了与中国的直接贸易。"大秦国一名犁鞬，以在海西，亦云海西国……其王常欲通使于汉，而安息欲以汉缯彩与之交市，故遮阂不得自达。至桓帝延熹九年，大秦王安敦遣使自日南徼外献象牙、犀角、玳瑁，始一通焉"[15]。在张骞第二次出使西域的时候，因为汉朝高超的造物技术，西域各国都愿意与汉朝交往。"天子既闻大宛及大夏、安息之属，皆大国，多奇物，土著，颇与中国同业而兵弱，贵汉财物"[16]。到了第三次出使的时候，由于已经知道汉朝国力强大，西域诸国愿意与汉朝进行往来，保持和平交往与贸易往来。"骞因分遣副使使大宛、康居、大月氏、大夏、安息、身毒、于寘、扜弥及诸旁国。乌孙发导译送骞还。骞与乌孙遣使数十人，马数十匹报谢。因令窥汉，知其广大。骞还到，拜为大行，列于九卿。岁余卒。乌孙使既见汉人众富贵，归报其国，其国乃益重汉"。从第二次仅对汉政权的财物感兴趣，到了第三次，西域各国的使臣跟随张骞到中国后，见到了强大的汉朝，都非常愿意与中国往来。即使在受到交通工具等限制局面下，由于器物之间的往来，周边民族直观地了解到汉朝时期中国强大的国力，增强了对中国的了解，将对中国器物的认知转化为对中国国家形象的认知。

以商人主导的商业贸易，加强了中国与古印度之间的国家往来和文化交流。汉武帝的时候，中国曾经与印度地区的罽宾国进行往来，但由于该国杀害了汉朝的使节，其多次往来的请求也没有得到允许。"自武帝始通罽宾，自以绝远，汉兵不能至，其王乌头劳数剽杀汉使。乌头劳死，子代立，遣使奉献。汉使关都尉文忠送其使。王复欲害忠，忠觉之，乃与容屈王子阴末赴共合谋，攻罽宾，杀其王，立阴末赴为罽宾王，授印绶。后军侯赵德使罽宾，与阴末赴相失，阴末赴锁琅当德，杀副已下七十余人，遣使者上书谢……凡中国所以通厚蛮夷，惬快其求者，为壤比而为寇也。今县度之厄，非罽宾所能越也。其乡慕，不足以安西域，虽不附，不能危城郭。前亲逆节，恶暴西域，故绝而不通；今悔过来，而无亲属贵人，奉献者皆行贾贱人，欲通货市买，以献为名，故烦使者送至县度，恐失实见欺"[17]。从上述记载可以看出，杀害汉朝使节以后，罽宾举动引起了汉朝政权的警惕。尽管罽宾国后来多次提出与汉朝进行交往，但均遭到拒绝。汉成帝时期，罽宾国再次提出出使长安，遭到了大臣杜钦等的反对。他认为该国派过来的并非使臣，而是各类商人，他们只是羡慕中国商品，并非建立国与国之间的外交关系。尽管中印交往的史料比较缺乏，难以全方位了解当时两国之间的商业往来，但从前述史料也可以佐证，汉代繁盛的器物种类已经在亚洲许多国家和地区产生了重要影响，他们都愿意与中国进行贸易往来。

---

14 《别国洞冥记》。转引张星烺编注：《中西交通史料汇编》（第一册），北京：中华书局，1977年，第16页。
15 （汉）范晔：《后汉书·西域传》（卷八八），北京：中华书局，2000年，第2920页。
16 （汉）司马迁：《史记·大宛列传》（卷一二三），北京：中华书局，1975年，第3169页。
17 （汉）班固：《汉书·西域传上》（卷九六上），北京：中华书局，2000年，第3885页。

二、唐朝器物与"华丽的丝绸之国"的国家形象

在两汉经济社会发展基础上,唐朝政治制度完善,国力更加强盛,作为东北亚的大国,唐朝在造物技术方面取得了可喜成就。随着对外交通运输的便利,唐朝在汉朝原有丝绸之路的基础上,更进一步加强对外交流和联系,海上和陆上贸易进一步发展。唐朝都城长安是世界性的文化和贸易中心,有来自整个亚洲乃至世界上许多国家的使臣、商人等。"在唐朝统治的万花筒般的3个世纪中,几乎亚洲的每个国家都有人曾经进入过唐朝这片神奇的土地。这些人是怀着不同的目的到唐朝来的:他们中有些是出于猎奇,有些是胸怀野心,有些是为了经商谋利,而有些则是由于迫不得已"[18]。但无论如何,大批外来商人推动了中国文化的对外传播,吸引外来文化传入中国,彰显了唐朝开放包容的文化。在唐代对外器物文化传播中,既包括以丝绸为代表的各类器物产品,还包括文化艺术品。

图 2-1 唐代长方形丝绸残片
[图片来源:大英博物馆]

图 2-2 唐代蓝黄丝绸织物残片
[图片来源:美国芝加哥艺术博物馆]

丝绸之路上的商业贸易,推动了中国器物和造物技艺的传播。在汉代丝绸之路贸易基础上,唐代对外贸易进一步发展,中国器物文明传播到了更远的地区,既包括原有的西域和中亚等地区,又通过这些区域,远销到大食、印度和东罗马等国家和地区。唐朝中后期开始了与印度的贸易往来,把中国的丝绸、陶瓷等器物传播到这些地区,带动了这些地区经济和社会的发展。在众多的器物外传历程中,纸张和造纸技术的传播有着非常重要的意义和价值。东汉时期,中国造纸技术已经到了非常成熟的地步,但较少输出到周边地区。唐朝时期,中国造纸术传播到中亚地区,纸张逐渐取代了皮革,成为伊斯兰世界书写的重要材料。"毫无疑问,比起丝绸来,中国发明的纸张极大地改变了它所接触的社会。在近代以前,无论丝绸多么有诱惑力,它主要还是用于衣物和装饰。但如果没有丝绸,其他织物很容易取而代之。在中亚,棉布经常代替丝绸。与之相对,纸张则标志着一个真正的突破。随着廉价纸张的传入,书籍从奢侈品变为很多人都买得起的商品,与之对应的是教育水平的提高"[19]。以造纸

---

18 (美)谢弗:《唐代的外来文明》,吴玉贵译,北京:中国社会科学出版社,1995年,第19页。
19 (美)芮乐伟·韩森:《丝绸之路新史》,张湛译,北京:北京联合出版公司,2015年,第177页。

术、丝绸、陶瓷等为代表的器物在亚洲范围内产生了重要影响，提升了整个区域范围内的生活水平和造物技艺。在整体对外传播过程中，以先进造物技术为基础的物质文化，形成了唐朝时期文化对外传播的重要模式，构筑了开放包容的大国形象。由于对中国高度造物文明的认可，许多国家接受和认可中国的文化体系。朝鲜半岛的高丽商人在回国时携带的物品中，有大量中国文学和诗歌的书籍，证明了他们对中国文化的高度认可。而这一时期日本的制度和社会文化也多是模仿中国而形成。强盛的国力和高度发达的文化，也让唐朝积极吸收和借鉴外来优秀文化，更进一步提升了自身的文化影响力和造物能力。唐朝时期，佛教盛行，宗教器物和文化对整个中国文化产生了巨大影响。此外，景教、祆教和摩尼教等在长安也有一定社会影响。长安的西市有来自许多国家和地区的产品销售，唐朝积极吸收外来文化的积极因素，不断形成本土化和外化文化融合的趋势，催生了多元融合的文化景观。在科学技术、绘画、服饰和音乐等诸方面，均能看到外来文化的影响。唐朝开放包容的文化特征和强盛的国力，让唐朝器物对外产生了更深远的影响。

以遣唐使为代表的官方贸易是唐代器物文化对外交流和传播的重要模式，推动了中国文化在日本等儒家文化圈影响力的进一步提升。唐朝时期，中日之间的贸易往来和文化交流非常频繁。根据相关学者研究，日本先后派遣到唐朝的使节多达19次，遣唐使的人员包括医师、阴阳师、乐师、画师以及各种手工业生产者[20]。"天皇遣使的目的，尤其是为了控制'唐物'的进口，特别是青瓷、挂轴、铜炉、书籍以及文具。对日本精英阶层而言，身居'天下'的地理，在多次的边缘，中国实物代表着文明生活的具象符号，是精致文化的实证"[21]。学习唐朝的先进政治和文化，建立日本的政治体系，是日本遣唐使最为重要的目的。"日本视唐政权为帝国中央集权制的范本。唐朝首都长安，是日本先后打造两处国都的蓝本：670年的平成京、794年的平安京。日本天皇规定唐装为朝服，以高价进口中国青釉瓦，亦即绿色琉璃瓦，铺设他们在京都的宫室殿顶。国家大典场合，天皇端坐于御座，身后壁面饰以大型绢帛，上绘儒家古圣先贤"[22]。每次遣唐使到中国，还会携带大批日本的产品，进奉给中国皇帝。作为回报，唐朝也会回赠许多中国的物品，保持与日本的联系和密切往来。但遣唐使携带的赠品以及在中国市场购买的物品，仅供日本皇室和社会上层使用，不得流入市场。

随着唐朝对外市场的逐步开放，大量的新罗和中国商人加入商品贸易的行列之中，推动了唐朝商品的对外传播。根据成书于平安时代的日本文献《新猿乐记》记载，当时中国输出到日本的商品品种多种多样、一应俱全。"沉香、麝香、衣比、丁子、甘松、薰陆、青木、龙脑、鸡舍、白檀、苏芳、陶砂、红雪、紫雪、金益丹、银益丹、紫金膏、巴豆、雄黄、可

---

[20] （日）木宫泰彦：《日中文化交流史》，胡锡年译，北京：商务印书馆，1980年，第63页。

[21] （美）罗伯特·芬雷：《青花瓷的故事：中国瓷的时代》，郑明萱译，海口：海南出版社，2015年，第210页。

[22] （美）罗伯特·芬雷：《青花瓷的故事：中国瓷的时代》，郑明萱译，海口：海南出版社，2015年，第210页。

梨勒、槟榔子、铜黄、绿青、燕紫、空青、丹朱砂、胡粉、豹虎皮、藤、茶碗、笼子、犀牛角、水牛如意、玛瑙带、琉璃壶、绫锦罗、吴竹、甘竹、吹玉"。在上述大量物品中,来自中国的生绢和陶瓷最受欢迎。据现存史料记述,1105年,泉州商人李充对日贸易中,所载的货物多是上述两类。"象眼,四十四;生绢十匹;白绢,三十匹;瓷碗二百床;瓷碟一百床"[23]。陶瓷等中国器物在日本深受欢迎,也在日本文化中产生了重要影响。随着佛教等传入日本,中国的茶文化和陶瓷器皿在日本开始流行,对日本社会产生了深刻的影响。也正是由于中国产品在日本受到欢迎,部分遣唐使和日本使臣甚至冒着违反唐朝禁止外国使节与私商直接进

图 2-3 正仓院藏的花树对鹿纹夹缬
[图片来源:赵丰、锦程:《中国丝绸与丝绸之路》,合肥:黄山书社,2016,第 241 页。]

行贸易的风险,购买中国产品。据圆仁《入唐求法巡礼行记》记述开成二年(837年)因为日本使者私自下船购买中国商品被抓的事实。"八日,长官慊从白鸟清岑、长岑、留学生等四人,为买香药下船到市,为所由勘追,舍二百余贯钱逃走。二十一日,大使慊从栗家继先日为买物,下船往市,所由捉缚,州里留著,今日被免来"[24]。同样,日本的许多产品也在中国深得认可和欢迎。《旧唐书》曾记载日本遣唐使向唐朝进献的物品包括琥珀大如斗、玛瑙大如斗器等,在正史中有记述表明上述物品也得到中国人的认可和欢迎。一般而论,日本进献

图 2-4 龟背象狮莲座纹锦图案复原
[图片来源:赵丰、锦程:《中国丝绸与丝绸之路》,合肥:黄山书社,2016,第 238 页。]

---

23 《朝野群载·异国·大宋国客商事》,卷二十。
24 (日)木宫泰彦:《日中文化交流史》,胡锡年译,北京:商务印书馆,1980 年,第 107 页。

的产品主要是银、丝、绵、布等产品。"银大五百两，水织绝、美农绝各二百匹；细绝、黄绝各三百担，黄丝五百绚、细屯面一千屯，别送彩帛二百担，叠绵二百帖，屯绵二百担，纻布三十端，望陀布一百端，木绵一百帖，出火水精十颗，玛瑙十颗，出火铁十具，海石榴油六斗，甘葛汁六斗，金漆四斗"[25]。唐朝饮茶之风盛行，并形成了茶具、茶画、茶楼等物质层面的饮茶之风，也形成了茶俗、茶礼等精神层面的茶文化。这些文化传入日本以后，对日本社会文化产生了积极的影响，诞生了时至今日日本引以为豪的"茶道文化"。

唐朝时期，中国与朝鲜半岛的新罗、高丽和百济关系密切，中国器物也在推进朝鲜文明发展过程中起到了重要作用。类似和日本的官方往来，朝鲜半岛的新罗也采用朝贡的方式同唐朝进行贸易往来。据《唐书》和《册府元龟》记载，新罗进贡的物品包括果下马、海产有海豹皮等；金属有金、银、铜等；佛事有金银佛像、佛经、幡等，金属工艺品有镂鹰铃等；纺织品有朝霞绸、鱼牙绸、纳绸、布等；药物有牛黄、人参等[26]。而唐朝回赐的物品包括各种金银器物、纺织品和衣服。尽管上述物品多在宫廷或者社会上层使用，但也引领了各自的文化消费时尚。此外，陶瓷器物等作为中国代表和象征的产品也传入朝鲜半岛，推动了该地区生产水平和制陶技术的迅速提高。中国的诗歌在朝鲜非常受欢迎，许多新罗使臣也能进行诗歌创作，他们把中国的诗歌文化带到了朝鲜，推动了朝鲜文学的繁荣。

辉煌灿烂的唐朝文化对日本、新罗等国文化发展作出了重要贡献。唐朝开放包容、大气恢宏的文化造就了当时世界上最为发达的中华文明。唐代诗歌、书法、绘画等都取得了巨大成就，在对外交流中，书画艺术也具有不可替代的作用。许多画师到中国来学习绘画技艺，日本绘画风格深受唐代影响，奈良寺庙绘画艺术完全模仿当时唐代寺庙绘画的风格。新罗画师在学习借鉴唐代书法和绘画风格基础上，形成了自身的艺术风格。日本遣唐使和留学生非常热爱中国的诗歌，广泛与中国诗人进行交流，并把中国的诗歌带到日本，杜甫等唐代著名诗人在日本具有重要影响力。时至今日，许多日本人依旧喜欢中国的诗歌文化。唐代建筑也对日本和新罗产生了重要影响，这一时期日本的建筑风格基本上是模仿唐朝长安的建筑，新罗都城的建造也深受长安的影响。

正是唐朝在造物技艺方面的巨大成就，才形成了领先世界的中华文明。诚如英国历史学家韦尔斯指出的那样，"在整个7、8、9世纪中，中国是世界上最安定最文明的国家……当西方的心灵神学所缠迷而处于蒙昧黑暗之中，中国人的思想却是开放的、兼收并蓄而好探求的"[27]。也正因为如此，许多外国人也都记述了当时唐朝繁华富庶的景象，日本人真人元开在《唐大和上东征传》中对中国精湛的造物技艺羡慕赞叹。他认为中国造物技艺发达，无论是王公贵族还是普通民众，都穿着精美的丝绸衣服，这些反映了当时中国高度发达的丝绸

---

25 （日）木宫泰彦：《日中文化交流史》，胡锡年译，北京：商务印书馆，1980年，第104页。
26 姜清波：《入唐三韩人研究》，[博士学位论文]，暨南大学，2005年，第178页。
27 （英）韦尔斯：《世界史纲》。转引李彬著：《唐代文明与新闻传播》（修订版），北京：中国人民大学出版社，2014年，第130页。

图 2-5 唐代仕女俑　　　　　　　图 2-6 西安安伽墓中的丝路舞会

[图片来源：(美)韩森：《丝绸之路新史》，张湛译，北京：北京联合出版公司，2015，彩图8、彩图14。]

制作技术。阿拉伯人阿布·赛德·哈散对中国丝绸的记述更是夸张："有一位富商对我谈起过一件事，他的话是可以信赖的。某日，这个富商去拜会宦官。那宦官是皇帝派遣来广府的（官吏）……商人注意到宦官胸口上长着一颗黑痣，这是透过穿在身上的丝绸衣服看见的。据他推测，那宦官至少穿着两件衣服，里外重叠在一起。宦官对他投来的目光感到诧异，便问他说：'你好像老盯住我的胸口，这是怎么回事？'于是，商人回答说：'透过这件衣服，看到一颗黑痣，我感到十分惊奇！'……商人数过以后才知道，他竟然穿了五件之多，可是黑痣仍能透过这些衣服显现出来。这类最好的丝绸，是未经漂白的生丝。总督穿的丝绸，比这还更精美、更出色。"[28] 上述游记中的记录或许与事实有出入，但在推动中国器物文化传播中有着重要的作用和影响。此外，在他的游记中，也对中国精美的陶瓷器物给予了很高的评价。

唐朝官方的举措，也推动了中国器物文化的对外交流与传播，塑造了开放大气的国家形象。在陆路贸易基础上，唐朝海上贸易快速发展，为了加强对海上贸易的管理，专门在广州设立了海上对外贸易的管理机构市舶司，代表国家管理对外贸易，并加强对周边国家和地区的联系。也正因为市舶司在对外使节上采取的友好态度，也促使了唐朝享有国际盛誉。此外，在对待国外使臣和遣唐使上，唐朝政府一直采取优厚的服务政策，为各国不同群体采取积极主动的服务，让这些人非常希望到唐朝都城长安，也愿意学习和接受中国文化。以高超

---

28 方亚光：《外国人关于唐代中国的著述与唐文明的传播》，《江海学刊》，1994年第3期，第138页。

的造物技艺和高度发达的器物贸易为基础，唐朝塑造了强盛的国家形象。

第三节　宋元时期器物外传与中国形象

宋朝时期，海上贸易发达，在原有贸易体系和贸易影响的基础上，中国器物贸易范围进一步扩展，并由前期以陆上贸易主导模式向海洋贸易主导模式转变，形成了以市舶司为主导的海上贸易体系。元朝时期，空前的国土面积以及强盛的国家实力，推动了器物文化影响的进一步扩大。在此过程中，中国自身的造物体系更加完善，尤其是以瓷器为代表的中国产品，在海外受到欢迎和认可。在对其他各国生产方式影响的基础上，塑造了造物技艺先进、经济发达的中国国家形象。

一、宋朝器物折射经济发达、文化繁盛的国家形象

宋代精美的器物产品和丰富的器物种类，在军事实力相对衰退的语境下维护了自身的利益，让中国继续在器物贸易中处于引领地位。不同于唐朝强盛的国力，宋朝军事实力下降与经济地位隆盛形成了鲜明对比，这也使得宋朝对外文化传播中有着自身独特的模式。宋代贸易模式主要包括贡使贸易、榷场贸易和商人贸易等。类似唐朝时期的朝贡贸易，宋朝官方主导的贸易也依旧存在，但在整个贸易体系中占比不大，且要求甚严。"建炎四年三月，宣抚使张浚奏大食国遣人进珠玉宝贝。上曰：'大观宣和间，川茶不以博马，惟市珠玉，故武备不休，遂致危弱如此。今复捐数十万缗，易无用之物，曷若惜财以养战士乎？'谕张浚勿受，量赐予以答之"[29]。有别于官方主导贸易体系的下降，民间贸易在宋朝进一步发展繁荣。在陆路贸易方面，宋朝在边境设立榷场，同辽、金和西夏等进行贸易往来，增加政府的财政收入。宋辽之间贸易，宋朝输出的主要商品包括香药、犀象、茶、缯帛、漆器、秔糯、书籍

图2-7　南宋黑漆素面葵口盘　　　　图2-8　南宋雕漆剔黑山茶纹盒

[图片来源：美国大都会博物馆]

29　（元）脱脱等撰：《宋史·食货志下八·互市舶法》（卷一八六），北京：中华书局，1977年，第4564页。

等；宋夏之间贸易，宋朝输出的主要商品包括缯帛、罗绮、香药、瓷漆器等；宋金之间贸易，宋朝输出的主要商品包括茶、象牙、犀角、乳香、檀香、米、牛、绢、丝、麻、虔布、陈皮等[30]。由于这一时期，相比较西北边境的其他王朝，宋朝军事实力并不占据优势地位，其对外贸易也处于被动角色，但发达的造物体系依旧让宋朝有巨大的文化影响力。

海上丝绸之路影响力进一步扩大，开启了以中国为主导的海洋贸易时代。宋朝时期，海上交通发达，对外贸易和交流进一步发展，政府也重视海外贸易，先后开放了胶州、泉州、明州、广州、漳州、福州等海岸线的所有城市进行海外贸易。为了鼓励商业发展，宋朝在许多城市设立市舶司，专门管理海外贸易。此外，宋朝制定积极的对外政策，鼓励商人进行贸易往来，对商业贸易贡献大的海商还赐予官职。也正是如此开放的政策，在唐朝对外贸易基础上，宋朝贸易范围进一步扩大。根据《诸蕃志》记述，同宋朝保持贸易往来的国家有50多个，涵盖东北亚的日本和朝鲜半岛，包括东南亚、西亚和东非等的许多国家。不同于唐朝时期以朝贡贸易为主导的体系，宋朝民间贸易活跃，政府采取积极的政策鼓励和支持各类贸易，大量外国商人在广州、泉州等地长期居住，从事各类商品贸易，开启了以中国为主导的海洋贸易时代。"广州蕃坊，海外诸国人聚居。置蕃长一人，管勾蕃坊公事，专切招邀蕃商人"[31]。由商人主导的贸易在唐朝基础上进一步发展。由于北方战争等影响，海上贸易进一步发展。"开宝四年，置市舶司于广州。后又于杭、明州置司。凡大食、古逻、阇婆、占城、勃泥、麻逸、三佛齐诸蕃，并通贸易。以金、银、缗钱、铅、锡、杂色帛、瓷器、市香药、犀象、珊瑚、琥珀、珠琲、镔铁、鼊皮、玳瑁、玛瑙、车磲、水精、蕃布、乌樠、苏木等物。太宗时，置榷署于京师。诏诸蕃香药宝货至广州、交趾、两浙、泉州，非出官库者，无得私相贸易。其后乃诏自今惟珠贝、玳瑁、犀象、镔铁、鼊皮、珊瑚、玛瑙、乳香禁榷外，他药官市之余，听市于民"[32]。在对外贸易过程中，宋朝出口的产品以瓷器、茶叶、夏布、绢帛以及各类代表中国造物技艺的产品为主。进口的货物为各地特产，多为并没有经过加工的产品。换言之，在早期的中国对外贸易中，中国贸易产品一直具有优势并处于引领地位。

瓷器造物技艺的发展，使中国确立了"瓷国"的国家形象。在唐朝制瓷技术基础上，宋朝瓷器烧造技术得以快速发展，达到了空前的高度。而海上运输的便利，为瓷器的大量运输也提供了条件。在原有技术基础上，宋朝陶瓷生产得到了质的飞跃，取得了较大的发展。宋朝陶瓷生产技术得到发展，陶瓷生产遍布全国许多地区，呈现出"全面开花"的生产局面。在众多窑口中，以官窑、哥窑、汝窑、定窑、钧窑和景德镇窑为代表。宋朝时期，中国窑口多以釉色取

---

30 韩桂华：《由商品贸易论宋代与东北亚诸国的互动关系》，《中国历史学会史学集刊》，2011年第43期，第32页。

31 《萍洲可谈》（卷二）。转引张星烺编注：《中西交通史料汇编》（第二册），北京：中华书局，1977年，第297页。

32 （元）脱脱等撰：《宋史·食货志下八·互市舶法》（卷一八六），北京：中华书局，1977年，第4558—4559页。

胜，奠定了南青北白的瓷器风格。此外，随着技术的成熟，大量陶瓷日用器的生产能够满足所有日常需要，这也就意味着瓷器能够取代其他器物，成为日常生活的主要组成部分。各类盘、碗、杯、碟、尊、瓶、香炉和瓷枕等开始出现在生活中的方方面面。在对外贸易中，这些产品也起到重要的作用。根据成书于南宋的《诸蕃志》记述，与中国进行瓷器贸易的国家和地区有15个之多，且多是东南亚和西亚的地区和国家，也包括日本和朝鲜这些长期与中国从事贸易的地区，因此，在实际交易数量上绝不止这些国家和地区。此外，还需要提出的是：南宋时期，在对外贸易过程中，钱币的外流造成了钱荒，为此，有官员提出以绢帛、瓷器为媒介，进行对外文化交流。"宁宗嘉定十二年臣僚言，以金钱博买，泄之远夷为可惜。乃命有司止以绢布、锦绮、瓷器之物博易，听其来之多少，若不至，则任之，不必以为重也"[33]。

茶叶也是宋朝贸易的重要商品，形成了以中国为主导的茶文化的盛行局面。宋朝，中

图 2-9 景德镇窑青白釉印花葵口碟　　　　　图 2-10 龙泉窑青釉刻花菊瓣碟

[图片来源：广东海上丝绸之路博物馆]

国市民文化进一步发展，北宋都城东京是著名的商业中心和文化中心，茶文化开始风靡全国，成为中国文化的重要组成部分。在这种背景下，无论是北方的契丹和女真等区域，还是日本等国，均受到了中国茶文化影响。契丹和女真等民族饮茶之风盛行，茶叶需求量非常大。"茶，饮食之余，非必用之物。比岁上下竞啜。农民尤甚，市井茶肆相属。商旅多以丝绢易茶，岁费不下百万，是以有用之物而易无用之物也。若不禁，恐耗财弥甚"[34]。茶叶贸易已经引起了金政权统治者的高度重视，认为其严重影响自身的政治体系，要求政府加以控制，可见宋朝茶文化对外影响力之大。但由于其巨大的贸易利润，无论是官方主导的正常贸易还是民间的走私贸易，茶一直是重要的商品。在宋辽贸易体系中，茶叶、铜钱和书籍等一直是宋朝对辽输出的重要物品。北宋时期，尽管包括契丹在内的北方少数民族军事实力在赵宋之上，但文化发达和经济强盛是宋朝最为重要的支撑力量。中原先进的文化对辽政权影响深远，他们希望学习宋朝先进文化和造物理念，这也就使得双方即便有严重的军事冲突，但贸易依旧是主导双方关系的重要因素。日本在这一时期也深受中国茶文

---

33 （元）脱脱等撰：《宋史·食货志下七·香》（卷一八五），北京：中华书局，1977年，第4538页。
34 （元）脱脱等撰：《金史·食货志四·茶》（卷四九），北京：中华书局，1975年，第1108页。

化的影响。宋朝初年，日本便开始从中国进口瓷器，考古发掘显示，日本九州岛至今仍有中国龙泉青瓷、福建白瓷和景德镇青白瓷的残片。上述冷色系的瓷器正好与9世纪禅宗文化兴起相匹配。日本茶文化也深受禅宗文化影响，传递了枯寂萧索的灵气美。这在茶具方面外化为重视器物的粗糙纹理和各类体现自然印迹的标志，表达了日本人对中国田园生活的崇拜和尊崇[35]。

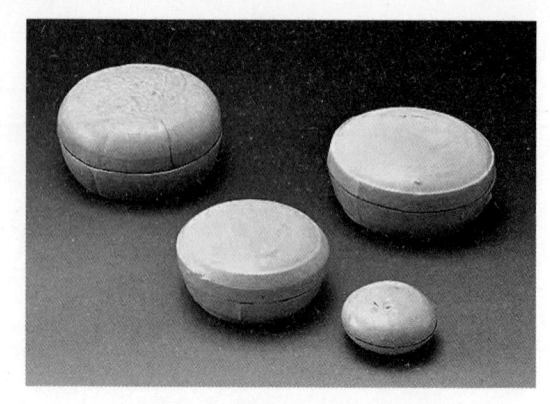

图2-11 福建德化窑青白釉印花四系罐
[图片来源：广东海上丝绸之路博物馆]

考古学发现的大量宋朝海外贸易沉船，证实了当时以中国为核心的世界贸易体系的发达和繁荣。以"南海1号"沉船为例，通过考古发掘出土了大量的金器、银器、锡器、铁器、漆器、铜钱以及瓷器，尤其以瓷器为代表。当时中国各大窑口包括江西景德镇、浙江龙泉、福建德化等瓷区的产品均在沉船上发现，也表明了宋代繁盛的商业贸易和流通[36]。此外，朝鲜新安海底沉船、"碗礁1号"沉船等发现的大量器物遗存也能证实中国繁盛的对外贸易和文化影响力。

表2-1 宋代器物对外贸易情况

相关国家和地区	对外出口器物的相关史料
占城	番商兴贩用脑麝、檀香、草席、凉伞、绢扇、漆器、瓷器、铅锡、酒糖等博易
真腊	番商兴贩用金银、瓷器、假锦、凉伞、皮鼓、酒糖、醯醢之属博易
蒲甘国	皇朝景德元年遣使同三佛齐、大食国来贡
三佛齐	番商兴贩用金银、瓷器、锦绫、缬绢、糖、铁、酒、米、干良姜、大黄、樟脑等物博易
单马令	番商用绢伞、雨伞、荷池、缬绢、酒、米、盐、糖、瓷器等物及用金银为盆盂博易
凌牙斯	番商兴贩用酒、米、荷池、缬绢、瓷器等为货
佛罗安	土产速暂香、降真香、檀香、象牙等，番以金银、瓷、铁、漆器、酒、米、糖、麦博易
兰无里	番商转易用檀香、丁香、脑子、金银、瓷器、马、象、丝帛等为货

---

35 （美）罗伯特·芬雷：《青花瓷的故事：中国瓷的时代》，郑明萱译，海口：海南出版社，2015年，第218页。

36 孙键：《南海沉船与宋代瓷器外销》，《中国文化遗产》，2007年第4期，第34页。

（续表）

相关国家和地区	对外出口器物的相关史料
阇婆	番商用夹杂金银及金银器皿、五色缬绢、皂绫、川芎、白芷、朱砂、绿磐、白薯、硼砂、砒霜、漆器、铁鼎、青白瓷器交易
南毗	用荷池、缬绢、瓷器、樟脑、大黄、黄连、丁香、脑子、檀香、豆蔻、沉香为货，商人就博易
层拔	以白布、瓷器、赤铜、红吉贝为货
渤泥	服色略仿中国。……番商贩用货金、货银、假锦、建阳锦、五色绢、五色茸、玻璃珠、琉璃瓶子、白锡、乌铅、钢坠、牙臂环、胭脂、漆椀楪、青瓷器等博易
西龙宫	商人以瓷器、酒、米、茶、盐、白绢货金易之
麻逸	商人用瓷器货、金铁鼎、乌铅、五色玻璃珠、铁针等博易
三屿	博易用瓷器、皂绫、缬绢、五色烧珠、铅网钢坠、白锡为货
新罗国	地出人参、水银、麝香、松子、榛子、石决明、松塔子、防风、白附子、茯苓、大小布、毛施布、铜磬、瓷器、草席、鼠毛笔等，商舶用五色缬绢及建本文字博易
倭国	有中国书籍如五经、白乐天文集之类

［资料来源：根据（宋）赵汝适：《诸蕃志》，中华书局，1985年，整理。］

以瓷器、茶、绢布等为代表的中国产品，代表了当时世界上最先进的造物水平，象征着中国高度发达的造物技艺。在器物产品输出的同时，也传播了中国的造物理念、生活方式和价值观，彰显了中国高度发达的文明体系。在此过程中，也实现了对外器物文化交流。许多原本是其他地区的代表性器物出口到中国，被国人学习生产技术以后，也会转变为中国的出口产品。玻璃器是代表性个案。这种产品最初由大食等地传入，但后来也成了中国对外输出的重要商品。"玻璃出大食诸国，烧炼之法与中国同。其法用铅硝石膏烧成……以此贵重于中国"[37]。此外，宋代高超的造船技艺也是保证海外贸易繁盛的重要因素。各国商人及使节来中国都乐于乘我国海船，这对发展海外贸易无疑是一极有利的条件，展示了中国造物能力的发达[38]。

二、元朝器物文化展示多元融合的帝国形象

在宋朝对外贸易繁盛的基础上，元朝开启了新的对外贸易模式，对传统中国器物文化发展作出了新贡献。在13世纪很长的一段时间内，蒙古人的对外战争和掠夺，造成了欧亚大陆许多地区的长期衰落。但随着相对稳定王朝的建立，广袤的国土面积也为远距离的世界性贸

---

37 （宋）赵汝适著：《诸蕃志》，北京：中华书局，1985年，第36页。
38 中国硅酸盐学会编：《中国陶瓷史》，北京：文物出版社，2013年，第307页。

易奠定了基础。与唐宋时在对外贸易中面临的匪患和政治动荡的风险不同，这一时期的贸易环境要安定得多，贸易范围进一步扩大，许多印度、波斯和欧洲商人来到中国从事贸易。在贸易路线和模式上面，依旧是陆上和海上两种。在贸易模式上，根据不同物品特征采取不同的运输方式，如丝绸和宝石等经常采用陆路运输，而陶瓷、茶叶等多采用海路运输。"丝绸之路连接欧亚大陆上所有的地区，而穿越撒哈拉沙漠的商路将西亚带入东半球更大的经济体中。印度洋上的海上航线对东南亚、印度、阿拉伯半岛和东非的港口都适用，而且也能通过南中国海进入中国、日本、朝鲜以及东南亚盛产香料的岛屿上的港口。这样，陆路和海路连接起来几乎可以触及东半球的每一个角落"[39]。除了广袤的国土面积，元朝政府的重商政策也是推动海外贸易进一步发展的重要因素，在保护商业方面采取诸多举措，保证商业贸易常态运行。在商业运转方面，元朝政府在水陆交通要道驻扎军队，保证商业贸易的安全；在税收方面，采取各种举措，减税和免除杂役。此外，对于在贸易上作出巨大贡献的商人，元朝政府也会授予官职。据相关资料统计，在元朝政府中任职的商人有62人。同其他朝代相比，商人地位在元朝具有空前影响力。

图 2-12-1 元黑漆嵌螺钿梅鹊纹八方盘（俯视图）
[图片来源：大英博物馆]

图 2-12-2 元黑漆嵌螺钿梅鹊纹八方盘（正视图）
[图片来源：大英博物馆]

发达的商业贸易，推动了元朝影响力的进一步扩大。同宋朝相比，与元朝进行通商的国家和地区数量进一步增多。依据元人陈大震撰写的《大德南海志》残卷表明，与元朝进行贸易往来和交流的国家和地区多达147个。而成书于1349年的《岛夷志略》记述，涉及亚非200多个国家和地区。尽管部分地区并没有与中国保持贸易往来，但也意味着对外交往范围进一步扩大。同以前把各国笼统称为海外诸国相比，元朝对海外地区有新的地理概念和定位，把

---

39 （美）杰里·本特利、（美）赫伯特·齐格勒：《新全球史：文明的传承与交流》，魏凤莲等译，北京：北京大学出版社，2009年，第599页。

海上诸国划分为东洋和西洋，后又进一步大东洋、小东洋、大西洋和小西洋。东洋和西洋大体上是以龙牙门（今马六甲海峡）和兰无里为界。在龙牙门和兰无里以西的印度洋地区为西洋，以东的南太平洋为东洋。东洋又以渤泥为界，渤泥以东为小东洋，勃泥以西为大东洋[40]。在进出口贸易过程中，贸易产品是最为重要的代表。在进口产品中，根据《至正四明续志》记载，进口商品约有240种，分为宝货、香货、手工业原料和金银等金属原料。在出口的货物中，主要有纺织品、金属器物、漆器、乐器、香器、瓷器和文化生活用品等。从进出口货物类型来看，中国进口的主要是满足生活的各类原产品，而出口的是进行加工后的各种产品，彰显了中国巨大的造物能力和造物技艺。同宋朝商品贸易相比，元朝的瓷器贸易在整个贸易体系中占有重要的角色和地位。随着贸易范围的进一步扩大，元朝瓷器影响力更为彰显。在东南亚和北非的许多地区，原来居民都使用木器和其他产品，但全球性的贸易让这些地区迅速纳入了快速发展的行列。在原来伊斯兰地区，元朝时期，中国出口的瓷器已经以自我文化为主导，产生了巨大的影响力。

表2-2 元朝对外贸易和文化交流的器物种类

相关国家和地区	对外出口器物史料	进口器物种类
琉球	用土珠、玛瑙、金珠、粗碗、处州瓷器之属	地产沙金、黄荳、黍子、硫磺、黄蜡、鹿、豹
三岛	贸易之货用铜珠、青白花碗、小印花布、铁块之属	地产黄蜡、木棉、花布
麻逸	贸易之货用鼎、铁块、五彩红布、红绢、牙锭之属	地产木棉、黄蜡、玳瑁、槟榔花布
无枝拔	贸易之货用西洋布、青白处州瓷器、铁鼎之属	产花斗锡、铅、绿毛狗
龙涎屿	货用金银之属博之	
交阯	贸易之货，用诸色绫罗匹帛、青布、牙梳、纸扎、青铜、铁之类	地产沙金、白银、铜、锡、铅、象牙、翠毛、肉桂、槟榔
占城	货用青瓷花碗、金银首饰、酒、色布、烧珠之属	地产红柴、茄蓝木、打布
民多朗	货用漆器、铜鼎、阇婆布、红绢、青布、斗锡、酒之属	地产乌梨木、麝檀、木棉花、牛麝皮

---

[40] 陈高华、吴泰：《宋元时期的海外贸易》，天津：天津人民出版社，1981年，第40—41页。

(续表)

相关国家和地区	对外出口器物史料	进口器物种类
宾童龙	货用银、印花布	地产茄蓝木、象牙
真腊	货用金银、黄红烧珠、龙缎、建宁锦、丝布之属	地产黄蜡、犀角、孔雀、沉速香、苏木、大枫子、翠羽，冠于各蕃
丹马令	产上等白锡、米蜡、龟筒、鹤顶、降真香及黄熟香头	贸易之货，用甘理布、红布、青白花碗、鼓之属
日历	土产龟筒、鹤顶、降真、锡	贸易之货，用青瓷器、花布、粗碗、铁块、小印花布、五色布之属
麻里鲁	地产玳瑁、黄蜡、降香、竹布、木棉花	贸易之货，用牙锭、青布、瓷器盘、处州瓷、水㙩、大瓮、铁鼎之属
遐来勿	地产苏木、玳瑁、木棉花、槟榔	贸易之货，用占城海南布、铁线、铜鼎、红绢、五色布、木梳、篦子、青器、粗碗之属
彭坑	地产黄熟香头、沉速、打白香、脑子、花锡、粗将真	贸易之货，用诸色绢、阇婆布、铜铁器、漆瓷器、鼓、板之属
吉兰丹	地产上等沉速、粗降真香、黄蜡、龟筒、鹤顶、槟榔	货用塘头市布、占城布、青盘、花碗、红绿烧珠、琴阮、鼓、板之属
丁家庐	地产降真、脑子、黄蜡、玳瑁	货用青白花瓷器、占城布、小红绢、斗锡、酒之属
戎	地产白豆蔻、象牙、翠毛、黄蜡、木棉纱	贸易之货，用铜漆器、青白花碗、瓷壶、瓶、花银、烧紫珠、巫仑布之属
罗卫	地产粗降真、玳瑁、黄蜡、棉花	贸易之货，用綦子手巾、狗迹绢、无色烧珠、花银、青白碗、铁条之属
罗斛	此地产罗斛香、次苏木、犀角、象牙、翠羽、黄蜡	货用青器、花印布、金、锡、海南槟榔、虮子
东冲古剌	地产沙金、黄蜡、粗降真香、龟筒、沉香	贸易之货，用花银、盐、青白花碗、大小水㙩、青缎、铜鼎之属
苏洛鬲	地产上等降真、鹤顶、沉速、玳瑁	贸易之货，用青白花器、海南巫仑布、银、铁、水㙩、小罐、铜鼎之属
针路	地产苎蕉	贸易之货，用铜条、铁鼎、铜珠、五色烧珠、大小㙩、花布、鼓、青布之属

(续表)

相关国家和地区	对外出口器物史料	进口器物种类
八都马	地产象牙，重者百余斤，轻者七八十斤。胡椒，亚于阇婆	贸易之货，用南北丝、花银、赤金、铜、铁鼎、丝布、草金缎、丹山锦、山红绢、白矾之属
淡邈	地产胡椒，亚于八都马	货用黄烧珠、麒麟粒、西洋丝布、粗碗、青器、铜鼎之属
尖山	地产水棉花、竹布、黄蜡	贸易之货，用牙锭、铜铁鼎、青碗、大小埕瓮、青皮单、锦、鼓、乐之属
八节那间	地产单皮、花印布（不褪色）、木棉花、槟榔	贸易之货，用青器、紫矿、土粉、青丝布、埕瓮、铁器之属
三佛齐	地产梅花片脑、中等降真香、槟榔、木棉布、细花木	贸易之货，用色绢、红烧珠、丝布、花布、铜铁锅之属
啸喷	地产惟苏木盈山	货用五色烧珠、瓷器、铜铁锅、牙锭、瓦瓮、粗碗之属
浡泥	地产降真、黄蜡、玳瑁、梅花片脑	货用白银、赤金、色缎、牙箱、铁器之属
暹	地产苏木、花锡、大风子、象牙、翠羽	贸易之货，用硝珠、水银、青布、铜铁之属
爪哇	地产青盐、胡椒、绵羊、鹦鹉之类	货用硝珠、金银、青缎、色绢、青白花碗、铁器之属
重迦罗	地产绵羊、鹦鹉、细花木棉单、椰子、木棉花纱	贸易之货，用花银、花宣绢、诸色布
文诞	地产肉豆蔻、黑小斯、豆蔻花、小丁皮	货用水绫丝布、花印布、乌瓶、鼓瑟、青瓷器之属
苏禄	地产中等降真条、黄蜡、玳瑁、珍珠	贸易之货，用赤金、花银、八都刺布、青珠、处器、铁条之属
龙牙犀角	地产沉香、鹤顶、降真、蜜蜡、黄熟香头	贸易之货，用土印布、八都刺布、青白花碗之属
苏门傍	地产翠羽、苏木、黄蜡、槟榔	贸易之货，用白糖、巫仑布、紬绢衣、花色宣绢、涂油、大小水埕之属
旧港	地产黄熟香头、金颜香、木棉花、黄蜡、粗降真、绝高鹤顶、中等沉速	贸易之货，用门邦丸珠、四色烧珠、麒麟粒、处瓷、铜鼎、五色布、大小水埕瓮之属
龙牙菩提	地产速香、槟榔、椰子	贸易之货，用红绿烧珠、牙箱锭、铁鼎、青白土印布之属

(续表)

相关国家和地区	对外出口器物史料	进口器物种类
班卒	地产上等鹤顶、中等降真、木棉花	贸易之货,用丝布、铁条、土印布、瓷器、铁鼎之属
蒲奔	地产白藤、槟榔	贸易之货,用青瓷器、粗碗、海南布、铁线、大小埕瓮之属
假里马打	地产番羊、玳瑁	贸易之货,用硫磺、珊瑚珠、阇婆布、青色烧珠、八都刺布之属
文老古	地产丁香	贸易之货,用银、铁、水绫、丝布、巫仑八节那涧布、土印布、象齿、烧珠、青瓷器、埕器之属
古里地闷		以银、铁、碗、西洋丝布、色绢之属为之贸易也
龙牙门	地产粗降真、斗锡	贸易之货,用赤金、青缎、花布、处瓷器、铁鼎之属
灵山	地产藤杖、槟榔、老叶	贸易之货,用粗碗、烧珠、铁条之属
东西竺	地产槟榔、老叶、椰心簟、木棉花	贸易之货,用花锡、胡椒、铁器、蔷薇水之属
花面	地产牛、羊、鸡、鸭、槟榔、甘蔗、老叶、木棉	货用铁条、青布、粗碗、青处器之属
淡洋	地产降真香、苇粟	贸易之货,用赤金、铁器、粗碗之属
须文答刺	土产脑子、粗降真、鹤顶、斗锡	贸易之货,用西洋丝布、樟脑、蔷薇水、黄油伞、青布、五色缎之属
勾栏山	地产熊、豹、鹿、麂皮、玳瑁	贸易之货,用谷米、五色绢、青布、铜器、青器之属
特番里	地产好黄蜡、绵羊、泼罗、甜瓜	贸易之货,用麻逸布、五色缎、锦缎、铜鼎、红油布之属
班达里	地产甸子、鸦忽石、兜罗绵、木棉花、青蒙石	贸易之货,用诸色缎、青白瓷、铁器、五色烧珠之属
曼陀郎	地产犀角、木棉、西瓜、石榴	贸易之货,用丁香、豆蔻、良姜、荜茇、五色布、青器、斗锡、酒之属
喃巫哩	地产鹤顶、龟筒、玳瑁、降真香	贸易之货,用金、银、铁器、蔷薇水、红丝布、樟脑、青布花碗之属

(续表)

相关国家和地区	对外出口器物史料	进口器物种类
高郎步	地产红石头	贸易之货，用八丹布、斗锡、酒、蔷薇水、苏木、金、银之属
金塔	地产大布手巾、木棉	贸易之货，用铁鼎、五色布之属
东淡邈	地产胡椒、玳瑁、木棉、大槟榔	贸易之货，用银、五色布、铜鼎、铁器、烧珠之类
大八丹	地产棉布、菠萝蜜	贸易之货，用南丝、铁条、紫粉、木梳、白糖之属
加里那	地产绵羊	贸易之货，用青白花碗、细绢、铁条、苏木、水银之属
土塔	地产棉布、花布大手巾、槟榔	贸易之货，用糖霜、五色绢、青缎、苏木之属
加将门里	地产象牙、兜罗锦、花布	贸易之货，用苏杭五色缎、南北丝、土紬绢、巫仑布之属
波斯离	地产琥珀、软锦、驼毛、腽肭脐、没药、万年枣	贸易之货，用毡毯、五色缎、云南叶金、白银、倭铁、大风子、牙梳、铁器、达剌斯离香之属
挞吉那	地产安息香、琉璃瓶、硼砂、栀子花	贸易之货，用沙金、花银、五色缎、铁鼎、铜线、硫磺、水银之属
千里马	地产翠羽、百合、萝蓣	贸易之货，用铁条、粗碗、苏木、铅、针之属
须文那	地产丝布、胡椒、孩儿茶	贸易之货，用五色紬缎、青缎、豆蔻、大小水罐、苏木之属
小呗喃	地产胡椒、椰子、槟榔、溜鱼	贸易之货，用金、银、青白花器、八丹布、五色缎、铁器之属
朋加刺	地产芯布、高你布、兜罗锦、翠羽	贸易之货，用南北丝、五色绢缎、丁香、豆蔻、青白花器、白缨之属
巴南巴西	地产细棉布	舶人以锡易之
放拜	地产绝细布匹、槟榔	货用金、虻子、红白烧珠之属
大乌爹	地产布匹、猫儿眼睛、鸦鹘石、翠羽	贸易之货，用白铜、鼓板、五色缎、金、银、铁器之属

（续表）

相关国家和地区	对外出口器物史料	进口器物种类
万年港	地产降真条、木棉、黄蜡	贸易之货，用铁条、铜线、土印花布、瓦瓶之属
马八儿屿	地产翠羽、细布、大羊	贸易之货，用沙金、青缎、白矾、红绿烧珠之属
阿思里	地产棉布、小布匹	贸易之货，用银、铁器、青烧珠之属
哩伽塔		贸易之货，用金、银、五色缎、巫仑布之属
天堂	地产西马	贸易之货，用银、五色缎、青白花器、铁鼎之属
天竺	地产沙金、骏马	贸易之货，用银、青白花器、斗锡、酒、色印布之属
层摇罗	地产红檀、紫蔗、象齿、龙涎、生金、鸭嘴胆矾	贸易之货，用牙箱、花银、五色缎之属
甘埋里	所有木香、琥珀之类	去货丁香、豆蔻、青缎、麝香红色烧珠、苏杭色缎、苏木、青白花器、瓷瓶、铁条
麻呵斯离	地产青盐、马乳葡萄、米、麦	贸易之货，用刺速离布、紫金、白铜、青琅玕、阇婆布之属
乌爹	地产大者、黑国、翠羽、黄蜡、木棉、细匹布	贸易之货，用金、银、五色缎、白丝、丁香、豆蔻、茅香、青白花器、鼓瑟之属

[资料来源：（元）汪大渊著，苏继庼校释：《岛夷志略校释》，中华书局，1981年。]

与宋朝器物对外贸易类似，元朝时期对外输出的商品依旧为先进的手工产品，购买的多为土特产。不同的是，元朝对外贸易范围进一步扩大，影响力也更加提升。此外，作为中国器物文化的代表和象征，瓷器在对外贸易和文化交流中的地位和作用更进一步凸显。瓷器的文化意义超过了自身产品所承载的价值，拥有中国瓷器就意味着声望、社会地位，进而产生了巨大的象征力。这恰恰是这种文化商品的意义和价值。到了元朝时期，伊斯兰世界的强大和繁荣，推动了瓷器产品的更新和发展。如前所述，宋朝内敛的文人文化使得其瓷器产品以单色釉为主，无论是青瓷、白瓷还是青白瓷无不如是。一方面，证明了在原有制瓷技艺基础上，宋代瓷器造物水平得到进一步提升；另一方面，也展示出了独特的文化特征。元朝瓷器贸易的迅速发展推动了许多国家和地区生活方式的迅速提升。在中国瓷器出口到东南亚地区之后，许多地区生产方式得以改变。"世界上许多国家和地区在我国陶瓷输入之前，'饮食不用器皿'，多用植物叶子作为食器。《诸蕃志》登流眉（今马来西亚马来半岛）条载'饮食以揆叶为碗，不施匙筋，掬而食之。'苏吉丹（今印度尼西亚爪哇岛）条载：'饮食不用器皿，缄树叶以从事，食已则弃之'……波斯国（今伊朗）也只有其国王饮食才'盛以瓷器'（这种瓷器也可能是我国进口的）。自从我国陶瓷器输入亚非国家和地区以后，为这些国家和地区的人民提供了精良、卫生而实用的器皿，受到当地人民的热烈欢迎，并使当地人民日常生活用器有了很大改善"[41]。在瓷器外销品种中，包括青瓷、青白瓷、青花瓷等，在器型种类方面包括瓶、碗、壶、罐、坛、瓮等各种类型。在瓷器烧造的窑口方面，根据海外考古发掘与海底沉船的综合研究，几乎所有的中国窑口都有瓷器出口的情形。

开放包容的文化特征需要新的文化样式的产品出现，元朝青花瓷在此背景下应运而生。作为中外文化交流的代表性产品，青花瓷呈现出多种意义，也承载了诸多的功能。对此，许多学者都进行了大量的研究。从青花瓷的起源来看，有学者认为是蒙古人尚白的习俗以及独特的民族习惯，这同宋朝时期器物大小相比就可以看出。元朝青花瓷器器型硕大，符合蒙古人的性格特征。就青花瓷原料来源，有学者提出最初由东南亚进口钴料在景德镇进行制作与生产。据此，也有人提出，在产品制作过程中，有伊斯兰工匠的参与。笔者在此不去评论和判断青花瓷诞生过程中许多参与者的地位，但其巨大影响力是毋庸置疑的。元朝青花瓷带动了全球范围内的原料和产品流通，中东的原料和中国产品之间全球的转换。来自中国的青花瓷器对伊斯兰世界文化产生了重要影响。西南亚的陶匠开始抄袭和复制中国青花瓷，从中国青花瓷纹饰中汲取灵感和源泉。在今天土耳其、伊朗等许多国家，均能看到青花瓷的巨大影响。在此过程中，西亚的流行文化和中国瓷器造物智慧完美融合，形成了新的样式和文化的代表。

尽管由于相关数据记载的原因，在元朝贸易过程中，以瓷器为代表的中国产品对外输出数量到底是多少，还难以考量。但毋庸置疑的是，其产生了巨大的作用和影响。以海底沉船为例，新安沉船是1976年在朝鲜海域发现的元代贸易船只，打捞出来的器物包括青铜器、银器、铁器、陶瓷器、胡椒、铜钱等。陶瓷共有1.9万多件，其中青瓷9639件，白瓷4813件，黑瓷371件，杂釉瓷1789件，白浊釉瓷180件[42]。

三、"东亚文化圈"内的器物贸易和中国形象

宋朝时期，在原有的对西北陆上贸易发展的基础上，海上贸易迅速发展，依托自身先进的造物体系和引领当时世界的产品类型，中国影响力进一步扩大。在强大的国力支撑下，主导了"儒家文化圈"范围内的贸易往来和文化交流，形成了以儒家文化为核心的文化圈。

---

[41] 叶文程：《宋元时期我国陶瓷器的对外贸易》，《中国社会经济史研究》，1984年第2期，第47页。
[42] 叶文程、丁炯淳：《从新安海底沉船打捞的文物看元代我国陶瓷器的发展与外销》，《海交史研究》，1985年第2期，第36页。

造船技术的进步，密切了中日之间的器物贸易和文化交流。北宋时期，中国造船技术快速发展，与日本的贸易往来更加密切，但也呈现出与唐朝时期不同的特点。在长期学习唐朝文化基础上，日本形成了自身的文化体系，加之其封闭的政策，宋朝时期，日本较少派遣使节到中国进行文化交流。与之形成鲜明对比的是，中国的船只经常到日本进行商业贸易。根据日本学者木宫泰彦的研究，当时中国对日本的贸易产品多为锦、绫、香药、茶碗和文具等物[43]。在文化交流中，中国的印刷术传到日本，对日本印刷业的发展产生了重要影响。此外，中国的茶叶种植方法和饮茶之风也在宋朝时期，对日本产生了重要而深刻的影响。尽管早在唐朝时期，中国饮茶风尚已经传到日本，但当时茶叶在日本仅做药用。尽管后期茶叶在日本贵族和僧侣中受到欢迎，但并没有在日本全方位扩散。到了宋朝时期，日本僧人荣西把茶种带回日本，并著《吃茶养生记》，提倡吃茶养生之道，于是吃茶风气在日本兴盛起来[44]。在书籍和文化交流方面，到中国的日本僧人带回了佛教经典书籍、儒家思想、诗文集和医书等。除此之外，还带回了中国佛教画卷、舍利子等，中国艺术风格也因此传入日本，影响了日本艺术创作的发展。南宋时期，日本改变了过去闭关的国家政策，中日之间贸易往来和文化交流更加密切，这一时期，日本输入的商品仍以香药、书籍、织物、文具和茶碗等类为主，宋朝铜钱开始在日本流通，且在民间产生了广泛的影响[45]。元朝时期，中日之间商船往来更为密切，中国输入日本的商品依旧是以在自身文化范围内有影响力的商品居多，包括铜钱、香药、经卷、书籍、文具、唐画、什器以及金襴、金纱、唐锦、唐绫、毛毡等织物类为主[46]。尤其是在日本印刷术发展的背景下大量中国的典籍在日本出版，包括《毛诗》《尚书》《周易》《礼记》《左传》《周礼》《仪礼》《公羊传》《谷梁传》《论语》《孝经》《老子》《列子》《庄子》《史记》《前汉书》《后汉书》《扬子》《荀子》《墨子》《淮南子》《文中子》《吴子》《孙子》《吕氏春秋》《战国策》《山海经》《尔雅》《神仙传》《孝子传》《先贤传》《烈女传》《太平御览》《太平广记》《群书策要》《玉篇》《广韵》等[47]。大量中国书籍在日本的流传与传播，推动了中华文化在日本的影响，密切了中日文化的交流与互动。

中朝之间的贸易往来和文化交流源远流长，关系密切，中国文化一直对朝鲜半岛的国家和地区有深刻的影响。在朝贡贸易体系下，宋朝对朝鲜（笔者注：高丽政权）的贸易产品主要包括丝织品、金银器、漆器、金带、礼服、乐器、鞍茶、酒、香药、犀角、象牙、玳瑁、沉香、钱币、册书、新注华严经格、白鹇、花木等物[48]。到了南宋时期，在原有朝贡贸易体

---

43 （日）木宫泰彦：《日中文化交流史》，胡锡年译，北京：商务印书馆，1980年，第247页。
44 （日）木宫泰彦：《日中文化交流史》，胡锡年译，北京：商务印书馆，1980年，第361页。
45 （日）木宫泰彦：《日中文化交流史》，胡锡年译，北京：商务印书馆，1980年，第361页。
46 （日）木宫泰彦：《日中文化交流史》，胡锡年译，北京：商务印书馆，1980年，第403—404页。
47 （日）木宫泰彦：《日中文化交流史》，胡锡年译，北京：商务印书馆，1980年，第405页。
48 韩桂华：《由商品贸易论宋代与东北亚诸国的互动关系》，《中国历史学会史学集刊》，2011年第43期，第40页。

系基础上，民间贸易更加繁盛与发达，贸易商品的种类包括茶、丝织品、刺绣、瓷器、玉器、水牛角、红花、染料、佛具、犀角、象牙、香药、药材、果品、文具、乐器、祭器、书籍及奇花异木等。在这些器物中，书籍也是朝鲜政权受欢迎的文化产品。"高丽使节来宋入贡时，常会求赐书。宋廷亦乐于赐书，其时所赠包括《九经》《大藏经》《史记》《汉书》《后汉书》《三国志》《晋书》《圣惠方》及诸子和阴阳地理等书。贡使并可进入书市自行购买，如哲宗时高丽使节即购得《册府元龟》返国"[49]。南宋灭亡以后，朝鲜政权继续保持了与元朝的联系，在器物贸易和文化交流方面，在原有的器物种类和器物装饰风格基础上，延续和维系新的文化交流形式。

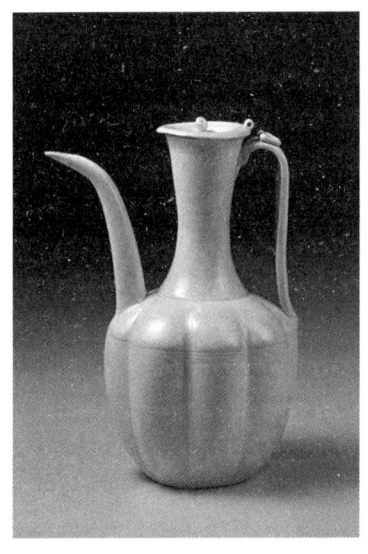

图 2-13-1 北宋景德镇窑出口到朝鲜的青白瓷瓜形执壶（正视图）　图 2-13-2 北宋景德镇窑出口到朝鲜的青白瓷瓜形执壶（左视图）

［图片来源：东洋陶瓷美术馆］

宋朝与越南的贸易往来和文化交流也主要通过朝贡贸易和民间贸易两种模式开展。国家实力和发展水平直接决定了两国之间器物贸易和文化交流的种类，由于中国在造物技艺方面处于领先地位，中国出口到越南的商品包括金银、缗钱、瓷器、丝绸、服装、茶叶、酒、纸张等，尤其是以丝绸、茶叶和中药材为主要代表[50]。越南出口到中国的产品多为土特产等初级产品。类似前述对日、对朝贸易往来，中国在对越南贸易过程中，书籍也是对外文化交流的重要文化产品，涉及中国文化的文学、医学、宗教、经学、军事、科技等诸多方面，对越南文化的快速进步作出了重要贡献，也促使越南成为中国儒家文化圈的重要组成部分。南宋末年，大批中国人移民越南，把中国高度发达的科技产品，包括造纸术、指

---

49 韩桂华：《由商品贸易论宋代与东北亚诸国的互动关系》，《中国历史学会史学集刊》，2011 年第 43 期，第 41 页。
50 邓昌友：《宋朝与越南关系研究》，［博士学位论文］，暨南大学，2004 年，第 114 页。

南针、印刷术、火药以及陶瓷制作技术带到了越南，推动了越南的科技发展。在文化技术方面，中国戏剧也传入越南，对越南戏剧文化发展起到了推动作用。元朝建立以后，尽管与越南的关系受到影响，但双方的商业往来一直保持着密切联系，在越南文化发展中，具有深刻的中国文化的烙印。

四、域外旅行家传播中国器物形象和国家形象

1. 《马可·波罗行纪》中的中国形象

元朝时期，欧洲旅行家马可·波罗曾到中国旅行，并在回到欧洲以后，完成《马可·波罗行纪》一书。该书记述了元朝中国丰富多样的物产、繁华富庶的城市、文明有序的政治与谦和礼貌的民众，引起了欧洲社会对中国的追捧和热爱。这种影响力不仅仅是在地理和外交层面，更多地体现在文化影响力方面。在随后的很长时间里，欧洲社会对遥远的东方文明一直艳羡不已，并把寻找和发现东方作为其远行的目的地。元朝时期，中西贸易往来多通过转口贸易进行，因此欧洲社会直接接触中国比较少，且对中国没有直接印象和认知。该书是欧洲较早全方位介绍中国文化的书籍。在书中，马可·波罗记述了繁华富庶的中国，尤其是高超的造物技艺，引起了欧洲各界的羡慕。时至今日，依旧有学者在质疑到底马可·波罗本人是否到过中国，书中记述的关于中国的情况是否符合历史事实。但确定无疑的是，元朝时期，强大的蒙古政权已经在欧亚大陆具有极其重要的影响力。

马可·波罗用大量的文字介绍了大都的盛况，包括城墙、宫殿等城市景观。在对城墙的描述中，他详细介绍了元朝城墙的规格和样式。"周围有一大方墙，宽广各有一里。质言之，周围共有四里。此墙广大，高有十步，周围白色，有女墙。此墙四角各有大宫一所，甚富丽，储藏君主之战具于其中，如弓、箙、弦、鞍、辔以及一切军中必需之物是已"[51]。在城墙里面的宫殿更是壮观，是元朝可汗居住之所。"君等应知此宫之大，向所未见。宫上无楼，建于平地。惟台基高出地面十丈。宫顶甚高，宫墙及房壁满涂金银，并绘龙、兽、鸟、骑士形象及其他数物于其上。屋顶之天花板，亦除金银及绘画外别无他物。大殿宽广，足容六千人聚食而有余，房屋之多，可谓奇观。此宫壮丽富赡，世人布置之良，诚无逾于此者。顶上之瓦，皆红黄绿蓝及其他诸色。上涂以釉，光泽灿烂，犹如水晶，致使远处亦见此宫光辉。应知其顶坚固，可以久存不坏"[52]。用上述最优美的词汇描述了元朝大都建设的富丽堂皇，展示了中国古代高超的建筑营造理念。在随后每年举行朝会的内容中，马可·波罗又详细记述了国富民强的大国形象，用大量的文字描述了元朝皇帝使用的精美器物。"大汗所坐殿内，有一处置一精金大瓮，内足容酒一桶。大瓮之四角，各列一小瓮，满盛精贵之香料。注大瓮之酒于小瓮，然后用精金大勺取酒。其勺之大，盛酒足供十人之饮……至若食物，不必言之，盖君等应思及其物之丰饶。诸臣皆聚食于是，其妻偕其他妇女亦聚食于是。食毕撤

---

51 （法）沙海昂注：《马可·波罗行纪》，冯承钧译，上海：上海古籍出版社，2014年，第161页。
52 （法）沙海昂注：《马可·波罗行纪》，冯承钧译，上海：上海古籍出版社，2014年，第162—163页。

席，有无数幻人艺人来殿中，向大汗及其他列席之人献技"[53]。前述从不同角度对精美器物的论述，展示了大气奢华的中国形象。

中国商业贸易发达，且物品种类多样丰富。在游记中，马可·波罗记述了各国来中国进行商业往来的情形，并专门记述了丝绸的交易和买卖。"外国巨价异物及百物之输入此城者，世界诸城无能与比。盖个人各自携物而至，或以献君主，或以献宫廷，或以供此广大之城市，或以献众多之男爵骑尉，或以供屯驻附近之大军。百物输入之众，有如川流之不息。仅丝一项，每日入城者计有千车。用此丝制作不少金锦绸缎，及其他数种物品。附近之地无有亚麻质良于丝者，固有若干地域出产棉麻，然其数不足，而其价不及丝之多而贱，且亚麻及棉之质亦不如丝也"[54]。在随后的记述中，马可·波罗记述了泰州、扬州、南京、苏州、镇江等工商中心的富庶局面。这些城镇工商业活跃，有大量的中外商人在此进行商业贸易和往来。上述市场中商业贸易发达，有各种各样的产品进行交易。由于物品丰饶，在市场交易中，能满足各种人的需要。"每星期有三日为市集之日，有四五万人挈消费之百货来此交易。由是种种食物甚丰，野味如獐鹿、花鹿、野兔、家兔，禽类如鹧鸪、野鸡、家鸡之属甚众，鸭、鹅之多，尤不可胜计，平时养之于湖上，其价甚贱……此种市场常有种种菜蔬果实，就中有大梨，每颗重至十磅，肉白如面，芬香可口。按季有黄桃、白桃，味皆甚佳……上述之市场，周围建有高屋。屋之下层则为商店，售卖种种货物，其中亦有香料、首饰、珠宝。有若干商店仅售香味米酒，不断酿造，其价甚贱"[55]。在马可·波罗眼中，中国到处都是繁华富庶的景象，不同的城市又有不同的风格。以南京为例，就多盛产各种丝织品。"南京是一大州，位置在西。居民是偶像教徒，使用纸币，臣属可汗，恃商工而活。有丝甚饶，以织极美金锦及种种绸绢。是为一富足之州，又是一切谷粮皆贱"[56]。中国境内有各种动物与植物，这种地大物博的境况也是马可·波罗前所未闻的。"境内有产麝之兽甚众，所以出产麝香甚多。其产珠之湖亦有鱼类不少。野兽若狮、熊、狼、鹿、山猫、羚羊以及种种飞禽之属，为数亦众。其地无葡萄酒，然有一种小麦、稻米、香料所酿之酒，其味甚佳。此州丁香繁植，亦有一种小树，其叶类月桂树叶，惟较狭长，花白而小，如同丁香。其地亦产生姜、肉桂甚饶，尚有其他香料，皆为吾国从未见者，所以无须言也"[57]。

繁华的商业贸易和便捷的世界交通也是《马可·波罗行纪》中对中国描述的重要内容。元朝政府鼓励对外商业贸易，其贸易收入是政府收入的重要来源之一。根据《元史·食货志》记述，元朝对外贸易港口主要有泉州、广州、温州、杭州、宁波、上海和澉浦等，贸易范围从东北亚的日本到欧洲，海陆交通均非常发达。在对泉州城的描述中，提到了当时对外

---

[53] （法）沙海昂注：《马可·波罗行纪》，冯承钧译，上海：上海古籍出版社，2014年，第176—177页。
[54] （法）沙海昂注：《马可·波罗行纪》，冯承钧译，上海：上海古籍出版社，2014年，第193页。
[55] （法）沙海昂注：《马可·波罗行纪》，冯承钧译，上海：上海古籍出版社，2014年，第304页。
[56] （法）沙海昂注：《马可·波罗行纪》，冯承钧译，上海：上海古籍出版社，2014年，第285页。
[57] （法）沙海昂注：《马可·波罗行纪》，冯承钧译，上海：上海古籍出版社，2014年，第237页。

贸易的市舶重镇——澉蒲镇，海洋贸易繁荣的场景。"其地有船舶甚众，运载种种商货往来印度及其他外国，因是此城愈增价值。有一大川自此行在城流至海港而入海，由是船舶往来，随意载货，此川流所过之地有城市不少"[58]。在对福州的描述中，也提到了与印度进行贸易的情况。"此城有一名港在海洋上，乃不少船舶辐辏之所，诸船运载种种货物至此，然后分配于回族全境。所卸胡椒甚多，若以亚历山大运赴西方诸国衡之，则彼数实微乎其微，盖其不及此港百分之一也。此港为世界最大良港之一，商人、商货聚积之多，几难信有其事"[59]。在叙述中，马可·波罗将西方的亚历山大港同刺桐港进行对比，以图印证中国贸易的繁华富庶景象。正是因为全国范围内的商业贸易，元朝时期纸币已经通行全国。"在此汗八里城中，有大汗之造币局，观其制设，得谓大汗专有方士之点金术，缘其制造如下所言之一种货币也。此币用树皮作之，树即蚕食其叶作丝之桑树……此种纸币之上，钤盖君主印信，由是每年制造此种可能给付世界一切帑藏之纸币无数，而不费一钱。既用上述之法制造此种纸币以后，用之以作一切给付。凡州郡国土及君主所辖之地莫不通行。臣民位置虽高，不敢拒绝使用，盖拒用者罪至死也"[60]。对纸币的详加论述，印证了统一的中国在商业贸易和其他方面繁盛发展的局面，而这些恰恰是欧洲所缺乏的。

图 2-14 元朝时来中国的传教士鄂多立克　　图 2-15 尼科洛、马菲奥和马可·波罗在威尼斯城门告别家人

[图片来源：张国刚：《胡天汉月映西洋：思路沧桑三千年》，北京：生活·读书·新知三联书店，2019，第 149 页、第 154 页。]

马可·波罗高度赞美了中国社会制度和治理模式。"行在城之居民举止安静，盖其教

---

58 （法）沙海昂注：《马可·波罗行纪》，冯承钧译，上海：上海古籍出版社，2014 年，第 301 页。
59 （法）沙海昂注：《马可·波罗行纪》，冯承钧译，上海：上海古籍出版社，2014 年，第 322 页。
60 （法）沙海昂注：《马可·波罗行纪》，冯承钧译，上海：上海古籍出版社，2014 年，第 196 页。

育及其国王榜样使之如此。不知执武器，家中亦不贮藏有之。诸家之间，从无争论失和之事发生，纵在贸易制造之中，亦皆公平正直。男与男间，女与女间，亲切之极，致使同街居民俨与一家之人无异。互相亲切之甚，致对于彼等妇女，毫无忌妒猜疑之心。待遇妇女亦甚尊敬，其对于已婚妇女出无耻之言者，则视同匪人。彼等待遇来共贸易之外人，亦甚亲切，款之于家，待遇周到，辅助劝导，尽其所能"[61]。和平的环境、亲近的关系、相对温和的民风以及女性在社会中得到的尊重等，都值得欧洲各国学习。

无论是出于何种目的，马可·波罗在不自觉间将中国文化传播到欧洲，描述了国力强盛、社会安定的古代中国形象，引发了欧洲对古老中国文明的羡慕和追捧，加深了欧洲对中国的认知和了解。

2. 伊本·白图泰与阿拉伯世界的中国形象认知

阿拉伯著名旅行家伊本·白图泰的《旅途各国奇风异俗珍闻记》是1355年问世的旅行著作，自出版以来，该书先后翻译成20多个国家的文字，深受各个国家的重视和关注。在书中，数量不多的赞美和肯定性描述，展示出了当时中国的强大繁盛，具有非常大的意义和价值。作为较早到中国的阿拉伯人，他书中的记述对我们认识和了解异文化视域下的中国文化具有重要意义和价值。

他认为中国是一个伟大的民族，是安全与和平的国度。"在中国旅行是最安全不过的，中国是世界上最安定的国度，旅行者即使身怀巨款，单身行程九个月，也不会担惊受怕。那是因为在中国处处都设有驿站。驿站有驿长、骑兵和步卒驻防。每到傍晚或晚饭时分，驿长和录事便来到驿站客栈，将所有旅客登记造册，并加盖印章，然后将客栈大门关闭。翌晨，驿长和录事复来清点，按花名册点名，记下详情。然后派人将他们送往下一站。下一站的驿长出具文书，证明名单上的人皆已抵达。如下一站的驿长不这样做的话，前一站的驿长可向他要人"[62]。这种管理模式，从一个层面证明了中国的长期稳定，保证了国家利益，彰显了高效的社会运作模式。

他赞颂了中国高超的造物技艺，认为中国有高度发达的生产技艺和造物文明。"中国人是最伟大的民族，他们的工业品以其精致、细巧而驰名于世。人们在谈及中国时，无不赞叹不已"[63]。在具体的论述中，他对中国的瓷器大加赞美，认为瓷器是世界上最好的工业品，并出口到中东许多国家和地区。"（伊斯法罕）有一间极漂亮的浴室，大理石铺地，中国花瓷

---

61 （法）沙海昂注：《马可·波罗行纪》，冯承钧译，上海：上海古籍出版社，2014年，第306页。
62 转引李光斌：《论伊本·白图泰和他的〈旅途各国奇风异俗珍闻记〉》，《海交史研究》，2003年第1期，第25页。
63 （摩洛哥）伊本·白图泰口述；（摩洛哥）伊本·朱甾笔录：《伊本·白图泰游记（下册）》，李光斌、李世雄译，北京：中国旅游出版社；商务印书馆，2016年，第294页。

砖贴墙，一直修到甬道里"[64]。在巴格达的清真寺里，也是用中国的瓷砖装饰。"寺里露天礼拜场用雪花石铺就，墙上都贴着中国产的花瓷砖"[65]。尤为重要的是：在论述中，他提到在广州等港口城市出口的商品中，就是以瓷器为主。"市场中尤以陶瓷市场为最，陶瓷由这里贩卖到中国各地及印度、也门等地"[66]。在对泉州港的描述中，他对中国高超的造船技艺惊叹不已，这也从另外一个视角论证了宋元时期中国高度发达的海上贸易。"要到中国旅行只有乘中国船才行，这里先让我们看一看中国船的等级。中国船分三类：大的那种叫朱努克，单独一艘叫均可；中等的叫宰乌；小型的叫凯凯木。大船上有十二面帆，最少的也有三面，这种帆由竹篾编织而成，很像席子，一直张着，从不落下，根据风向随时转动。停泊时，便让这些篾帆停在风口。在这样一艘大船上往往有上千人为它服务，仅水手就有六百名，再有四百名武士，他们中有弓箭手、身穿铠甲的勇士以及朱乐希叶即投掷古脑油火器的人。每一艘大船后面都跟随三艘小船。其中一艘的大小相当于大船的二分之一，另一艘相当于三分之一，还有一艘相当于四分之一。这种船只有中国的桐城或克兰穗城即中国的穗城才能制造。这么大的船怎么制造的呢？简而言之，他们先造两面木墙，中间夹以特大的木头，横一道，竖一行钉上大钉。这种钉子每支有三腕支长。当两部分钉在一起后，再把修成的船抬上去，铺好船底，然后把它推入海中就完事了。那些木头和两堵木墙就留在水中，他们从那里下去洗澡甚至大小便。在那些木头边置放着他们的船浆，这种桨大如桅杆，每把桨都要十到十五个男子汉才能划动，划桨时人都站着。每艘船上有四个舱面甲板，设有客房、套间、商号等。套间包括客房和盥洗室。套间的房门钥匙由旅客自己掌管，如果他带有妻妾、女婢等眷属可以住在这里，完全和其他乘客隔绝。有时一个人关在套间中走一路，竟然不知同船者是谁，直至抵达某地相见时才恍然大悟。水手们常常让随同自己航行的孩子们住在套间里。他们在船上用木盆、木罐种植蔬菜、瓜果、姜等。这种船的代理人俨然是个大埃米尔……那些拥有许多船只的中国人，常把自己的代理人派到别的国家为他经营。世界上没有比中国人更富有的人了"[67]。

在游记中，他还描述了杭州、广州等城市富庶繁华的城市景象，体现了中国高度发达的商业文明体系。在对杭州的描述中，他认为杭州商业繁华、规模很大，有上等的丝织品等产品。"在地球上我到过的城市中，这座城市是最大的。旅行者晓行夜宿要三天才能走完全

---

[64] 转引李光斌：《论伊本·白图泰和他的〈旅途各国奇风异俗珍闻记〉》，《海交史研究》，2003年第1期，第26页。

[65] 同上，第26—27页。

[66] 转引李光斌：《论伊本·白图泰和他的〈旅途各国奇风异俗珍闻记〉》，《海交史研究》，2003年第1期，第27页。

[67] 转引李光斌：《论伊本·白图泰和他的〈旅途各国奇风异俗珍闻记〉》，《海交史研究》，2003年第1期，第26—27页。

城。它的建筑风格也像我们提到过的那样，每个宅院都有花园，该城又分为六个小城"[68]。在对广州城的描述中，除了介绍城市发达的商业贸易，还专门论述了中国独特的慈善模式，中国会专门设置慈善机构收养失去劳动能力的人。"城市中央有一座富丽堂皇的庙宇，设九重门。每道门内都有明柱和石凳若干，供人们歇足。二、三门中间有房舍数间，供盲人及残疾人居住，由宗教基金中拨款，供应他们的衣食。其他各门之间也都如此。庙宇内还有医院和膳房，有专门的大夫和仆役。人们告诉我说，凡失去谋生能力的老人、无依无靠的孤儿寡母都由这座庙宇供给衣食。此寺庙系某位帝王修建，并规定该城及郊区的部分农村、田园之所得须全都捐给寺庙"[69]。这种关于中国较早慈善模式的记述印证了强盛中国所拥有的实力和能力，传递了中国朴素的道德观念。

五、小结

领先全球的造物技艺和精良的手工造物产品，构筑了以中国为核心的"传统器物文化圈"，彰显了中国高度发达的文明体系，塑造了区域引领性的大国形象。封建制、人口增长、城市出现、农耕精进、手工业等共同促进了中国古代造物体系的进步，也形成了人类开放共赢模式的"中国样板"。同周边游牧民族落后的造物能力相比，先进造物体系为中华文化对外传播提供了必要条件。汉唐时期，通过丝绸之路，中国高超的造物技艺在西域等地具有影响力，并对东北亚的日本、朝鲜等国家和地区产生了重要影响。唐朝长安是当时世界性的大都市，吸引来自亚洲许多国家和地区的使臣来此学习和生活。宋朝高度发达的经济和引领性的文化，让中国在面对周边拥有强大军事实力的其他民族的时候，依旧能保持引领地位。元朝时期建立的欧亚大帝国，让中国发达的造物文化在更广范围内传播，进一步实现了器物文化的域外影响力。

中国对外器物传播以丝绸、瓷器和茶叶等当时世界上高端的器物产品为代表，传播器物产品的同时也传播造物技艺和生活方式，对亚洲许多地区的文明进程产生了深刻影响。尤为重要的是：以书籍为载体的中华文化对外传播在华夏文明对外影响中扮演了至关重要的角色。在对外贸易和文化交流中，官方主导的朝贡贸易、商业贸易的商人以及僧侣、旅行家等社会精英都在中国器物文化对外传播中有重要作用，形成了较为完备的传播体系与辐射机制，塑造了繁盛的亚洲大国的形象。

---

[68] 转引李光斌：《论伊本·白图泰和他的〈旅途各国奇风异俗珍闻记〉》，《海交史研究》，2003年第1期，第27页。

[69] 转引李光斌：《论伊本·白图泰和他的〈旅途各国奇风异俗珍闻记〉》，《海交史研究》，2003年第1期，第27页。

第三章　早期全球化阶段器物传播构建中国形象

通过郑和下西洋，在元朝对外贸易基础上，明朝构筑了影响力更为深远的贸易体系，也逐步奠定了中国"瓷器、茶叶、丝绸"三位一体的器物对外贸易影响力。中国以引领世界的造物技术和完备的造物体系，代表了世界造物水平的高度，塑造了技术精湛、产品精良的中国器物形象，进而在全球范围内建构了经济强大、文化繁盛的大国国家形象。正如英国历史学家约翰·霍布森论述的那样，东方文明作为先进文明，向全球传播、扩散，进而影响并推动世界文明发展的进程[1]。就器物文化传播的主体而言，在原有商人、使臣和僧侣的基础上，欧洲各国东印度公司、传教士影响和主导了中国器物在欧洲的传播，让中国与欧洲紧密地联系在一起，开启了早期全球化的历程。但无论是区域性的贸易，还是早期全球化的贸易，中国造物文化在许多国家和地区都产生了影响，标志着以中国主导的全球性贸易进入了一个新阶段，也直接构筑了强大的中国国家形象。

第一节　中国主导亚非器物贸易和文化交流

明清时期，海外贸易繁盛，在原有造物技术基础上，中国造物能力大为提升，器物种类更加丰富。以高度发达的造船技术为依托，以中国为核心的传统器物贸易圈和文化交流范围进一步扩展，影响力更大。无论是官方主导的朝贡贸易体系还是民间主导的商业贸易体系，都在原有基础上进一步发展。

一、郑和下西洋弘扬中华礼乐文明

明朝建立以后，官方主导的朝贡贸易在中国传统贸易圈中影响进一步扩大，推动了中华文化影响力的加深，尤以郑和下西洋为标志。从永乐三年（1405年）六月起，到宣德八年（1433年）七月，郑和率领船队先后7次出使海外，先后到达东南亚、西亚和非洲20多个国家和地区，通过朝贡贸易模式传播中国文化，在元朝对外贸易和传播中国形象基础上，更提升了中国影响力。"所历诸蕃曰占城、曰爪哇、曰暹罗、曰旧港、曰哑鲁、曰满剌加、曰苏门答腊、曰那姑儿、曰黎代、曰喃勃里、曰溜山、曰榜葛剌、曰锡兰山、曰小葛兰、曰柯枝、

1　（英）约翰·霍布森：《西方文明的东方起源》，孙建党译，济南：山东画报出版社，2009年，第15页。

曰古里、曰祖法儿、曰忽鲁谟斯、曰阿丹、曰天方，凡二十国"[2]。在朝廷支持下，郑和下西洋船队规模是空前的，船队规模大，所带货物数量也非常多。每到一个地方，就通过多样化的贸易形式同其他国家进行往来，奠定了独特的中国地位和影响力。在同中国贸易过程中，瓷器、丝绸等依旧是各国最喜爱的产品。

表3-1 郑和下西洋对外输出中国产品一览表

相关国家和地区	购买中国产品	备注	出处
占城国	所喜者中国青瓷盘碗等器，及纻丝、绫绢、硝子珠等物		西洋番国志
爪哇国	国人最喜青花瓷器并麝香、花绣、纻丝、硝子珠等货	国人有三等，一等西番回族人，一等唐人，一等土人。国人多富，买卖俱用中国铜钱	西洋番国志
旧港国	行市交易用中国铜钱并布帛之类	国多广东、福建、漳、泉人	西洋番国志
祖法儿国	皆以乳香、血竭、芦荟、没药、安息香、苏合油、木别子之类来易纻丝、瓷器等物		西洋番国志
锡兰国	重中国麝香绮谷、彩绢、青瓷器、铜钱、樟脑		瀛涯胜览
真腊国	货用金银、烧珠、锦缎、丝布之属	番人杀唐人则偿命，唐人杀番人罚金，无金卖身赎罪	星槎胜览
暹罗国	货用青白花瓷器、印花布、色绢、色缎、金银铜铁、水银、烧珠、雨伞之属	其酋感慕天朝远惠，尝遣使奉金叶表文，贡献方物	星槎胜览
假马里丁	货用爪哇布、烧珠、印花布、米谷之属	今居民有中国人杂处	星槎胜览
交栏山	货用米谷、五色绢、青布、铜器、青碗之属		星槎胜览
重迦罗	货用花银、花绢		星槎胜览

---

[2] （明）巩珍：《西洋番国志》，向达校注，北京：中华书局，1982年，第48页。

（续表）

吉里地闷	货用金银、铁器、瓷碗之属		星槎胜览
满剌加国	货用青白瓷器、五色烧珠、色绢、金银之属	永乐十六年酋长感慕圣恩，挈妻子涉海如朝，贡方物，赏劳之使归国	星槎胜览
麻逸冻	货用铜鼎、铁块、五色布绢之属		星槎胜览
彭坑	货用金银、色绢、爪哇、布、铜铁器、鼓板之属		星槎胜览
东西竺	货用花锡、胡椒、铁器之属		星槎胜览
龙牙加貌	货用印花布、八察都布、青白花瓷器之属		星槎胜览
阿鲁国	货用色缎、色绢、瓷器、烧珠之属		星槎胜览
淡洋	货用金银、铁器、瓷器之属		星槎胜览
苏门答腊国	货用青白瓷器、铜铁、爪哇布、色绢之属	永乐十一年伪王苏斡剌寇侵本国，酋长遣使赴阙陈诉求。太宗皇帝命郑和率官兵剿捕生擒伪王	星槎胜览
花面国王	货用缎帛、瓷器之属	其酋长感慕恩赐，常贡方物	星槎胜览
锡兰山国	货用金钱、铜钱、青花白瓷器、色缎、色绢之属	西夷畏威怀德，莫不向化矣	星槎胜览
溜山洋国	货用金银、缎帛、瓷器、米谷之属	其酋长感慕圣恩，常贡方物	星槎胜览
大葛兰国	货用金钱、青白花瓷器、布缎之属		星槎胜览
小葛兰国	货用丁香、豆蔻、色缎、麝香、金银铜铁器、铁线、黑缨之属		星槎胜览
柯枝国	货用色缎、白丝、青花白瓷器、金银之属	其酋长感慕圣恩，常贡方物	星槎胜览

（续表）

古里国	货用金银、色缎、青花白瓷器、烧珠、麝香、水银、樟脑之属	其酋长感慕圣恩，常遣使捧金叶表文，贡献方物	星槎胜览
榜葛剌国	货用金银、色缎、檀香、米谷、瓷器、色绢之属	其王知我中国宝船到彼，遣部领赍衣服等礼，人马千数迎	星槎胜览
阿丹国	货用金银、色缎、青白花瓷器、檀香、胡椒之属	其酋长感慕恩赐，躬以方物贡献	星槎胜览
剌撒国	货用金银、缎绢、瓷器、米谷、胡椒、檀香、金银之属	其酋长感慕圣恩，遣使捧金叶表文	星槎胜览
佐法儿国	货用金银、檀香、米谷、胡椒、缎绢、瓷器之属	其酋长感慕圣恩，遣使奉贡方物	星槎胜览
忽鲁谟斯国	货用金银、青花瓷器、五色缎绢、木香、胡椒之属	其酋长感慕恩赐，躬献方物	星槎胜览
天方国	货用金银、缎疋、色绢、青白花瓷器、铁鼎铁铫之属	其国王臣深感天朝使至加额顶天，以方物狮子、麒麟贡于朝	星槎胜览

[资料来源：（明）巩珍著，向达校注：《西洋番国志》，中华书局，1982年；（明）马欢：《瀛涯胜览》。选自续修四库全书编纂委员会编：《续修四库全书.史部.地理类》，上海古籍出版社，2002年；（明）费信：《星槎胜览》。选自续修四库全书编纂委员会编：《续修四库全书.史部.地理类》，上海古籍出版社，2002年。]

从上述史料记述可知，通过官方主导的朝贡贸易体系，中国货物已经出口到了许多国家和地区，并在这些国家和地区产生了深刻影响。许多国家喜欢中国的瓷器、锦缎、色绢、纻

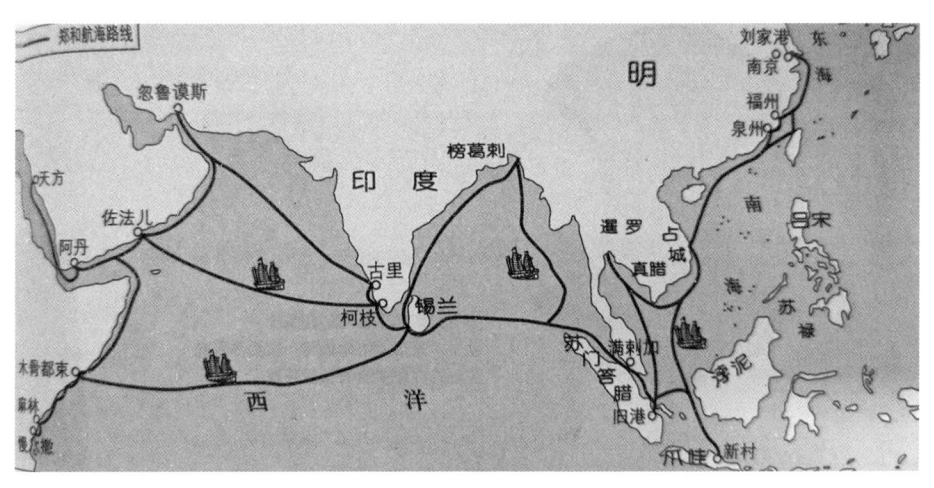

图 3-1 郑和下西洋路线示意图

[图片来源：张国刚：《胡天汉月映西洋：丝路沧桑三千年》，北京：生活·读书·新知三联书店，2019，第161页。]

丝等产品，"（占城国）最重中国花瓷暨麝花绢绮罗"[3]。除了上述官方为代表的贸易模式，明朝民间贸易也非常活跃。航海技术的进步使得福建、广东的商人经常行驶在东南亚地区，把中国瓷器产品出口到这些国家和地区。

由于中国高度发达的商业体系和造物技艺，明朝影响力进一步扩大。在郑和下西洋过程中，每到一个国家和地区都受到欢迎。"（阿丹国）王闻即率大小头目至海滨引入，礼甚敬谨"。在上述表格中，部分国家已经使用中国铜钱进行贸易，这也昭示着中国在海外已经形成了巨大的国际影响力。此外，还有许多中国人也在这些海外国家生活和贸易，佐证了中国高度发达的造物体系和商业体系。"（旧港国）国人多广东漳泉人流寓"[4]。

图 3-2 郑和下西洋时的金锭
[图片来源：张国刚：《胡天汉月映西洋：思路沧桑三千年》，北京：生活·读书·新知三联书店，2019，第 162 页。]

二、器物贸易提升中华文化在日影响力

明朝时期，官方主导的贸易体系是中日两国往来的重要形式。明朝建立以后，太祖朱元璋实施严格的海禁政策，民间贸易受到了严格控制，官方主导的朝贡贸易体系成为对外交流的重要模式。洪武十三年的胡惟庸案，朱元璋认为有日本人参与其中，终止了与日本的官方贸易往来，到了永乐年间，中日官方的交流才逐步展开，但当时的商业贸易更多地围绕政治往来展开，商业意义的交流并不频繁，且经常受到日本政治局势的影响。宣德时期，随着中日两国各自政治局势的相对稳定，中日之间的商业往来才逐步走向了正常化。但日本国内两个政治势力细川氏和大内氏关于权力的争斗，影响了中日贸易。嘉靖二年（1523年）爆发的"争贡之役"事件，中日之间的往来再次受到较大影响，尤其是事件爆发后对明朝政府的对外政策产生了深刻影响。随后就陆续颁布了各种严厉的海禁政策，禁止中国各种对外的海上贸易。但这种禁止海外贸易的政策影响了中国沿海民众直接的利益，出现了各种形式的私人贸易。

对外商业贸易的巨大利润，也促使明朝政府调整对外政策。1567年，明穆宗宣布废除海禁政策，开放福建月港一处对外港口，允许海外贸易，史称"隆庆开关"。这一时期，由于倭寇的影响，中日之间的商业贸易仍在禁止之列。但葡萄牙等西方商船的出现，各种间接性的贸易依旧把中日之间的商业往来紧密地联系到一起。与此同时，各种形式的官方和走私性商业

---

3 （明）马欢：《瀛涯胜览》。选自《续修四库全书》编纂委员会编：《续修四库全书·史部·地理类》，上海：上海古籍出版社，2002 年，第 394 页。

4 （明）马欢：《瀛涯胜览》。选自《续修四库全书》编纂委员会编：《续修四库全书·史部·地理类》，上海：上海古籍出版社，2002 年，第 394 页。

贸易的存在，依旧将中日两国紧密地联系在一起，推动中国文化继续在日本产生影响力。嘉靖二十六年的日本贡使船案例，就能证实上述观点。"倭夷入贡，旧例以十年为期，来者无得逾百人，舟无得过三艘。乃良等先期求贡，舟、人皆数倍于前，蟠结海滨，情实叵测。但其表词恭顺，且去贡期不远，若概加拒绝，则航海重译之劳可悯……宜令纨循十八年例，起送五十人赴京，余者留嘉宾馆，量加赏犒，省令回国。至于互市、防守事宜，俱听斟酌处置，务期上遵国法，下得夷情，以永弭边衅"[5]。日本派到中国朝贡贸易的人数和船只数量超过了原本的规定，且在浙江停留时间较长，但明朝政府也默许了这种局面的存在，在一定程度上允许了日本来华贸易规模的增加。但如前述，由于中日各自复杂的局面，日本政权内部出现混乱，无暇派出官方主导的船只来中国，但民间贸易却在一定程度上得以迅速发展和壮大。

丝绸、瓷器等中国传统代表性器物，深受日本民众的喜爱。尽管中日之间的器物贸易形式出现过多次变化，明朝与日本之间依旧保持了较为密切的往来，也维系着双方各自的需求。在日本深受欢迎的中国产品主要是各类丝织品。"（来自中国的）几千万纯色的或带刺绣的天鹅绒、纯色的琥珀织、缎子、薄罗纱以及此外各种各样的布料，每年都可销售一空，不分男女，都穿着各种各样带色彩的衣服，无论是少女，还是未婚姑娘，即使五十岁以上的妇人亦如此"[6]。上述情况反映了中国丝织品在日本受欢迎的程度，这种情况在日本史料中也有记述。据日本《大乘院寺社杂事记》关于1480年中日贸易丝织品的记述，也能得知中国丝绸在日本受欢迎的情况。"唐丝在日本每斤价约五贯文，在西国备前、备中等地一驮价值十贯文的铜，于唐土明州、六州购回生丝出卖则可得四十至五十贯左右。一棹重十两价值三十贯文的银子，购回唐丝出卖则可得一百二十至一百五十贯文左右"[7]。从中国销售丝织品到日本的利润最高可接近400%，便可以证明丝绸在日本受欢迎的程度。也正是因为中国丝织品在日本广受认可以及巨额的贸易利润，葡萄牙和荷兰也先后加入了中日贸易之中。葡萄牙以澳门为中转贸易站，同日本进行以生丝为主导的中日贸易。"16世纪后期，葡人每年从日本进口中国生丝1000—1600担。1578年约为1600担，1600年约为1500担，到了16世纪末，中国丝绸和黄金成为输入日本货物中最重要的两项"[8]。

黄金和丝绸是当时贸易中受欢迎的产品，也满足了参与贸易各方的需要。对于制造方中国而言，不仅继续提升中国器物文化在日本的影响力，还保证了自身的商业利益；对于日本而言，精美的商品满足了国人的生产、生活需要；对于进行贸易的葡萄牙等国商人而言，也赚取了大量的财富。"这些地区特别出产各种各样的金属，其中质量最上乘、数量最丰富的是黄金。大量的金块从中国运到印度和日本。据说在今年的一艘船上，有2000件金盘……还有大量的金链和金叶……这里有如此丰富的生丝，每年可装满3艘自印度来澳门的

---

5 《明世宗实录》，卷三三七。
6 范金民：《明清时期中国对日丝绸贸易》，《中国社会经济史研究》，1992年第1期，第29页。
7 范金民：《明清时期中国对日丝绸贸易》，《中国社会经济史研究》，1992年第1期，第34页。
8 张廷茂：《明清时期澳门海上贸易史》，澳门：澳亚周刊出版有限公司，2004年，第89页。

商船，至少有一艘船将生丝运往日本"[9]。除了丝绸之外，瓷器也深受日本的欢迎。"如饶之瓷器，湖之丝绵，漳之丝绢，松之棉布，尤为彼国所重"[10]。葡萄牙商人对此也有专门的记述。"葡萄牙人对这些瓷器的赏识令人惊叹，他们克服巨大困难，将这些瓷器运到日本、印度以至欧洲"[11]。清朝在明朝基础上，对日本贸易更加频繁，大量中国器物依托精湛的造物技艺，深受日本人的欢迎和认可。康熙时期，中日之间的贸易在原有基础上得到迅速发展。根据《小西方淑觉书》记述，日元禄十一年（1698年），中国宁波对日船只上，输入日本的商品如下："一白丝四十七包每包六十五斤、一大花绸一千五十担、一中花绸九百三十担、一小花绸一千六百担、一大红绉纱六十一担、一大纱八百九十担、一中纱一千一担、一小纱二千五百四十担、一色绸五十六担、一东京丝一百六十斤、一东京绸四百二担、一大卷绫六百十担、一东京绸二百担、一中卷绫七百五担、一素绸一千三百十担、一绵四百斤、一色缎二百担、一金缎三十二担……一漆三千斤、一沉香四千斤、一朱砂二千斤、一冰糖一万一百斤、一木香六百斤、一白糖七万斤、一三盆糖四万斤、一乌糖九万斤、一碗青七千斤、一苓苓香一千斤、一排草四百斤、一黄芩二千斤、一甘松四千斤、一甘草两千斤、一川芎五十斤、一蕲蛇四百斤、一麝香四十斤、一人参十斤、一小人参五十斤、一墨三千斤、一古画五箱、一书六十箱、一瓷器六十桶、一雄黄一千三百斤、一料香一千斤。"[12]船上装载的销往日本的货物种类繁多，应有尽有。在众多的器物中，丝绸、漆器、瓷器以及墨、书籍等均是日本最受欢迎的产品。依据《华夷通商考》的记述，中国有15个省份向日本输出商品，其中以江苏、浙江、福建和广东等省商品最具代表性，绝大多数商品均是当时深加工的各类文化产品和日用品。

表3-2 清朝中国部分省输出日本商品一览表

省份和地区	商品类别
江苏省	书籍、白丝、绫子、纱绫、绉绸、绫、罗纱、南京缎子、锦、南京绡、金缎、五丝、柳条、袜褐、捻线绸、金线棉布、绢绸、棉布、斜纹棉布、丝绵、皮棉布、丝线、纸、信纸、墨、笔、扇子、箔、砚石、线香针、栉篦、香袋、人造花、茶、茶瓶、瓷器、铸器、锡器、镶嵌金银的刀护手、漆器、光明朱、绿青、明矾、绿矾、红豆、芡实、槟榔子、檀香、芍药、黄精、何首乌、白术、海螵蛸、紫金锭、蜡药、花石、纸制偶人、角制偶人、角制工艺品、革制文卷匣、刺绣、书画、古董、化妆品及化妆用具、药种

---

9 张廷茂：《明清时期澳门海上贸易史》，澳门：澳亚周刊出版有限公司，2004年，第90页。
10 转引范金民：《明清时期中国对日丝绸贸易》，《中国社会经济史研究》，1992年第1期，第29页。
11 张廷茂：《明清时期澳门海上贸易史》，澳门：澳亚周刊出版有限公司，2004年，第91页。
12 （日）大庭修：《江户时代中国典籍流播日本之研究》，戚印平、王勇、王宝平译，杭州：杭州大学出版社，1998年，第37页。

省份和地区	商品类别
浙江省	白丝、绉绸、绫子、绫、南京缎子、锦、金丝布、葛布、毛毡、绵、罗、南京绡、茶、纸、竹纸、扇子、笔墨、砚石、瓷器、茶碗、药、漆、胭脂、方竹、冬笋、南枣、黄精、芡实、竹鸡、红花木犀、附子、药种、化妆用具
福建省	书籍、墨迹、绘画、笔、纸、布、葛布、白丝、绫子、绉绸、纱绫、八丝、五丝、柳条、绫、纱、罗捻丝绸、绢绸、闪缎、天鹅绒、南京绡、丝线、棉布、绫条布、砂糖、甘蔗、佛手柑、橄榄、龙眼、荔枝、天门冬、明矾、花文石、鹿角菜、紫菜、牛筋、天蚕丝、瓷器、美人蕉、线香、铸器漆器、古董、扇子、针、栳篦、蜡、降真香、茴香、藕粉、鱼胶、丝绵、茶、蜜饯、花生、药物、化妆品
广东省	白丝、黄丝、绵、金缎、三彩五丝、七丝、天鹅绒、八丝、闪缎、锁服、柳条、绫子、绉绸、纱绫、捻线绸、绵、紬、绸、漆器、陶器、铜器、锡器、针、马口铁、眼镜、龙眼、荔枝、沉香、乌木、蚺蛇、木棉、玳瑁、槟榔子、龙脑、麝香、眼茄、山归来、漆、椰子、菠萝蜜、锅、水银、天蚕丝、端砚、砗磲、花梨木、藤、翡翠鸟、鹦鹉、五色雀、碧鸟孔雀、药种、蜡药

[资料来源：（日）木宫泰彦：《日中文化交流史》，胡锡年译，北京：商务印书馆，1980 年，第 673-674 页。]

从上表中可以看出，中国器物在日本的影响涵盖范围非常广，既包括各种土特产，也包括人造物品。在众多器物中，书籍对日传播在中国文化传播中具有重要作用。作为中日文化交流的重要载体，书籍既昭示了中国高度发达的造物技艺，又传播了中国文化。元朝时期，由于当时复杂的国家关系，加之元朝建立时间短，中日之间的器物贸易和文化交流也因此受到影响，但即便如此，仍有部分日本人来到中国，进行文化交流。入元僧人带回的《大藏经》《五家正宗赞》《景德传灯录》《宗镜录》等不仅推动了日本佛教的发展，也推动了中国文学作品在日本的传播。日本僧人从中国带回的诗文集、儒学、书法和绘画作品都提升了中华文化在日影响力，许多在中国没有留存的画家作品也在日本出现，比如日本京都相国寺收藏南宋画家陆信忠的《十六罗汉》，但该画家并没有出现在中国画传中[13]。明朝建立以后，在原有中日器物文化交流的基础上，更进一步加强了日本的贸易往来与文化交流，无论是官方之间的使节，还是民间的往来都更进一步密切。更多的书籍、字画等传入日本，受到日本人的喜爱。在《筹海图编》中，记述了日本人喜爱的中国器物，包括丝、丝绵、布、绵紬、锦绣、红线、水银、针、铁锅、瓷器、古钱、古名画、古字

---

13 （日）木宫泰彦：《日中文化交流史》，胡锡年译，北京：商务印书馆，1980 年，第 501 页。

画、古书、药材、毡毧、马背毡、脂粉、小食萝、漆器、醋等物。在所有器物中，从明朝输入稀有的书籍、优秀的古画、珍贵的纺织品以至精巧的家具等物，当然直接或间接促进了日本学术和美术工艺的发展，丰富了贵族社会文化生活的内容[14]。此外，大批到日本的中国僧人、使节等也推动了中国文化在日本的传播和交流。清朝时期，中国书籍对日输出，对日本文化产生了更大范围的影响。幕府专门在长崎设置鉴别中国书籍的"书物目利"，对来自中国的书籍进行审查。清朝考据学风对日本儒学和史学界产生了深刻影响，诗集、诗论、诗话对日本诗学发展也有较为深刻的影响，日本文学也打下了中国文学的烙印，中国的画论、画谱深刻影响了日本画界[15]。

总体而言，明清时期，随着中国书籍的传入，中国文化对日本各方面都产生了深刻的影响。在此过程中，日本各界也在思考如何界定和认知来自中国的文化，尤其是清朝政权建立以后表现得更为明显。明朝末年，由于日本迅速崛起，1592年发兵侵略朝鲜。尽管在明朝帮助下，朝鲜打败了日本的入侵，但这也意味着日本不再以中国为尊。清朝建立以后，部分日本人认为新建立的满族政权不是中国的代表，进而认为自身文化传承了中华文化的精髓，中国则逐步沦为"蛮夷"，从最初的钦慕转向了轻视。而这种转变正处于世界格局大变动时期，由中国主导的农业文明体系开始向以西方主导的工业文明体系转变。在此历程中，晚清政府并没有大的作为，曾经引领世界发展的中华文明，逐步变为落后和保守的象征。

三、朝鲜使臣眼中的中国器物形象和国家形象

明朝时期，中朝器物贸易和文化交流在原有基础上更加密切。朱元璋时期，朝鲜使臣便到中国进行朝贡，留下了对明朝高度发达的中国形象的记述。随后，在中朝关系逐步稳定下来以后，越来越多的朝鲜使臣来到中国，并记述了繁荣昌盛的中国国家形象。朝鲜使臣黄中允曾采取对比的方法描述了中国不同地区繁华富庶的景象："余见辽东人民物贸繁盛，以为优无比，比及到山海关，则辽东真如河伯之秋水，以为天下殷富此为无敌。今见通州，则山海关又不啻山店贫村。其人居住房舍可以十万计，彩胜银幡令人夺目。"[16]从朝鲜使臣进入中国伊始，就开始赞叹中国高度发达的文明体系，越往关内，越感受到更加繁荣的市场贸易、城市建筑和商业文化。1533年，朝鲜使臣苏巡记述了明朝都城北京的繁华富庶景象："城门万仞，楼阁数层。所视珍怪，魂翻眼倒，不知其为何物也。道路两边亦甚广远，厦屋栉比，朱门粉墙，光照白日，炫夺人目。况宫阙之壮，公府之大，巍巍荡荡，亦难形状。都人士女彩服鲜华，仪容端凝，尤见其中华气象矣。"[17]尽管明朝中前期，大部分朝鲜使臣都记述了中国的繁华景象，也

---

14 （日）木宫泰彦：《日中文化交流史》，胡锡年译，北京：商务印书馆，1980年，第580-581页。
15 （日）木宫泰彦：《日中文化交流史》，胡锡年译，北京：商务印书馆，1980年，第580-581页
16 《燕行录·西征目录》（卷一六），第55页。转引杨昕：《"朝天录"中的明代中国形象研究》，[博士学位论文]，中央民族大学，2009年，第51页。
17 《燕行录·葆真堂燕行日记》，卷3，第388页。转引杨昕：《"朝天录"中的明代中国形象研究》，[博士学位论文]，中央民族大学，2009年，第54页。

表示了对中国文化的羡慕，但到了明朝后期，由于朝鲜自我民族意识的觉醒及明政权的腐败，朝鲜人在对明朝描述中也出现了诸多不满的表述，认为无论是官员还是儒生，都无法承继中华优秀的文化传统。而朝鲜自身则在学习和弘扬儒家文化上有着更大的贡献和影响。

18世纪朝鲜使臣朴趾源的《热河日记》记述了造物技艺发达、物产丰富的中国大国形象。在记述中，他沿着朝贡路线的走向，描述了中国城市的繁华富庶景象，尤其是清朝盛京的繁华局面。"城周十里，砖筑八门，楼皆三檐，护以瓮城。瓮城左右亦有东西大门。通衢筑台，为三檐高楼。楼下出十字路，毂击肩摩，热闹如海。市场夹道，彩阁雕窗，金扁（匾）碧榜，货宝财贿充切其中，坐市者皆面皮白净、衣帽鲜丽"[18]。到了皇城以后，朝鲜使臣更是感慨中国高度发达的营造技艺和商业贸易，物产应有尽有，商业贸易非常强盛。而商业繁盛的背后，是中国高超的手工业和交通业。在日记中，朴趾源阐述了交通运输业的影响力和作用。"中国之所以货财殷富，不滞一方，流行贸迁，皆用车之利也"[19]。而这也正是依托发达的手工业制造技术为支撑。此外，在记述中，他也专门介绍了中国古代的寺庙、窑场、雕塑、书法等各种体现大国开放文化和繁盛发展的器物形象，表现出对中华文化的艳羡。

书籍和文化也是中朝文化往来的重要组成部分，是中华文化在东北亚文化圈产生巨大影响的体现。永乐皇帝朱棣多次赐书朝鲜，包括《大明孝慈高皇后传》《大统历》《通鉴纲目》《四书》《五经大全》《劝善书》等[20]。这些书籍既包括政治、文化，也包括历法、医学等方面，对朝鲜文化的发展与中朝文化交流有着积极的作用。也正因为长时期的贸易往来和文化交流，朝鲜深受中国文化影响，许多朝鲜的官员、使节都熟悉中国诗词和典籍，能够熟练地书写中国古诗。此外，以中国为核心的长期的贸易往来和文化交流也为朝鲜、越南以及日本等国文化交流和文明互鉴提供了平台。许多朝鲜使臣在中国了解了他国和地区的文化，也加强了与其他国家的往来。到了清朝时期，类似前述日本情况，朝鲜与中国在文化上渐行渐远，不再认同清朝政府是中华文化的主体和象征。与此同时，随着西方发达国家在全世界范围内影响力的提升，中国自身相对封闭和退缩的状态，到了清朝后期越来越明显。曾经仰慕和追寻中华文化千余年的朝鲜不再以中华文化为圭臬，与中国往来也越来越少。即便如此，朝鲜也一直保持着与中国密切的关系，直到1894年日本侵略朝鲜后，曾经引领世界发展的中国也成了落后的代表和象征，对朝器物贸易和文化影响力逐渐消退。

第二节　16—18世纪中西器物贸易与中华文化传播

东印度公司主导的商业贸易，开启了中西之间的直接往来。中国高度发达的造物技艺和精良的器物，引发了"异文化"欧洲人的追捧。以丝绸、瓷器和茶叶等为代表的中国器物，

18　（朝）朴趾源：《热河日记》，朱瑞平校点，上海：上海书店出版社，1997年，第37页。
19　（朝）朴趾源：《热河日记》，朱瑞平校点，上海：上海书店出版社，1997年，第37页。
20　何芳川主编：《中外文化交流史》（上卷），北京：国际文化出版公司，2008年，第159页。

推动了欧洲生活方式的变革，进而促使欧洲社会对中国文化的艳羡，掀起了长时段在欧洲的"中国风"时尚。器物作为文化载体，在异文化互动交流中起到了至关重要的作用。

一、东印度公司主导中国器物西传

葡萄牙航海家的全球航行昭示了早期全球化的到来，意味着中西直接贸易的开启，也宣告了以中国器物主导的全球性贸易的开始。从1515年登陆中国后，葡萄牙首先掌控了对华的大部分贸易。垄断性的海洋大国优势成就了葡萄牙丰厚的商业利润。"中国是世界上最富饶的国家。中国人对我们十分友好。这个国家盛产各种白色蚕丝，每坎塔罗价值30克鲁扎多；16匹一捆的优质棉缎，每匹价值500里亚尔；缎子和花缎以及每盎司售价半达卡或不足半达卡的麝香。各色各样的珍珠特别多，还有各种帽子。因此，将这些货物从中国运到这里，可获利30倍"[21]。这从葡萄牙国王菲利普二世所拥有的中国瓷器数量足可以证明。在他去世的时候，已经拥有全欧洲最多的中国瓷器，数量达3000多件，多数为各类餐具[22]。

17世纪以后，荷兰取代葡萄牙成为欧洲最强大的国家。为了更有利于贸易的推动和发展，1602年，荷兰成立东印度公司，并在随后的很长时间里，主导了中国与欧洲的贸易。随之而来的还包括英国，法国也加入与中国的贸易体系中。各种中国器物大量出口到欧洲，对欧洲社会文明进程产生了重要影响，尤其以陶瓷、茶叶、纺织品、漆器、家具等为代表。在一份1739年到1740年中国帆船装载出口到欧洲货品的名单中，可以看出当时主要出口产品的数量和种类："230捆Guinoley三等棉布，500包普通亚麻布，2000条大清毛毯，3000条披肩，3500条东古毛毯，4000条粗毛毯，3500匹普通薄毛呢，3180匹普通棉布，15担粗丝，10担乱丝，13担三等粗丝，4000匹白绸，200匹印花绢，150只粗瓷碗，3000双男丝袜，1180双女丝袜，8800双男青年丝袜，20000把深色丝伞，800把大彩伞，100箱渔网，100箱绳索，100箱布袜，800担明矾，100箱茶叶，25箱冰糖，40大桶甜柑，50大桶干桂圆，100桶荔枝，100小桶核桃仁，2000口平底锅，96000只粗瓷盘，35600只大瓷盘，1000担中国生铁，1500担小麦，400块中国台阶石料，600块石板，48箱深色虫漆，60盒次等虫漆，24扇屏风，30箱涂板料。"[23]从上述史料可知，尽管上述所有器物可能并非全部出口到欧洲，但无论是数量还是种类，都是众多的。这些产品既包括生产用品和各种日用品，又包括各类文化用品，间接推动了中国文化在欧洲的影响。

作为观察中外器物文化交流的重要视角，中西之间完整的贸易样态透析出器物文化的重要作用和影响力。在长达200余年的中欧贸易中，大量中国器物通过海上贸易输入欧洲，并形成了以广州港为核心的中西直接贸易网络体系。从贸易时段来分析，不同时期都出现了以

---

21 转引张廷茂：《明清时期澳门海上贸易史》，澳门：澳亚周刊出版有限公司，2004年，第41页。
22 （美）罗伯特·芬雷著：《青花瓷的故事：中国瓷的时代》，郑明萱译，海口：海南出版社，2015年，第27页。
23 吴杰伟：《大帆船贸易与跨太平洋文化交流》，北京：昆仑出版社，2012年，第126页。

图3-3 "广州口岸"纸本水彩版画 [图片来源：广州博物馆]

图3-4 "哥德堡"号船模
[图片来源：上海中国航海博物馆]

中国器物为主导性的产品。在16世纪，主要以丝绸和香料为主；到了17世纪，开启了瓷器的时代；18世纪，英国饮茶之风盛行，推动了中国茶叶贸易的迅速发展。

香料、丝绸和瓷器是中国输入欧洲的重要商品，在中西贸易中具有重要的作用。在前期的贸易过程中，香料和丝绸最受欢迎，这从一份1592年西班牙Madrede Dios号被英国劫持后记录的事实就能看出。"船上装载的货品（珠宝除外，因为珠宝太贵重了，他们不会让我们看到）主要有香料、药材、丝绸、白棉布、被褥、地毯和颜料等……其余货物数量较大但价值不高，如象牙、中国瓷器、可可核、兽皮、如黑羽般的黑檀木、床架、奇怪的树皮纤维的织物、手工艺品"[24]。在当时的英国人看来，虽然瓷器等产品数量大，但价值并不高，没有得到英国人的认可。但到了17世纪，随着中国瓷器对欧洲生活方式的巨大影响，其作用

---

24 Hugh Honour, Chinoiserie, John Murray Ltd. London, 1961, New York, 1973, p42. 转引袁宣萍著：《十七至十八世纪欧洲的中国风设计》，北京：文物出版社，2006年，第37页。

开始彰显，具有了越来越重要的地位和作用。在最初由荷兰主导的瓷器贸易中，大量中国瓷器出口到欧洲。"欧洲学者根据荷兰东印度公司来往的信件统计，估计在1602年至1682年这80年中，有1010万件中国瓷器被荷兰商船运载到荷兰和世界各地"[25]。这种瓷器贸易一直持续到18世纪，并产生了重要作用和影响力。以1752年荷兰东印度公司"迪特莫森号"沉船打捞瓷器为例，船上共载瓷器162000件，包括27531件餐具、63623件茶杯和杯托、578个茶壶、19535件咖啡具和杯托、821只大啤酒杯和606个唾盘[26]。到了17世纪中期，法国也加入了与中国的贸易之中，瓷器无疑是最为重要的商品。在一封18世纪的法国东印度公司的信件中，提到了购买中国瓷器的数量：（1738年）关于中国瓷器进口的具体品种和数量的安排。"一万到一万二千对蓝釉的杯子，五千到六千对多种颜色釉装饰的杯子，三千到四千个糖缸，三千到四千个茶壶，二千到三千对高脚杯，三千个蓝釉的果盘，一千个盛色拉或拌凉菜的碗，二百到三百个颜色釉的小碗"[27]。随着英国、瑞典等其他欧洲国家加入瓷器贸易，中国瓷器出口数量更是达到了惊人的程度。仅从1777年到1778年的统计数量显示，各国东印度公司从中国进口的瓷器约合870万件。如果从16世纪初期的中西之间贸易算起，在不到300年的时间里，大约有3亿件中国瓷器销售到欧洲各国，这些还不包括通过东印度公司销售到东南亚与东亚等国家和地区的瓷器。出口到欧洲的瓷器类别也多种多样，依据1817年英国"戴安娜号"沉船的瓷器可以得知，既有青花瓷、白瓷、颜色釉瓷、蓝釉、黄釉等各种釉色的种类繁多的瓷器，包括日用瓷的盘、碗、碟、钵、杯、瓶、缸、坛、罐等，又包括各种人物和动物的雕塑瓷，以及各种异形瓷器。

茶叶也是中国销往欧洲的重要商品之一，其贸易往来在18世纪达到鼎盛。其中，英国与荷兰东印度公司是最为重要的茶叶经销公司。据相关学者统计，在整个18世纪，英国进口的中国茶叶呈现出突飞增长的态势。1720年到1724年，英国每年平均进口茶叶6978担；1745年到1749年间，每年平均进口量为15693担；到了1760年至1764年间，又增长到42065担[28]。1800年的时候，英国进口茶叶增长了将近4倍，成为中国商品出口的重要支柱。在茶叶贸易过程中，荷兰也扮演着至关重要的角色。整个18世纪近100年的时间，荷兰东印度公司每年进口的茶叶占所有商品总量的70%-80%，多的年份甚至超过85%。就整个西欧而言，茶叶贸易从1700年的90000磅增加到1800年的45000000磅，增长了500倍之多[29]。茶叶的巨大需求量及其惊人的利润，让欧洲各国加入对茶叶贸易的激烈争夺中。根据一份1766年广东茶叶输出的资料显示，为了平衡各国利益，英国每年有600万磅，荷兰有450万磅，法国有210万磅，其他国家有240万

---

25 朱培初编著：《明清陶瓷和世界文化的交流》，北京：轻工业出版社，1984年，第52页。
26 （美）罗伯特·芬雷：《青花瓷的故事：中国瓷的时代》，郑明萱译，海口：海南出版社，2015年，第27页。
27 朱培初编著：《明清陶瓷和世界文化的交流》，北京：轻工业出版社，1984年，第52页。
28 吴建雍：《清前期中西茶叶贸易》，《清史研究》，1998年第3期，第13页。
29 吴建雍：《18世纪的中西贸易》，《清史研究》，1995年第1期，第113页。

磅，共有1500万磅[30]。另外一则史料也能说明各国对中国茶叶贸易的重视。1730年，英国东印度公司董事会专门训令大班，要垄断这一年与广州的所有绿茶贸易，并尽可能阻止奥斯坦德人、法国人以及荷兰人取得任何绿茶。在这一年，英国人与中国签订的茶叶贸易中，绿茶数量占到了80%[31]。

二、中国器物影响欧洲生活方式

以"丝绸、瓷器和茶叶"为代表的中华器物体系早在宋朝时期，已经通过陆上丝绸之路以及东南亚的海外贸易传播到许多国家和地区。随着16世纪中西贸易的沟通，进一步推动了这一器物体系在更广范围的传播，在全球化初期阶段产生了巨大的影响力，并在欧洲形成了风靡一时的"中国风"现象。在此历程中，以君主、贵族为代表的欧洲上层社会在中国器物文化传播中起到了重要的作用。

1. "精美的瓷器之国"与欧洲生活方式革命

作为中国最具代表意义的文化产品，瓷器在中国文化对外传播中扮演着非常重要的角色。如前所述，早在唐朝，中国陶瓷就是对外贸易的重要商品。中国瓷器所到之处，均产生了自身独特的影响力，并与当地文化互动融合，形成新的艺术样式和产品类别。从16世纪开始，中国瓷器，尤其是青花瓷产品开始进入欧洲市场，其影响力在18世纪中期达到了顶峰，成为一种世界性的商品。中国的瓷器，在某种意义上说，是早期全球化的标志性商品。如同美国历史学家罗伯特·芬雷论述的那样，在世界贸易中，几乎所有的货品，诸如糖、烟草、咖啡、巧克力、火器、玻璃和丝绸等，都是因为人力作用而具有文化功能和意义，也在世界贸易和文化交流中具有一定的意义和价值。但没有任何一种物品具备瓷器这样的影响力和地位。"瓷器是一种敏感度极高的人间事物测压计，比其他任何商品都来得敏感。它记录了来自种种面向的冲击，包括传统艺术手法、国际贸易、工业发展、政治纷扰、精英阶层的支出、仪式礼俗和文化接触等。因此在商业贸易、国内经济、消费形式、室内设计、建筑、装饰图案、服饰风格、用餐礼节、饮食文化、交通网络、政治宣传、制造科技、产品创新、科学研究、两性关系、宗教信仰以及社会价值等许多事物及议题上，都扮演着中心角色"[32]。上述精彩论述可以恰如其分地用在从16世纪发端的中西瓷器贸易上。来自中国的瓷器产品是引领欧洲生活方式"革命"最为关键的器物，也引发了欧洲社会对中国瓷器的狂热追求。

---

30 武斌：《近代欧洲的茶叶贸易与中国茶文化的西传》，耿昇、戴建兵主编：《历史上中外文化的和谐与共生：中国中外关系史学会2013年学术研讨会论文集》，兰州：甘肃人民出版社，2014年，第69页。

31 （美）马士：《东印度公司对华贸易编年史》，区宗华、林树惠译，广州：中山大学出版社，1991年，第14页。

32 （美）罗伯特·芬雷：《青花瓷的故事：中国瓷的时代》，郑明萱译，海口：海南出版社，2015年，第7页。

图 3-5 《诸神的盛宴》
[图片来源：彭明瀚：《明清景德镇外销瓷与制瓷技术外传》，北京：文物出版社，2017，第 162 页。]

如前述，在整个 15 世纪，只有极少的瓷器通过阿拉伯或者其他地区的商人流向欧洲，但这些数量稀少的瓷器只能作为少数人身份和地位的象征。1514 年，意大利著名画家乔凡尼·贝利尼的名作《诸神的盛宴》中，在显眼位置绘制了三个青花瓷器，说明瓷器已经在欧洲出现。从下面这则史料中也能反映和透析出瓷器在欧洲的出现。1497 年，葡萄牙航海家达·伽马远航之前，国王曼努埃尔一世叮嘱务必带回来西

图 3-6 斯尼德斯水果静物画
[图片来源：彭明瀚：《明清景德镇外销瓷与制瓷技术外传》，北京：文物出版社，2017，第 162 页。]

方最渴望的两样产品：一种是香料，另一种是瓷器。经过 2 年艰苦的航行，达·伽马船队带回了国王渴求的香料以及一打中国瓷器，这也是目前记载关于中西瓷器往来的开端[33]。但精明的葡萄牙人并没有把大批的中国货物带回本土，而是依托发达的海上运输体系在亚洲进行中转贸易，赚取利润。但从荷兰人开始，大量中国产品运输到欧洲，引发了欧洲社会对中国瓷器的疯狂崇拜。

---

33 （美）罗伯特·芬雷：《青花瓷的故事：中国瓷的时代》，郑明萱译，海口：海南出版社，2015 年，第 7 页。

图 3-7 广彩描金纹章纹盘　　　　　图 3-8 广彩人物图盘

[图片来源：上海中国航海博物馆、广州博物馆、宁波中国港口博物馆编著：
《海帆流彩万里风：18、19世纪中国外销艺术品》，北京：文物出版社，2019，第101页、第84页。]

  引领对中国瓷器狂热喜爱的是欧洲的国王、贵族和社会上层。早在葡萄牙主导中西贸易的早期阶段，中国瓷器已经在该国非常流行。1562年，布拉卡主教就提出了中国瓷器比黄金和白银更为珍贵。"在葡国，我们拥有比黄金和白银更有价值的东西——瓷器。我希望所有的王子都购买这种东西，而不必使用银器……它精美光洁，像玻璃和石膏一样精美。他们用兰花装饰瓷器，其图案如青云一般"[34]。在随后的许多场合，他都积极鼓励和主张欧洲上层社会的餐桌上用瓷器，而不是金银器。前述菲利普二世可以被认为是这种风尚的引领者，他不仅拥有数量庞大的中国瓷器，还积极鼓励葡萄牙陶匠仿制中国瓷器产品。到了17世纪，随着大量优美的中国瓷器输入欧洲，在整个欧洲上层社会形成了对中国瓷器狂热追求的时尚。大量欧洲帝王采取各种举措购买中国瓷器。萨克森尼选帝侯兼波兰国王奥古斯都二世就是中国瓷器的疯狂追随者。他让全世界熟知的举动是在1715年用600名龙骑兵交换151件中国青花瓷器的故事。他死后共留下35000多件瓷器，包括大量的中国瓷器。在对中国瓷器的崇拜和追求中，奥古斯都二世不是孤独者，欧洲许多君主也非常喜欢中国瓷器。法国国王亨利四世专门购买一套瓷器餐具款待客人。他的儿子路易十三每次吃饭都使用中国的瓷碗。法国国王路易十四和玛丽王后更是对中国瓷器情有独钟。路易十四专门修建特安农瓷宫，收藏来自中国的瓷器和具有东方审美的漆器。玛丽王后也有专门柜橱收藏瓷器。

  在欧洲社会上层和王室推动下，欧洲各界人士也日渐显出对中国瓷器的追捧和热爱，并逐步推广开来。最为关键的是，瓷器的引入改变了欧洲社会的饮食方式和用餐礼仪。17世纪之前，欧洲各界使用的餐具主要有银器、白镴、锡釉陶，也有赤土陶和木头餐具等。上层社会多使用银器和白镴等，中等阶层民众开始使用锡釉陶的餐具，而普通民众依旧使用陶器餐具。但随着中国瓷器的引入，其优点远远超过了上述各类餐具，价格低廉、洁净卫生、容易清洗且很好地诠释出餐桌礼仪。到了18世纪，随着大量中国瓷器出口到欧洲以及价格的降

---

34 张廷茂：《明清时期澳门海上贸易史》，澳门：澳亚周刊出版有限公司，2004年，第378页。

低，许多普通民众都能支付起购买餐具的费用。这种情况的出现，极大地促进了整个欧洲生活方式的改变。在此之前，由于各类餐具比较稀少，通常一餐桌的人共享一个餐具，尽管这样不卫生且不尊重他人的用餐模式也受到欧洲上层社会排斥，但由于条件限制，无法推行下去。随着中国瓷器的大量进口，欧洲社会迅速推广了分餐制，也实现了各种餐桌礼仪。17世纪后期，欧洲社会基本实现了餐桌文化的革命。"以前喝浓汤，是从共同的大盘子里喝，不讲究任何规矩，而且常有把自己的勺子在烧鸡上抹两下……现在每个人各有自己的碟子喝。用匙、用叉，都得要有礼貌……每道菜必须频频替换碟子，绝不可重复使用。碟子就是做这个用处，就像餐巾是用来给你擦嘴的。毕竟，在餐桌上，就和在其他任何地方一样，大家都得顾虑旁边的人"[35]。中国瓷器在欧洲的畅销和巨额利润，让欧洲君主对中国瓷器制造方法非常感兴趣，也极力希望找到中国制瓷方法。各种关于中国瓷器制造的传说也非常多。一种关于瓷器制作非常神秘的说法在欧洲流行甚广，认为瓷器是蛋壳和贝壳等在地下埋藏凝结的结果。"大量灰泥、蛋壳、牡蛎壳，还有海蝗之类昆虫，合在一起仔细搅拌直到完全均匀。然后由一家之长秘密埋入地下，地点只能透露给一个儿子知道。一定要经过80年密不见光之后，再由后代掘出，制成半透明的精美瓶罐，形制和色彩完美，任谁都无法挑剔"[36]。到了16世纪中期，欧洲的学者曾就此进行辩论，瓷器到底是不是由上述方法制作而成。但从瓷器的英文翻译porcelain可以看出，当时欧洲人以为瓷器和贝壳类东西有着密切的关联。显然这种说法难以解释瓷器制造的各种问题，在无法详细了解瓷器制作方法的情况下，他们主要模仿中国陶瓷产品的纹饰。

从最初的菲利普二世就开始模仿中国瓷器，尽管在当时情况下，无法掌握瓷器的制作方法，但西班牙的陶匠模仿中国瓷器的纹饰，最终掌握了青花纹饰的绘制方法，并引以为豪。鉴于瓷器的巨大魅力和巨额的贸易利润，欧洲各国长时间探索瓷器制造方法，奥古斯都二世就是典型的代表。为了掌握瓷器的烧造技术，花费大量的财物和经过无数次试验，柏林炼丹士契恩豪斯和博特格终于掌握了瓷器的烧造方法，烧造出类似中国紫砂的炽器。在探究瓷器奥秘上，法国传教士殷弘绪就是其中的著名代表。他深入中国景德镇传教数十年，详细记述了从原料、成型、施釉等不同工序的景德镇瓷器制作方法，并通过信件寄送到欧洲，真正揭开了中国瓷器的奥秘。尤为关键的是，信件中提出了瓷器制作的原料——高岭土。"经过淘洗净化的高岭土和白不子按照需要的配比混合，倒入一个由石块和水泥砌成的水坑。泥浆在坑内被工人们踩压，直到结成泥块。工人们从泥块里随意取小泥团，放在大石块上充分捏练，泥料中不能有任何孔隙和杂质。因为泥料捏制的好坏，直接关系到烧制后瓷胎的质

---

[35] Roche,Daniel.The People of Paris:An Essay in Popular Culture in the 18th Century.Cambridge University Press,2000,p239-240. 转引（美）罗伯特•芬雷：《青花瓷的故事：中国瓷的时代》，郑明萱译，海口：海南出版社，2015年，第306页。

[36]（美）罗伯特•芬雷：《青花瓷的故事：中国瓷的时代》，郑明萱译，海口：海南出版社，2015年，第306页。

量"[37]。上述的分析已经完全揭示了中国瓷器烧造的关键性问题。诚然，在没有了解和掌握中国详细制瓷技术之前，欧洲人已经发现了高岭土的秘密。但无疑，殷弘绪的研究，加快了欧洲陶瓷业的发展历程。至此，欧洲的法国、英国、荷兰、丹麦等许多国家均设立了瓷器工厂，但在最初瓷器制作过程中，欧洲人依旧在瓷器造型和样式方面模仿中国的瓷器，具有明显的"中国印迹"。

器物是精神和文化的直观表达，也是民族的象征，体现了一个国家的造物理念和造物智慧。中国瓷器从生活方式、社会文化、制瓷技术等各方面均对欧洲产生了深刻的影响，在此过程中，中国瓷器也在造型、纹饰等方面受到了其他文化的影响，开创了人类文明交流的和平样态。诚如文化史研究学者万明所言："作为中国瓷器代表的青花瓷传播到世界各地，引领了全球时尚潮流，构成了新的技术与知识的融通过程，展现了新的世界性文化景观。"[38]

2. 饮茶习俗对欧洲生活方式和文化的重要影响

荷兰开启欧洲对中国茶文化推崇的先河。中国饮茶历史悠久，且形成了自身独特的饮茶文化。在各类史料中均有丰富多样的饮茶风格和饮茶文化。根据现存各类文献，在16世纪的时候，欧洲社会已经有关于中国和日本人饮茶的记录。随着中西直接贸易的往来，中国茶文化开始流传到欧洲，到18世纪，逐步掀起了一个影响整个欧洲的饮茶风尚。中国饮茶风尚的引入与中西之间贸易往来相吻合。在欧洲的饮茶时尚中，荷兰最初受到中国的影响。从1610年开始，荷兰东印度公司开始进口中国茶叶，并逐步在荷兰推广开来。许多学者和社会人士认为饮茶能够给身体带来诸多的好处，被尊为"茶叶医生"的考内利斯·庞德古认为饮茶对身体的每一个部位都有积极的影响。"饮茶不会导致身体极度消瘦，不会引起战栗或跌倒，不会对男女的生育功能造成不良影响，对人的脑、眼、耳、嘴、喉、胃、肠、肾、胸腔、血管、膀胱及气肺等部位均有疗效"[39]。尽管当时荷兰各界对全面肯定饮茶好处的说法存在争议，但饮茶习惯首先在社会上层精英中推广开来，一些富裕的家庭甚至专门建立茶亭用来喝茶。著名政治家与编年史家克里斯迪安·惠更斯送给他哥哥茶叶，并建议他哥哥每天晚餐后喝点茶。自此以后，其兄再无牙疾之痛[40]。此外，根据各种史料，欧洲上层社会礼物中，茶叶是重要的组成部分。由于在上层精英中得到认同，饮茶风尚迅速推广到社会大众中并普及开来。尽管到17世纪末，荷兰茶叶价格比较昂贵，但依旧得到大家的认可。作为社交活动的重要方式，女性也通过饮茶进入社会活动之中，在一定程度上提升了女性的地位和社会影响力。

英国将中国饮茶风尚提升到了更具影响力的层面。在整个欧洲对中国茶文化推崇中，英

---

37 景德镇陶瓷馆文化资料室编：《殷弘绪关于景德镇的两封信件》，1978年第1期，第23页。
38 万明：《明代青花瓷的展开：以时空为视点》，《历史研究》，2012年第5期，第52页。
39 转引刘勇：《中国茶叶与近代荷兰饮茶习俗》，《历史研究》，2013年第1期，第166页。
40 转引刘勇：《中国茶叶与近代荷兰饮茶习俗》，《历史研究》，2013年第1期，第167页。

图 3-9 粉彩四博士图茶具
[图片来源：彭明瀚：《明清景德镇外销瓷与制瓷技术外传》，北京：文物出版社，2017，第 123 页。]

国后来居上，不仅成为对华茶叶贸易的重要国家，还引领新的饮茶风尚。

1662年，葡萄牙的凯瑟琳公主嫁给英王查理二世的时候，随身携带了几盒茶叶，将欧洲饮茶之风带到英国，开启了英国饮茶风尚。尽管如同初期荷兰一样，茶叶在英国非常昂贵，但也是很快推广开来。一份英国关于茶叶的海报中，既体现了饮茶的益处，又宣传了茶叶昂贵的理由。"茶叶效用卓著，故以智慧及古国文明之国家，无不高价出售。此种饮料既为一般人所欣赏，故凡屡次旅行该处之国名人，以各种实验与经历所得，无不劝导其国人采用。其最主要之效用，在于质地温和，冬夏咸宜，饮之有益卫生，保持健康，颇有延年益寿之功"[41]。这就意味着英国茶文化的盛行和传播，推动了英国饮茶风尚的盛行。据说在1700年的时候，伦敦有超过500家的咖啡店卖茶。到了18世纪上半叶，这一数字增加到2500家。但这绝非英国饮茶风尚的鼎盛时期。在1783年的时候，英国共有33778个茶叶商获得经营认可，1801年，这一数字变成了62055个。这一时期，茶叶已经成为英国全民共饮的饮料[42]。恩格斯在《英国工人阶级状况》一文中，专门提到了全民饮茶的习惯。"一般都喝点淡茶，茶里面放一点糖、牛奶或烧酒。在英国，甚至在爱尔兰，茶被看作一种极其重要的和必不可少的饮料，就像咖啡在德国一样。喝不起茶的，总

图 3-10 西洋"吹乐人"图案陶瓷茶具
[图片来源：（英）柯玫瑰、（英）孟露夏著：《中国外销瓷》，张淳淳译，上海：上海书画出版社，2014，第 80 页。]

---

41 转引武斌：《近代欧洲的茶叶贸易与中国茶文化的西传》，耿昇、戴建兵主编：《历史上中外文化的和谐与共生：中国中外关系史学会2013年学术研讨会论文集》，兰州：甘肃人民出版社，2014年，第72页。
42 转引武斌：《近代欧洲的茶叶贸易与中国茶文化的西传》，耿昇、戴建兵主编：《历史上中外文化的和谐与共生：中国中外关系史学会2013年学术研讨会论文集》，兰州：甘肃人民出版社，2014年，第73页。

是极端贫困的人家。"[43]用中国茶具喝中国茶成了欧洲社会的一种风尚，无论是王公贵族还是市井民众都卷入其中。此外，法国等欧洲其他国家的饮茶风尚也非常盛行。

三、中国样式影响欧洲设计

中国艺术风格对欧洲文化产生了重要影响。从17世纪开始，中国大量产品销往欧洲，对欧洲设计和艺术风格也产生了深刻影响，无论是17世纪后期的巴洛克风格还是18世纪的洛可可风格，均能透视出中国器物风格和文化的极大影响力，这体现在建筑装饰、绘画艺术、园林设计、服饰风格、瓷器和价值等全方位的影响。在构建"完美中国"的历史语境下，可以毫不夸张地说，凡是中国的艺术，都会受到认可和欢迎。以绘画艺术为例，明清时期中国的山水、人物画也成为欧洲著名画家的样板。例如法国画家华托的作品风格就受到明暗风情和山水迷雾的中国画风的影响，《孤岛帆阴》是典型代表。英国画家柯仁的水彩画也受到中国画风的影响。他的设色山水与中国画风格类似，经常用棕色做底色，再用红色、蓝色，使得水彩画具有中国印迹。另外一个著名的画家康斯保罗的作品也是受到此种影响的代表，其作品《绿野长桥》的风景类似中国江南风光，常常具有水墨画的风格[44]。中国建筑风格也对欧洲产生深刻影响，遍布欧洲的园林小景普遍受到中国的影响。为了与这些建筑风格相匹配还会点缀和加上中国风格的桥、亭楼、阁房等，增添了异样的风景。在目前保存的英国两所"夏

图 3-11 法国仿珐琅彩西洋景物壶
[图片来源：浙江省博物馆编：《海上丝绸之路系列特展之三：粤港澳文物大展》，北京：文物出版社，2015，第260页。]

图 3-12 葡萄牙仿青花瓷盘
[图片来源：浙江省博物馆编：《海上丝绸之路系列特展之三：粤港澳文物大展》，北京：文物出版社，2015，第269页。]

---

43 转引武斌：《近代欧洲的茶叶贸易与中国茶文化的西传》，耿昇、戴建兵主编：《历史上中外文化的和谐与共生：中国中外关系史学会2013年学术研讨会论文集》，兰州：甘肃人民出版社，2014年，第74页。
44 黄启臣：《16—18世纪中国文化对欧洲国家的传播和影响》，《中山大学学报》（社会科学版），1992年第4期，第60页。

屋"就是这种风格的体现。其中一座位于白金汉郡的斯托屋顶就是模仿歇山式，窗户装饰风格也具有中国的棂格风格。有意思的是，外墙上有用色彩艳丽的颜料绘制的形式各异的中国画，包括风景、花鸟和博古题材等[45]。从这种装饰特征中明显感受到中国绘画艺术的风格。

中国的漆器和其他家具也是欧洲社会青睐的商品。如同前述瓷器和茶叶的盛行一样，漆器也从荷兰开始传播，最终在法国和德国得到推广。耶稣传教士汤执中十分重视中国漆器的研究，并发表《中国漆考》专门分析和研究中国的漆器，后来通过商人运输到欧洲的中国漆器产品引发了欧洲家庭装饰的时尚，用具有东方图案的漆器产品装饰房间，营造一种独特的东方情调，是欧洲上层社会地位的标志和象征。丹麦首都哥本哈根的罗森堡宫现在依旧保存着一个用精美漆器装饰的房间。德国最早的精美漆器房间在路特维希堡宫，装饰风格采用大型的漆绘镶板，图案包括长尾的鸟、龙和蜻蜓，异国情调的花园景色，多瘤节的树干下放置着古典主义的陶罐[46]。中国漆器风格在欧洲被各国模仿，法国人罗伯特·马丁以蓝、红、绿和金色为底色，以在中国喜闻乐见的吉祥图案为装饰，仿制中国漆器产品，受到欧洲各国的认可。法国的漆器家具在法王路易十四支持下发展起来，这一时期的家具风格特征是：彩绘东方漆板、大理石桌面、精制的髹漆、镀金的铜饰，造型美轮美奂。家具样式以立柜、抽屉柜和抽屉桌为主，纹饰辅以庭园风景和人物故事等[47]。德国模仿中国漆器和家具以著名家具设计师达哥利为代表，设计出具有浪漫想象的中国风格作品。但这些作品并不拘泥于模仿，而是结合自身的设计理念进行创新与设计。

从收藏中国的各类艺术品，上升到对中国艺术营造技术和风格的模仿，出现了极具代表意义的"洛可可"艺术风格。从17世纪发端，欧洲许多国家对中国的艺术风格产生了高度的兴趣，开始模仿这种来自异域文化的样式，形成自己的艺术造物模式和风格。在瓷器纹饰方面，欧洲主要借鉴各种动植物吉祥纹饰，包括中国象征的龙、凤、鹿、蝙蝠、虎、狮子、牡丹、梅兰竹菊、荷花、山水、仕女婴戏等。尽管欧洲人可能无法理解这些纹饰在中国的内涵和象征意义，甚至在模仿中出现不伦不类的情况，但他们依旧将这种模仿作为自己文化的代表。到了后期，上述模仿也越来越娴熟，并演变为自己文化的一个组成部分。在瓷器方面，欧洲的许多著名产瓷区都学习中国的瓷器烧造技术和陶瓷样式。英国纽卡斯尔窑等都是在模仿中国的瓷器烧造技术基础上形成的。在陶瓷纹饰方面，荷兰代尔夫特釉陶和法国的纳韦尔窑都学习中国的青花模式，德国安石巴赫窑学习中国的五彩瓷烧造形式，加上自己的想法和理念，烧造出不同的瓷器风格。在所有国家中，法国的艺术风格受中国影响最深，也最为精致。在法国上层文化影响下，法国形成了影响力巨大的艺术风格，包括锦缎、瓷器、家具和各类艺术陈列品。法国硬质瓷烧造风格明丽、优雅，以玫红色瓷为代表，是洛可可艺术风格的杰出代表。德国设计风格紧紧追随法国，但也体现出自

---

45 袁宣萍：《十七至十八世纪欧洲的中国风设计》，北京：文物出版社，2006年，第121页。
46 袁宣萍：《十七至十八世纪欧洲的中国风设计》，北京：文物出版社，2006年，第107页。
47 袁宣萍：《十七至十八世纪欧洲的中国风设计》，北京：文物出版社，2006年，第144页。

己的大胆创意和精心策划，尤其是以瓷器为代表，通过明亮的颜色装饰，展示出具有德国风尚的中国吉祥纹饰风格。

尽管英国受到中国艺术风格的影响远不如其他欧洲国家，但依旧留有深刻的中国烙印，茶具和漆器尤为明显。在茶具方面，因为饮茶之风的盛行，英国茶具，无论是陶瓷产品还是银器，都能感受到极具中国影响力的风格，装饰华丽优美，体现出尊贵奢华的一面。在家具设计方面，英国的漆器家装并不逊于法国，中国元素主要体现在两个方面：一个是装饰，大量的家具和建筑装饰采用窗棂格结构，以透雕和浮雕两种形式展现；另一种是造型方面，主要是在桌椅、书架等上面装饰中国宝塔的形象[48]。

图 3-13 法国巴黎怡黎园　　　　图 3-14 法国里尔湖心亭

中国器物装饰风格也对荷兰等许多欧洲国家产生了重要影响。荷兰是较早与中国进行贸易的西方国家之一，荷兰东印度公司也因此在长时段与中国的贸易中取得巨额利润。也正因为如此，荷兰的艺术风格在很多层面深受中国影响。在荷兰油画作品中，开始出现大量的中国瓷器产品元素，尤其是以青花瓷为代表。作为西方艺术风格的象征，在油画作品中大量出现中国的器物，表明荷兰上层社会受到了中国的影响。尤其是瓷器的制作方面，在自身原有珐琅瓷的基础上，荷兰人生产模仿中国的白釉蓝彩陶器闻名欧洲，这些陶器风格多采用中国的吉祥纹饰，是最接近中国瓷器风格的产品。作为欧洲文明的发源地，意大利也深受中国风的影响。在维琴察的一个别墅内，有意大利风格的装饰。他的壁画包括中国集市、中国宗教仪式风格，但人物风景具有浓郁的威尼斯风格[49]。这种既包括意大利自身创意特色的中国风格，又是一种新的欧洲学习中国式样和中国风格的类型。北欧的丹麦和瑞典也在这一时期对中国艺术风格产生了浓厚兴趣，也与中国保持了密切的联系。瑞典王后乌尔利卡也在斯德哥尔摩附近建造"中国宫"，装饰中国吉祥纹饰，表达了中国人悠闲和浪漫的文化，体现出对中国文化的艳羡。作为与中国接壤的俄罗斯也在欧洲对中国文化推崇备至的时候，开启了自身中国风的历程。不过，有意思的是，俄罗斯的中国风并非直接从中国学习，而是深受法国

---

48 袁宣萍：《十七至十八世纪欧洲的中国风设计》，北京：文物出版社，2006 年，第 162 页。
49 袁宣萍：《十七至十八世纪欧洲的中国风设计》，北京：文物出版社，2006 年，第 171 页。

和德国的影响。女王叶卡捷琳娜二世在芬兰湾的中国房间是请意大利人和英国人设计的,室内装饰明显的中国风格,房间布置有中国风格的瓷器和壁画,彰显其文化内涵。除此之外,几乎所有的欧洲国家都或多或少地受到中国艺术风格的影响。

第三节 器物形象与中国形象的"他者建构"

在器物影响欧洲生活方式和消费文化的语境下,许多欧洲人开始对中国文化感兴趣。通过各种游记、传教士的记述,欧洲社会逐步加深了对中国的认识和了解,并从器物认同上升到对中国的文化认同和国家认同,认为中国是理想国度的代表。借鉴中国优秀文化,改良欧洲社会风俗,是这一时期欧洲思想界、文化界对中国文化研究的"原动力",继而在欧洲构筑了造物精良、政治清明、文化繁盛、文明久远的中国国家形象。

一、游记中的中国器物和中国形象

在中国产品传到欧洲之前,欧洲人已经通过各类游记对中国和中国文化有了了解和认知。著名的包括威尼斯商人马可·波罗的《马可·波罗行纪》、约翰·柯拉的《大可汗国记》、亚美尼亚海敦的《契丹国记》、柏朗嘉宾的《蒙古行纪》、英国约翰·曼德维尔的《曼德维尔游记》等。尽管许多学者对上述这些游记的作者和内容仍持有异议,但这些游记均向欧洲传递了一个美丽富饶的中国形象。在约翰·柯拉的记述中,中国是一个国土面积广大、物产丰富、人民幸福之地。"国强大而升平,除皇帝卫兵及保护城邑之军队以外,无敢携带兵器及煽动战争者……国中人民,装饰华丽,生活富裕。金银丝绸虽多,而麻布则稀。故虽衬衣,亦皆以丝为之。衣服则以鞑靼布、花绫缎及他种锦绣材料制成,时饰以金银宝石"[50]。在《契丹国记》中,亚美尼亚海敦亲王展示了强大富裕的中国形象。"契丹国者,地面最大国也。幅员之广,莫与伦比。人口众多,财富无穷……契丹国奇异物品极多,皆为世界他国所罕见。其国人聪慧敏巧,远过他人。轻视他国之工艺、美术、科学。其人尝自夸,谓世界人种,惟契丹人观物以两目,拉丁人以一目,而其余诸国之人,则皆盲者。由此语,吾人可以推测其国人之心理,视世界各国皆为不开化,不能与其人相比。然其国亦实多奇异物品,贩运四方,制工优雅,精美过人。诸国之人,亦诚不能及之也。国境之内,所有人民,皆称契丹人。然亦有依其地方之名,而异其称号者,各地人民,男女皆甚秀美。而大抵皆目小,无须。契丹国人文字书法,皆为美观。可与拉丁文字并驾齐驱也……物质上,或有形诸学,其人皆极灵巧,驾于他人之上。然对于精神上,或无形之学,全国境内,不得一人有任何知识或概念也。其国人民无勇,比合格之军人为畏死。然其人多谨慎灵巧,故常能于

---

[50] 张星烺主编:《中西交通史料汇编》(第一册),北京:中华书局,1978年,第274—277页。

海陆之上，战胜他人。其国兵器，种类甚多，悉为他国所无"[51]。

明朝时期，传教士保罗托斯加内里在给哥伦布的信件中，也谈及了中国的情形。"其国人口殷庶，福厚无匹。邦国、省区、城邑之多，不可以数计。皆臣属大汗。大汗者，拉丁语大皇帝也。都城在契丹省。二百年前，其祖先尝欲与基督教徒交通，遣使教皇，问请学人，教化其国……国人待基督教徒，至为宽仁。拉丁人大可设法往其国。盖不独金、银、珍珠、宝石、香料，所在皆是，可以致富也。而吾人亦可与其国学人、哲士、天文家等交谈，互换知识。统治国家之才能，巧慧战争之方法，吾人皆可自其人学习取材也"[52]。尽管，上述关于中国的记述，有道听途说甚或夸大的成分，但也因此引起了欧洲对中国的追捧和崇拜，也正基于此，才加快推动了中西之间的直接贸易。

跟随航海家和欧洲各国东印度公司船队来到中国的传教士，在中国文化对外传播中也起到了重要作用。葡萄牙人托梅·皮雷斯是较早以官方使节来到中国的欧洲人。在他的作品《东方概要》中，记述了中国的情况。"中国物产很多，土地辽阔，人口众多，宝藏丰富，讲究排场，铺张奢华，使人认为那是我们葡萄牙而不是中国。中国的土地很多，骡马健壮，数量庞大"。在记述中，葡萄牙人认为自身已经非常强大，但依旧对美丽富饶的中国表达出赞美之词，展示了对中国文化的羡慕[53]。

葡萄牙人加斯帕·达·克路士在1556年左右到达中国，并被允许在广州停留了几个月。尽管其传教活动并未取得多大的成功，但他搜集了大量关于中国的政治制度、风土人情、语言文化和生活习俗方面的信息，完成了欧洲第一本专述中国的著作《中国志》，推动了欧洲各界对中国全方位的认知和了解。首先，他对中国的风俗文化大加赞美，认为中国是世界上物产丰裕的国家，国人喜好吃喝与穿戴，食物也非常丰富，更对中国的餐饮仪式文化大加称赞。"各种菜肴都盛在精美瓷盘内，烹调精细，剁切整洁，样样都摆得整整齐齐，而尽管一套盘碟是放在另一套上，却都放得适当，以致上席桌的人无需动其中任何一套就可以吃他愿吃的"[54]。在对中国政治体制论述方面，作者详细论述了中国的皇帝制度、行省制度、司法制度以及独具特色的钦差制度。尽管他认为中国司法制度比较残忍，但依旧认为其有公正之处。也正因为如此，他认为中国这种独特的政治体制，把这个国家治理得井井有条，让许多国家诚服和尊重。在书中，他提到了中国礼尚往来的风俗习惯以及尊重读书人的特性，只要是读书人就可以通过各级考试取得功名，赢得社会的尊重，但他也指出了中国不太重视自然科学的习惯。在这个重视礼仪的国家，礼节对人来说非常重要。他认为中国人非常勤劳，懒惰在这个国度是最受鄙视的一种举动。中国人不会给穷人进行施舍，认为这是他本人的懒

---

51 张星烺主编：《中西交通史料汇编》（第三册），北京：中华书局，1978年，第29—31页。

52 张星烺主编：《中西交通史料汇编》（第一册），北京：中华书局，1978年，第237—238页。

53 （葡）托梅·皮雷斯：《东方概要》。转引邹雅艳：《13—18世纪西方中国形象演变》，天津：南开大学出版社，2016年，第69页。

54 （英）C.R.博克舍编注：《十六世纪中国南部行纪》，何高济译，北京：中华书局，1990年，第99页。

惰造成的。在该书中，作者专门介绍了中国瓷器的制作方法。"瓷器的原料是一种白色的和柔软的石头，有的是不那么细的红色；或者不如说那是一种硬黏土，经过很好的打磨，放入水槽，在水里搅拌后，上层的浆便制成细瓷，下面的制成粗瓷；渣滓制成最粗最贱的，供中国穷人使用。他们先用这种黏土制成瓷器，有如陶工之制作器皿；做好后放在太阳下晒干，干后他们随意上淡青色，据我们所见那是十分清淡的。这些图案干后再上釉，然后带釉烘烤"[55]。可以说，克路士已经发现了中国瓷器制作的秘密，比当时欧洲盛传的贝壳等腐烂后制作的传闻要真实可信，只是他当时并没有认识到欧洲是否有这样的瓷石原料，也没有意识到中国这种器物产品在17世纪以后，在欧洲产生的巨大影响力。

1564年，西班牙人马丁·德·拉达进入中国福建，带着了解中国并与中国通商的目的，在中国待了两个多月，完成了《记大明的中国事情》和《出使福建记》。在这段时间内，德拉通过自己与中国人的接触，记述了中国历史演变、政治法律制度和文化习俗等。在文化习俗方面，西班牙人也认为中国物产丰富，生产大量的丝绸、糖和各种金属矿。但由于中国人多，大多数普通民众是贫穷的，且非常节俭。他还认为中国人勤劳、充满智慧和创造力，且平易谦和。在与人交往中，会深深鞠躬和行跪拜礼，尤其是见到官员的时候更是如此。如果有人采取类似欧洲人的单膝跪拜的做法，会被嘲笑，甚至会挨打[56]。尽管拉达认可中国高度发达的造物文明和谦和的中国人性格，但他依旧认为中国人在科技和文化方面远远落后于欧洲，中国人在科技和自然科学方面可以说一无所知，也不了解世界上其他国家和地区的文化。

1585年，西班牙人门多萨出版了影响欧洲世界的《中华大帝国史》，该书在吸收借鉴前述到中国调查的葡萄牙人和西班牙人作品基础上，详细论述了中国的自然环境、政治经济、社会文化和宗教习俗等方面知识，是欧洲最为全面和详尽的关于中国研究的著作。该书一经出版，就翻译成多种文字，成为当时欧洲的畅销书，也是欧洲人了解中国的重要途径。在书中，作为推崇中国文化和赞赏中国文明的坚定支持者，作者对中国高度评价，并刻意修改了拉达等人在出使中国过程中对中国不满的各种语言，甚至加以夸大和渲染。《中华大帝国史》是在《马可·波罗行纪》之后，全方位赞誉中国文化的著作，由于其流传甚广，也引起了欧洲社会各界对中国的追捧。尽管门多萨并没有来过中国，而是利用自己在墨西哥搜集的各种关于中国的资料基础上完成的，但书中内容大多真实可靠。该书分为两个部分，第一部分是对中国概况的描述，第二部分是整理拉达、奥发罗以及罗耀拉等人的游记。其中，第一部分分三卷详细描述中国各方面的国情。在第一卷中，重点论述了中国的领域和气候，中国的物产和历史，中国的省份建制，中国民众的体质、品貌和服饰等；在第二卷中，依次介绍了中国的宗教信仰、风俗习惯和婚葬仪式等；第三卷论述了中国的行政管理、司法制度、教育科举以及科技文化等。在中国大量器物产品销售到欧洲的历史语境下，门多萨的著作再次

---

55 （英）C.R.博克舍编注：《十六世纪中国南部行纪》，何高济译，北京：中华书局，1990年，第90页。
56 （英）C.R.博克舍编注：《十六世纪中国南部行纪》，何高济译，北京：中华书局，1990年，第203—205页。

掀起了欧洲对中国文化的兴趣和追捧。

  门多萨首先论述了中国的富饶以及品种多样的各类物产与水果。"在这个国家的各地有大量的糖，这是糖价奇贱的原因。当它最贵的时候，你只需付6个里亚尔钱币就能买到1京塔的上等白糖……那里生产的绒、绸、缎及别的织品，价格那样贱，说来令人惊异。特别跟已知的在西班牙和意大利的价钱相比。他们在那里不是按尺码出售丝绸及其他任何织品，哪怕是麻布，而是按重量，因此没有欺诈"[57]。除了上述的物品以外，中国还有其他比欧洲便宜的物品，包括黄金在内的各种金属。因此，著者认为中国占有世界上最好、最肥沃的土地。"由此你可以知道该国的丰盛和富饶了。而最早发现和居住在该国的人没有受骗，因为他们发现这里有一切人生所必需的东西，所以有正当理由说，这里的居民可以认为他们占有全世界最好最肥沃的国土"[58]。在对中国省份建制和城镇的描述中，他提出中国有15个省，591个城和1593个镇，还有无数的村庄，中国可以与世界上最佳、最大的国家相匹配。中国的城市也非常漂亮和坚固，有宽阔的街道和美丽的景色。"在中国，大道都认真努力地修筑和保持平坦，城镇的入口很讲究，极其雄伟，有3座或4座门，用铁坚固地包覆。他们的街道铺得很好，宽到15骑可以并行，而且很直，以致它们尽管很长，你仍可望到尽头。两侧是门廊，下面是他们的店铺，摆满各种奇特的商品，也有你指望的所有行业。在街道上，彼此相隔一定的距离，筑有很多极漂亮的牌坊；那是用石修筑，按古罗马的式样奇妙地装饰。他们的房屋一般有三道门，中间是大门，其余的要小些"[59]。对于房间内的景观和布置，门多萨也大加赞美。"屋舍内部都白如奶汁，看起来像是光滑的纸。地板用很大和很平的方石铺成，天花板用一种优质木料制作，结构良好并且涂色，看去像是锦缎，色彩金黄，显得非常好看；每座屋舍都有三个庭院和种满供观赏花草的园子。他们无人不备有鱼塘，尽管它只是小的。庭院的一方布置得很华丽，像是账房，里面有很多雕刻的偶像，用各种金属制成；庭院的其他三方或角绘有各种奇特的东西"[60]。

  门多萨记述了中国高度发达的造物文明以及礼貌好客的人民。他认为中国制造炮和印刷书籍的历史要比欧洲更久远。他认为中国跟欧洲一样，能够使用各种武器，但中国制造炮的能力要比欧洲厉害，中国的每一个城市都有一些工厂，专门制造武器和炮。在印刷术方面，他提出欧洲的印刷术是从中国传入的，并指出中国书籍印刷精美且流传甚广，在东南亚的许多国家和地区都能看到中国的书籍。"而更为可信的是，现在他们那里还有很多书，印刷日期早于德国开始发明之前五百年。我有一本中文书，同时我在西班牙和意大利，也在印度群岛看到其他一些。修士拉达和他的同伴，当时是从福州购买的，携带了很多谈各种食物的印

---

[57] （西）门多萨撰：《中华大帝国史》，何高济译，北京：中华书局，1998年，第11页。
[58] （西）门多萨撰：《中华大帝国史》，何高济译，北京：中华书局，1998年，第14页。
[59] （西）门多萨撰：《中华大帝国史》，何高济译，北京：中华书局，1998年，第25页。
[60] （西）门多萨撰：《中华大帝国史》，何高济译，北京：中华书局，1998年，第27页。

刷书籍。然而其中大多数印于湖广，那里印制最精"[61]。此外，门多萨也专门论述了中国的外交礼仪，提出尽管中国的礼仪非常奇特，但依旧能够反映出中国的热情。在他的记述中，以使者之名进入中国的，无论抱有什么样的目的，都会受到热情迎接。中国皇帝也会为使者提供各种服务和安排，负责使者的费用，并保证使者能够安全离开中国。"以使者之名进入中国的，无论是友好国王或敌对国王所派遣，都得到认真、殷勤的礼遇、款待和照顾，好像派遣者亲临……当不管什么地区的使者进入中国，第一个城市的官员或长官就亲自来迎接，向他表示欢迎，用言词和礼貌致敬。所有的老爷、将官、士兵和城市居民都陪同或长官前去迎接使者。但在他下船登岸时，他们不让他步行，而是在岸边准备了八个人和一把用象牙或其他贵重材料制成的椅子，有天鹅绒、锦缎或金料的帘子，这是皇帝命令在每城或大镇为类似情况准备的，用来把使者送往寓所"[62]。使者在从上岸的地方去北京城的途中，均有朝廷颁发的通行证，可以一路得到款待，全部费用由所经之地的皇帝的司库官支付。

　　门多萨的关于中国的描述极其生动而又准确地反映了中国在政治、经济、文化、历史、政治制度和宗教信仰等方面的内容，他对中国高超的科技能力、贤明的政治制度、崇尚教育的习惯和热情好客的礼仪文明大加赞美，许多欧洲文化名人，包括孟德斯鸠、培根等都从这本书中获得了关于中国的知识，加深了对中国的了解，也再次掀起了欧洲人对中国的追求和崇拜。而这一时期正好伴随着航海技术成熟，欧洲大量从中国进口产品的时期。精美的器物以及对中国文化的崇拜，是欧洲中国风形成的重要因素之一。

　　葡萄牙人费尔南·门德斯·平托的游记文学著作《游记》中有关于中国的记述，论述了中国的物产、建筑和各种风俗习惯。在游记中，到处充满对富饶、美丽中国的赞美，他认为中国有应有尽有的物产、辽阔的国土面积以及发达的交通。"中国有32个王国，地域如此辽阔，物产如此丰富，交通和商业如此发达。大小河流四通八达，景色令人赞叹，很多是自然形成的，也有很多是古代的国王下令开凿的，以至全国到处通航，交通便利……城市、乡镇、村落、城堡等所有地方的道路和通道都很宽。由优质石块铺成。路口立有石拱门，造型丰富多姿。拱门上有字匾，用镀金字写着赞词。道路的两旁放有造价昂贵的石凳，供行人和穷人歇息。有很多水质很好的喷水池和喷泉。在人烟稀少的不毛之地，有些未婚姑娘让一贫如洗的穷人进门，分文不取"[63]。中国的都城北京是世界上最大、最富裕的城市，有丰富多样的产品、用之不竭的财富和规整的城市建设，其他任何国家的城市都难与北京相比。"巨大的城中还有历代国王和百姓挖掘的120条河渠，水深3寻，宽12寻，横穿竖贯全城。河面上建有大量坚固的石拱桥，桥两头的石柱有锁链穿过，还有供路人歇息的靠背石椅。据说120条河上共有1800座桥，无论是在造型上还是可看到的其他各个方面，座座桥都仿佛是最好最美

61　（西）门多萨：《中华大帝国史》，何高济译，北京：中华书局，1998年，第121页。
62　（西）门多萨：《中华大帝国史》，何高济译，北京：中华书局，1998年，第142页。
63　（葡）费尔南·门德斯·平托：《葡萄牙人在华见闻录》，王锁英译，海口：海南出版社，1998年，第196—197页。

的……集市上人流如潮，有步行的，也有骑马的。小商小贩的货箱里摆满了各种能叫出名称的物品，还不算富商巨贾在自己的街上设置的正常货摊，秩序井然，货物丰富，有大量的丝绸、锦缎、布匹、亚麻及棉布服装、貂皮、白鼬皮、麝香、沉香、细瓷、金银器具、大小珍珠、金粉金条等"[64]。对于平托来说，最值得羡慕的是，这么一个大国，管理得井井有条。他认为中国是世界上制度最完备的国家，比鼎盛时期的古罗马以及古代作家赞美的国家都更为强盛。作为心目中理想国的象征，平托认为中国是当时欧洲各国学习的对象。"我在一些地方看到了数量极大、种类极多的食物，是我们欧洲望尘莫及的。然而说实话，不要单说每一个地方的东西，就是把所有这些地方的东西都加起来，也不能与中国一地的相提并论。大自然赋予中国的其他东西亦都是如此，无论是健康清新的空气，还是社会文明、物质财富以及景观的宏伟壮观，都无可比拟。为了使这一切更加辉煌灿烂，这里的人们极其守法，政府的治理又极其公平卓越，令其他所有的国家羡慕不已"[65]。在他看来，公平的社会秩序与公正的政府治理能力是一个国家的政府最需要做的事情，也是这个国家强盛的象征与标志，而中国无疑是发展的样板和代表。

二、传教士记述的中国器物和中国形象

传教士是中西文化交流的使者，在传播中国文化过程中具有不可替代的地位。意大利传教士利玛窦是在中西文化交流中最具影响力的代表之一。1582年，在明朝社会政局动荡的背景下，利玛窦来到中国，致力于基督教在中国的推广和传播。在中国生活的28年时间里，利玛窦的足迹遍布了中国许多地区，熟悉和认识中国政治制度和社会习俗等各方面的知识。尽管传教是其核心目标，但作为第一个熟练掌握汉语和研究翻译中国典籍的西方学者，利玛窦在中西文化交流中扮演了至关重要的角色。在传播西方科学技术方面，他先后撰写和翻译了《几何原本》《坤与万国地图》《西字奇迹》《西国记法》《测量法义》《浑盖通宪图说》《天主实义》等著作，内容涉及地理、科技、神学和哲理等方面的内容。利玛窦在传教过程中，积极与中国各界人士交流，既与社会上层精英保持密切联系，还关注中国下层民众的疾苦。根据相关学者研究，在漫长的中国生活中，利玛窦与李子藻、徐光启、李贽、李日华、沈德符、袁宏道、沈一贯等140多名官员、学者和思想家保持了密切往来，建立了具有广泛影响力的社交网络[66]。利玛窦去世以后，传教士金尼阁将他的日记整理翻译，并于1615年在德国出版《基督教远征中国史》，在欧洲迅速产生了极大影响。

利玛窦忠实详细记录了中国的政治制度、社会习俗和文化习惯等。长时间中国的经历，

---

[64] （葡）费尔南·门德斯·平托：《葡萄牙人在华见闻录》，王锁英译，海口：海南出版社，1998年，第211页。

[65] （葡）费尔南·门德斯·平托：《葡萄牙人在华见闻录》，王锁英译，海口：海南出版社，1998年，第197—198页。

[66] 林金水：《利玛窦与中国》，北京：中国社会科学出版社，1996年，第286—316页。

使得利玛窦对中国的看法和观点更具有真实性。"我们在中国已经生活了差不多三十年，并且游历过它的最重要的一些省份，而且我们和这个国家的贵族、高官以及最杰出的学者们友好交往。我们会说这个国家本土的语言，亲自从事研究过他们的风俗和法律；并且最后而又最为重要的是，我们还专心夜以继日地攻读过他们的文献。这些优点当然是那些从未进入这个陌生世界的人们所缺乏的。因为这些人写中国，并不是作为目击者，而是只凭道听途说并有赖于别人的可信性"[67]。在书中，利玛窦首先描述了领土辽阔和物产富庶的中国形象。"世界上没有别的地方在单独一个国家的范围内可以发现有这么多品种的动植物，有些最宜于生长于热带国度，有些则生长在北极区，还有的却生长在温带"。基于此，他断言，凡是在欧洲的产品均能在中国找到。许多欧洲没有的，中国也有。所以中国可以不从任何国家进口产品就能实现自给自足。"凡是人们为了维持生存和幸福所需的东西，无论是衣食或甚至是奇巧与奢侈，在这个王国的境内都有丰富的出产，无需从外国进口。我甚至愿意冒昧地说，实际上凡在欧洲生长的一切都照样可以在中国找到"[68]。在对中国物产的描述中，利玛窦专门提到了中国人经常饮用，但当时欧洲人还不知道的茶叶。"他们采集这种种子，放在阴凉处阴干，然后他们用干叶子调制饮料，供吃饭时饮用或朋友来访时待客。在这种场合，只要宾主在一起谈着话，就不停地献茶。这种饮料是要品啜而不要大饮，并且总是趁热喝"[69]。在书中，他还谈到了中国制作家具的漆器以及火药。上述这些产品随着各种渠道的传播也逐步在欧洲产生较大的影响力。

利玛窦记述了中国高度发达的造物文明。中国有精美的丝绸、富饶的物产、精湛的印刷技艺以及许多欧洲不具有的造物工艺。在书中，利玛窦首先论述了中国被称为"丝绸之国"的原因和理由。"我也毫不怀疑，这就是被称为'丝绸之国'的国度，因为在远东除中国外没有任何地方那么富饶，以致不仅那个国度的居民无论贫富都穿丝着绸，而且还大量地出口到世界最遥远的地方。葡萄牙人最乐于装船的大宗商品莫过于中国丝绸了；他们把丝绸运到日本和印度，发现那里是现成的市场。住在菲律宾群岛的西班牙人也把丝绸装上他们的商船，出口到新西班牙和世界的其他地方"[70]。从上述记述就能看出，中国丝绸不仅赢得了新兴的欧洲市场，也在原东南亚和印度地区非常受欢迎。以中国丝绸为贸易手段，已经连接了整个世界市场。中国有高度发达的工艺文明，在金属制造方面有比较大的成就。"所有已知的金属毫不例外都可以在中国找到。除了黄铜和普通的铜合金之外，中国人还制作一种仿银的金属，但并不比黄铜价格更贵。他们用熔化的铁可以塑造比我们更多的物品，比如大锅、壶、钟、锣、钵、栅门、熔炉、武器、刑具和很多别的东西"[71]。

---

67 （意）利玛窦、（比）金尼阁：《利玛窦中国札记》，何高济等译，北京：中华书局，2012年，第3页。
68 （意）利玛窦、（比）金尼阁：《利玛窦中国札记》，何高济等译，北京：中华书局，2012年，第10页。
69 （意）利玛窦、（比）金尼阁：《利玛窦中国札记》，何高济等译，北京：中华书局，2012年，第17页。
70 （意）利玛窦、（比）金尼阁：《利玛窦中国札记》，何高济等译，北京：中华书局，2012年，第4页。
71 （意）利玛窦、（比）金尼阁：《利玛窦中国札记》，何高济等译，北京：中华书局，2012年，第14页。

利玛窦专门记述了瓷器、漆器、木板印刷等中国高超的造物技艺。在书中，利玛窦对瓷器在欧洲受欢迎的程度表达了赞美。"中国人常用的餐具是陶器，我不太明白为什么西方叫它瓷器。无论从材料本身或从它又薄又脆的结构来说，欧洲陶器没有任何类似的东西。最细的瓷器是用江西所产黏土制成，人们把它们用船不仅运到中国各地而且还运到欧洲最遥远的角落，在那里它们受到那些欣赏宴席上的风雅有甚于夸耀豪华的人们的珍爱。这种瓷器还可以耐受热食的热度而不破裂，而尤其令人惊奇的是，如果破了，再用铜丝焊起来，就是盛汤水也不会漏"[72]。中国的印刷术要比欧洲的历史悠久，且有熟练的木版印刷技术。不同于欧洲金属活字印刷，中国用木板刻制。加上熟练的印刷工人，使得中国书籍特别便宜，也因此有利于知识的传播与推广。在对中国文化模式和知识系统的论述中，他认为中国人喜欢哲学等人文学科，对天文学、数学和医学等自然科学不太重视。中国有种类多样且丰富的药材，也有部分药材出口到欧洲，大黄和麝香等就是代表性的产品。"大黄和麝香最初是撒拉逊人从西方带进来的，在传遍整个亚洲以后，又以几乎难以置信的利润出口到欧洲。在这里买一磅大黄只要一角钱，而在欧洲却要花六七倍之多的金块。在这里还可以找到葡萄牙人叫作中国木而别人则叫作圣木的那种能治多种疾病的著名的药，它不用栽种，野生在荒地上，只要花点采撷它所必需的人工钱就能买到，但却以高价出口"[73]。

在对中国造物技艺的描述中，利玛窦也提到了中国的漆器。尽管当时欧洲社会各国并没有从中国进口大量的家具等产品，或许并不知道这种技艺的方法，但他已经意识到这种特殊的树脂原料优点很多。"它通常用于建造房屋和船只以及制作家具时涂染木头。涂上这种涂料的木头可以有深浅不同的颜色，光泽如镜，华彩耀目，并且摸上去非常光滑。这种涂料还能耐久，长时间不磨损。应用这种涂料很容易仿造任何木器，颜色或纹理都很像。正是这种涂料，使得中国和日本的房屋外观富丽美丽。中国人的习惯是进餐时餐桌上不铺台布，这种习惯有甚于使用这种涂料的别国人民。如果桌子失去光泽或被残羹剩饭弄脏，只要用水洗过用布擦干，马上就可以恢复光泽……出口这种特殊树脂产品很可能成为一种有利可图的事业，但迄今好像还没有人想到这种可能性"[74]。

高度发达的文官制度和文人治国的传统也得到利玛窦的认可。在书中，他详细论述了中国古代的考试制度，类似欧洲从学士、硕士到博士的学位制度。通过层层选拔的考生可以到政府担任官职，为国家服务。这种考试制度是一种非常隆重且受到所有人关注的事情。因为在中国，具有渊博的人文科学知识的人才得到尊重，国家政权也由拥有知识的人来管理。"井然有序地管理整个国家的责任完全交付给他们来掌握。军队的官兵都对他们十分尊敬并极为恭顺和服从，他们常常对军队进行约束，就像老师惩罚小学生那样。战争政策由哲学家规划，军事问题仅仅由哲学家决定，他们的建议和意见比军事领袖的更受皇上的重视……因

---

[72] （意）利玛窦、（比）金尼阁：《利玛窦中国札记》，何高济等译，北京：中华书局，2012年，第15页。
[73] （意）利玛窦、（比）金尼阁：《利玛窦中国札记》，何高济等译，北京：中华书局，2012年，第16页。
[74] （意）利玛窦、（比）金尼阁：《利玛窦中国札记》，何高济等译，北京：中华书局，2012年，第18页。

此，结果是凡希望成为有教养的人都不赞成战争，他们宁愿做最低等的哲学家，也不愿做最高的武官，他们知道在博得人民的好意和尊重以及在发财致富方面，文官要远远优于武官。更加令外国人惊异的是，在事关对皇上和国家的忠诚时，这些哲学家一听到召唤，其品格高尚与不顾危险和视死如归，甚至要超过那些负有保卫国家专职的人"[75]。之所以出现这种现象，利玛窦认为源于中国官员选拔的科举考试制度。中国人从小就学习孔子的经典著作，并通过各级考试取得功名，成为国家官员，就会得到所有人的羡慕。

温良克制的美与猜忌自卑的矛盾的民族特征也是利玛窦对中国人的看法。在他看来，中国可以说是世界上最讲究理解的民族。无论是会客宴请，还是拜见师长，中国人总是被教导尊重礼节并恭恭敬敬。这种道德教化模式促使中国人养成了克制内敛的性格。中国人不崇尚武力，爱好和平，在日常生活中，个人的克制也会得到尊重和欣赏。"他们极不喜欢武器，没有人家里存有武器，除了可能有一把金属的短剑，那是旅途中或许需要作为防盗之用的。人民间的斗殴也从未听说过，除了是以揪揪头发或抓伤而收场。也没有人因为受伤便打伤或打死人来报复的"[76]。同样，这种相对克制的性格也造就了中国人保守排外的心态。中国人不允许外国人到中国的腹地，也不愿意同外国人进行往来。中国人认为自己是世界的中心，不愿意也不想了解世界上的其他国家。他们认为自己国度文明程度最高、国民也最有素质，拥有凌驾于其他民族之上的天生优越感。"把所有外国人都看作没有知识的野蛮人，并且就用这样的词句来称呼他们。中国人对其他国家的产品并没有多大的兴趣，也不会认为国外的文化和科技会高于自己。他们甚至不屑从外国人的书里学习任何东西，因为他们相信只有他们自己才有真正的科学和知识。如果他们偶尔在他们的著述中有提到外国人的地方，他们也会把他们当作好像不容置疑地和森林与原野里的野兽差不多。甚至他们表示外国人这个词的书面语也和用于野兽的一样。他们难得给外国人一个比他们加之于野兽的更尊贵的名称"[77]。

三、启蒙运动时期的中国器物和中国形象

随着地理大发现以后的中西直接贸易，大量的中国器物出口到欧洲，引发了从上层到普通民众对中国文化的狂热喜爱。与此同时，从英国开始，17世纪欧洲进行了规模宏大的思想启蒙运动。以科学和理性为基础，欧洲反对宗教神权和诸多不平等的社会思想。无疑，拥有高超的造物理念以及坚持反对宗教的中国就成为欧洲各界模仿和学习的代表，也在原有基础上掀起了一股"中国风"的热潮。

在这股中国文化热的进程中，传教士再次扮演了先行者角色。首先，为了在中国传教的便利，在利玛窦的启发下，许多传教士把了解和学习到的中国知识当作进入中国的重要手

---

75 （意）利玛窦、（比）金尼阁：《利玛窦中国札记》，何高济等译，北京：中华书局，2012年，第59—60页。
76 （意）利玛窦、（比）金尼阁：《利玛窦中国札记》，何高济等译，北京：中华书局，2012年，第63页。
77 （意）利玛窦、（比）金尼阁：《利玛窦中国札记》，何高济等译，北京：中华书局，2012年，第95页。

段之一。这也就意味着，对中国文化的认知和宣扬成为传教士的重要工作之一。"首先是他们所接触的有文化的中国人对其自身文明的观念；其次是传教团为自己鼓劲以对付艰巨的使命和刺激其身在欧洲的基督教同胞支持他们的努力、相信他们的努力会取得成功的需要，因为这一需要不可避免地导致他们强调中国那些看上去对传播福音有利的方面"[78]。换言之，翻译和介绍中国文化系统和知识结构就成为传教士的重要任务。1687年，柏应理等编译的《中国哲学家孔子》是其重要的代表。这部多位传教士参与翻译和介绍的著作，第一次向欧洲介绍了中国儒家圣贤先师孔子以及他的思想。在书中，传教士介绍了中国的儒家经典"四书""五经"，并指出这些是中国最古老的经典著作，也是中国文化的核心要义。中国之所以能成为文明发达的国家，最为关键的是依照儒家的思想来维系社会运行。其次，对《周易》的译介和引入也是该书重要影响力的关键因素。在柏应理看来，《易经》是中国最古老的文化之一，也是中国文化的精髓和代表。该书详细介绍了阴阳演变相生相克的六十四卦图，并用拉丁字母标注了每个卦象所代表的自然现象。

在柏应理的影响和推动下，法国国王路易十四派遣传教士以"国王数学家"的身份前往中国，开辟了法国研究近代中国文化的先河，为当时欧洲了解中国文化作出了重要贡献。白晋作为法国传教士来到中国以后，为康熙皇帝讲授天文历法、几何算术等科学知识，并曾担任皇太子胤礽的老师。在近20年的中国生活中，白晋非常了解中国，1697年，他在巴黎出版了《康熙皇帝》一书，对康熙皇帝的品德、个人爱好和性格等进行了全方位详细的介绍，塑造了一个完美帝王的形象。在治国能力方面，康熙皇帝既能关照汉族人的利益，又能顾及满族和其他民族的利益；在治国方面，公正平等，对任何人和事情都能公平对待。"康熙皇帝在政治上公正无私，按国法行事；在用人上任人唯贤，并把这些视为施政中严守的信条。因此，从未发生过因循私情或出于个人利益而反对康熙皇帝的事件。康熙皇帝重视并严格选拔优秀官吏，监督他们的行为，这表明皇上平素对于臣民的仁爱之心"[79]。尽管可以认为皇帝是世界上最富裕的君王，但是皇帝本人节俭自律，无论是在饮食还是衣着上面都没有浪费，但在有利于国家和人民方面，康熙帝却非常慷慨大方。"就其衣着来说，令人丝毫没有奢侈浪费的感觉，这并非由于他爱财和吝啬。他虽然自己力求节俭，但对用于国家的经费却特别慷慨。只要是有利于国家、造福于人民的事业，即使支出数百万两的巨款，他从不吝惜。这有一个明显的例证，为了修缮官署，以及为了改善人民生活、促进商业发展而治理河流、运河，建设桥梁、修造船只及其他类似的事业，他经常拨出巨款。由此不难看出，康熙皇帝的朴素生活，完全是由于他懂得节俭的意义，也是由于他希望做一个臣民所爱戴的君主和国父，所以努力为国家的实际需要积累财富"[80]。尽管，基于目的论的视角来看，或许白晋对康

---

[78]（英）雷蒙·道森：《中国变色龙——对欧洲中国文明观的分析》，常绍民、明毅译，北京：中华书局，2006年，第63—64页。
[79]（法）白晋：《康熙皇帝》，赵晨译，哈尔滨：黑龙江人民出版社，1981年，第18页。
[80]（法）白晋：《康熙皇帝》，赵晨译，哈尔滨：黑龙江人民出版社，1981年，第22—23页。

图 3-15 《中国哲学家孔子》中的孔子肖像　　　　　图 3-16 基尔谢《中国图志》插图
[图片来源：张国刚：《胡天汉月映西洋：思路沧桑三千年》，　　[图片来源：《张国刚：《胡天汉月映西洋：思路沧桑三千年》，
北京：生活·读书·新知三联书店，2019，第 242 页。]　　　　北京：生活·读书·新知三联书店，2019，第 231 页。]

熙皇帝的赞美是希望赢得法国国王路易十四对基督教士在华传教的支持，但他的描述为欧洲树立了完美的君主形象。

法国传教士杜赫德编著的《中华帝国全志》，是在耶稣会传教士内部书信基础上完成的系统性的研究著作，内容涉及中国历史，中国政治、军事和司法制度，中国城市建筑、礼仪风俗，中国宗教、哲学、文学、音乐、戏剧，中国对少数民族和周边国家的研究介绍等，是 18 世纪欧洲社会对中国知识研究的代表性著作。1735 年，该书在巴黎出版以后，就迅速受到了大众欢迎，也成为法国汉学研究的代表性著作。在书中，杜赫德基于基督教传播的需要，首先论述了中国人的宗教信仰。在他看来，尽管中国并不是一个基督教的国家，但也有较强的宗教信仰，并在论述的过程中，表达出对中国的敬重和理解。他认为尽管中国并不是一个有神论的国家，但中国人坚持道德、忠诚和仁爱，依旧是世界上秩序最公正与合理的国家之一。在他的论述中，中国的宗教可以归为三个教派，分别是儒教、道教和佛教。在论述中，他对儒教的评价最高，将孔子视为自己的导师，并致力于为国家服务的知识分子群体。正是在他们的带领下，这个国家才能一直拥有公正有序的规则和制度，才有成熟的伦理学和高度发达的人文科学。他对道教的评价是这个中国本土的宗教已经退化为专职魔法与巫术，并宣称可以长生不老。在对佛教的论述中，基于基督教传播的需要，他认为佛教除了传播迷信和虚假故事来欺骗百姓以外，并没有做任何有益于这个国家和民众的事情。"除了聚集起来讲诵那些从印度流传至中国的传说和迷信故事以外，就什么都不干，他们由和尚维持，用虚假的虔诚来欺诈老百姓。他们传递灵魂转世的信条，并许诺人们有多么慷慨的付出，就能获得多么大的幸福"[81]。

尽管杜赫德强调自己以科学和尊重事实的态度进行研究，但在他的著作中，看到的多是对中国人的赞美和对中国富庶发达的惊叹。在对中国人的描述中，他认为中国人谦和、仁

---

81 转引张允熠等编著：《中国：欧洲的样板——启蒙时期儒学西传欧洲》，合肥：黄山书社，2010 年，第 95—96 页。

慈、温顺，举止端庄且懂得礼仪。"总体而言，中国人是恬静温顺且仁慈的。他们的做派和礼仪间充满了和蔼，且无刻薄、粗暴和急躁"。上述这种性格不仅体现在读书人身上，也体现在每一个民众身上。为了说明这一问题，他列举了中国人处理问题的方式。"一天，我走在一条狭窄的小巷子里，那里突然停下来一辆大马车。我本认为巷子里的人会立刻愤怒起来，然后骂着脏话甚至互相殴打，这在欧洲是很常见的。但是我非常惊讶地发现，他们彼此间彬彬有礼，和颜悦色地交谈，就像他们之间是老熟人一样，借助彼此的帮助，以便大家都能通过"[82]。相对温和的性格让中国人处理事情的时候，多采取平静的心态，较少在公开场合表达自己的愤怒和不满。诚然，即便认可中国人的各种美德，但中国人依旧有致命的缺点和不足。无论做什么样的事情，第一个考虑的是个人利益，如果没有利益，他们就不会做任何事情，哪怕再小的事情。"好利是这个民族的重大弱点，为此，你必须从总体上考察中国人。即使是无私的人，对于某些可以带来利益的事情，他们就会用尽一切可用之计，巧妙地赢得主事者的偏爱。对主事者，他们会不定期效劳以博得其好感，以无与伦比的灵活性使出种种性情，把许多微不足道的小事转化为优势，借以实现其目的。利益是他们的第一动机，因为只要存在微小的利好，就可以使他们蔑视所有的困难、忍受最痛苦的行程以达其目的"[83]。此外，如同其他人一样，杜赫德也坚持中国人的自大和傲慢，中国人认为只有他们是世界上最好、最富裕的国家，对其他任何国家都充满轻视和看不起的感觉。"没有任何一个民族像中华民族这样为自己居于一个伟大的势位而感到骄傲。他们认为自己的优越地位应该凌驾于其他任何民族之上。这份傲慢，让哪怕是最普通的中国人都怀有对其他民族的鄙视。他们对自己国家的风俗、礼仪和学说都如此满意，以至于不能接受还有比中国更好的地方的说法，也不能接受在现在已有之外还有其他的真理。他们之所以更为温和，是觉得欧洲人不过只是达到了他们帝国的脚掌水平。起初他们看到欧洲人，都会问欧洲是否有城市、乡镇或房子"[84]。即便中国也存在不足，但高度发达的文明依旧在欧洲掀起了对中国文化的推崇和赞扬。

英国作家坦普尔认为孔子是最具学问和智慧的中国人，孔子的学说是实用的社会道德，认为国家利益高于个人私利，教导民众如何修身、齐家和治国。对于坦普尔而言，中国政治道德是最好的治国模式之一。"孔子的著作，似乎是一部伦理学，讲的是私人道德，公众道德，经济上的道德，政治上的道德，都是自治、治家、治国之道，尤其是治国之道。他的思想与推论，不外乎说：'没有好的政府，百姓不得安居乐业；而没有好的百姓，政府也不会

---

[82] 转引张允熠等编著：《中国：欧洲的样板——启蒙时期儒学西传欧洲》，合肥：黄山书社，2010年，第146页。

[83] 转引张允熠等编著：《中国：欧洲的样板——启蒙时期儒学西传欧洲》，合肥：黄山书社，2010年，第148页。

[84] 转引张允熠等编著：《中国：欧洲的样板——启蒙时期儒学西传欧洲》，合肥：黄山书社，2010年，第151页。

使人满意。所以为了人类的幸福，从王公贵族以至最微贱的农民，凡属国民，都应当端正自己的思想，听取人家的劝告，或遵从国家的法令，努力为善，并发展其智慧与德性。'"[85]这种强调人性在治国中的重要作用和地位，反对当时欧洲关于政府起源于"社会契约论"的观点，认为基于父权基础的社会结构是理想政治的代表。治家之道就是治国之道，而这正好建立在哲学家治理国家的基础之上。

除了以孔子为代表的儒家学说以及中国的政治模式，坦普尔还对中国园林的营造理念大加赞赏。不同于从意大利发端的园林讲求对称美，中国的园林展示出尊重自然之美的理念，在不破坏山水自然形态的原则下，构筑人造景物与自然景观的和谐与统一。"中华民族的思维方式似乎与我们欧洲人的思维方式同样开阔，正像他们辽阔的国土一样。我们的建筑和园林之美主要靠一定的比例、对称和统一，我们的园中树木都相互对称，排列得整整齐齐，行间距离相同。中国人瞧不上这种方法，他们说，一个会数到一百的孩子，就能把树一排一排地种得很直，一棵连一棵，要什么距离就什么距离。而他们最用心的地方，在于把园林布置得极美动人，但一般却不易看出各部分是怎样糅合到一起的"[86]。正是对中国营造园林技术认识的逐步深入，欧洲园林设计者也逐步采取了中国错落有致的不规则之美。

四、欧洲文学作品中的中国器物和中国形象

中国器物大量出口到欧洲，引起了社会各界的疯狂追求和崇拜。在文学等各类作品中，就有关于中国产品的记述以及对中国器物的想象，在文学这一影响最大的文化领域开始了对中国想象的"他者建构"历程。在所有关于中国物质文明的各类文章中，出现最多的依旧是瓷器、茶叶、中国园林和城市营造等。

英国文学作品中有大量关于中国器物的描述，早在1604年，在莎士比亚的《一报还一报》中，他就赞美中国瓷器的美好，认为中国瓷器是最好的象征。"尽管其他瓷器没有中国瓷器那么好，但也是质量极好的瓷器"。18世纪初期，英国文学家艾狄生和斯蒂尔创办了《旁观者报》，中间有许多文章围绕中国的器物进行论述。在《旁观者报》第323号上公布了一个时髦女子的生活时间表。"星期五上午10点到12点打破一只蓝色中国瓷杯；星期六上午9点到12点喝武夷茶一盏，到了晚上10点到11点之间，又坐在茶桌子旁边了"[87]。在该杂志第336号上，发表了一个瓷器店服务员的来信，讲到了古瓷爱好者的活动。"（爱好瓷器）那个女子一天到晚无事可为，但总是荡来荡去，每天总要到他店里光顾两三次，一会儿说是要买一个屏风、一套茶杯、一个盘子、一个钵子，服务员就得把那些东西从架上搬下来，或从橱子或柜子里搬出来，让她看看摸摸。到了后来，她说这个太贵了，不能买；那个太土了，不

---

85 转引范存忠：《中国文化在启蒙时期的英国》，南京：译林出版社，2010年，第15页。
86 转引周一良主编：《中外文化交流史》，郑州：河南人民出版社，1987年，第596页。
87 葛桂录：《雾外的远音——英国作家与中国文化》，银川：宁夏人民出版社，2002年，第180页。

便买；另外一个倒还好，但是暂时还用不着"[88]。1714年，艾狄生曾在《恋人》杂志上发表英国家庭主妇热爱中国瓷器的故事。"女性的热爱瓷器，同样是另一种麻烦的事情，它能够令她们发脾气和伤心。她们为了打破一件薄脆的用具，发了多少脾气，惋惜了多少回啊"[89]。此外，对中国园林的喜爱也代表了英国许多人对中国尊重自然的造物模式的推崇。在《旁观者报》第414号上，艾狄生赞成了坦普尔对中国园林的描述。"描述中国情况的作者们告诉我们说，那个国家的人民嘲笑我们欧洲人的种植园在设计和布置上循规蹈矩，因为他们说任何人都会把花木摆成一样的行列和相同的图案。中国人宁愿在大自然的作品上展示才华，从而永远把他们指导自己生活的艺术隐藏起来"[90]。

五、思想界塑造的"道德文明国"

随着中国器物文化在欧洲的传播以及启蒙运动在欧洲的兴起，关于中国的各种研究日益增多。他们主张人的平等和自由，提倡和尊重理性，在耶稣传教士的影响下，他们看到的是一个建立在伦理道德基础上的中国。为此，他们以中国文化和哲学思想为基础，研究中国的强大和繁荣、高度发达的造物文明以及和谐稳定的社会。对启蒙思想家而言，中国是一个完美的发展模板。在相关诸多研究者中，莱布尼兹、伏尔泰、魁奈等是对中国文化推崇的代表。

1. 莱布尼兹对中国文化的研究

莱布尼兹是17世纪下半叶欧洲最为著名的科学家和哲学家，是德国启蒙运动的先驱。尽管一生都没有到过中国，也不懂中文，但通过和在华传教士的交流，他获得了许多关于中国的知识。1697年，经过长时间的研究，他完成了《中国近事》一书，搜集了关于欧洲传教士与他的书信以及与其他到过中国的外国人的旅行报告，从造物科技、政治制度、文化特色等诸方面介绍中国，并认为中国是一个文明智慧的代表和象征。

在书的序言中，莱布尼兹首先认为中国和欧洲是大陆两端的最伟大文明，只有两种文明携起手来，才能创造更为理性的生活。不同于许多关于中国文明的传说，莱布尼兹的评论和研究相对理性，认为只有建立在平等和相互交流基础上的文化，才能实现和达到共同繁荣的目的。也正因为如此，他对自己关注的中国文化进行了诠释。"这一文明古国在人口数量上超过了欧洲，在很多方面，他们与欧洲各有千秋，在几乎是对等的竞争中，各有所长。但是，我首先应该在两者之间比较什么呢？各方面进行比较虽是有益的，但这是项长期的考察，这里我们还不

---

[88] 葛桂录：《雾外的远音——英国作家与中国文化》，银川：宁夏人民出版社，2002年，第180页。
[89] 葛桂录：《雾外的远音——英国作家与中国文化》，银川：宁夏人民出版社，2002年，第179页。
[90] 葛桂录：《雾外的远音——英国作家与中国文化》，银川：宁夏人民出版社，2002年，第183页。

能做到这一点"[91]。在论述中,他首先从思辨和逻辑的视角进行分析,认为虽然这些方面中国不如欧洲,但在实践和经验方面,中国仍然有巨大的优势。"昔日有谁还会相信,地球上还有这样一个民族存在着,他比我们这个自认为在各方面都有教养的民族过着更具道德的生活呢?但从我们对中国了解更深以后,我们却在他们身上发现了这一点。如果说我们在手工技能上与他们不相上下、在理论科学方面超过他们的话,那么在实践哲学方面,即在人类生活及日常风俗的伦理道德和政治学说方面,我不得不汗颜地承认他们远胜于我们"[92]。也正因为在道德实践方面的成就,中国人表现得彬彬有礼和恪守规矩。"他们如此服从上级,尊敬长者,以至于孩子对父母的关系就像具有宗教性一样。对孩子来说,任何图谋反对父母的行为,即使是语言都鲜有听闻,任何初犯者都会为他们的行为付出代价,就像我们的杀亲之罪一样受到惩罚"[93]。这也就决定了中国人没有故意出言不逊,很少将愤怒表现到外面,而是客客气气地交流,即便在非常熟悉的情况下。

  对中国哲学的研究和羡慕是莱布尼兹的重要观点,也强调了中国哲学的重要性。他认为中国有着广阔的国土面积和令人羡慕的造物文明,也正基于此,他对中国哲学中的"气""理""阴阳"等观念进行了分析和阐述,认为这些中国人的理念是将万物之灵和情感结合在一起,创造出一种追求至善的理念。"中国的版图很大,不比文明的欧洲小,在人口与治国方面远超欧洲。中国具有公共道德,并与哲学理论尤其是自然神学相贯通,又因历史悠久而令人羡慕。它很早就成立,大约已有3000年之久,比希腊罗马的哲学都早。虽然希腊哲学是我们所拥有的除《圣经》外的最早著述,但与他们相比,我们只是后来者,方才脱离野蛮状态。若是因为如此古老的学说给我们最初印象与普通的经院哲学的理念有所不合,所以我们就要谴责它的话,那真是愚蠢、狂妄的事!再者,除非有一场大革命,要摧毁这套学说也不容易。因为,尽力给它正当的解释是合理的事"[94]。为了更进一步说明问题,莱布尼兹解释了他对中国理学的理解。"中国人也称他们的'理'为'圆体'或'丸体'。我相信这如我们所说,至高神可比作丸体或圆体一样,它的中心无所不在,而它的圆边则并无所在的。他们称他为物之'性',我相信这也像我们说至高神是自然之自然一样。我们说自然有知:它的行动有目标,它不是乱来的。中国人也说它有真有善,如同我们在本体论中说的本

---

91 (德)G.G.莱布尼兹:《中国近事:为了照亮我们这个时代的历史》,梅谦立、杨保筠译,郑州:大象出版社,2005年,第1页。
92 (德)G.G.莱布尼兹:《中国近事:为了照亮我们这个时代的历史》,梅谦立、杨保筠译,郑州:大象出版社,2005年,第2页。
93 (德)G.G.莱布尼兹:《中国近事:为了照亮我们这个时代的历史》,梅谦立、杨保筠译,郑州:大象出版社,2005年,第3页。
94 (德)G.G.莱布尼兹:《中国近事:为了照亮我们这个时代的历史》,梅谦立、杨保筠译,郑州:大象出版社,2005年,第245页。

体一般。可是对中国人而言，就如'理'是至善的本体，它也有至善的真与善"[95]。

莱布尼兹对中国的关注和研究还体现在对《易经》的解读和分析。通过对中国哲学体系的分析和认知，完善了他的哲学体系，并分析出八卦图与他的二进制数学的契合之处。在与传教士白晋的通信中，他了解到《易经》是中国最古老的知识体系，是中国科学和哲学的源头，也是中国人认识世界和自然的重要来源。也正因为如此，在与白晋的往来中，他认识到了二进制的巨大价值。"这张图乃是现今世界上最古老的科学丰碑之一，似乎已有4000年之久，还可能已有几千年时间不为人们所理解。它与我的二进制如此吻合，并正当您要解释这些线段时我恰好向您谈到我的二进制算术，这的确令人吃惊"[96]。也正因为从中国文化中找到了二进制算术的思想依据和文化归宿，他从内心认同中国的古老智慧，认为中国是理想化的代表和象征。诚然，在许多方面，他过度认为中国是理想化的状态，过于强调中国优美的乌托邦的幻想，但其大多是对中国的理性认知。

2. 伏尔泰对中国文化的推崇和追捧

伏尔泰是欧洲著名的哲学家和文学家，是影响世界历史进程的重要代表人物。对于中国文化和历史，伏尔泰表现出极大的热情和羡慕，认为中国是一个伟大的民族，有着古老的历史和辉煌的艺术文化。他提出正是东方精湛的艺术，才给西方的发展提供了机会。

在名著《风俗论》中，伏尔泰从世界历史的视角，分析论证了人类文化发展的历史。在对中国历史的介绍分析中，他认为中国已经有4000多年的发展历史，也创造了辉煌灿烂的历史。"我不知道在我国国土有什么文人对于中国民族的上古时代标识惊奇。但是这里根本不是什么烦琐哲学问题。任凭中国所有的文人、官吏和皇帝都去相信伏羲氏是大约在我们俗历纪年前二千五六百年在中国制定法律的最早的人之一吧。您应该同意必须先有人民然后才有国家。您也应该同意在一个人口众多而又发明了那些生活必需的技艺的人民集合起来选择一位主宰之前，必须先有一个惊人的非凡时代"[97]。得出这样的结论，是基于他对中国文化的系统研究，并认为中国在天文学的研究中居于领先地位。"如果说有些历史具有确实可靠性，那就是中国人的历史。正如我们在另一个地方曾经说过的：中国人把天上的历史同地上的历史结合起来了。在所有民族中，只有他们始终以日蚀月蚀、行星同地上的历史结合起来了；我们的天文学家核对了他们的计算，惊奇地发现这些计算差不多都准确无误。其他民族虚构寓意神话，而中国人则用手中毛笔和测天仪撰写他们的历史，其朴实无华，在亚洲其他地方

---

[95] （德）G.G.莱布尼兹：《中国近事：为了照亮我们这个时代的历史》，梅谦立、杨保筠译，郑州：大象出版社，2005年，第248页。
[96] 转引邹雅艳：《13—18世纪西方中国形象演变》，天津：南开大学出版社，2016年，第213页。
[97] （法）伏尔泰：《哲学辞典》（上册），王燕生译，北京：商务印书馆，2009年，第330页。

尚无先例"[98]。也正因为如此，伏尔泰认为中国的历史没有虚构和奇迹，也无任何的欺骗，而是真实的历史。

中国开明君主专制制度是世界上最好的制度之一，保证了中国秩序的良性运作。在对中国政治体制的研究中，伏尔泰表达了对中国开明君主制的推崇和支持。他认为从本质上说，任何社会治理模式都需要精英人士来治理，而中国无疑是这一模式典范的代表。"他们的帝国组织确实是世界上最好的，是唯一把一切都建立在父权的基础上的国家；是唯一对于一个在卸任时没有受到万民爱戴的外省巡抚要加以处分的国家；当各国法律只限于惩罚罪行的时代唯一设置奖金表彰德行的国家；当我们还在被迫接受征服我们的勃艮第人、法兰克人和哥特人的习惯的时代，是唯一使征服者采用它的法律的国家"[99]。将法治和道德结合在一起，从伦理教化的角度，加强对民众的管理和教育，是在开明制度基础上形成的稳定的社会结构和政治制度。也就是说，中国自上而下形成了严格的忠孝的道德体系和法律管理体制。"儿女孝敬父亲是国家的基础。在中国，父权从来没有削弱。儿子要取得所有亲属、朋友和官府的同意才能控告父亲。一省一县的文官被称为父母官，而帝王则是一国的君父。这种思想在人们心中根深蒂固，把这个幅员广大的国家组成一个大家庭"[100]。在中国政治文化中，无论是帝王还是普通民众，都要遵从这种教化和旨意，也就成为一种道德教化，任何违反的人，都无法成为一个引导国家的模范。这种道德理念是建立在与之相配套的完备体系之上。伏尔泰认为，在这一体系中，最为关键和重要的是中国古代的科举考试制度。这种制度与欧洲的世袭制度相比，在很大程度上保证了公平和社会制度的运行。国家可以通过考试选拔有情怀和知识的人管理国家，保证国家道德体系和社会制度的常态化运行。

孔子是中国古代圣人，是中国的道德楷模。伏尔泰认为，以理性和道德为基础形成的对天的崇拜理论，是中国宗教崇拜的代表。这种崇拜与西方的上帝崇拜并无区别。对此，伏尔泰对孔子学说给予了极大的评价。他认为中国的儒家思想尊重知识和追求真理，是通过教化的形式让人们顺从，而不是建构一套神学体系让人们信服。"孔子不创新说，不立新礼；他不做受神启者，也不做先知。他是传授古代法律的贤明官吏。我们有时不恰当地称为'儒教'，其实他并不是宗教，他的宗教就是所有皇帝和七十大臣的宗教，就是先贤的宗教。孔子只是以得道谆谆告诫人，而不宣扬什么奥义"[101]。在孔子的著作中，主要论述了为政之道和各类道德学说。在他看来，孔子学说的目标是教育人，而不是控制人。为此，他号召欧洲向中国学习。"我们要到远东去寻找一位简朴的贤哲。他不图奢华，毫不招摇撞骗。在我们俗

---

98 （法）伏尔泰：《风俗论：论各民族的精神与风俗以及自查理曼至路易十三的历史》（上册），梁守锵译，北京：商务印书馆，2009年，第85页。
99 （法）伏尔泰：《哲学辞典》（上册），王燕生译，北京：商务印书馆，2009年，第510页。
100 （法）伏尔泰：《风俗论：论各民族的精神与风俗以及自查理曼至路易十三的历史》（上册），梁守锵译，北京：商务印书馆，2009年，第249页。
101 （法）伏尔泰：《风俗论：论各民族的精神与风俗以及自查理曼至路易十三的历史》（上册），梁守锵译，北京：商务印书馆，2009年，第88页。

历六百年前就已教导人们怎样生活幸福。那时候，整个北方尚未发明文字，而希腊人的智慧也才刚刚脱颖而出。这位圣贤就是孔子，他是古代立法者中唯一从不欺骗别人的人"[102]。

不同于传教士的宣传，也有别于欧洲许多学者对中国的文化想象，基于对中国历史和文化的认识和了解，伏尔泰从政治思想、社会习俗和伦理道德视角，高度赞美中国道德体系和政治制度。虽然中国文化也有诸多的不足，但依旧可以成为欧洲发展的榜样。

3. 重农学派对中国文化的颂扬

在中国文化热的历史背景下，许多欧洲学者从不同方面加强对中国的研究。以魁奈为首的法国重农学派，也非常关注中国经济和文化，希望从中国发展智慧中找寻到欧洲的出路。1756年左右，魁奈发表一系列论文和著作，宣扬中国文化，希望欧洲能够向中国学习，并借鉴中国的经验，来解决法国所面临的一系列困境和危机。

中国对农业的重视，是欧洲学习的榜样。在其代表性著作《中华帝国的专制制度》一书中，魁奈认为古老而文明的中国是建立在认知和尊重自然秩序的基础之上，这是其他国家所缺乏的。"中国政府的基本法是建立在对于自然法认识的基础之上；自然法的存在使君主不敢违法作恶，能够保证他合法地行使职权，保证最高权力人物积德行善"[103]。也正基于此，中国才会有辉煌灿烂的文化。在中国任何人都会在这一法则之下运行，一旦超出了这种范围，其行为就会受到惩处。这或许也是中国能够保持长期稳定发展的重要因素之一。在中国，农业一直受到足够的尊重，每年中国皇帝会举行亲耕仪式，来宣扬国家对农业的重视。为此，魁奈劝说法国的君主也能效仿中国举行这一仪式，来展示国家对农业的重视。他认为，也只有依靠农业，才能保证一个国家的长期稳定，而中国无疑是一个值得学习和借鉴的样板。"除了与其他民族为敌的掠夺性民族以外，所有类型的民族都是以农业作为共同的特征。如果没有农业，各种社会团体只能组成不完善的民族。只有从事农业的民族，才能够在一个综合的和稳定的政府统治之下，建立起稳固和持久的国家，直接服从于自然法则的不变秩序。因为，正是农业本身构成了这些国家的基础，并且规定和确立了它们的统治形式，因为农业是用来满足人民需要的财富的来源，又因为农业的发展或衰落必然取决于统治的形式"[104]。不同于欧洲，中国长期以来都是以农立国的社会，也正是高度发达的农业，才成就了稳定的社会结构。从这一点上来说，魁奈认为中国是欧洲的榜样。

因为宣扬和推广中国文化，魁奈本人被称为"欧洲的孔子"，而他本人既乐意接受这一称号，也在宣扬孔子儒家思想方面不遗余力。在他的著作中，魁奈认为孔子一生宣传公平和重视教育，为确立中国稳定的社会秩序作出了重大贡献。"中国人把孔子看作是所有学者中

---

[102] 转引孟华：《伏尔泰与孔子》，乐黛云审定，北京：新华出版社，1993年，第127—128页。
[103] （法）佛朗斯瓦·魁奈：《中华帝国的专制制度》，谈敏译，北京：商务印书馆，1992年，第82页。
[104] （法）佛朗斯瓦·魁奈：《中华帝国的专制制度》，谈敏译，北京：商务印书馆，1992年，第122—123页。

最伟大的人物,是他们国家从其光辉的古代所流传下来的各种法律、道德和宗教的最伟大的革新者。这位著名哲学家坚贞不渝,忍受着各种非难和压制,而这些非难和压制有时在哲人们的著述似乎旨在重新建立他们自己国家的秩序时,也会遭遇到"[105]。对中国文化的推崇与赞美,让魁奈坚信孔子是完美的"化身",任何反驳和批评孔子的欧洲思想家或学者,都会受到魁奈的反驳。

以魁奈为代表的重农主义思想在欧洲影响深远,探究其根源是对中国传统农业思想和经济观念的解读和分析。诚然,他们并非把中国各种思想作为研究的目的和出发点,而是通过对这些思想的研究和分析,探究解决欧洲问题的出路。但不可否认的是,正是在长期发展中,中国形成了引领世界的成熟的思想体系,才引起欧洲思想家的重视,也才在中国器物文化影响下,形成了对中国文化的研究和重视。

六、小结

发端于16世纪的中西贸易,昭示了早期全球化的到来,中国对外贸易范围进一步扩大。象征中国高度发达造物技艺的产品大量销往欧洲,从使用中国丝绸、瓷器等产品,到学习中国园林营造技艺,模仿中国饮茶习惯等,欧洲各国掀起了长达200余年的"中国风",全方位、多角度学习和传播中华文化。器物作为外化中国文化的载体,在此过程中扮演了先行者的角色并具有文化载体的功能。以技术领先、精美耐用、批量生产等优势为依托,中国文化的"器物样板"引领了世界器物时尚消费的潮流。依托先进的造物技艺和发达的航运,由政府主导、民间参与的器物贸易模式,是这一时期中国外传器物文化的重要模式。

以器物为先导,带动中华文化在欧洲等全球范围的传播,也实现了更广范围对中国的国家认同和文化认同。在中西器物贸易和文化交流中,不仅展示了中国精良的产品与高度发达的造物技艺,还展示了诚信、创新的中华文化。尤为重要的是,为人类不同文明交往提供了互利共赢的和平样板。基于自身高度发达的造物技艺和包容和谐的中华文化,无论是与何种文明进行往来,中国都秉持开放包容的大国心态。正因为如此,依托自身发达的造物体系,中国在全球树立了强大的中国形象。

---

105 (法)佛朗斯瓦·魁奈:《中华帝国的专制制度》,谈敏译,北京:商务印书馆,1992年,第37—38页。

第四章　近代中西器物文化博弈背后的中国形象

中西文明的长时期交流和互动，让欧洲社会各界对中国的器物和营造模式备受推崇，进而在欧洲形成了社会丰裕、文明理性的中国国家形象。同时，这一时期科技发展为欧洲迅速崛起打下了坚实基础，思想解放的理念已经被大多数欧洲人接受。在此背景下，以机器制造逐步取代手工生产成了欧洲社会变革和经济发展的推动力，带动了第一次工业革命，使人类进入了"蒸汽时代"。在逐步形成的强大工业制造体系的基础上，欧洲人通过海外冒险来开拓市场，占领殖民地，构筑以欧洲为核心的世界工业生产体系和贸易市场。18世纪以后，随着制造业的发展，以自身经济利益为核心的观念逐步在欧洲社会各界占据上风，他们开始通过不同的方式对中国产品进行抵制。原本在欧洲对中国器物高度认同的观念开始改变，也影响中国国家形象。在此历程中，现代意义上的印刷产品包括报纸、书籍等将上述思想在更大范围传播，重构了中外器物形象。

为了更为全面地分析器物形象对中国国家形象的影响，在对近代中国器物形象与国家形象关系论述中，课题组在对18世纪上半叶以来欧洲出现的抵制中国产品现象分析的基础上，说明中国器物形象在欧洲出现的巨大反差及其背后对中国国家形象认同转变的各种因素。在此背景下，欧洲列强通过"坚船利炮"打开了中国的大门，中国沦为半殖民地半封建社会。在民族危亡的关键时期，先进的中国人开始了"以西为师"的历程，通过学习和模仿西方的造物体系，开启了中国近代化的历程，形成了落后保守与追求改良的"二元冲突"的中国形象。不同于传统器物形象的塑造模式，欧洲人通过博览会、新式营销模式、报纸杂志等手段，在中国营造了"洋货"的时尚消费理念，宣告其代表先进生产力。种类繁多的西方器物在中国倾销，与之相伴随的近代中国的各种抵制洋货运动背后是矛盾的国民心态与国家认同意识。近代中西地位和不同国家形象的转变，直接反映为造物技艺的差异。

第一节　器物形象承载中国国家形象的话语转向

以瓷器和茶叶为代表的中国商品出口到欧洲，在一定程度上重构了欧洲的生活方式，进而全方位对欧洲社会产生影响。但由于文化传统、审美特征、消费习惯以及经济利益等多方面的原因，从英国发端的对中国器物的抵制逐步在整个欧洲蔓延。通过建构落后、保守和脆弱的中国国家形象，达到了欧洲部分社会精英维护自身利益的目的。

一、国家利益影响近代欧洲"中国观"

1. 瓷器承载中国形象的转变

瓷器作为中国器物的代表和象征，诸多学者将瓷器的英文单词"china"[1]与中国的英文翻译"China"联系起来，认为瓷器是中国的代表与象征。瓷器所具有的东方异域图案及其文化象征，备受欧美社会各界推崇。对此，英国学者道森曾有精彩的评论："也是导致对'中国式风格'热爱的诸多因素中，最重要的因素还是中国工艺品的精美，尤其是瓷器。可以说它是中国送到欧洲的一种最新、最高雅的礼物，它与原产地国家如此牢牢地联结在一起，以至于瓷器的英文名字就叫'china'或'chinaware'。"此外，英国博物馆学家尼尔·麦克格雷格也认为中国瓷器是让英国了解东方和中国文化的最好载体。"当英国人民开始了解东方，了解中国的时候，对许多东西都赞叹不已，这其中主要是瓷器。瓷器是一个非常好的载体，正是中国瓷器让西方世界开始知道东方的中国"[2]。为了充分挖掘瓷器的内涵及了解瓷器制造的秘密，欧洲社会各界一直试图寻找瓷器的替代品。对此问题，在第三章中已有详细的论述。无论是西班牙、荷兰、德国、法国等国都疯狂学习中国制瓷技术，但他们均无法制作出媲美中国的瓷器产品，中国瓷器在很长时间里拥有巨大的市场竞争力。直到18世纪末期，英国才真正生产出可以媲美中国瓷器质量的产品，宣告了中国瓷时代的结束。

欧洲君主孜孜以求地探寻瓷器的奥秘，其最为重要的目标是为了自身的经济利益。毕竟在与中国贸易的过程中，欧洲大量白银流入中国和印度等国家，影响了欧洲经济和产业发展。欧洲社会以使用东方产品为时尚，每个人都以拥有来自中国和印度等地的产品为傲，这些产品成为身份的标志和象征。"（英国）从最时髦的公子哥，到卑下的厨婢，人人非印度棉布不穿，觉得只有如此才配得上其人其身！同样地，也只有印度屏风、印度家饰、中国橱柜和中国漆器，才能满足他们"[3]。也正因为如此，各国东印度公司成了欧洲最赚钱、最具影响力的部门。但欧洲各国不同产业生产者对这种商品贸易模式非常不满。1680年，英国伦敦丝织业工人攻击了英属东印度公司的伦敦总部，因为他们进口的印度产品威胁了自己的生计。更有甚者，穿戴印度产品的女性在大街上可能遭到骚扰。基于上述多种因素和保护自身产业发展的需要，欧洲各国纷纷出台政策，禁止进口印度的丝织品。"1686年，法国下令禁止进口印度花布；1701年英格兰也颁布同样禁令，1678年，英格兰甚至立法只准以毛料裹尸，

1（英）雷蒙·道森：《中国变色龙——对于欧洲中国文明观的分析》，常绍民、明毅译，北京：中华书局，2006年，第136页。

2 李健亚：《英国两大博物馆携148件瓷器精品亮相国博》，人民网。http://culture.people.com.cn/n/2012/0626/c22219-18379702.html

3（美）罗伯特·芬雷：《青花瓷的故事：中国瓷的时代》，郑明萱译，海口：海南出版社，2015年，第66页。

1920年更追加不准穿用印度布"[4]。法国的举动，立刻引起了英国工匠的效仿。17世纪后期，中国手绘壁纸开始在伦敦发售，英国工人能够模仿中国手绘技术后，立即向政府抗议从中国进口此类产品。诚然，当时欧洲社会由于无法制造出类似中国的瓷器，无法找到替代品，并没有出台类似的法案。但如前所述，由于自身经济利益及其类似上述诸多因素的影响，中国瓷器也遭遇到了类似印度纺织品的情况。

在众多欧洲国家中，率先对中国瓷器发起攻击的是英国人。由于大量进口包括瓷器在内的中国产品，造成了英国白银外流，也引起了巨大的对华财政逆差。1722年，英国东印度公司从中国进口货物的总货值为211850两白银，随着从中国进口货物的迅速增加，到了1766年的时候，便达到了1587266两，已经是40年前的7倍。到了1822年，达到了最高峰的6154652两。但英国对华贸易量，在中西贸易过程中并没有如同中国对英商品量这样迅速增加。"英国对华输出的价值由1699年的32086镑增加到1751年的161092镑，英国从中国输出价值由1699年的45928两增加到1000000两以上。输入增加5倍以上，输出增加21.08倍"[5]。在中英贸易中，英国严重不平衡的出超事实，越来越与英国的利益目标相悖：他们希望打开中国市场，将自己的产品销售到中国这个消费大国。但当时的中国在重农主义政策影响下的小农经济，不需要进口欧洲的器物。此外，清政府不断限制对外贸易，仅广州一口对外通商。但在当时的欧洲，英格兰已经逐步向贸易大国的目标迈进，超过了法国和荷兰等诸国。中英之间贸易的实际情况以及双方的需求差异，使得两者无法调适相互之间关系。为此，英国重商主义者首先对来自中国的瓷器进行抵制。"重商主义者美利恩斯早于17世纪中期即批评东印度公司导致英格兰国库空虚。17世纪90年代，卡尔及保利斯芬扬言东来之纺织品及贵重金属外流引发英格兰之经济危机"[6]。到了18世纪，英国人直接将此对准中国商品，进而开始了诋毁和攻击。

1712年第326号《旁观者》杂志，刊登了一则因为妻子沉迷中国瓷器而引发财政苦恼的丈夫的来信，表明了该杂志的立场和观点。"我结婚已有六个年头了，有四个孩子，妻子现在正怀着第五个……她让我支付她孕期所欲求东西的花费，不仅占用了家庭月支出的大头，还预支了孩子们的教育花费。当怀着摩莉的时候，她曾铁了心要买一套瓷盘，数量多得都可以开印度商品店"[7]。许多英国人把瓷器对民众生活的影响也归为社会上层对中国产品的崇拜，并提出了严厉的批评。"威廉国王和玛丽王后各自带来了一个风尚。随着人们的效仿，它成为城镇，实际上，成为整个王国顶礼膜拜之物……用瓷器装饰室内我认为是王后首开先河，在国内渐成风气，继而发展到一种奇观的地步：每一个橱柜、壁柜和壁炉烟囱上面都摆满了

---

4 （美）罗伯特·芬雷：《青花瓷的故事：中国瓷的时代》，郑明萱译，海口：海南出版社，2015年，第66页。
5 朱雍：《不愿打开的中国大门——乾隆时期的中英关系》，南昌：江西人民出版社，1989年，第31页。
6 麦劲生：《中英贸易与18世纪政治经济学者的自由贸易论争》，《清史研究》，1996年第2期，第47页。
7 转引侯铁军：《他者之物与自我之物——18世纪英国文学中的瓷器研究》，[博士学位论文]，武汉大学，2015年，第130页。

瓷器，一直顶到天花板。在缺乏这类空间的地方，甚至专门设置摆放瓷器的架子。最终成为沉重的经济负担，乃至危及家庭和产业"[8]。

对英国经济以及普通家庭生活的影响，就成了英国重商主义者与陶瓷相关生产群体对中国瓷器贬斥的借口。最具代表性的人物，是砖瓦匠出身的文学家笛福。他认为英国东印度公司花费大量的钱财，从中国购买没有任何用处的产品，也影响了英国的社会发展。"他们（东印度公司）的船只出发的时候，装的都是钱币，而回来时，则满载着毒药。如此数额巨大的现钱流向印度，让我们的贸易困顿不堪，而且实际上，有可能让它饿死。总之一句话，让我们的民族穷困潦倒"[9]。

1719年，笛福在英国出版产生巨大影响的《鲁滨孙漂流记》的前两卷。在书中，他通过虚构的探险家鲁滨孙之口以各种方式表达对中国瓷器的不满。"但我没有达到我的目的。这些容器只能用来装东西，不能用来装流质放在火上烧，而这才是我真正的目的。过了些时候，一次我偶然生起一大堆火煮东西，煮完后我就去灭火，忽然发现火堆里有一块瓦器（earthen-ware vessel）的碎片，被火烧得像石头一样硬，像砖一样红……我看到瓦器烧得红透后，又继续保留了五六小时的热度。后来，我看见其中一只虽然没有破裂，但已开始溶化了，这是因为掺在陶土里的沙土被火烧溶了，假如再烧下去，就要成为玻璃了……到了第二天早晨，我便烧成了三只很好的瓦锅和两只瓦罐，虽然谈不上美观，但很坚硬；其中一只由于沙土被烧熔了，还有一层很好的釉"。对上述制作过程的描述，文化学者刘禾等曾有精彩的评论。在书中，笛福故意避免使用porcelain或者chinaware等词来描绘自己的发明创造。而"像石头一样硬，像砖一样红"指代的无疑是瓷器。

笛福文学作品中鲁滨孙的烧造试验，无疑是表明，英国人能够独立自主地烧造出瓷器产品。结合作者的个人成长经历以及其作品发表的时间，或许更能透析出其真实目的。笛福本人是从事砖瓦生产的实业家，曾在英国建造的砖瓦厂仿制中国的宜兴陶。或许从这个视角，我们就能理解为什么笛福本人那么深恶痛绝地提出抵制中国的瓷器产品。可见，笛福对陶瓷生产非常熟悉。从该书发表时间来看，尽管奥古斯都二世已经得知瓷器的秘密，但他将所有工匠封闭到迈森的瓷厂中，英国和法国却仍在苦苦寻找瓷器的奥秘。而在没有找到之前，笛福借助鲁滨孙的口，表达了英国人自己可以独立制作瓷器的奥秘。此外，作为砖瓦生产者，笛福本人对瓷器非常熟悉。在作者发表于1724年的游记《从伦敦到天边的旅程》中，他通过参观玛丽王后房间内的瓷器，证实了他所拥有的瓷器知识。"王后陛下有一处雅致的住所，里面有一套只供陛下本人使用的卧房，装饰得十分豪华……此处还摆设着陛下的一套荷兰白釉蓝彩陶器（delft ware）收藏，件数众多且精致无比；此处也摆设了大量瓷器精品（china

---

[8] 转引侯铁军：《他者之物与自我之物——18世纪英国文学中的瓷器研究》，[博士学位论文]，武汉大学，2015年，第58页。

[9] 转引侯铁军：《他者之物与自我之物——18世纪英国文学中的瓷器研究》，[博士学位论文]，武汉大学，2015年，第133页。

ware），皆为在当时英国尚见不到的珍品"[10]。

如果在前面，笛福还有所保留和隐藏的话，在随后，作者便推出了续集，直接对中国进行诋毁。在书中作者多次提到中国瓷器。在与葡萄牙导游的交流中，导游指出中国有精美的瓷器房子，也带领鲁滨孙去观看。"他告诉我，他要把这个国家最稀奇的事情让我一饱眼福，在我说了如此之多的有关中国（China）的坏话后，要让我见识我在世界其他任何地方都见不到的东西。我非常鲁莽地想知道那是什么东西，最后他告诉我，那是一位绅士用瓷器（china）材料（ware）做的房子。'嗯'我说，'难道他们的建筑材料不是产自本国，因而都叫中国（china）材料（ware）吗？''不、不'，他说，'用你们英国的叫法，我指的是一整幢全部由瓷器（chinaware）建造的房子，或者用我国的说法，叫瓷器（porcelain）'"[11]。虽然导游描绘得很好，但在笛福看来也只是一个普通房子。"但到了那儿一看，无非是这样：这也是用木料盖的房子，或者用我们英国的说法，是用木板条和灰泥盖的；不过这层灰泥倒真是瓷的——就是说，那层灰泥用的是制造瓷器的那种黏土"。也就是说，所谓的这些精美的瓷器，都是一些骗人的东西，让一些容易上当的外国人听信不疑，达到了越来越神奇的效果[12]。在随后的评论中，他的这种态度更加明确。"他们告诉我，说是那儿花园里有多处喷泉和鱼池，它的底部和周边部分都是用那种同样的贴面砖砌成的，而且在园中小径上还竖有一排排的精美人像，都是用那种瓷土制成的，再整个送进窑里去烧好"[13]。因为根本没有到过中国，根本不会知道中国有瓷器做成的房子，依照刘禾的观点，德国慕尼黑郊外的尼芬堡公园的"中国风"宝塔，是用中国工艺方法装饰而成的，应该是作者灵感来源[14]。

在笛福不遗余力地对中国瓷器进行攻击的语境下，专门虚构到中国来参观瓷房子和长城的事情，全方位诋毁中国。其目的是代表逐步崛起的英国新兴阶层的经济利益，抑或是实现英国全球扩张的梦想。"我们商队的向导对长城一直是赞不绝口的，说这是世界上的奇迹，这是急不可待地想听听我对此的看法……我说道，'先生，你认为这能挡住我们配备了足够炮兵的军队么？或者说，我们配备了两个坑道连的工兵？'他们能不能在十天内弄垮这城墙，让我们的部队开进去？或者彻底把它炸飞了，弄得连痕迹都不留？后来他们知道我说了什么以后，路上就不再吭声了，反正同我待在一起时，我们再也听不到他大谈中国的威力和

---

10 刘禾：《燃烧镜底下的真实——笛福、"真瓷"与18世纪以来的跨文化书写》，《视界》，2003年第10期，第47页。

11 Defoe,Daniel.The Life and Adventures of Robinson.London:Pickering&Chatto ,1719.p179.

12 （美）罗伯特·芬雷：《青花瓷的故事：中国瓷的时代》，郑明萱译，海口：海南出版社，2015年，第69页。

13 Defoe,Daniel.The Life and Adventures of Robinson.Manchester:Printed and Published for J.Gleave,1816. p548-549.

14 刘禾：《燃烧镜底下的真实——笛福、"真瓷"与18世纪以来的跨文化书写》，《视界》，2003年第10期，第48页。

伟大了"[15]。从前述文字中,我们或许能够得到更为清晰的判断,笛福对中国非常了解。他很好地把握了中国在欧洲社会的两大象征:瓷器和长城。摧毁这两类代表中国的器物,就意味着从精神象征层面打败了中国。事实上,后来的英国人确实做到了这一点。在半个多世纪以后,通过鸦片战争打开了中国大门,并烧毁了万园之园象征的圆明园。而在该书1815年出版的注释中,在百年之后,能够清晰地透视出笛福的想法。"陶艺在中国十分突出。但这不过是一种雕虫小技,是由最粗鄙的人发明的。一般认为,中国出产特具功效的泥土可用于生产这种东西。拜鲁的信息告诉我们,他们瓷器的优质并非由于工艺优良,而只不过是在选材时精而又精、用心良苦,使其十分纯正。他们缺乏天赋的另一有力证据,就是他们既然拥有可以和制造玻璃相比拟的技艺如此之久,却没有能够发明并且制造这种美好实用的玻璃,而他们在工艺造型和装饰方面的品位低下几乎是路人皆知的"[16]。同一百年前相比,这时候的英国已经依靠武力建构起庞大的帝国体系。在器物制造方面,英国人在原有中国瓷器制造技艺的基础上进一步发挥,并将其产品销往欧洲的许多国家。这时候,英国已经全方位确立了足够的自信,但依旧念念不忘对以中国瓷器为代表的器物进行攻击。尽管,这或许代表的仅仅是一部分人的观点,但这种观点无疑已经在英国具有了引领的作用。

2. 器物隐喻与"妖魔化"的中国形象

与笛福一样,英国当时重视自身经济利益的人士已经开始对中国的器物进行攻击,继之将瓷器等中国产品上升到对整个中国形象的认知。如同前面论述的那样,在许多人无法到另外一个国家,并深入了解这个国家的情况下,对一个国家器物的认知形象自然会转化为对这个国家的认知。诚如英国诗人罗伯特骚赛论述的那样,"盘子和茶具让我们对中国人的了解要远比其他远方的人们要多得多。如果我们没有其他关于这个特殊民族的文献,那么他们自己绘制的一系列图案则会被认为是非常有意思的"[17]。此外,即便在全球化和信息交流的当下,一个人或者群体对其他国家的认知,也多是通过自己国家媒体报道、使用各种产品情况等方式来形成对另外国家形象的认知。也正是因为如此,如果要改变一个国家对其他国家的印象,在当时的语境下,从器物评价入手,来形成或者改变一个国家对另外一个国家的认知和评价,是最为便捷的方式和手段。"这一时期,由于距离遥远,海路危险,大多数欧洲人主要通过记述和描绘中国人和有关中国地方风情和习俗的书籍和图画以及出口商品,如陶瓷、纺织品和漆器来了解中国"[18]。18世纪的英国,在自身工业发展过程中,非常需要打开世

---

15 转引周宁:《2000年西方看中国》(下),北京:团结出版社,1999年,第677-678页。

16 刘禾:《燃烧镜底下的真实——笛福、"真瓷"与18世纪以来的跨文化书写》,《视界》,2003年第10期,第48页。

17 转引侯铁军:《他者之物与自我之物——18世纪英国文学中的瓷器研究》,[博士学位论文],武汉大学,2015年,第96页。

18 Reed Marcia,and Paola Dematte,eds.China on Paper:European and Chinese Works from the Late Sixteenth to the Early Nineteenth Century,Getty Research Institute,2011.P1.

界各国的大门，销售自己的工业品。但面临的问题是，与英国商贸往来的亚洲国家，诸如中国、印度和日本等国，由于自身经济结构的原因，并不需要购买英国的各种产品。上述情况的出现，与英国的发展就出现了矛盾。伴随着自身国家迅速崛起，且以自我为中心，构建其帝国体系的时候，英国等国对来自中国的瓷器认知就开始发生了变化。

首先，瓷器上的纹饰传递低下的审美和丑陋的中国国民形象，是影响英国人审美下降的重要因素。1755年，评论家约翰·谢比尔在与朋友的信件中，提出了近年来英国人审美品位低下、道德下滑，其主要原因来自中国瓷器的影响。"简洁和崇高已经失去了它的影响，到处都是中国或者哥特式品位……在一个房间中，所有东方的宝塔和畸形的动物都被堆在一起，它们被称为壁炉的美丽装饰，在房子的四周，瓷器狮子，龇牙咧嘴，体态畸形，摆放在中国品位的架子上"[19]。在当时的部分英国知识精英看来，正是中国瓷器等产品的输入，不仅影响该国的经济发展，也造成了社会道德问题。瓷器的装饰风格和品位也代表了整个国家的品位，对英国美学思想产生重要影响的沙夫茨里波也持类似的观点。他认为美丽形象能带来愉悦的感受，也能促使人的行为变好。但坏的器物或者形象，也会引导人变得粗俗不堪。来自东方的产品，包括中国瓷器，无疑是导致英国审美下降的重要因素。

其次，瓷器易碎的特征被转喻为中国国家的脆弱。由于瓷器自身的特点，坚硬与易碎是其自然特性。为此，他们把这种形象与女性的道德下滑、粗俗品位和不停购物联系起来。喜欢中国瓷器，就是感性和柔弱的代表。"诗人伊丽莎白·托马斯1730年的《城之变》描绘英国淑女竟然做出'喝茶说八卦'的不当行为，大大触怒了奥林匹亚众神，气得把这些碎嘴女子的杯盏全部捣毁"[20]。萨耶尔的《仕女休闲剪纸漆艺》中，刻画了无聊愚昧的上流妇女逛街打发时间的场景。"这个那个，易碎的玩意，我们非去看看不可，陶的、瓷的、玻璃、石头；我们会说：这个破了，那个太贵；购物，购物，我们要去上街购物"[21]。这种声音随着英国的崛起以及欧洲内部的许多事情，变得更为明显，也成了英国知识界、政界和媒体宣传的主流声音。在理性主义的思潮下，如果男性喜欢来自中国的瓷器，就会被认为是懦弱和空洞的表现。甚至当时推崇中国文化的法国，也被归入同样的行列。"1759年有份英国报章悲叹国家缺乏英雄人物，那些该死的指挥官打扮得'像只猴子，浑身喷香抹油臭不可闻'，只爱优柔和婉游手好闲，却不愿英勇赴战场面对危险"[22]。这段话的背景说的是，在英法"七年战争"期间，英国地中海舰队司令拜恩的事例。因为在战争中，他下令舰队撤退，让法国军队

---

[19] 转引侯铁军：《他者之物与自我之物——18世纪英国文学中的瓷器研究》，[博士学位论文]，武汉大学，2015年，第96页。

[20] （美）罗伯特·芬雷：《青花瓷的故事：中国瓷的时代》，郑明萱译，海口：海南出版社，2015年，第324页。

[21] （美）罗伯特·芬雷：《青花瓷的故事：中国瓷的时代》，郑明萱译，海口：海南出版社，2015年，第324页。

[22] （美）罗伯特·芬雷：《青花瓷的故事：中国瓷的时代》，郑明萱译，海口：海南出版社，2015年，第327页。

占领了梅诺卡岛，英国军事法庭以遇敌懦弱的罪名将其处死。而其懦弱的标志是因为他的府邸中收藏着各种来自中国的瓷器，而这恰恰是其堕落无能的标志。当中国瓷器影响英国国家利益的时候，在全世界进行扩张的他们，自然认为中国毫无价值。在这种情况下，全方位地对中国器物进行诋毁和抨击也是自然而然的事情。

3. 英国访华使团展现领先中国的工业文明

18世纪中期以后，随着英国工业革命的迅速发展，其机械制造产品和殖民扩张能力已经达到了前所未有的程度。在此基础上，英国已经在全球范围内建立了自身的器物制造体系优势。以瓷器生产为例，英国已经完全掌握了瓷器的烧造技术，尤其以斯塔福德郡的伊特鲁里亚瓷厂为代表。该厂创始人威治伍德成功推动了英国瓷业生产的发展进步，将其创立的瓷厂命名为伊特鲁里亚，也昭示了其生产目标，要重塑古罗马艺术的辉煌。诚然，该厂在前期也曾复制过来自中国景德镇的瓷器。但不同于欧洲其他对手，威治伍德并不认同中国的瓷器装饰风格，认为类似中国瓷器那样错误走样的设计风格是对品位的侮辱。在完全掌握了瓷器制造技术以后，他开启了欧洲新型的瓷器装饰风格。他认为古希腊和罗马理性、纪律和冷静的美学风格，才能象征英国工业文明的成就。奠定威治伍德在欧洲瓷器生产中地位的两件事：一是，其成功复烧了一件被称为"波特兰瓶"的钴蓝玻璃古瓶，传该瓶是古罗马皇帝奥古斯都在位期间所制，代表了欧洲新古典主义艺术装饰的风格；二是，为俄国女皇西泽琳制作的一套绿蛙餐具。该套餐具共有952件，全部装饰有象征女皇宫殿的蛙徽。尽管为烧造这套餐具，威治伍德付出了巨大代价，但也正是通过这套餐具，奠定了其瓷器制造的声誉。

在成功烧造各类精美瓷器基础上，威治伍德探索出了自身的陶瓷制造模式和生产体系。首先，在生产工序中，机器制作逐步取代手工生产，象征着先进的造物技术。无论是图案印刷、瓷坯加工还是瓷器烧造，现代技术在其瓷业生产中起到的作用越来越大。其次，引入了现代商业营销模式，引领了当时欧洲的时尚消费潮流。如同前述那样，在英国重商主义的不断推动下，中国瓷器审美模式逐步被摒弃。"他首创许多新技术，日后成为现代商业经营的基本事项，诸如市场调查、存货盘点、旅行推销、退款保证、图案画本、销售目录、报纸广告、引人入胜的陈列室、请名人为产品代言，等等。种种出奇制胜的新手段，随时可以配合瞬息万变的市场潮流做出快速反应，遥远的景德镇距离欧洲市场费时约一年航程，如何能比得上他这般能耐"[23]。也正因为如此，英国人威治伍德不仅打败了遥远中国的竞争，还打败了欧洲其他竞争对手。"从葡萄牙直到俄罗斯，威治伍德的产品在各地被人购买、抄袭、复制。欧洲统治者不再抱怨中国瓷吸光了他们国库中的银元，转而把目标对准英国餐具制作。1774年麦森瓷厂的总管抱怨，英国炻器以'令人难以置信的数量'进入萨克森尼，已经毁了

---

[23]（美）罗伯特·芬雷：《青花瓷的故事：中国瓷的时代》，郑明萱译，海口：海南出版社，2015年，第327页。

他的工厂，经济破坏无疑"[24]。这一时期，原本属于中国瓷器的时代已经消失，英国瓷器取代了中国市场，开启了渴望已久的产业文明。与此同时，英国人的产品开始向亚洲和非洲等地销售，彻底结束了原本属于中国器物辉煌的时代。

伴随着英国不断开拓全世界市场的过程，英国人也逐步向强大的中国进行商业突破，期望能从这个古老富庶的大国赚取财富。在中英关系史乃至世界外交史上有著名的马戛尔尼访华事件。对于该事件所引发的诸多问题以及相应影响，许多学者也进行了详细研究，笔者在此不打算多加赘述。仅从器物层面，在双方交往中展示出来的文化心态进行论述。在当下许多史学家和研究者看来，为了打开中国的市场，1792年，英国人马戛尔尼以为乾隆皇帝祝寿的名义来到中国。为了更好地了解中国，马戛尔尼除了读各种到过中国的传教士关于描述中国的作品外，还拜访过许多与中国进行贸易的海员等，以期了解更多关于中国的情况。"若仅从早期旅行家乃至后来传教士的撰述去认识中国及其居民，那往往会是不够详细和不公正的。因为这些作者尽管他们可能无意编造故事，仍然在他们谈事实时并不总是谈全部真相，这是一种导致几乎和虚构一样错误的叙述方式……在我出使中国前，我熟读了我能够理解的各种语言记录该国的书。凡有希望提供消息的人，我尽量与之交谈，不能前往的，我就跟他们通信。这样获得我接触到的材料，并在脑子里记下来"[25]。

在具体的礼物选择方面，英方也做了精心准备。一方面希望通过赠送中国的礼物，取得乾隆皇帝和清政府的认可，为中英商业贸易奠定基础；另一方面，也希望通过各类先进的造物技艺，展示自身强大的国家实力。"在准备礼品的时候，关于这一类的东西，无论在价值上或者手工的精巧上，想超过中国人已经从私商方面买到的，这是不可能的事，中国人大量积累了这些华而不实的东西以后，他们在这方面的欲望可能已经满足了……天文学是素被中国尊重的一门科学，中国政府对它非常重视。最近的改良的天文仪器及最好的天体循环模型标本等物应当是中国人欢迎的礼品。英国名厂制造的增进人类生活方便和舒适的最新产品也是很好的礼物。它不但满足被赠送者在这方面的需要，还可以引起他们购买类似物品的要求"[26]。尽管在马戛尔尼的论述中，他试图表明要从各方面了解中国，避免带有偏见，但在当时英国已经崛起并成为工业化强国的时候，上述的这种想法在实际操作中依旧带有困难。毕竟，如同前述，这一时期，英国乃至整个欧洲已经对中国国家形象产生了根本性的转变。

1792年，马戛尔尼等人带领由外交官、科学家、画家、医师、乐师、翻译等近700人的外交队伍从英国出发，以期通过此次外交活动向中国展示世界上最强大的国家的科技成就，进而与中国建立直接常态性的商贸往来。为此，在英国给乾隆皇帝的国书中，也显示了这一

---

24 （美）罗伯特·芬雷：《青花瓷的故事：中国瓷的时代》，郑明萱译，海口：海南出版社，2015年，第334页。
25 （英）乔治·马戛尔尼、（英）约翰·巴罗：《马戛尔尼使团使华观感》，何高济、何毓宁译，北京：商务印书馆，2013年，第5页。
26 （英）斯当东：《英使谒见乾隆纪实》，叶笃义译，北京：群言出版社，2014年，第25页。

点。"天朝一统中外,富有四海,内地奇珍,充斥库藏。若以金银珠宝等类进献,无足为奇。是以红毛英吉利国王专心用工拣选数种本国著名之器具,以表明西洋人之格物穷理及其技艺庶与天朝有裨使用,并有利益也"[27]。从英国所带礼物的意图来看,其核心目的是炫耀或者向中国展示其强大的科技造物能力,这从其所带礼物的种类也可透析出一二。在礼物清单中,共有十九个大类,主要包括天象仪、七征仪、地球仪、透光镜、气压计、枪炮、玻璃镶金彩灯、大小金银船、瓷器、摇椅、细洋布和铜铁器等。这些器物从广州上岸,经过海路到达北京后,分别被送到热河、紫禁城和圆明园。"带赴热河行宫的贡物:大小枪十二杆、红毛剑十六把、千里镜两个。城内留存贡物:探气架子一件、西瓜炮两个、铜炮四个、铜炮两个、椅子一对、火镜一个、车两辆、巧益架一件、西洋船样一件。圆明园正大光明殿安设天文、地理等仪器:天文地理大表一件、地理运转全架一件、天球一件、地球一件、指引月光盈亏一件、测看天气阴晴一件"[28]。

在所有礼物中,英方有意将象征其科技发明的产品列在前面,并进行了详细介绍。"西洋语布蜡尼大利翁大架一座,乃天上日月星宿及地球全图。其上地球依照分量是极小的,所载日月星辰同地球之象,俱自能行动,效法天地之运转,十分相似。依天文地理规矩,何时应过日食、月食及星辰之愆,俱显著于架上,并有年月日时之指引及时辰钟,历历可观。此件系通晓天文生多年用心推想而成,从古迄今所未有,巧妙独绝,利益甚多,于西洋各国为上等器物,理应尽献大皇帝用……同此单相连,别的一样稀罕架子,名曰来复来柯督尔,能观天上至极小极远的星辰,转运极为显明。又能做所记的架子,名曰布蜡尼大利翁,此镜规不是正看是偏看,是新法,名赫汁尔天文生所造的。将此人名姓一并禀知"[29]。为了彰显器物的珍贵,在奏折中,英方提出这类精美的产品应该小心运输,精心安装。"此天地图架座高大,洋船不能整件装载,因此拆散分开装成十五箱,又令原造工匠跟随贡差进京,以便起载安放妥当并嘱咐伊等慢慢小心"[30]。第二件物品为座钟,也是天文仪器。"此架容易显明解说清白及指引如何地球与天上日月星宿一起运动,与学习天文地理者有益"[31]。也就是说,在所有礼物中,具有重要分量且代表英国国家形象的产品都是这些关于天文的科技产品。从英国不遗余力地对新式科技产品进行推介,可见其试图通过各种科技造物产品,以实现此次访华

---

[27] 中国第一历史档案馆编:《英使马戛尔尼访华档案史料汇编》,北京:国际文化出版公司,1996年,第121页。

[28] 转引韩琦:《礼物、仪器与皇帝——马戛尔尼使团来华的科学使命及其失败》,《科学文化评论》,2005年第2卷第5期,第13页。

[29] 中国第一历史档案馆编:《英使马戛尔尼访华档案史料汇编》,北京:国际文化出版公司,1996年,第121—122页。

[30] 中国第一历史档案馆编:《英使马戛尔尼访华档案史料汇编》,北京:国际文化出版公司,1996年,第122页。

[31] 中国第一历史档案馆编:《英使马戛尔尼访华档案史料汇编》,北京:国际文化出版公司,1996年,第122页。

目的。

但无论从乾隆皇帝还是其他官员的反应来看，英国试图以新式科技器物来与中国建立正常贸易体系的意图是不成功的。针对前述设备安装需要一个月时间的事情，负责相关事务的长芦盐政征瑞就认为是英国人夸大其词，故意炫耀其高超的造物技术。"贡品内天文地理音乐表极为精巧，带来工匠必须一月之久方能安装完成等语。此必系该贡使张大其词，以自炫其奇巧。安装尚需一月，则制造岂不更需年岁。该国贡物八月初旬始到热河，若安装一月即九月初，不但早过万寿之期，其匠役人等在此耽延月余，亦属不当"[32]。对于此次英国所带来的各种礼物，乾隆皇帝也没有表现出英国人所预想的热心。"此次使臣称该国通晓天文者多年推想所成，测量天文地图形象之器，其至大者名布蜡尼大翁一座，效法天地转运，测量日月星辰度数，在西洋为上等器物。要亦不过张大其词而已。现今内府所制仪器精巧高大者尽有此类。朕以该国遣使远涉重洋慕化视厘皆祖功宗德……至其所称奇异之物，只觉视等平常耳"[33]。

如果按照当时清朝乾隆皇帝和官员的理解，当时英国赠送的许多礼物清朝政府官员早已拥有。对此，许多学者也进行过类似的研究。在英国之前，西班牙和法国等国的传教士也给中国带来了类似的礼物。"这些地方都丰富地饰有皇帝的狩猎和出巡图，有大碧玉和玛瑙瓶、精美的瓷器和日式漆器，及各种欧洲玩具和唱歌玩具，有天体仪、太阳系仪、钟表和自动乐器，制作精致，十分丰富，以致我们的礼物难以相比，自承大大不如！不过我听说我们看见的精品远不及在后妃宫室和圆明园欧洲储存室的同类物品"[34]。在英国看来，任何微小的技术改变，可能需要相关科技人员长时期不断的努力。放在今天的语境下，许多问题还是很容易理解。但在当时的语境下，对于中国皇帝来说，要接受来自遥远的英国的东西，几乎是不可能的事情。当然，当时的中国既缺少这类研究者，也缺乏了解其真正意义和价值的有识之士。此外，在这次中英的使节贸易中，对于中国来说，有两件事情使中国一直对英国人持有戒备之心。其一，在双方礼仪问题上，英国一直没有按照中国的方式来进行。这方面的内容许多学者均进行了研究，笔者不再赘述。也因为英方代表与中国方面就礼节的问题，才引起了乾隆皇帝对英国方面的关注和不满。其二，作为强大的国家，英国已经在中国与欧洲各国通商中带来了麻烦，乾隆皇帝对此也非常警惕。"英吉利于西洋诸国中，较为强悍，或因不遂所欲，与澳门夷商内勾通煽惑且捏称受恩优渥妄欲总理各国贸易，从中抽分"[35]。也

---

[32] 中国第一历史档案馆编：《英使马戛尔尼访华档案史料汇编》，北京：国际文化出版公司，1996年，第125页。

[33] 中国第一历史档案馆编：《英使马戛尔尼访华档案史料汇编》，北京：国际文化出版公司，1996年，第550页。

[34] （英）乔治·马戛尔尼、（英）约翰·巴罗：《马戛尔尼使团使华观感》，何高济、何毓宁译，北京：商务印书馆，2013年，第187页。

[35] 中国第一历史档案馆编：《英使马戛尔尼访华档案史料汇编》，北京：国际文化出版公司，1996年，第422页。

就是说，从马戛尔尼一行离开北京，中国就派不同地区的大臣监视英国举动，严加防范。此外，对于英国与欧洲各国之间的矛盾，乾隆皇帝也有所了解，对英国可能进行的各种侵略活动进行了判断。

从中国的回礼中，也能透视出中国相对落后的造物体系和认知。首先，中国的礼物多为手工艺等日常用品。主要包括瓷器、漆器、玉器、茶叶、丝绸、图画画册、纸张、画绢、鼻烟壶、白糖、莲子、藕粉等，其中瓷器依旧是中国对外交流的代表性的产品。以赠送英国国王乔治三世为例，其礼物主要有："紫檀彩漆铜掐丝珐琅龙舟仙台一座、青玉夔龙耳扁盖瓶一件、汉白玉双螭夔靶卮一件、汉玉出戟花瓠一件、青玉莲花油壶一件、青玉龙凤扁壶一件、白玉三友盖瓶一件、青玉夅斗一件、青玉莲花碗一件、玛瑙杯盘一件、白瓷五彩有盖靶盂十件、钧窑花瓠一件、汝窑八方瓶一件、红瓷金花挂瓶一对、官釉双管瓶一对、百花妆缎二匹、青袍缎四匹、锦缎四匹、洋彩瓷葫芦瓶一对、白瓷青叶红花撇口瓶一对、青花瓷玉堂春一对、青花瓷梅瓶两件、青花瓷有盖撞罐一对、青花瓷撇口瓶一对、青花执壶一件、霁红瓷梅瓶一件、霁青瓷金花挂屏二件、霁红瓷玉壶春一对、洋彩瓷有盖油壶一对、冬青釉有盖油壶一对、五彩瓷杯四十件、五彩瓷大碗十件、五彩瓷中碗十件、红花瓷碗十六件、五彩瓷中盅十件、五彩瓷茶盅四件、青花瓷大碗二十四件、青花瓷木樨盅四件、霁红瓷盘十六件、霁青瓷盘八件、五彩瓷盘二十件、红五福瓷盘十六件、青花瓷双管大樽一件、青花兽面大樽一件、青花瓷大樽一件、汝釉三带大樽二件、青花瓷水盆二件、青花龙瓷缸二件、填漆捧盒一对、红雕漆春寿宝盘一对、红雕漆八角方盘一对、红雕漆龙凤宝盒一对、红雕漆桃式盒一对、红雕漆云龙宝盒一对、红雕漆多福宝盒一对、红雕漆海兽宝盒一对、红雕禅文兽宝盒一对、金漆罩盖匣两件、填漆八方端盘一对、红雕漆雏菊宝盒一件、红雕漆盛游宝盒一件、红雕漆八方方盘一件、雕漆笔筒一件、红雕漆诗意钟一件、红雕漆小顶柜一对、画花卉册页一册、葫芦盘二件、葫芦鼻烟壶一件、葫芦瓶一件、葫芦大碗二件、葫芦小碗四件、葫芦碟四件、文竹挂格一对、棕竹漆心炕格一对、画绢二十张、洒金五色字绢二十张、五色笺纸二十张、白露纸二十张、高丽纸二十张、墨六匣、各样扇四十柄、普洱茶八团、六安茶八瓶、武夷茶四瓶、茶膏柿霜四匣、哈密瓜干香瓜干四匣、藕粉两匣、莲子两匣、蔗糖两匣"[36]。

作为注重礼仪的国家，此次来中国的英国人，中国按照身份和等级都给了一定的礼物。"除了书信以外，还送来皇帝送给英王的礼物十数台，俱系中国出产的精品。礼物中包括赠送特使及全体随员，直至使节团的仆人厮役，在北京的或不在北京的，每人各有一份"[37]。诚然，以给乾隆皇帝祝寿为名义的英国使臣，也试图了解中国的各种礼仪，以期实现自身的目的。即便在这次外交活动中，有着诸多的不愉快，但中国人依旧大度地为每一位英方人员准

---

36 中国第一历史档案馆编：《英使马戛尔尼访华档案史料汇编》，北京：国际文化出版公司，1996年，第96—99页。

37 （英）斯当东：《英使谒见乾隆纪实》，叶笃义译，北京：群言出版社，2014年，第462页。

备了礼物。

从双方的礼物来看，我们能够明显地透析出中国与以英国为代表的近代西方国家之间全方位的差异。在中国人的礼品中，全部是传统手工器物类型，以瓷器和漆器最多。但在英国的产品中，以新型工业技术产品为代表。双方礼物的差别，也必然会造成双方的误解。对于英国赠送的反映天文和地理方面的仪器，中国人并不感兴趣。"但北京的官员对此没有显出什么兴趣，没有一个人关注水压、光学原理、透视法、电气，等等，尽管他们好几个人曾看到排气机、电动机器、望远镜、幻灯、戏箱。总之，可以说前来参观球仪、太阳系仪、气压计和圆明园安装的吊烛灯架的大人们，都漠然视之，好像这些都十分寻常，没有什么稀奇，而且他们已知道如何使用"[38]。从前述中国官员的态度来看，至少是北京的官员对英国的各种新式的科技产品没有太大的兴趣。从这个视角来看，英国人此次精心准备的礼物是不成功的。

同样，结合当时英国社会对中国器物的各类评论，中国回赠英国的礼物，也无法取得期望的效果。如前述，英国人在很早之前就开始诋毁中国瓷器，进而认为中国是个脆弱的国家。但尤为值得一提的是：为了显示英国高超的制瓷技艺，在此次的礼物中，英方带来了威治伍德生产的瓷器。在英方对中国人看到瓷器以后，其态度和表现明显不一样。"而尤注意特拜歇尧之瓷器，观玩多时，问余：中国瓷器与贵国瓷器孰佳？系敝国有名出品，苟非名品，敝国钦使绝不敢带来赠诸贵国皇帝。但敝国商船每来广东必购大宗瓷器以归，销售于人。贵国瓷器既为敝国人士所欢迎，其价值之高，自可想见。究之各有其妙，不能强判伯仲也"[39]。在面对来自英国瓷器的时候，中国官员表现出了极大的热情，并提出是中国还是英国瓷器精美的问题。换言之，在英国所有礼物中，唯一能引起中国人兴趣的是其带来的瓷器产品。对此，英国使臣约翰·巴罗则认为英国的瓷器完全超过了中国，引领了世界瓷器的潮流。"无论中国或日本，都不能自夸其瓷器之精美。它们比不过天才的威治伍德先生为现代使用而引进的希腊、罗马无与伦比的花瓶形式。他们在瓷器上绘画的，或不如说涂抹的不过是粗陋、草率、奇形怪状的图案，总之是穷人家妇女和儿童的涂鸦之作"[40]。上述观点恰恰反映了前述的英国人的普遍观点，也印证了英国人对中国瓷器的污蔑和诋毁。即便如此，英国人也承认了中国人在模仿方面的巨大能力。在对瓷器方面，英国人也多次承认中国人的心灵手巧，认为只要给中国人同样的东西，中国人都能迅速学习过来。"如果我们有理由证明他们可以做得更好，因为如从英伦送去一样的款式，广东的匠人可以仿制得一模一样，而其

---

[38]（英）乔治·马戛尔尼、（英）约翰·巴罗：《马戛尔尼使团使华观感》，何高济、何毓宁译，北京：商务印书馆，2013年，第63页。

[39]（英）马戛尔尼：《1798乾隆英使觐见记》，刘半农原译，林延清解读，天津：天津人民出版社，2006年，第68页。

[40]（英）乔治·马戛尔尼、（英）约翰·巴罗：《马戛尔尼使团使华观感》，何高济、何毓宁译，北京：商务印书馆，2013年，第296页。

色彩罕有其匹"[41]。

在此次英国人赠送的礼品安装中,也证实了中国人的心灵手巧。"一个中国人负责从大太阳仪器圆顶的一大块曲线板割下一片玻璃,之前我们的两名技工却在试图用钻石切割时打破了三块同样的板。此人是暗地里干的,他不肯说他是怎样完成这项工作的。因为边沿有细微的锯齿状,我猜想玻璃片不是被切割下来的,而是被挫下来,多半用一块热铁沿着用水或别的液体画的线上挫开。众所周知,广东的一个中国人,在让他看了一块英国表后,他动手成功地做了一块跟此表一样的,尽管他从未见过这类东西"[42]。换言之,英国人对中国人的模仿能力还是非常佩服的,认为心灵手巧的中国人可以仿制出任何他们见过的东西。

在马戛尔尼访华没有达到其目的以后,1816年,英国阿美士德使团再次访华,其核心意图依旧是打开中国市场。英国商人提出在中国做生意越来越困难,总是受到中国的刁难。"1815年初,广州的代理商们表示,他们在进行贸易活动时,越来越多地受到来自地方官府的压制"[43]。而英商在中国受到的不公平待遇可能起因于英国战船在中国领土扣押了美国的船只,违反了口岸中立的原则。为此,广东政府向英国代理商首领提出抗议,并要求他们赔偿损失。但该代理商认为他们没有权力代表国家答应上述要求。在这种情况下,中国政府自然会将这种不满意转嫁到英国商人的身上。为了解决上述问题,英国使团也对可能会发生在中国的各种事情进行了准备。包括在跪拜礼上面,英国人甚至做好了只要能够达到目的,也可以接受中国双膝跪拜礼的想法。"然而,为了维护所谓的尊严,在这样的场合对抗这样一种被认为属于东方野蛮习俗的礼仪,从而牺牲使团更为重要的目标,也不能被看作是明智的做法"[44]。但即便如此,不同的外交礼仪依旧是造成此次使团失败的一个最重要的原因。在多次交涉失败以后,中国方面做出了不接见这批使臣的决定。但是,中国也赠送了英国人一些礼物。"礼物中有一件大如意,由镶着玛瑙的玉石制成,绿白色,象征着万事如意的意思……礼物中还有一件中国官员佩戴的项珠,用绿色和红色的玉石以及一些珊瑚珠子制成,上面有一个珍珠环绕的圆形红色装饰品。除了这些以外,还有一些绣花荷包。钦差们在转送这些礼物时,说皇帝希望得到一些礼物,以作为回报。选中的东西有国王和王后的画像,一箱地图和几件彩色绘画"[45]。

---

41 (英)乔治·马戛尔尼、(英)约翰·巴罗:《马戛尔尼使团使华观感》,何高济、何毓宁译,北京:商务印书馆,2013年,第296页。
42 (英)乔治·马戛尔尼、(英)约翰·巴罗:《马戛尔尼使团使华观感》,何高济、何毓宁译,北京:商务印书馆,2013年,第297页。
43 (英)亨利·埃利斯:《阿美士德使团出使中国日志》,刘天路、刘甜甜译,北京:商务印书馆,2013年,第32页。
44 (英)亨利·埃利斯:《阿美士德使团出使中国日志》,刘天路、刘甜甜译,北京:商务印书馆,2013年,第51页。
45 (英)亨利·埃利斯:《阿美士德使团出使中国日志》,刘天路、刘甜甜译,北京:商务印书馆,2013年,第127页。

在此次访华使团中，英国人肯定从马戛尔尼访华中吸取了教训，并没有带太多科技类产品，而是换成了各种日用品。换个视角来看，细节性的礼物在前述外交活动中，已经显得无足轻重。毕竟，英国这段时期已经进入了高速发展期，他们对中国的各种产品不再感兴趣，而是热衷于用什么方式打开中国的大门，在与中国商品贸易的过程中，彰显国力和实现经济利益。这从阿美士德使团访华过程中，对中国人的各种轻视与看不起可见一斑。

"中国的文献仍然会是一个令人生厌的老古董，是人类思想在多少世纪里被无效利用的悲哀例子。在科学方面，中国人的知识完全是经验主义的。他们擅长的那些制造业都是古代的设置，他们始终如一地辛勤努力，竟然没有想到要进行改善，或者产生出相应的发明来，真是令人感到奇怪"[46]。

4. 器物与国家形象演变的关系

从16世纪中期开始，包括瓷器在内的中国产品开始销往欧洲，拉开了早期全球化的序幕。在长达2个多世纪的器物贸易过程中，中国器物本身并没有发生变化，造物理念和造物风格也没有出现根本性的改变，这从瓷器生产中也能体现出来，物美价廉的中国产品一直是世界器物消费的引领者。但奇怪的是，为什么同样的产品会在欧洲等国消费者中出现不同的印象甚至完全相反的评价。从某种程度上来说，作为国家实力及国家形象的重要组成部分，器物形象变化的背后与多种因素有密切关系。18世纪中后期，以瓷器为代表的中国器物，乃至亚洲器物整体形象的消减主要有以下几个方面的因素。

首先，替代性商品的出现。以丝绸、瓷器和茶叶等为主体的商品，在很长时间内，在全世界范围内具有极强的竞争力。其主要原因有二：一、高超的生产技艺和独断性的商品制造能力。从18世纪中西贸易体系来看，中国的许多产品在欧洲是开创式的，尤其是以瓷器为代表。这种质量精美的器物种类迅速取代了欧洲原有的陶器和银器，成为深受欢迎的日用品。分析和思考中国瓷器在欧洲受到欢迎的根本因素是中国瓷器技术的垄断性，当时欧洲各国均没有能力生产此种类型的产品。许多普通家庭依旧在使用各种陶器，而瓷器无疑是最健康与实用的产品。正是中国瓷器销售到欧洲，推动了欧洲生活方式的革命，在欧洲历史进程中起到了重要的作用。二、高效、完备的生产体系。随着日本、朝鲜等国掌握了制瓷技术，在欧洲市场中，中国瓷器也并非唯一的。但这一时期，在传统手工生产层面，中国在瓷业生产竞争中占据着主导地位，最为关键的要素是中国在传统手工制瓷技艺和劳动力方面，有着显著的优势，远远超过其他地方的技术能力。这两个因素，也就意味和昭示着在竞争中中国处于有利的地位。同理，当其他国家掌握了这种生产技术，甚至超越中国的时候，其器物产品也会取代中国产品，在竞争中，处于有利的地位和优势。仍以瓷器为例，当欧洲各国制造出属于自己的瓷器产品的时候，其对中国的需求量本身就在下

---

[46] （英）亨利·埃利斯：《阿美士德使团出使中国日志》，刘天路、刘甜甜译，北京：商务印书馆，2013年，第336页。

降。而当其生产效率和代表的文化样式引领新式消费文化的时候，也就意味着在产品竞争中，中国的瓷器贸易自然衰落下去。事实证明，英国威治伍德瓷器取代中国瓷器正是建立在其高效的瓷业生产体系上面。

其次，新式消费理念与审美特征的形成。18世纪下半叶，新古典主义开始在欧洲盛行。这种理论主张者坚持理性克制，崇尚自然简约，服从规制与法律，这又与欧洲大陆的工业革命精神相一致。此外，随着古罗马庞贝遗址的发掘，欧洲设计界主张从古代罗马艺术作品中汲取精神营养，重视典雅和庄重，侧重艺术作品的写实。而来自中国的陶瓷艺术，更多的是从写意的角度展开，这与当时欧洲主张比例与协调是相悖的。曾经在欧洲影响甚深的洛可可、巴洛克艺术，其繁琐装饰风格也不再是美学和审美追求的导向。基于自身审美风格的转变，曾经风靡欧洲近2个世纪的中国陶瓷艺术成为被批评和鄙视的对象。对此，英国美学家詹姆斯·马里奥特曾对中国艺术作品提出过类似的批评。"中国绘画像建筑一样，不停地在违背着事物的真相，一点都配不上优雅的名号。不真实的光亮，不真实的阴影，不真实的透视法和比例，光艳的颜色，但色调之间没有层次可言，没有明暗物体彼此的多样化……总之，自然的形式之间融合得非常不协调，没有表现，也毫无意义。这就是中国绘画的本质"[47]。上述情况，在中国瓷器贸易中也能体现出来。随着中国瓷器大量向欧洲销售，曾经作为身份和奢侈品象征的中国瓷器，已经成了普通大众消费的产品，许多普通人家都能购买来自中国的瓷器。欧洲的上层社会就开始来中国订制各种瓷器，尤其是各种徽章瓷和宗教瓷。这类瓷器通常会由购买瓷器的欧洲人先制定样式，再来中国进行定制和加工。但由于文化差异和制瓷业工人的绘画水平以及认知的因素，有些作品无法达到欧洲订制者的要求。在这种情况下，也会引起他们的不满。在许多来样的宗教瓷中，中国的工匠很难理解这类产品在信仰基督教群体中的意义和价值，由于绘画的原因，经常会出现诸多错误。"陶瓷厂把大量全素的瓷器运往广东，购买者可以按自己喜欢的样式上色。这些样本证明，他们不是很差的模仿者。不过，据观察，他们绘的历史自然物体往往是不正确的。例如，一株树上的花朵长在另一株的柄上，树叶则长在第三株上。以前的情况可能是这样，因为他们根据的样本有缺点，或者他们能够改变。但他们发现外国人更需要自然物体画，就对所求的画题十分注意。我们发现他们确系仔细的临摹者，不仅画出一朵花确实的花瓣，还画出多少片叶子，及其柄上的棘刺或斑点。他们甚至计算一条鱼有多少片鳞片，在画上显示出来，但他们不能更如实地模仿自然界的华丽色彩。我携带几幅植物、禽鸟和昆虫画回家，都是以其真实和色彩相似而受到称赞。但他们缺乏适当明暗对照法产生的效果。输往广东的欧洲彩色版画在那里被如实地复制。但这样做时，他们没有对自己的画进行思考。原有的或意外的缺点和瑕疵，他们必定照录。所以他们仅仅是忠实的临摹者，丝毫没有感受到摆在他们面前的艺术品的魅力或美丽，头天还在临摹一幅漂亮欧

---

47 转引侯铁军：《他者之物与自我之物——18世纪英国文学中的瓷器研究》，［博士学位论文］，武汉大学，2015年，第96页。

洲版画的人，第二天就只作充满谬误的中国画"[48]。

二、传统器物体系折射落后的中国形象

在长达2个多世纪中西之间贸易往来和文化交流中，中国依托自身高度发达的造物技艺以及精良的器物产品，在欧洲掀起了对中国器物模仿的潮流，进而认可中国高度发达的传统工艺文化以及农业文明体系。但随着工业革命的开展，欧洲现代化工业生产体系逐步确立，曾经对中国器物高度认可的欧洲社会将中国器物生产技术与装饰风格认为是保守与落后的代表，其自身的产业发展也不再被认为是具有引领地位的产业体系。从中国国家形象在欧洲发生的历史转向来看，对中国良好国家形象认知起因于购买和使用来自中国的器物；而对中国形象的指责也集中体现在器物及其背后的造物体系。

从认同中国器物以及造物文化到对来自中国的产品进行抵制，进而认为中国造物技艺落后。就中国器物自身而言，其产品质量、装饰风格与文化内涵并没有发生本质变化，变化的是西方国家的造物体系及其国家利益。如前所述，器物形象影响国家形象有其自身的模式以及诸多复杂因素。在中西文化相遇之初，来自中国的器物很好地弥补了欧洲诸国家和地区器物制造的不足，改变了欧洲的生活方式，也因此在欧洲产生了对中国造物能力的羡慕与钦佩。对于中国而言，在海上交通便利的情况下，通过长途海外贸易销售到欧洲的商品，更多是基于自身的商业利益，其背后也夹杂了复杂的中国文化的对外传播。在这一过程中，传教士、商人等起到了直接作用。为了实现自身目的以及追求商业利益，来自中国的商品开始在欧洲盛行，进而引发了欧洲文学界、科学界以及各类媒体宣传的推崇，产生了对中国器物文化的认同和崇拜。在此过程中，来自日本的漆器、印度的丝织品等也在欧洲深受欢迎。

中西直接性的贸易往来和文化交流，引起了欧洲社会各界对中国文化的认可和追捧，让欧洲社会在"异文化"语境下，出现对中国美好社会形象的"幻想"，进而作为自身学习发展的样板。换言之，欧洲以"他者"身份建构了美好的中国形象，而器物无疑为这一建构提供了坚实、可观的支撑。同理，在欧洲社会快速发展语境下，曾经引领欧洲时尚生活方式的器物不再适应快速变化的需要，也不再得到各界的认可。转换视角去分析，在中国器物刚进入欧洲市场的时候，能够购买和消费这些商品的多为社会上层，这些产品也因此成为身份符号的象征。诚如西美尔就时尚文化的精彩论述一样，"时尚是阶级分野的产物，并且像其他一些形式，特别是荣誉一样，有着既定的社会各界和谐共处，又使他们相互分离的双重作用"[49]。这种理念也非常适合于中国器物文化在欧洲传播。以瓷器为例，作为时尚和身份的象征，欧洲上层社会的推崇迅速引起了其他社会阶层的模仿，进而在商业利润驱使下，形成

---

[48] （英）乔治·马戛尔尼、（英）约翰·巴罗：《马戛尔尼使团使华观感》，何高济、何毓宁译，北京：商务印书馆，2013年，第313—314页。

[49] （德）齐奥尔格·齐美尔：《时尚的哲学》，费勇等译，北京：文化艺术出版社，2001年，第73页。

了中国器物文化的影响力，也实现了中国国家形象的认同。但由于时尚的时效性，在欧洲诸国社会中下层民众大多拥有中国器物的时候，中国器物消费时尚地位和影响力下降。与之相伴随的是，欧洲自身时尚消费文化的崛起，在这种局面下，对中国器物文化认同感下降。与此同时，大量中国产品出口到欧洲，也影响到欧洲商人的商业利益，基于自身利益与国家利益，以英国为代表，逐步在欧洲兴起了对中国商品的抵制。也为了这种利益，欧洲社会各界开始宣传中国文化落后、思想封闭，在出现各种工业化替代产品的情况下，曾经引领欧洲社会时尚的中国器物首当其冲，成为被攻击的对象。

第二节 "西物东渐"与洋货崇拜

1840年，英国人凭借坚船利炮打开了古老中国的大门，开启了中国半殖民地半封建社会的耻辱历史。如果将这个复杂的国际关系简化为器物之间关系的话，印证了以机械化大生产的工业社会关系彻底战胜了中国传统农业社会下的手工生产关系。诚然，在与亚洲其他国家手工，甚至更为落后的生产关系相比，依靠着强大的综合实力以及独特的人力优势，中国的造物技艺优势具有碾压式的地位。但面对新式工业化造物体系，中国传统的生产体系无疑处于劣势地位。尤为关键的是，在突如其来的压力面前，处于被动挨打地位的中国人并没有太多机会去调整，抑或难以寻找到适合自身的产业模式。近代100余年的发展历程，是中国器物体系受到致命打击，且不断探索与寻找出路的过程。在此历史背景下，无论是社会精英还是普通大众，都陷入了以学习"洋文化"为风潮的社会变革之中。对于社会精英而言，意识到西方科技发展和改革的巨大优势之后，对西方文化和科技文明的态度发生了巨大转变，由原本的竭力诋毁转向全方位颂扬；与之相对应的是，他们开始全方位否定中国传统器物和造物体系，试图对其进行重构。对于普通民众而言，以使用"洋货"、模仿洋人生活方式为时尚生活的象征。以新式器物体系为基础，以文化为支撑，西方列强在中国成功塑造了自身的地位和影响力。与之形成鲜明对比的是，中国传统造物技艺处于被动应对和艰难转型时期。这一时期，无论是在中国还是其他国家，与中国国家形象相匹配的是，中国器物系统成了落后和衰落的代名词。

一、"以西为师"与中国传统造物体系的崩溃

不同的发展模式和产业结构，让中西贸易处于不平衡的发展状态之中，欧洲各国迫切需要打开中国的大门。清朝逐步加强的闭关锁国政策，对中国器物出口并没有造成多大影响，中国一直凭借着自身强大的器物制造体系在全球范围内展示其影响力，但对进口贸易却产生了致命的影响。清朝中后期，随着西方工业革命开展，欧洲人迫切需要将其产品输入中国。但实际情况是，中国从西方进口的产品数量微乎其微，只有少量的商品出口到中国，且仅影响对外开放口岸的少数群体，大多数中国人并不能感受洋货带来的影响。但

鸦片战争以后，在被迫打开大门以后，中国也失去了在对外贸易政策方面的自主权，中国产品进出口情况发生了巨大变化。最为明显的是，进口器物的种类和数量明显增加。"从1864年到1917年，位居进口数量第一的产品是鸦片，其进口量在1867年达到高峰，占当年进口总值比重的64%。排名第二的是棉产品，中国是世界最大的棉纱线市场，第二大棉匹市场。第三大进口产品是羊毛杂货，但其总体数量在下滑。排名之后的进口产品分别是：金属、杂货、香烟、煤炭、纸、大米、肥皂、糖、茶、木材、酒等"[50]。进口产品的数量随着中国市场不断扩大而明显增加。据相关学者的研究，中国在19世纪最后20年里，由债权国变成了债务国，促使这种变化的重要因素是中国从国外进口产品数量的增加。以20世纪前期进口贸易为例，进口增长的数量和程度明显高于出口量的增长，这给中国整个产业体系带来了一定的伤害，从进口商品比例和种类变化即可证明。"食品和水从1913年的16.8%上升到1926年的19.5%，原料由11.5%增长到24%，制造品由62.5%下降至49.5%。同时，出口产品中，食物和水在14年间增长了4%，原料由52.3%下降为46.6%，制造品由14.9%增长至19.7%"[51]。

中国出口的产品依旧是传统手工业产品，以茶居首位。茶叶在1820年、1837年和1867年的出口总产品比重分别为75%、61%和59%。排名之后的分别为丝绸、杂货、家畜、豆类、鬃毛、谷类、生棉、棉制品、鸡蛋、纤维、鞭炮、烟火、面粉、果蔬、席垫、药物、金属、矿物、油、纸、油籽、兽皮、草编、糖、兽脂、木材、烟草、羊毛等。从上述种类来看，茶叶在鸦片战争以后的很长时期依旧是中国对外出口的重要支柱，其根本因素是在欧洲，尤其是在英国形成的饮茶风尚对茶叶仍有大量需求。而此时，在国际市场上还缺乏更有力的竞争者。"盖以当时华茶独霸世界市场，故虽有洪杨之乱，国内秩序不宁，而此项贸易，仍年有增加。计道光二十四年（1844年）出口数量不过7000万磅，迨至咸丰八年（1858年）则增加为10300万磅矣"[52]。此外，丝绸作为中国在国际市场上重要的出口产品，出口量也因为各种因素迅速增加。"道光二十三年（1843年）出口总数，仅有1878包；至咸丰八年（1858年）输出既达85970包之多。而综合该年各埠输出华丝之总值，则为英金1000万镑。截至咸丰元年（1851年）为止，每年增加之数，已甚可观，而自咸丰三年（1853年）起，复因欧洲发生蚕病，致法、意二国所产生丝，骤见减少，于是华丝出口数量，益见激增"[53]。

---

[50] 肖玥：《中国近代对外贸易思想——基于留学生博士论文的研究》，[博士学位论文]，中南财经政法大学，2018年，第29页。
[51] 肖玥：《中国近代对外贸易思想——基于留学生博士论文的研究》，[博士学位论文]，中南财经政法大学，2018年，第45页。
[52] 姚贤镐编：《中国近代对外贸易史料（1840—1895）》（第一册），北京：中华书局，1962年，第509页。
[53] 姚贤镐编：《中国近代对外贸易史料（1840—1895）》（第一册），北京：中华书局，1962年，第509页。

表4-1 五口通商期内历年中英直接贸易总值表

东 历	西 历	英货输入总值（英镑）	华货输出总值（英镑）
道光二十二年	1842年	969381	
道光二十三年	1843年	1456180	
道光二十四年	1844年	2305619	
道光二十五年	1845年	2394827	
道光二十六年	1846年	17921439	
道光二十七年	1847年	1503969	
道光二十八年	1848年	1445960	
道光二十九年	1849年	1537109	
道光三十年	1850年	1574145	5849025
咸丰元年	1851年	2161268	7971491
咸丰二年	1852年	2503599	7712771
咸丰三年	1853年	1749597	8255615
咸丰四年	1854年	1000716	10588126
咸丰五年	1855年	1277944	10664315
咸丰六年	1856年	2216123	10652195

［资料来源：姚贤镐编：《中国近代对外贸易史料》（第一册），中华书局，1962年，第511页。］

大量新式西洋器物出口到中国，影响了中国自身产业体系的发展。从西洋进口的器物既包括各种传统商品，也包括种类繁多的新式产品。但不同的是，这些外洋产品均采用机器制造技术，对中国传统手工业生产带来了极大冲击。"洋药水、药丸、药粉、洋烟丝、吕宋烟、夏湾拿烟、纸卷烟、鼻烟、洋酒、火腿、羊肉哺、洋饼饵、洋糖、洋盐、洋果干、洋水果、咖啡，其零星莫可指名者尤伙，此食物之凡为我害者也。洋布之外又有洋绸、洋缎、洋呢、洋羽毛、洋线绒、洋羽纱、洋被、洋毯、洋毡、洋手巾、洋花边、洋纽扣、洋针、洋线、洋伞、洋灯、洋纸、洋钉、洋画、洋笔、洋墨水、洋颜料、洋皮箱匣、洋瓷、洋牙刷、洋牙粉、洋胰、洋火、洋油，其零星莫可指名者亦伙，此用物之凡为我害者也。外此更有电气灯、自来水、照相、玻璃、大小镜片、铅铜铁锡煤斤、马口铁、洋木器、洋钟表、日晷、寒暑表一切玩好奇淫之具，种类殊繁，指不胜屈"[54]。从上述器物类别来看，同中国传统器物相比，工业化产品种类更加丰富，造物技艺也更高超，这也昭示了中国传统造物体系的衰退与落后。

在此背景下，中国开启了自身器物制造体系的重构。诚如法国学者豪泽提出的那样："对外商而言，中国不仅是一个巨大的销售商品市场，一个大量原材料供应国，更是一个有高回报率的投资地。当代世界经济关系像一张复杂而牢固的蛛网，国际贸易如世界经济的缩影。中国

---

54 （清）郑观应：《盛世危言·商战下》（卷三），上海：上海古籍出版社，2008年，第286页。

作为该蛛网的重要一部分,如果因为其长期外贸赤字而导致国家经济崩溃,人们丧失购买力的话,一定会引发整张蛛网松弛,影响全球经济发展"[55]。基于上述情况,欧洲所有国家,并不希望中国在传统生产体系遭遇致命打击以后陷入崩溃的局面。此外,在困境中不断探索的中国,也试图重构自身的造物体系,开启了"以西为师"的历程。诚然,从大的全球范围内的产业模式转化视角来看,近代中国以来的所有先进中国人的尝试和努力都是正确的选择。毕竟,以手工为基础的产业发展模式是传统生产力的代表,但到了近代,机器大工业生产模式与之相比,已经显示出了巨大的优越性,也代表了世界先进生产力的发展方向。中国也因为不及时进行生产技术的变革,导致了曾经主导和引领世界产业发展几千年生产体系的衰退,更引发了整个国家处于被沦陷和侵略的境地。尽管近代中国制造业体系与笔者所要论述的问题关系不大,但为了更系统地厘清近代中国器物发展演变的历程,笔者大致将其发展历程进行诠释。1842年,中英《南京条约》的签订,给中国带来了极大的触动。在此背景下,中国开始了学习西方的历程。在魏源的《海国图志》中,专门提到了对西方器物的新观点,"有用之物,即奇技而非淫巧",开启了对西方造物技艺的新理念。换言之,在中国传统思维下形成了以日用品为主导的心态发生了转变,开始认识到西方机械制造的重要作用和价值。在对"师夷长技以制夷"观点的阐释中,魏源认为西方国家具有优势的关键是战舰、火器和练兵之法,即强大的造物能力。如果能够学习西方的技艺,中国也可以实现强大。

面对近代困境,先进中国人开始了学习西方国家的历程。改良者寄托于"以西为师"的改革,提升中国的制造能力,改变中国落后挨打的局面。郑观应提出了"商战"思想,希望学习西方的机器制造技术,提升中国机器制造业的能力,在与西方进行商业竞争中取得胜利。"国欲安内攘外亟宜练兵,将制船炮备有形之战以治其标,讲求泰西士农工商之学裕无形之战,以固其本。如广设学堂各专一艺,精益求精……自能人才辈出,日臻富强矣……西人以商为战,士农工为商助也,公使为商遣也,领事为商立也,兵船为商置也。国家不惜巨资备加保护商务者,非但有益民生且能为国拓土开疆也"[56]。由于在西方侵略下做出了被动调整以及太平天国农民战争的影响,以曾国藩、李鸿章为代表的洋务派在中国进行了一场官方主导的向西方学习的洋务运动。对此,梁启超曾有评论:"同治初年,创巨痛深。曾国藩曾借洋将,渐知西人之长,创制造局以制器译书,设方言馆,创招商局,派出洋学生。"[57]洋务运动是中国最初全方面向西方学习工业化生产模式的发端,也是中国从闭关锁国到被动开放的应变尝试。洋务运动以后,曾先后出现了戊戌变法和清末新政等政治改良的主张,试图在向西方学习机器制造不成功的情况下,通过政治体制的改革,改变中国落后与被动挨打的局面。民国建立以后,向西方学习的理念已经深入到了多数普通国民的心中,成为改良群体先进性的标识。在模仿和学习西

---

55 肖玥:《中国近代对外贸易思想——基于留学生博士论文的研究》,[博士学位论文],中南财经政法大学,2018年,第41页。
56 (清)郑观应:《盛世危言·商战下》(卷三),上海:上海古籍出版社,2008年,第296页。
57 梁启超:《戊戌政变记》,北京:中华书局,1937年,第21—22页。

方及其大工业发展过程中，不断促使中国传统造物体系的改变，推动中国逐步进入工业国家行列。1927年，民国建立以后，随着国家形式上的统一，在进行大工业建设上也逐步发展，艰难地推动中国继续前进。但由于日本侵华，中国的工业化进程再次被打断。

仓促的改革主张，难以带领中国走向富强。尽管"以西为师"是近代中国最具影响力和号召力的主张，但问题是，在仓促应对的情况下，当时先进的中国人并没有意识到，这种调整和变革背后一整套复杂的社会运作机制，仅仅从器物层面的改良难以实现中国的进步。首先，欧洲先进的机械制造技术背后是科学体系的普及和推广，在当时的中国并不具备这种情况。洋务运动时期，中国学习西方枪炮制造技术的过程中，上述情况比比皆是，尤其是在聘用外国技师方面。"受聘洋员，良莠不齐，约分三等……下等者，骄悍欺人，不遵约束，资质多钝，固执不通，垄断居奇，党同伐异，至若耽饮酗酒，更甚华人……轻薄中华，夸张傲忤，其黠者，每妒人之师其技也，或秘不外传，或不为心力，耽延时日，恋取薪金，诡诈相师，狡狯百出。间有本非专业，挟技售欺"[58]。上述论断在近代中国社会改良过程中比比皆是，也印证了近代中国改革历程中遭遇到的无奈和艰难。仅从聘请的国外技术人员中存在的现象就可略窥一斑。中国对西方的技术仅仅是单纯的模仿，无法知道其生产原理、技术体系等。即便人口众多的中国有许多心灵手巧的人，能够学习和模仿，并很好地制作出类似的产品，但这种小范围内甚至浅层次的模仿模式，难以在中国产生出积极的影响力。

缺乏稳定的社会环境、被动的改革，都决定了中华民族难以实现民族独立与富强。衰落的国情以及被压迫的现实，让每个国民感到莫名的紧张。基于民族独立和振兴的因素，所有人都希望能够通过努力改变这一现状，但任何生产模式和社会制度的改革是个复杂、系统的工程，尤其对中国这样一个地区差异大、传统社会影响力深厚的国家而言，更是如此。但近代中国所面临的社会背景，并没有为社会改良提供更多的时间和机会。进行改良的群体，都希望实现"毕其功于一役"的目标。换言之，他们希望将所有事情简化为只要向西方学习，就可以实现富强。在前期向欧洲学习遇到困境以后，转而向近邻的日本学习，这种将改革简单化的模式，在理论上的建构还行得通，一旦转为现实，就会遇到各种各样的挫折。这种情况存在于许多传统产业体系转型过程之中，无论是丝织业、茶业还是瓷业等，均是如此。另外，近代中国的社会现状，也没有给全方位改变提供多少机会。毕竟，整个人类世界在这一时期都处于大调整、大变革时期，东西方列强笃信"优胜劣汰"的理论，发动了多次侵略战争，而中国就是战争最大的受害者之一。在经过近代百余年的探索与困惑之后，1949年，中华人民共和国成立开启了古老中国一个新的时代，中国也在不断探索与尝试中，寻找到了适合中国各方面发展的理想模式。

二、洋货崇拜语境下国人传统器物认同的衰退

在趋新趋西的近代中国，对西方文化的推崇是国人的一个标识。诚如罗志田论述的那样：

---

[58] 陈旭麓等主编：《汉冶萍公司》（文稿一），上海：上海人民出版社，1984年，第25页。

"西潮冲击之下的近代中国士人，由于对文化竞争的认识不足，沿着西学为用的方向走上了中学不能为体的不归路。自身文化立足点的失落造成中国士人心态的剧变，从自认居世界文化的中心到承认中国文化野蛮，退居世界文化的边缘。结果，从思想界到整个社会都形成一股尊西崇新的大潮，可称作新的崇拜。"[59]上述情况的出现，在知识界出现了一个奇怪的现象，凡是提出坚持中国文化的学者，都会被打上守旧派的标签，进而被群起攻击。加之，近代中国在西方多次武装侵略下，不同类型的改革举措均是以失败而告终，进一步助推了中国人对西方文化的认可。新式的知识崇拜，伴随着现代新型教育体系的逐步确立，开始在民众中普及开来，最为明显的变化是对"洋货"的崇拜。对于许多中国人来说，使用洋货是身份和地位的象征。洋货成了中国时尚文化的风向标，也是近代中国对西方国家认同和文化认同最直接的方式。从英国发端的试图打破中国传统社会体系的努力也最终得以实现。由于多重复杂的因素，笔者不打算对近代中国的诸多社会背景进行过多描述，仅就洋货在中国被接受、传播进而演变为时尚标志的原因进行分析，探究国人器物认同转变背后的诸多复杂因素。

鸦片战争以后，以英国为首的西方国家产品逐步向中国倾销，分为三个阶段。第一个阶段从1842年到1870年左右。这一时期，英国人凭借侵略战争打开了中国大门以后，开始向中国倾销其大量的工业制造器物，但由于中国自身社会形态，对外国商品的依赖性不强，相关需求量不大。此外，英国人对中国市场也没有认真分析，输出的许多商品并不符合当时中国的市场需求。"洋商对之不但过怀奢望，且于华人之习惯与需要，复茫然无知，故在道光二十三年至二十五年间，主要洋货之输入，竟致供过于求，即钢琴及餐用刀叉之属，亦有大宗进口，此等投机行为，至堪发噱"[60]。急于打开中国市场的欧洲人并没有意识到中国的社会运营模式和生产方式，加之中国人当时对洋货还有一定的抵制情绪，其器物并没有受到多大的认可。此外，相比较而言，中国生产的产品还处于物美价廉的阶段，洋货多在通商口岸等沿海地区流行，对内陆绝大多数人的生活并没有产生影响。在这种情况下，英国人提出要加强对中国市场需求的研究，生产出符合中国消费市场的物美价廉的产品。从这个视角去思考，洋货在中国的销售模式和发展理念值得我们去思考。较早地关注中国的社会实际及消费模式，在采取针对性的销售中逐步推动和打开中国的市场。此外，随着不平等条约的签订，外国产品在中国税收方面有了很大的优惠政策。依照1858年中英《通商章程善后条约》规定，"凡有金银、外国等各银钱、麦、面、粟、米粉、砂谷、米面饼、熟肉、熟菜、牛奶酥、牛油、蜜饯、外国衣服、金银首饰、银器、香水、碱、炭、柴薪、外国蜡烛、外国烟丝烟叶、外国酒、家用杂物、船用杂物、行李、纸张、笔墨、毛毯、铁刀利器、外国自用药料、玻璃器皿，以上各物进出通商各口，皆准免税"[61]。大量国外的日用品出口到中国享受免税政策，让其在中国市场竞争中更具有利地位，减免关税政策的产品在中国迅速推广开来。

---

59 罗志田：《近代中国史学十论》，上海：复旦大学出版社，2003年，第231—232页。
60 姚贤镐编：《中国近代对外贸易史料（1840—1895）》（第一册），北京：中华书局，1962年，第511页。
61 姚贤镐编：《中国近代对外贸易史料（1840—1895）》（第一册），北京：中华书局，1962年，第790页。

第二个阶段是1870年到1895年之间，这一时期是洋货在中国迅速推广和传播阶段。根据相关数据统计，1870年，进口洋货总值6400万海关银，比6年前增长了38%，1880年增至7900万两，1890年更增至12700万两，比1870年增加1倍[62]。随着对外通商港口的增多，上海在对外交流中的地位越来越重要。如上海19世纪70年代专门经营进口杂货的洋广杂货店就不下数百家。在1872年4月30日《申报》创刊号上，一家"衡隆洋号店"刊登的广告上可以看到，这个洋货号所售有镜子、洋纺织品等日用洋货，洋纺织品的品种即有哈喇大呢、哆啰彩呢、羽毛哔叽、花素羽纱、羽茧、羽绉、羽绫、新式五彩花布、各样牌子原布、粗细斜纹、洋标布等十多种[63]。随着洋货自身的物美价廉以及各种在中国相对有利的商品销售模式，洋货逐步在中国推广开来，并得到不同社会阶层的认可。

第三个阶段是在1895年《马关条约》签订以后，中国被迫彻底打开国门，各国商船和军舰均能到中国内地进行商业贸易，各类洋货更是蜂拥而至。此外，随着前期洋货消费逐步深入人心，来自日本和欧美的东西洋货物开始在中国流行起来。在城市，使用洋货已经成为身份的代表和象征，成为时髦的标志。在农村，大量物美价廉的洋货也冲击着中国原有的传统市场体系，构筑了洋货完整的消费体系。当时许多报纸杂志上都出现了关于洋货充斥中国市场的报道。"自通商以来，洋货之灌入中国者，几不可以数计，大约外自各城巨镇，内至穷乡僻壤，上自豪商巨贾，下自穷户小民，惟一日三餐或犹守其旧俗，不尽喜西人之物，其余则身之所衣，手之所用，迨无不于洋货是赖"[64]。随着整体上的推广和普及，到了民国时期，洋货已经在中国具有了统治性的影响力，也出现了在中国"以洋为尊"的社会心理。出现上述情况，主要有以下几个方面的因素。

不平等的条约保证了洋货在中国的倾销。鸦片战争之前，由于自给自足的经济模式以及中国采取的相对保守的贸易政策，洋货进入中国市场难度非常大，受到影响的群体也比较少。但随着侵略战争打开了中国的大门，原本保护中国自身产业发展的海关失去了应有的作用，甚至成了保护各帝国主义国家产品的屏障和依托。据洋商的商业报告显示，优惠的税收政策是洋货在中国迅速推广的重要因素之一。"洋货的需求虽然由于地方的安靖而自然地增长，但洋布的惊人销量主要是因推广子口税制所提供的便利而获得的。洋货在口岸完纳了固定而又较轻的子口半税后把货品运至目的地，就可以免纳较重的内地税。追求商业利益的中国商人马上就会利用这一优待，立刻愿意购买大批洋货，运往那些以前过高税负所阻不能获得供应的城市与乡镇去"[65]。即便由于外国人的侵略，给中国人的民族自尊心带来了伤害和影响，由于产品价格的因素，许多中国人依旧会购买外国商品。"开封府是河南省会，10世纪和11世纪时是中国的首都，是中国人爱国心的策源地，那里输入了130000匹以上，还有大量

---

62 李长莉：《晚清"洋货流行"与消费风气演变》，《历史教学》，2014年第2期，第4页。
63 李长莉：《晚清"洋货流行"与消费风气演变》，《历史教学》，2014年第2期，第4—5页。
64 李长莉：《晚清"洋货流行"与消费风气演变》，《历史教学》，2014年第2期，第4—5页。
65 姚贤镐编：《中国近代对外贸易史料（1840—1895）》（第二册），北京：中华书局，1962年，第823页。

的洋标布、针和窗玻璃。洋人在城里受到憎恶，可是对于洋货则没有普遍的反感"[66]。不仅是河南，其他许多地方也都是如此。值得玩味的是，许多产品并不是洋货，而是中国制品。但在经过转口以后，仍旧以洋货来出售。以中国的产品赚中国人的钱，其过程仅仅是需要转口贸易。"去年洋糖进口大为增加……这是由于洋糖有子口单的保护，得免纳各种内地税课，因为能够在内地比土糖或者比木船输入的糖卖得便宜得多的结果。这些糖虽然名为洋糖并列入进口洋货之中，但大部分——我可以说是全部——都是汕头或台湾出产的，由于它是经由香港运来，因此便成为洋货，并有权享受条约赋予洋货的一切权利和保护；这就是英商'企业'以及香港的存在所产生的许多奇异问题之一。这种做法从高度原则说来，应当受到谴责，但是，从商业上说，这完全是对的"[67]。在西方国家侵略下所签订的一系列不平等条约，是洋货在中国倾销的重要因素。换言之，许多国货借洋货之名进行销售，也就成了许多中国经营者的无奈之举。"西商偶到，趋媚不遑，所以待外人者如彼其厚。土货则口口而查之，节节而税之，恶声厉色，百计留难，甚则加以鞭朴，所以待己民者如此其薄……倚洋人则生，否则死；冒洋人则安，否则危"[68]。

欧美商人采取新式营销手段，销售和推广各类洋货。在不平等条约保护下的价格优势基础上，针对国人的消费习惯和消费心理，洋商运用现代商品销售理念，推广和消费各类工业制造产品。英国人曾对中国消费习惯和购买水平进行专门的调研。"要克服的困难并不是迷信和偏见，而是要使中国人知道有哪些既满足他们的用途，又合于购买力的货品。中国人并非富裕的人民，生活方式也跟我们不同。但是他们并不反对我们的东西，从他们对火柴、煤油、油灯及钟表的需求看来，便可证明……外国人喂奶瓶已开始普遍采用，但不过是最合销路的比较简单的商品。中国早就需要缝衣针，铁钉和螺丝钉也受欢迎，钓鱼钩应该是有销路的，现在每户人家都用火柴"[69]。前期洋货在中国遇到滞销的情况后，外国商人迅速根据中国人的消费习惯调整产品模式，许多给生活带来便捷的产品深受国人欢迎。最具代表性的是火柴、煤油灯等产品。这些新式产品的出现，迅速取代了中国原有打火石和铁片等，也改变了中国人的消费模式和生活习惯。加之，外商经常对消费市场进行研究，逐步扩大了在中国的销售市场。"西人之以洋货运来中国，其初不过以西人自用之物，华人以为罕见之物而购之，究竟未必尽合华人之用，尽如华人之意也。后来西人在华旅居日久，华之风土人情，喜怒爱恶，均为所悉，故所造之物，皆揣摩华人之意而为之。每来一物，华人无不争买，竟有日用之物，习为故常，非此不可者"[70]。与此相对比的是，中国商品出口依旧是传统模式，

---

[66] 姚贤镐编：《中国近代对外贸易史料（1840—1895）》（第二册），北京：中华书局，1962年，第824页。
[67] 姚贤镐编：《中国近代对外贸易史料（1840—1895）》（第二册），北京：中华书局，1962年，第829页。
[68] 姚贤镐编：《中国近代对外贸易史料（1840—1895）》（第二册），北京：中华书局，1962年，第841页。
[69] 姚贤镐编：《中国近代对外贸易史料（1840—1895）》（第二册），北京：中华书局，1962年，第966页。
[70] 《皇朝经世文编·论茶务》（卷四十九），第7页。转引姚贤镐编：《中国近代对外贸易史料（1840—1895）》（第二册），北京：中华书局，1962年，第968页。

并未依据国外市场需求而寻求创新改变。在这种局面下，中国商品出口陷入困境也在情理之中。"中国生产者并不在国外为他的产品去寻找市场，他在家里等待买主来购买，是否曾有过任何货品通过华商的努力而销售于国外市场，很可怀疑"[71]。

依托新式传播手段，西方列强将其先进的文化引入中国，并迅速传播开来。上海开埠以后，迅速成了欧美诸国展示其先进造物技艺和造物理念的窗口，树立了干净、时髦、先进的榜样，引发了中国人的效仿和学习。外国人在上海建立租界以后，就修筑了马路，每天要打扫两次，并在道路两旁植树和设置路灯，成为当时上海最干净、最繁华的区域。"煤气灯英租界制于新闸，法租界制于八仙桥……其气得火，昼夜不息。近口处有机纽旋转，随时启闭。初设仅有路灯，继即行栈、铺面、茶酒戏馆，以及住屋，无不用之。火树银花，光同白昼，沪上真不夜之天也"[72]。为了推广自身的文化，他们在上海建立花园，举办赛花会、马戏和赛马会等，为国人提供了新的生活方式。"凡华洋奇花异草皆可入会，听评甲乙，择尤奖赠"[73]。类似这样的活动非常多，这对当时的中国人来说，极具吸引力和感召力。"西人设博物院汇集西国新奇之物，陈设院中，上至机器，下及珍禽奇兽。入其中者，可广见闻，可资格致，诚海外巨观也"[74]。1872年英国人美查创办了《申报》，开创了报道普通民众生活的新局面。尽管此前广州和北京也曾出现了各类报刊，但其影响仅在社会上层，但《申报》从文字、内容等方面均进行了全方位的改良和发展，产生了巨大影响，尤其在推广西式生活和产品方面着力甚多。"《申报》美查洋行所售也，馆主为西人美查，秉笔则中华文士。始于壬申三月，除礼拜按日出报每纸十文。京报新闻及各种告白一一备载，各省码头风行甚广"[75]。在这种情况下，模仿洋人的生活方式和生活习惯，就成了引领时尚的象征。穿洋服、戴洋表、骑洋车是时髦中国人的"标配"。"女界所不可少的东西：尖头高底上等皮鞋一双，紫貂手筒一个，金刚钻或宝石扣针二三支，白绒绳或皮围巾一条，金丝边新式眼镜一副，弯形牙梳一只，丝巾一方。再说男子不可少的东西：西装、大衣、西帽、革履、手杖外加画球一个，夹鼻眼镜一副，洋泾话几句，出外皮蓬或轿车或黄包车一辆，还要到处演说"[76]。

近代"以西为师"的改良主张，助推了洋货消费在中国的流行，进而让国人形成对西方民主制度和文明社会的认同。明清时期，中国早已进行了较长时间的中西贸易，但受传统文化的影响，"天朝上国"的形象早已深入国民心中。无论是官方还是民间，除了中国人之外，其他国家民众都是蛮夷之人，遥远西方的人也不例外。这也是前述中英外交过程中，英

---

[71] 姚贤镐编：《中国近代对外贸易史料（1840—1895）》（第二册），北京：中华书局，1962年，第970页。
[72] （清）葛元煦撰，郑祖安标点：《沪游杂记》（卷二），上海：上海书店出版社，2006年，第148页。
[73] （清）葛元煦撰，郑祖安标点：《沪游杂记》（卷二），上海：上海书店出版社，2006年，第33页。
[74] （清）葛元煦撰，郑祖安标点：《沪游杂记》（卷二），上海：上海书店出版社，2006年，第42页。
[75] （清）葛元煦撰，郑祖安标点：《沪游杂记》（卷二），上海：上海书店出版社，2006年，第49页。
[76] 《时髦派》，《申报》，1912年1月6日。

国人对中国不满意的原因之一。但在鸦片战争之后，在西方坚船利炮面前，先进的中国人意识到了西方的强盛，对欧洲的看法也发生了惊人的转变。在许多最先到欧洲游历的中国官员看来，欧洲是政治民主、民众文明和经济繁盛的象征。"盖其国以礼仪为教，而不专恃甲兵；以仁义为基，而不先尚诈力；以教化德泽为本，而不徒讲富强"[77]。王韬在英国游历后，认为英国人守礼仪、知文明、讲友善。"人知逊让，心多恳诚。国中士庶往来，常少斗争欺侮之事。异域客民族居其地者，从无受欺被诈，恒见亲爱，绝少猜嫌"[78]。尽管上述观点多溢美之词，但多少还是反映了中国对英国等欧洲国家看法的改变。驻英公使郭嵩焘也认为英国人热心公益、乐善好施，曾在中国1878年大饥荒中积极呼吁，帮助中国。"从前英国教士赈济难民，群相谓曰'救难之人，乃系平昔所恨恶之洋人，今后再不敢非议洋人，亦不愿闻官宪恨恶洋人之言。官宪置百姓饿死而不顾，而所教百姓怨恨之洋人，乃不顾己命，乃救我等之命'。此其待洋人之友谊，与其感我之诚心，当加恻隐之意以固结"[79]。

随着报纸等新式传播模式的出现，更多的国人了解到了世界发展情况，对欧洲高度发达的文明表示羡慕，进而对消费和使用"洋货"更加崇拜。1904年，《女子世界》上便刊载了中西家庭生活的异同，表达了对西方民主自由的推崇和羡慕。"入其室而和气迎人，登其堂而交际有节，觇其路而同车携手乐意融融，欧美自由之空气，直弥漫于夫妇之生涯；而胡以视中国，颜拘挛而足趑趄也。吾中国民权不复久矣，而独至闺房之内，俨然具有第二君主之威权，杀人无死刑，役人如犬马"[80]。上述对中西家庭关系的对比，从一个侧面表明了国人对中西文化看法的改变。原本在国民心目中完美和谐的中国家庭伦理关系，到了近代却成为压抑人性，丧失民权的证明，而西方的家庭关系恰好给我们提供了学习的模板。上述观点彻底否定了原本顽固派所谓的"洋人之所长在机器，中国之所长在人心"的理论。到了清朝末期，国人已经从器物到文化全方位认识到了西方的先进性。

三、国货运动与器物民族主义构建

洋货的普及与推广，给中国传统制造业体系带来了毁灭性打击。为了应对这种冲击和影响，中国不同社会阶层提出了不同的解决办法，并与国内外政治局势变化密切联系起来。大体而论，对洋货的认识和应对方式包括以下几种：第一，坚持洋货为"炫惑之器"，对生活并没有实质的用处。但随着大量洋货出口到中国，这种观点逐步减少。到了民国时期，洋货已经得到广泛的认同，成为中国人生活的一部分。第二，洋货给中国经济发展带来了严重的破坏，也影响了社会风气。为了固本利民，一方面要抵制洋货，另一方面也要积极向国外学习先进的制造模式，生产满足国人生活需要的各种产品。因为这些产品是学习和模仿欧美和

---

[77] 王韬：《漫游随录》，钟叔河主编：《走向世界丛书》，长沙：岳麓书社，1984年，第127页。
[78] 王韬：《漫游随录》，钟叔河主编：《走向世界丛书》，长沙：岳麓书社，1984年，第107页。
[79] 郭嵩焘：《伦敦与巴黎日记》，钟叔河主编：《走向世界丛书》，长沙：岳麓书社，1984年，第474页。
[80] 《女子家庭革命》，《女子世界》，1904年第4期，第17页。

日本的器物样式和制造模式，也统称为"洋货"。相比较而言，这类产品价格相对低廉，更适合社会中下层的消费需求。在这种情况下，许多有识之士提出，中国也要进行制造业加工和生产，以抵制外辱[81]。到了20世纪，随着机械化生产模式引入中国，机器制造产品也逐步在许多日用品生产行业中推广和普及，中国也开始逐步生产和加工各类产品。许多地方大员开始集股设立新式洋器工厂，生产各类产品。晚清时期，针对洋货在中国倾销，影响中国整体实力和民族利益的情况，官方从国家和个体层面就提出了要改良制造业体系，促进和提升中国制造能力的问题。"清国都统瑞都护前拟设立吉林全省工艺厂，自制货物，抵制洋货电。订章程二十四条，分四十八股，议招股银三十万两，每股百两，计三千股……专收华股，不收洋股"[82]。此外，也有中国人根据各种外洋器物的种类，结合中国自身的特点，生产和制造类似的产品。"近年北洋，颇多仿造之洋货。至为利用，特未极力推广消行，以致不能堵塞陋卮耳。去年种植园管理员王子彭发明以白茅草棉秆皮制铅笔及水彩画图所用各纸，颇不逊于外洋用品……质极细腻，色亦莹润，比诸洋纸无甚差别"[83]。第三，随着中国制造能力的恢复以及复杂的国际关系，在救亡图存的近代中国，出现了多次抵制洋货、提倡国货的运动，也直接反映了器物制造与国家形象之间的相互关系。

1. 抵制洋货与近代中国民族意识的觉醒

洋货的泛滥以及引发的一系列社会问题，让部分中国人意识到提升自身产业制造能力、发展民族工商业的意义。民国时期，随着国族意识和民族意识的觉醒，对于中国这样一个人口大国而言，维护自身国家利益最为有效的方式就是抵制洋货、购买国货。随着西方列强对中国侵略的加深，这种心态也越来越突出和明显。相关团体和社会组织也纷纷成立，尤其是新式商会群体，在其中扮演了重要的角色。大体而论，抵制洋货的诱因主要包括以下几个原因。第一，是中国国民或者华人受到了不公正待遇。1905年，抵制美货运动就是典型的代表，因为美国试图签订的《中美华工条约》，充满了对华人的侮辱，也是国家的耻辱。第二，是伤害了行业的利益，行业同业者组织起来，进而调动其他行业参与其中，达到行业的要求与目标。第三，是西方国家的侵略行径，严重伤害了中国人的民族情感和实际利益。著名代表案例有1919年五四运动和1925年的五卅惨案，引起了全国范围内对洋货的强烈抵制。在众多的抵制洋货运动中，抵制美货和抵制日货等是近代国人抵货运动中参与范围最广、社会影响最大的活动。

抵制美货运动，是近代中国较早、影响力较深的抵货运动的代表。1904年12月，《中美会订限制来美华工保护寓美华人条款》已经期满，但美国依旧坚持继续签订严格的排华方法，进而引发了中国人的大规模抗议。1905年5月10日，上海商会召集各帮商董举行大

---

[81]《中国宜造洋货议》，《申报》，1892年1月18日。
[82]《吉林创设大工艺厂》，《台湾日日新报》，1905年11月1日。
[83]《清人王子彭发明之新纸》，《台湾日日新报》，1911年4月17日。

会，提出了抵制美货的建议。在随后商会福建商董会议上，商会会长曾铸提出了五条具体抵制办法。"一、美来各货（包括机器）一概不用；二、各埠一律不为美船装载；三、华人子弟不入美人所设学堂读书；四、美人所开之行，华人不应聘为作买办及翻译之事；五、美人住宅所雇一切佣工劝令停歇"[84]。随后，在与美国相关人士谈判中，上海商会以两个月为期限，两个月满，如果美国仍然不废除对华不平等条约，中国将开始抵制活动。7月20日，上海商会再次召集会议，提出了对包括钟表、印刷、瓷器等在内的70多种商品的抵制。随后，上海商会通电全国，开启了更大范围的抵制活动。在商会的引领下，学生也加入了抵制美国的活动。在这种大规模的抵制活动作用下，美国商品销售在中国陷入停滞，给美国带来了巨大的损失。美国的《晚上明星》报道了由于中国抵制美国的活动，造成美国大量货物的积压，在中国进口货物仓库里面堆的全是美国的产品。对于此事，北京官员表示，抵制美货是商人的自愿活动，他们没有权力干涉，也无法减轻民众对美国产品的偏见，除非美国政府制定对中国人友好的法律[85]。尽管由于各方面的因素，抵制活动逐步衰弱，但这场大规模的抵制美货运动也重构了美国人对中国的认知，认为这是随着中国经济社会发展而觉醒的民族意识和道德意识。"西方思想正在中国生根发芽，这场运动缘于年轻人逐步意识到，中国应与世界上的其他国家一样，成为世界强国"[86]。此外，这场波及全国范围的抵抗洋货的运动也开创了以后中国抵制外国侵略的新模式，即以大国巨大消费力来维护国家利益和维系国家形象。

在近代各类抵制洋货的运动中，抵制日货运动在中国多次上演，其中1931年到1933年抵制日货是规模最大、持续时间最长的一次。1931年7月，日本保护下的朝鲜人在吉林省因租地引发矛盾冲突。随后，日本人为了保护朝鲜人制造了"万宝山事件"，继之朝鲜媒体在国内诋毁中国，引发了大规模的排华活动，造成了著名的"排华惨案"。事件发生以后，上海、南京、北平、天津、汉口等各地商会提出要抵制日货，且提出了详细的抵制方案。随后，日本发动的侵略中国的"九一八事变"将抵货运动推向了高潮，全国各地都采取了一系列举措抗议日本的侵华。9月23日，南京各界20万民众集会，决定彻底抵制日货，永远与日本绝交。上海宣布了更为严格的管理举措，对购买日货的相关人员进行惩戒。"一、公务人员购买日货者停止其职务并褫夺其公权，如系党员并开除其党籍；二、人民购买日货者褫夺其公权；三、商店售贩及运输日货者，封没其商店，同时照国产粮食及原料供给日本者同处；四、搜

---

[84] 苏绍炳辑：《山钟集》，第28页。转引朱英：《清末商会与抵制美货运动》，《华中师范大学学报》（哲学社会科学版），1985年第6期，第94页。

[85] Evening Star.January 12,1906,Page13,Image,13. 转引夏金娇：《1905—1906年美国视域中的中国抵制美货问题——基于美国报纸的考察》，[硕士学位论文]，贵州师范大学，2017年，第36页。

[86] Unrest in China,The Hawaiian Star,April 07,1906. 转引喻静：《1905年抵制美货运动及其影响——对1905—1908年中日在美形象的分析》，[硕士学位论文]，北京外国语大学，2017年，第23页。

集本县全县日货,除留一部分作陈列外,解送交江苏水灾义赈会支配赈助灾民"[87]。随后,全国范围内的抵制日货活动进一步扩大,各地先后成立各界反日救国联合会,纷纷举行抵制日货的宣誓活动,彰显与日经济绝交的信心。10月初,杭州首先公布了宣誓活动方案。"一、凡杭州市各界民众为表示对日经济绝交之决心,应依照本方法之规定,举行总宣誓,或分别宣誓,以坚信守。二、总宣誓于民国二十年双十节日,在本市省立体育场公开举行之,此外各机关团体各学校各商店各工厂各家庭,均应自行定期举行,分别宣誓",其宣誓词为:"余敬宣誓,余自今日起,努力提倡国货,永远不买日货,不运日货,不供给日货物,不为日人服务,拒用日本银行钞票,不存款于日本银行,不由日本银行汇兑,不乘日船日车,不与日人往来贸易,不起卸日货,不由日奉交通机关运货,不雇用日人,如违背誓言,愿受最严厉之处罚……"[88]

在面临国家遭遇侵略时,民众唯一能够采取的实际爱国行为,就是采用抵制日货的行动。到了1932年,面对来自日本等国的侵略,政府也改变了前期默认和暗中支持的做法,开始公开反对各种抵制日货的活动。此外,在此次全国性的活动中,尽管让日本遭遇了巨大的损失,但对中国部分商人和国民生活也带来了一定的影响。日本产品物美价廉,是欧美产品和国货当时无法比拟的。尽管如此,随后诸多的抵制活动由公开转为秘密,其影响力慢慢削减,并在1933年南京国民政府与日本签订丧权辱国的《塘沽协定》以后,抵货运动实质上停止。但此次抵制日货活动,是近代中国规模最大、影响力最大的一次全民性参与的抗议事件。在此次事件中,国人一方面意识到,只有团结一心,才能抵抗外辱;另一方面,自身造物体系的不完备、造物能力差、国力不强大,是无法全方位抵制的最为根本的因素。从更广的范围来看,正是国力衰退和造物能力下降,才造成了近代中国落后挨打的局面。要想改变这种面貌,建立新式产业体系,发展中国工业,是最为重要和关键的出路。在此背景下,发展民族工业,也成了近代中国进步的重要选择。

2. 国货运动与近代民族工业发展

抵制洋货是在独特的历史背景下所采取的"非常规举动",而要真正改变中国所面临的落后局面,必须发展民族工业,向西方学习先进技术。此外,在文化层面,提升国人的爱国意识,自觉主动使用国货,既是支持中国近代民族工业发展的重要方式,也是快速提升中国造物技术的途径。在这一历史背景下,与抵制洋货相伴而生的就是各种各样的提倡国货运动。

从被迫开放中国市场洋货大量倾销时起,就出现了各种使用国货的声音。但由于在西

---

[87]《民国日报》,1931年9月23日。转引张华:《1931年至1933年抵制日货运动研究》,[硕士学位论文],山东师范大学,2006年,第20页。
[88]《杭各界经济绝交宣誓办法》,《民国日报》1931年10月7日。转引张华:《1931年至1933年抵制日货运动研究》,[硕士学位论文],山东师范大学,2006年,第18—19页。

方大规模器物冲击语境下,以及受不平等条约的影响,很难有明确的发展国货运动的举措。在多种因素影响下,以"洋"为尊的观念已经深入国民心中,这对中国民族产业发展带来了巨大的负面影响。民国以后,国货运动逐步兴起。1911年,中华国货维持会成立以后,就宣传和组织各项提倡国货的活动。首先,在报刊上发表文章和进行演讲,积极推广国货。维持会发起人之一曾呼吁,近代中国产业衰退的主要原因是民众不用国货,而许多国货质量甚至比洋货都好。只有民众认可和接受国货,才能不断实现中国民族产业的发展。"吾国百业凋疲,债台高筑,国计民生已极危险,至于国产绸缎、呢布、皮革、瓷器、雕漆、汗衫、线袜、丝巾、毛巾、爱国布、洋烛、肥皂、火柴、牙粉、香水、纸墨,或优胜于舶来或向有之国粹,同胞不知利用,反将大好金钱掷于海洋,可痛可痛,是以后当抱定宗旨均用国货"[89]。其次,针对中国商业衰落中的商人存在的各种问题,维持会呼吁希望商人能够积极向国外学习,讲究诚信,重新塑造中国产品在国民中的形象。"吾国商业之失败,实由道德之不修,欺弄诈骗,习以为常,以致信用日减,商业日衰,故维持国货更宜维持道德。并谓吾国丝、茶、豆三种为出口大宗,惟装配制造尚缺研究,维持会宜着力做去,幸勿希望政府助力,不图自进"[90]。最后,提倡使用国货,不仅仅是要国人自己使用,还要将中国优秀产品推广到国外,改变中国产品所遭遇的各种情况。在国货维持会第十次会议上,王文典再次提出,要加强对海外市场需求的研究,积极推广和宣传国货。"吾国商品以丝绸为大宗,工精物美,实为各国所无,若能组织健全贩运公司运销外洋,获利之大岂可限量……最好公举一位才干兼优者同往考察国外绸缎销去情形,俾得应时筹备推广销路,绸业前途必有裨益"[91]。

到了后期,维持会专门对出口到东南亚地区和国家的中国商品情况进行调查分析,以期推动中国产品的海外传播。与此同时,为了让民众更为清晰地了解和区分国货与洋货,维持会进行了国货调查,并出版了定期刊物《国货调查录》和《国货月刊》等。其中,对市场上国货调查主要涉及以下种类:一是纺织类,包括棉纱、毛绒线、线、毛巾被、浴衣、帷帐、抬毯、抬布、门帘、包袱、窗帘料、帷帘、帐料、线毯、绒毯、被单、枕套、枕心(芯)、围涎、尿布、布匹、绸缎、丝织风景;二是服饰类,包括鞋帽、裤子、卫生衫、汗衫、毛衫、马甲、衣着、手套、领结、领带、纽扣;三是日用类,包括橡胶鞋、橡皮制品、钢精器皿、珐琅、电木电器、陶瓷器、玻璃器、赛璐珞品、草鞋品、藤竹器、漆器、铜锡、时钟、刀剪、火柴、手帕、牙刷、镜子、景泰蓝器、阳伞、纸伞、皂烛、热水瓶、扇、毛巾、梳篦、箱包、皮件、铜铁床、建筑材料、油漆;四是饮食类,包括茶叶、藕粉、糖果、罐食、炼乳、糖蜜、海味、酱油、油、调味品、火腿、饮料;五是教育类,包括纸、纸板、颜料墨水、运动用具、文具、玩具、美术;六是卫生类,包括化妆品、药品、医疗用品;七是烟酒

---

89 《国货维持会第二十四次宣讲纪要》,《申报》,1913年1月7日第7版。
90 《国货维持会第七次宣讲纪要》,《申报》,1912年9月9日第7版。
91 《国货维持会第十次宣讲纪要》,《申报》,1912年9月30日第10版。

图 4-1 民国时期的国货广告　　　　　图 4-2 民国时期的国货运动

类,包括香烟、雪茄、旱烟、皮丝、绍酒、啤酒、果酒、乐烧;八是电器机械类,包括电灯泡、电筒、电池、电扇、电料、机械等[92]。从前述调查可知,一方面对国货生产的调研,包括国货的种类、价格、生产企业、在上海和浙江等地的销售商店等,能够更充分了解和认知国货和洋货的区别,以推广和宣传国货;另一方面,可基本了解和掌握当时中国大部分产业生产的具体情况。

1912年,新成立的工商部,在相关会议的议案中,提出要"维持国货"等方案,昭示了中国从官方层面认识到了制造业在发展国家经济以及促进民族团结中的重要作用和意义。1915年,在第一次世界大战期间,北洋政府举办了一次大规模的国货展览会。在农商部的支持下,北京和上海积极响应。北京专门成立了出品协会,征集到14000余件产品,并首先在农坛进行了展览;上海专门组织了全国国货展览会上海国货维持会参考团,征集到了8000余件产品,认为维持国货是促使中国迅速发展的重要因素,而国货展览会则是实现腾飞的起点。"诚吾国实业前途大放光明之起点,其关系于吾国经济之前途,俾直接免漏卮之患,而间接立富强之基者,诚綦重而极大也"[93]。此次全国国货展览会共收到来自各省几十万件产品,在展览期间每天参观的人数达数万人。展览会还评出了各类代表中国制造的产品给予奖励,并就发展中国制造业提出了意见和建议。此后,不同省份和地方也举办了各种新式的国货展览会。到了20世纪20年代,随着自身民族意识的觉醒,国货展览会在前期发展基础上形成了更广范围的影响。

南京国民政府成立以后,采取一系列举措将推广国货与爱国主义、民族主义结合起来。1927年10月,工商部颁布了国货陈列馆条例,要求各省都要设立国货陈列馆,其目

---

92 王汉强编辑:《国货调查录》(第6期),学生书局,1982年,第1—3页。
93 转引马敏、洪振强:《民国时期国货展览会研究:1910—1930》,《华中师范大学学报》(人文社会科学版),2009年第48卷第4期,第70页。

的是提倡国货消费和认证展示确认的国货产品。在此背景下，各省纷纷设立国货陈列馆，并提出国货运动。随后，1928年，南京国民政府颁布了一系列关于提倡使用国货的办法，包括向国民宣讲使用国货的意义和价值、降低国货广告的费用等。在此基础上，南京国民政府和上海联合举办了"国货运动周"，这也是民国时期规模最大的一次国货展览活动。由于前期认真准备和国民政府的支持，全国各地的许多省份都参加了此次展览活动。展览对象仅限于国货，分为制造原料、机械与电器、纺织工业品、建筑工业品和教育印刷品等14个种类，共13000多种商品。此次国货活动周共持续了64天，有超过6万人的参观群体，在国内外产生了较好的影响。此次国货活动周，是官方主导、各省积极参与的大型提倡国货的商品展示和文化推广活动。在活动周开幕式上，国民政府主席发表演讲，提出只有使用国货、提倡和推广国货，才能抵御外辱，实现民族独立。"国民政府要提倡国货，要振兴实业，要挽回利权，使外国货在中国没有销路……我们要外国人不来欺侮，只有同心一致，共同来制国货、买国货、用国货，这样经济才能独立"[94]。以国民政府主席的身份发表提倡国货的演讲，就具有不同的意义和价值。整个国货活动周，都充满了爱国主义精神。这从此次活动周的会歌也可略窥一斑。"兴起、兴起、中华民族快兴起，国货大家不注意，洋货充斥损权利，我们的钱袋裂了缝，我们的银箱漏了底，富翁渐渐变穷人，穷人哪有立足地……中华物产本富有，国货不比洋货低，趁这次展览好时机，快些来研究和设计，人人立志用国货，洋货怎能攘权利"[95]。从实际效果来看，无论是参与活动的商家还是社会效应，此次国货活动周还是取得了可喜的成效。此后，尽管相关的活动没有这次活动波及面广、影响力大，但凡是在民族遭遇困难或者危机的时候，多半是国货运动最频繁、影响力最大的时候。

从最初的抵制洋货，到后来的国货运动，是近代中国认识不断加深的过程，也是探索中国转型发展的历程。在此过程中，原本受到洋货冲击的中国企业也能寻找到发展机会。在近代多次的国货运动中，无论是政府还是各种社会团体，都很好地运用和调动了国人的爱国心理，将购买和消费国货等同于爱国主义。这种宣传和推广模式，在近代中国社会独特的历史背景下极具意义和价值。这意味着，如果购买和使用国货的人，对商品产生的认同，可以转变为对国家和民族精神的认同；反之，则一样成立。通过附加在商品上的意义，加强民众的国族意识和民族意识。上述现象在近代中国的个案比比皆是。在国货维持委员会的宣讲中，有委员以日本国民为例，指出即便本国的货物比其他国家的贵，国民也不会因为自身的小利益而不顾民族大义。如果国民不使用国货，中国将面临亡国灭种的危险[96]。维持国货与爱国主义、国家富强联系在一起，凸显了器物在国家文化认同中所起到的重要作用和意义。但在此过程中，需要看到和关注的是：尽管多次国货运动，在改变国

---

[94] 《蒋主席演说词》，《申报》，1928年11月2日，第13、14版。
[95] 《国货展览会歌》，《申报》，1928年11月2日，第14版。
[96] 《维持国货之谈论》，《申报》，1912年8月5日，第7版。

人生活方式和使用国货方面起到了积极的推动作用，也带动了近代民族工业的发展，但由于自身质量和价格的因素，洋货依旧在中国消费领域具有极强的影响力。这也就意味着，要想真正实现国货消费，既要改变民众的消费习惯，更要提高国货的质量，从而全方位形成和构筑国货的影响力。

第三节　博览会与近代中国器物形象

博览会是近代工业发展的产物，也是世界各国展示工业制造能力、科技发展水平和综合国力的舞台。作为展示各国造物能力的"平台"——博览会上的器物折射和反映国家形象，通过中西参加博览会器物种类的对比，能够直观地反映中西的巨大差距，传递了保守、落后的中国形象。与此同时，随着对博览会认识的不断加深，中国从最初抵制到主动参与，也表达了国人追求改变的国家形象。笔者以近代世界各国展示自身器物文化的重要窗口——博览会，分析近代中国器物形象及其折射的国家形象。

一、近代博览会展示世界工业发展成就

博览会是近代各国展示其高超造物技艺和国家实力的舞台。各国参与博览会的目的是直接展示各自的造物技艺和新式产品，进而彰显自身的国家实力和文化影响力。换言之，博览会成了各国角力的世界舞台，是一个没有硝烟的战场。

1851年举办的伦敦万国博览会，显示了英国自身高度发达的科技实力，宣告英国是世界上最强大的国家。此次博览会由艾尔伯特亲王领衔的特别委员会专门在海德公园修建了大型的博览会场地，整个场馆长490米，宽117米，高33米，巨大的钢框架被81000平方米的玻璃完全覆盖，显得壮丽辉煌[97]。钢铁和玻璃在当时是先进科技的象征，用这种框架结构建造成的巨型建筑彰显了英国的工业制造能力。在博览会上，最为瞩目的产品是英国人发明的蒸汽机和农业机械，这也让世界各国以最有效的方式见识了英国的实力。2年以后，迅速崛起的美国便在纽约举办了1853年水晶宫博览会。在场馆建造方面，美国人专门模仿英国人的场馆，以展示新独立美利坚合众国在科技方面取得的成就。但由于没有强大的造物能力，当时美国场馆仅为英国的三分之一，且在建成后出现漏雨现象。即便如此，美国人在博览会上展示的农业机械和优良品种还是给欧洲人留下了深刻影响。值得一提的是：在此次博览会上出现了带有安全装置的电梯，昭示了美国人在电力革命中处于领先地位。在伦敦举办第一次博览会以后，同样为工业大国的法国也立刻筹备举办博览会，宣告与英国竞争。路易·拿破仑要求此次巴黎世博会场馆的目标是超越英国水晶宫的规模。为此，在1855年法国巴黎博览会上，

---

[97] 上海图书馆编：《中国与世博历史记录（1851—1940）》，上海：上海科学技术文献出版社，2002年，第5页。

法国专门建造了更大规模的"工业宫",同时也首次展出了混凝土、铝制品和橡胶等工业用品。此外,法国人还对外宣布,每隔11年便举办一次世界性的博览会。尤为值得一提的是:为了迎接1889年博览会,法国人修建了高达324米的埃菲尔铁塔,以此来显示法国强大的工业制造能力和国际地位。此后,近代历次博览会,多少带有国家竞争的意味,不同国家通过展示最新的造物技艺,来赢得世界其他国家的认可,进而扩大对外贸易和构筑以自己国家为主导的世界贸易体系。

博览会是展示和了解世界工业文明发展最新成果的舞台。19世纪中期以后的半个多世纪,是人类造物技艺迅速发展的一个时代。在历次的博览会上,均有创新性的工业制造产品出现。1867年第二届法国巴黎世博会上,英国的汽油发动机、法国的炼钢炉以及德国的电机都代表了当时世界工业革命的最高成就。尤其让各国吃惊的是,在此次博览会上,德国克虏伯公司展示了重达90吨的巨型火炮,显示了作为后起工业之秀的高超的工业制造能力。此次博览会上,法国人还增设了展示工业生产流程的环节,如排字、印刷和钻石切割等工序,引起了观者的极大兴趣,也成了此后历次博览会中设置的一个重要互动环节。随后,在1876年费城博览会上,展示了贝尔发明的电话以及爱迪生发明的留声机等,这些新式器物在随后十几年的时间里,在全球范围迅速扩展与传播,给人类生活带来了极大便利。在2年后的巴黎博览会上,爱迪生再次带去了钨丝灯泡和筒形留声机,极大地丰富了人们的生活。也就是自此以后,博览会上的展品也开始出现了调整和变化,满足人们生活的各种新式产品越来越多,也逐步成为引领社会时尚生活方式的"风向标"。

如果将1851年的伦敦博览会作为世界性博览会机械制造能力的标志,1893年的芝加哥博览会则宣告了美国引领的电力革命时代的到来。在此次博览会上,第一次采取了完全人工照明的方式。"博览会的照明、铁路系统、移动人行道、发光喷水泉、电话和电报,等等,是用一台1.5万千瓦的发电机带动的,而发电机是由一台2.5万匹马力的蒸汽发动机带动的。通用电气公司和西屋电器公司提供了大部分设备"[98]。尤为值得一提的是:此次博览会还出现了以工程师名字命名的"菲利斯大转轮",这个转轮可以同时让1440名游客享用,是世界上第一个娱乐大转轮,也被称为世博会的奇迹,给人留下了深刻印象。1904年美国圣路易斯博览会,展示了莱特兄弟发明的飞机,预示了人类交通工具的变化,意味着航空时代的到来。1933年的芝加哥世博会是在美国摆脱世界性经济大萧条后举办的一次博览会。尽管当时美国和世界经济还没有完全恢复,消费能力低,但美国依旧在此次博览会上展示了他们最先进的科技成果,包括新式汽车组装线、轮船制造流程、空气调节装置以及原油精炼技术等。1937年的巴黎世博会提出了"现代生活的艺术和技术"的主题,让博览会更贴近民众的生活。在这次博览会上,法国专门开辟了旅游馆,展示了法国美丽的风光,推动了人类文化展示由工业向旅游等文化产业的转变。1939年在纽约举办的世博会,是第二次世界大战之前举办的最

---

98 上海图书馆编:《中国与世博历史记录(1851—1940)》,上海:上海科学技术文献出版社,2002年,第5页。

后一次博览会。本次博览会以"明天和未来"为主题，展示了美国设想的未来城市模型，通过对未来的期盼，增加人们的信心。当然，展示自身高端的造物技术，依旧是博览会的重要主题。在开幕式上，美国展示了最引人瞩目的科技成就——电视摄像机，并通过电视转播向整个美国播放。除此之外，这次博览会上还展示了影响人类未来发展的许多重大发明，包括尼龙、塑料、录音机和磁带等。这些器物让人类对未来社会充满了信心[99]。随着博览会的影响越来越大，参与的国家和参展商品也越来越多，在多次举办的过程中，举办国不断吸收借鉴其他国家的经验，使得博览会商品贸易的功能也越来越突出。许多敏感的商人，通过博览会购买和销售来自不同国家的商品，带动了商品在全球范围的流通和更广的传播，扩展了区域性和全球性的商品贸易体系。

博览会彰显国家实力和国际影响力。笔者据相关史料进行的不完全统计，在中国参加的90余次世界性的博览会中，不同国家主办的次数与各国综合实力相匹配。从1851年的伦敦博览会，到1940年的纽约博览会，在博览会举办国家中，美国共举办了18次，是举办次数最多的国家。德国、英国、法国紧随其后，分别有14次、10次和10次。前述四个国家举办博览会的次数超过了所有博览会次数的一半以上。就前十次有较大影响力的博览会分析，伦敦举办2次，巴黎举办4次，美国纽约、费城、芝加哥各举办1次，共3次，奥地利举办1次。上述举办博览会的次数与早期发达国家的地位和影响力基本一致，无论是彰显自身的实力，还是具备举办博览会的实力，前述国家都毫无疑问代表当时世界最强实力。此外，进入20世纪以后，美国和德国举办博览会的次数迅速增加，意味着在国际地位上，不同国家实力增减的变化。换言之，随着美国和德国迅速崛起，他们的国际影响力已经超过了老牌帝国主义国家英国和法国，引领世界科技发展潮流。除了上述几个强国以外，意大利、荷兰和比利时也多次举办了世博会。此外，在近代国际贸易和外交舞台上，日本作为后起之秀，也多次举办世博会，代表了当时亚洲最发达的造物技艺和造物能力。值得一提的是，1929年中国也举办了一次国际性的综合博览会——西湖国际博览会。即便当时这次博览会的影响力远达不到前述其他博览会的影响力，但也昭示了中国努力融入世界的尝试和决心。

博览会是反映各国造物理念、彰显创新能力和国家实力的平台。从最初的展示自身的工业实力，博览会不断发展成综合性的器物文化展示舞台。从参与博览会器物的选择、展示空间、器物包装等，都能体现一个国家的整体实力和综合造物能力。任何一个环节出现问题，都会影响器物产品的形象和自身国家形象。毕竟，在此类大型短暂的国际舞台上，要全方位展示自身的综合国力，任何科技成就的不足，势必会影响到展示效果。前述美国1853年的博览会场馆问题就是例证，正是国力、制造能力不足才无法建造出类似英国的庞大建筑。

---

[99] 上海图书馆编：《中国与世博历史记录（1851—1940）》，上海：上海科学技术文献出版社，2002年，第54页。

二、衰退守旧的中国器物形象与国家形象

作为近代工业化的局外人和追随者，中国参与世博会的历程，既是中国不断学习和追求发展的历程，也是通过器物塑造中国的国家形象及先进中国人不断调整和重塑新型中国国家形象的历程。大体而论，"从1851年伦敦举办第一届世界博览会到1911年清朝灭亡前夕，中国民间或官方，通过正式或非正式渠道，参加了大大小小80余个国际博览会，并于1910年举办略带国际性质的南洋劝业会"[100]。如果加上民国时期，中国参加的各种博览会多达90余次。参加博览会的历程，是展示近代中国造物技艺及其不断演变的历程，也是展示中国国家实力和国家形象的历程。为了更为直观地表达近代中国在博览会上的形象，笔者通过下表参展的商品器物对其进行简要分析。

表4-2 晚清民国中国参加部分国际博览会情况一览表

名称	中国展品类别	获奖情况	产品评价	官方立场
1851年伦敦外国工业产品大博览会	丝绸、矿产品、植物蜡、棉花、木材、丝织品、金属制品、漆器、装饰品、雕刻、蜡烛、甜食蜜饯、文具箱、雨伞、拐杖、扇子、烟斗、鼻烟壶、中国茶、茶馆、茶杯等	丝绸、植物蜡、丝织品等获荣誉奖章，其中矿产品获得一枚荣誉奖章，其他不详	认为中国丝绸、丝织品、植物蜡等质量上乘，漆器工艺令人叫绝	商人自行参加，官方极度轻视
1855年法国巴黎世界工农业和艺术博览会	不详	不详	不详	商人自行参加，官方极度轻视
1862年伦敦国际工业和艺术博览会	农产品、象牙雕刻、生丝、书籍、瓷器、屏风、印花皮革、木雕、景泰蓝等	白芝麻、黑芝麻、象牙雕刻、花瓶、杯子等获得大奖章	认为中国农产品质量一流，部分工艺产品精美绝伦	商人自行参加，官方极度轻视
1867年第二届巴黎世博会	不详	不详	不详	官方受到邀请，但派商人参加

---

100 洪振强：《国际博览会与晚清中国"国家"之形塑》，《历史研究》，2011年第6期，第4页。

（续表）

名称	中国展品类别	获奖情况	产品评价	官方立场
1873年维也纳世界博览会	瓷器、茶叶、夏布、丝绸、纸扇、铁器、制瓷模型、夏布模型、木器、皮器、鼓、漆器、洋锡、红木、米谷、枸杞以及各种食物等	不详	中国展厅在各方面获得成功，尤以丝绸为甚	中国海关洋员主导，部分中国官员参与
1876年费城美国独立百年纪念博览会	丝、瓷器、绸货、雕花器、铜器、景泰蓝、漆器、银器、藤竹器、玉石器、茶叶等	不详	丝、茶、瓷器、绸货、雕花器、景泰蓝等在各国推为第一	由海关洋员包腊代表中国参加，海关文书李圭是代表中国官方的第一人
1878年巴黎博览会	瓷器、茶叶、铜器、雕刻象牙、折扇、丝绸、肉制品、文房四宝、军械等30多个门类的物品	共获得103个获奖证书，其中金奖6个，银奖29个，铜奖29个，荣誉奖39个	中国传统手工业品依旧是博览会上的主导获奖产品	由洋人控制的海关负责，不愿意让中国人参与，但驻法公使郭嵩焘参观了此次博览会
1883年荷兰阿姆斯特丹博览会	家具、瓷器、玻璃、农具、饮食品、文房用具、漆器、丝绸等	不详		
1904年圣路易斯博览会	瓷器、漆器、茶叶、珐琅、翡翠、象牙、木器、烟具、玉器、雕塑群、木器、毛毯等	木质模型获得金牌奖章、地毯获得一等奖章、瓷器和茶叶等获得超等文凭、金牌，获奖数量不详	许多产品通过此次博览会提高了声誉，京师工艺局的毛毯、瓷茶赛会公司的瓷器和茶叶非常受欢迎，西方人对中国的表演非常感兴趣，但部分产品难以让人满意，有辱国家尊严	清政府第一次以官方名义参加的博览会

（续表）

名称	中国展品类别	获奖情况	产品评价	官方立场
1905年列日博览会	茶叶、瓷器、景泰蓝、绣货、绸缎、古玩、玉器、雕刻、木石、绘画、地毯、丝织品、商船、家具、毛刷、青铜艺术品、珠宝、铁制品、棉制品、乐器、服装	共获得超等荣誉奖及金银各等奖牌100枚，得奖数量与英、美、奥、意等不分上下	多为劳动密集型产品，缺少技术行业的产品	第一次官方主导，参展商品由官方征集，商人自愿参加为主，但参赛组织工作由洋人控制的海关承担
1910年比利时布鲁塞尔博览会	花瓶、绣花品、瓷器、雕刻家具、竹器、绸缎衣料、云南腰刀、各省土特产	不详	不详	官方主导，各省提供参展器物
1915年巴拿马太平洋外国博览会	共有美术馆、教育馆、文艺馆、工艺馆、农业馆、食品馆、矿业馆等，参展器物种类众多，其中工艺馆为中国产品最多的展区	展品获奖计1211项，包括大奖章57项、名誉奖74项、金牌奖258项、银牌奖337项、铜牌奖258项、状词奖227项	参展品依旧侧重传统的手工艺品，制造馆更是没有任何中国产品	由中国政府第一次全面负责的赛会，对此次博览会高度重视
1926年费城博览会	以生丝、茶叶、丝绸、瓷器、漆器、手工刺绣、翡翠为主，也包括化妆品、电器、革制品、铜钢制品、矿产等	不详	传统手工艺品依旧是奖项的主导，"赛会得奖，实赖祖宗先人之荫庇，非我今日之德能"	中国政府主导参与
1930年比利时博览会	宋锦、竹编、草编、手工刺绣、蓝印花布、木雕、泥塑、剪纸、民间玩具等	共310项获奖，其中最优等奖31项、优等奖45项、金牌奖149项、银牌奖108项、铜牌奖8项	中国馆占地虽不广而成绩特佳，谓为较之1905年及1910年已大有进步	中国政府主导参与

(续表)

名称	中国展品类别	获奖情况	产品评价	官方立场
1933—1934年芝加哥博览会	共参展12类产品，主要有矿产类、文物类、工艺特产、艺术品等。其中特产包括丝绸、瓷器、皮毛、雕刻品、景泰蓝、竹器、桐油、茶叶、地毯、书籍、甘草、枸杞、天鹅绒等	不详	因美国经济还没有完全恢复，整个世界经济不景气。中国参加此次博览会也受到影响	国民政府实业部全面负责，各省积极参与
1939—1940年纽约世博会	产品比较少，主要是民间工艺品、瓷器、茶叶，也有少量的科技产品	不详		国民政府成立了筹备委员会，但受到日本侵华影响，并没有以政府的名义参加，而是海外华侨和商人自行参加

[资料来源：上海图书馆编：《中国与世博历史记录（1851—1940）》，上海：上海科学技术文献出版社，2002年；陈琪：《中国参与巴拿马太平洋博览会记实》，1916年。]

  器物作为国家实力的"物化"表达，是一个国家造物技艺、科技发展、文化系统的象征。从上述中国参加的近代博览会器物种类来看，代表性的产品依旧是中国传统手工艺品，尤其是以丝绸、茶叶为大宗。这些产品多是中国传统的手工业品，展示了落后的中国国家形象。对此，许多学者曾有相关的评论。"这些产品都是'传统型'的，而且在50多年都没有变化，很少'开创性'，所显现的中国是一个传统农业国家的形象，这种形象在经济上是以农产品及其副产品为主，在文化上是以文房四宝、古玩字画为主，在生活风俗上是以鸦片烟具、缠足女人、各种婚嫁丧葬物品为主，很少有机器及其制品之类的展品。这说明，中国的整体形象是一个落后的农业国家"[101]。上述描述基本上反映了晚清整个中国国家的实际情况。尽管到了民国时期，随着民族意识的觉醒和造物能力的提升，中国在各方面取得了较大进步，但依旧呈现的还是相对落后的国家形象。这从历次博览会上中国获奖的产品类型也可透视一斑。"除了专门的博览会外，中国参加博览会的产品，大致以江西的瓷器、北京的景泰蓝、闽赣的茶叶、苏杭的丝绸、苏粤的绣货、广东的牙雕、福建的漆器等，其他则是古董、

---

101 赵祐志：《跃上国际舞台——清季中国参加万国博览会之研究(1866—1911)》，《台湾师范大学历史学报》，1997年第25期，第336页。

字画、玩物、桌椅、玉石、竹器居次"[102]。从这个视角来看，中国希望通过参与博览会展示自身国家发展和先进的造物理念的目标，仍需进一步努力。当然，这些也反映出中国器物制造技艺还处于由传统向现代转型阶段。作为后发追赶型的国家，参与近代世界博览会的历程，是中国不断求索进步的过程。大体而论，对博览会的认知可以分为晚清和民国两个阶段，在逐步参与博览会的过程中，中国也加深了对博览会这个世界器物展示舞台和国家实力展示舞台的认知，进而不断提升自身的国家造物能力，改变自身的国家形象。

1. 由轻视无知到主动融入的官方形象

拒绝参与传递了晚清政府落后的外交理念与无知自大的心态。1851年的伦敦世博会是真正意义上的第一次世界性的博览会，尽管在此之前，法国和英国等国也举办了多次各种类型的工业博览会，但都是本国秘密举办，仅为提升本国工业制造能力服务。为了展现英国巨大的国际影响力，此次博览会以女王的名义邀请了十多个国家参加，中国也在受邀请之列。"当时驻华的英国外交部门和商人们都得到了来自国内的指令，尽可能促使中国出席此次博览会。据资料显示，当时他们向清政府的两广总督提出了'在博览会上进行合作的建议'，但是遭到了拒绝"[103]。但当时中国认为这种炫耀形式的赛会，根本不值得参加，晚清政府也没有认识到近代博览会的重要意义。但在此次博览会上，来自上海的商人徐荣村带着自己的"荣记湖丝"商品参加了世博会，并获得了金银大奖。尽管当时中国政府并没有意识到世博会的意义和价值，但一些敏感的商人很好地把握了商机，展示出一种积极融入世界贸易体系的态度。在伦敦世博会取得成功后，该荣记商号便以世博会奖状上的"翼飞美人"图案作为产品的商标，极大地提高了该商品在国内外市场的销量。从一开始，博览会的商品营销功能和价值就已经凸显出来。除了丝绸以外，通过其他渠道选送到伦敦博览会的瓷器、棉花、漆器、金属制品等多种产品，尤其是出自景德镇的瓷土原料，获得了荣誉奖。"中国尽管在水晶宫展示了在丝制品和瓷器方面的杰出成就，而在矿产品方面却仅获得唯一的一枚荣誉奖。该奖项授给了英国驻上海领事阿礼国，他选送了一批在鄱阳湖附近的景德镇大型瓷器作坊进行瓷器制作时所使用的原料。这批原材料包括用于瓷器作坊的黏土和颜料样品"[104]。尽管这一时期，世界性的博览会已经在英法美等发达的资本主义国家逐步推广，也产生了很大的影响，但中国政府对此依旧无动于衷，随后的几次博览会仍是商人以个人身份参加。

---

102 赵祐志：《跃上国际舞台——清季中国参加万国博览会之研究(1866—1911)》，《台湾师范大学历史学报》，1997年第25期，第336页。

103 上海图书馆编：《中国与世博历史记录（1851—1940）》，上海：上海科学技术文献出版社，2002年，第54页。

104 《万国工业博览会评委会关于30类展品的评审报告》。转引上海图书馆编：《中国与世博历史记录（1851—1940）》，上海：上海科学技术文献出版社，2002年，第54页。

从轻视到逐步参与，传递了先进中国人不断融入世界、积极探索适合自身发展模式的历程。1873年的维也纳世博会，清政府才第一次授权中国海关代表中国参加，但此次代表中国的是广州海关洋员副税务司包腊。此后，很长一段时间里，海关洋员主导了中国参加世博会的事宜。1876年美国费城世博会上，才第一次有官方身份的中国海关代表参加，浙江海关李圭是第一位官派的中国官员。"美国创设百年大会，先经其国驻京公使照请总理各国事务衙门，咨行南北洋通商大臣转饬地方官，出示晓谕工商人等送物往会，并酌拨款项，札行总税务司赫德，援照奥国赛会例，选派海关税务人员办理"[105]。在此次博览会上，李圭根据自己对博览会的认识写成了《环游地球新录》，详细地表达了作为中国人的感受。

在随后的很长时间里，以英国人赫德主导的中国海关在中国参与世博会中起到了重要作用。但由于洋员在博览会上出现的各种不利情况，引发了驻外使节和许多留学生的不满。他们提出，洋员承办世博会的危害主要表现在以下几个方面：一为失中国自主之权；二为耗国币于无用之地而重困商人；三为失中国固有之利；四为敷衍将就而赛品愈劣；五为西人中饱款项；六为编译赛或册污蔑中国[106]。在这种局面下，中国政府开始向海关洋员施加压力，要求收回参与博览会的主导权。1904年，在美国圣路易斯博览会上，中国政府首次以官方形式参与了博览会。尽管在此次博览会上，依旧有洋员参加，但皇室成员溥伦担任正监督，黄开甲担任副监督。即便如此，在参加赛会的选择方面，洋员往往带有自身的偏见，夹杂展示中国"野蛮"和"落后"的形象，许多国人认为这种行为是对中国的污蔑。为此，1905年9月，赫德交出了中国参加博览会的主导权，由新成立的商部负责，并制定了《出洋赛会通行简章》，出台了一系列呼吁参与博览会的明确规定。在随后参加当年比利时列日世博会的时候，第一次采取了官商合办的形式，也取得了较好的成绩。在参与积极性上，许多地方的商人都提供了

图 4-3 1904 年圣路易斯博览会中国日常生活展
[图片来源：（美）居蜜主编：《1904 年美国圣路易斯万国博览会中国参展图录》，上海：上海古籍出版社，2010 年，第 110 页。]

商品，数量和种类也大大丰富。在获奖数量上，也与英美等发达国家不相上下。晚清参加博览会的历程，是中国对这一新型舞台认识逐步加深的过程。从最初的抵制，再到认识和理解，最

---

105 上海图书馆编：《中国与世博历史记录（1851—1940）》，上海：上海科学技术文献出版社，2002 年，第 57 页。

106 罗靖：《近代中国与世博会》，[博士学位论文]，湖南师范大学，2009 年，第 34 页。

图 4-4 1904 年圣路易斯博览会中国馆正门全景
[图片来源：（美）居蜜主编：《1904 年美国圣路易斯万国博览会中国参展图录》，上海：上海古籍出版社，2010 年，第 110 页。]

后实现了主动融入的历程。诚然，在此过程中，代表性的产品没有发生本质性的变化，但在制造业生产理念上给国人带来了巨大的冲击。

民国时期，中国政府对参与博览会相对重视，也意识到博览会不仅是商品展示的重要舞台，更是中国形象展示的舞台。1915 年，中国政府参加的巴拿马世界博览会是近代中国参与的最具影响力的一次博览会。1912 年，接到参加此次博览会的通知以后，中国马上派员到美国旧金山进行准备。第二年，专门成立了由陈琪担任事务局局长的巴拿马赛会事务局，参与筹备工作。在总结多次参与博览会经验教训的基础上，陈琪提出了参与赛会的展品目标，主要是恢复中国器物的国际形象，进而扩大贸易；对其他国家商品进行调查，了解国外民众的消费需求，提升国民参与世界贸易体系的意识和商业精神；联络美国提升中国在太平洋地区的商业经营地位[107]。为此，在参与此次世博会之前，定下了中国参选产品的标准。"凡是能体现中国国格，增添我国荣光的，应提倡参赛；凡是粗劣、陋俗以及带有国耻的商品一律不得参赛。对于中国有影响，又可获利的中国传统产品，如丝织品、茶叶、瓷器、毛织品、银器、景泰蓝制品、竹器、木器、玉器、皮货、古玩等，应积极组织货源"[108]。在此次博览会上，中国在所有参赛国中获得的奖项最多，从中反映了中国政府对此次赛会的重视程度。在此后的多次博览会中，中国政府都能积极认真地参与。但是受限于自身的工业制造能力，中国依旧无法在博览会中处于引领地位，一直扮演追随者的角色。

参与博览会的历程，是中国政府对世界局势认识逐步改变的过程，也是努力争取权利，维护国家形象转变的历程。在赛会初期，中国政府委托海关洋员参与世博会，认为洋员更了

---

107 高劳：《对于筹备巴拿马赛会之意见》，《东方杂志》，1913 年第 10 卷第 1 号。
108 转引梁碧莹：《民初中国实业界赴美的一次经济活动——中国与巴拿马太平洋万国博览会》，《近代史研究》，1998 年第 1 期，第 85 页。

解国外情况，能够更好地促进中国对外商业贸易，展示中国形象。但在实际运作过程中，多次出现了伤害中国权益的情况。为此，中国政府逐步收回权力，在学习和模仿其他国家创办模式中，维护自身国家利益，提升中国的影响力和地位。在1915年巴拿马博览会上，面对评奖中不利于中国的局面，参与评奖的中国官员据理力争，保证了此次博览会在评奖方面取得了较好的成绩。"自由竞奖云者，审查之时，出品人或经管人得向审查员审查赛会种种之特别处，或原料独精，或工期之久，或做法不传他人，或用法远胜旧器。审查景泰蓝器时，屠坤华与审查员曾为激烈之辩论"[109]。

2. 博览会上的中国器物形象和国家形象

先进的中国人在参与世博会历程中，对世博会认识不断加深，推动了国人商品竞争意识的改变与新式造物理念的提升。1867年，王韬在欧洲游历期间，曾参观在巴黎举行的万国博览会，描述了此次盛会的情况，这也是中国人较早的对博览会有直观印象的资料。"法驻京公使伯君，于其中创设聚珍大会，凡中外士商有瑰奇珍异之物，皆可入会，过关许免其税……一时物玩惊奇，宸游怡畅，称盛集焉。院内排列胪陈者，皆当世罕觏之珍，或有莫悉其名者"[110]。在记述中，王韬对这样大规模的全世界商品展示会感到惊奇，其中还有许多他不知道的商品。在此次游历过程中，他已经感受到了工业革命对西方世界带来的巨大影响，以铁路、电报、电梯等新式产品对他的冲击最大。在多次搭乘火车以后，他感受到了新的交通工具给人们生活带来的舒适感和便捷感。"泰西利捷之制，莫如舟车，虽都中往来，无不赖轮车之迅便……其行每时约二百里或三百余里。辙道铸铁为渠，起凸线按轮分寸合轨，平坦坚整以利驰驱，无高地凸凹欹斜倾侧之患……车道之旁贯接铁线千万里不断，以电气密机传达言语。有所欲言，则电气运线，如雷电之迅，顷刻万里，有如面以对，呼应问答"[111]。率先走出国门的先进的中国人，通过与西方先进造物技术对比，直接感知到中西的巨大差距。在参与博览会的过程中，王韬专门提到了广东人带领戏班在巴黎演出，虽然商人赚钱，但严重影响了中国的国家形象。"粤人固素识理君，或曾著弟子籍，理君谓之曰：'子向亦曾学道，何至今愈趋愈下耶？此事岂汝所宜为者何：恐贻乡党讥笑耳。'粤人红晕于颊，不能作一语"[112]。王韬记述当时英国人理雅各与广东商人的对话，在一定程度上也反映了当时部分国人不太重视中国在国际上展示自身国家形象的做法。

博览会折射出中国与世界先进国家全方位的差距。1876年的美国费城博览会，代表中国

---

109 严智怡：《巴拿马赛会直隶观会丛编》（第2册），北大图书馆藏，1921年，第37页。转引罗靖：《近代中国与世博会》，［博士学位论文］，湖南师范大学，2009年，第133页。
110 王韬：《漫游随录·博物大观》，卷二。转引上海图书馆编：《中国与世博历史记录（1851—1940）》，上海：上海科学技术文献出版社，2002年，第248页。
111 王韬：《漫游随录·博物大观》，长沙：湖南人民出版社，1982年，第82页。
112 王韬：《漫游随录·博物大观》，卷二。转引上海图书馆编：《中国与世博历史记录（1851—1940）》，上海：上海科学技术文献出版社，2002年，第249页。

参加博览会的李圭真切地感知到了中国亟须向西方学习，需要全方位向世界各先进国家学习。他提出创办世博会，是为国家长远发展谋福利。美国开办博览会，看似要进行前期投入，但这种模式能够学习和借鉴其他国家的先进造物技术，联络与其他国家之间的关系，进而有益于国家的发展和进步。"窃尝谓美国创是会也，若似乎徒费。今而知其志在联交谊，奖人才，广物产，并借以通有无，是有益于国而不徒费……举三十七国之交谊好尚，人才之众寡优劣，物产之美恶盈绌，了然于前。然后益求其交谊何以敦而固，人才何以用而效，物产何以聚而备"[113]。无论是有意还是无意，李圭的看法透析出创办博览会的目的就是联络各国友谊，加强交往与沟通，学习其他国家的先进技术。在对博览会各国展品观察过程中，他认为美国展品最为丰富，英国馆装饰得富丽堂皇。在对英国馆的描述中，他专门提到了机器制瓷技艺已经超过了中国。"物以瓷器为最，质白洁而工精细，价值亦不甚昂。初，西国无瓷器，乃自中国访求，回国潜心考究，始得奥妙。今则不让华制，且有过之无不及之势"[114]。在对德国馆的描述中，他也指出了德国的各种器物造物精良，尤其是以洋琴和八音盒最为惊奇，其他产品也引人瞩目。"今来赴会，故以书籍、图画、乐器、纸笔为最多。余如五色融呢、时辰钟表、牙器、玻璃器、五色器、军械亦佳，瓷器尤良。香水、花露不下数十百种，皆绝品也"[115]。在对博览会参观过程中，对机器展示院的参观最让他感到震撼，而中国没有任何的机器设备，依旧处于手工生产的阶段。此次博览会也展示了世界上许多新式机器发明，包括掘煤机、吸水机、陶冶机、垦地浚河机、运舟车机、燃枪炮机、印字机、抽茧丝机、纺棉理麻机、织机、染机、造纸机、裁缝机等。机器生产的产品质量好、速度快，与手工生产的产品有天壤之别。到了19世纪后期，在欧美发达国家，从农业生产到工业加工再到武器装备，基本实现了机器生产，提升了自身的效率。这也就意味着，在近代中西国力竞争中，中国必然处于劣势。

在参观过程中，李圭专门对日本馆进行了详细描述，认为日本馆产品陈设合理，井井有条，场馆面积也比中国大一倍，日本博览会组织人员也均穿戴西式服饰。"管理会务官等皆泰西装束，有时亦携眷（眷亦西装）同行。倘非发黑面黄，几令人东西莫辨矣"[116]。从参加的细节可以看出，近代中日之间在向西方学习过程中的差异。尤为值得一提的是：日本馆展出了向西方学习机器造物技术的成就，描述了不断进步和改变的日本形象。"观其国迩来于泰西制度、器艺造作、悉能用心窥其深奥。如开掘五金、煤矿以裕国，更改水陆军政以强兵，建立机器局、造钱局、电报局、邮政局、火轮舟车局以利国利民。四民中有留心洋务，或能作外洋语言文字者，皆罗致录用，不遗一人。今亦选派多人来会，专司记载。相传一二年后，法国会毕，将仿其制踵行之，以张大其国名"[117]。不断向西方多家学习，并虚心求教，让

---

113 （清）李圭：《环游地球新录》，长沙：湖南人民出版社，1980年，第6页。
114 （清）李圭：《环游地球新录》，长沙：湖南人民出版社，1980年，第15页。
115 （清）李圭：《环游地球新录》，长沙：湖南人民出版社，1980年，第20页。
116 （清）李圭：《环游地球新录》，长沙：湖南人民出版社，1980年，第10页。
117 （清）李圭：《环游地球新录》，长沙：湖南人民出版社，1980年，第10页。

中日在近代发展过程中差距越来越大。

参加博览会中日代表态度的不同，从一个侧面证明了中国落后的原因。在记述中，李圭专门提到了日本派专人到博览会学习，并详细记录在博览会上中日之间细节的差异，也昭示了近代日本崛起的重要因素。作为后发追赶型的国家，中日两国对博览会的态度体现了中国观念的落后，值得我们去深思。早在1862年的伦敦世博会上，日本人便派出了36人的代表团进行参观，其中有日本著名启蒙思想家福泽谕吉[118]。在随后1873年的维也纳博览会上，日本就组成由60名工程师、艺人和专家的代表团参会，尽管此次博览会，日本产品并没有赢得其他国家的关注，但日本人将此行作为学习的宝贵机会，带回去关于博览会的资料编写成96卷的报告，尤其是对近代教育和办学模式的报告更加引起了日本的重视[119]。如前述，尽管此次博览会中国也派员参加，但全部都是洋员。尽管不能就此认为洋员不竭力推广中国器物和中国文化，但由于立场和视角的差异，对于洋员而言，他们更多基于欧美人的视角，来展示中国的传统文化，抑或将中国作为产品倾销地。他们并没有类似日本人向先进科技学习的信心，而当时的中国人也没有把向欧美国家学习作为改变落后处境的突破口。官员意识的差距外化为近代中日两国国家实力的差距，于是，在1876年费城博览会上，出现了中国茶叶滞销的一幕。作为享誉世界的中国茶叶产品，本可受到美国人的欢迎，但却因为中国茶叶是大箱散装，质量等级也不严，零售起来非常不方便，且定价也不合理[120]。这说明了国人在参加博览会之前不调研，结束后不学习、不总结，最多发出一些中国不如别人的感慨。但从根本上来说，这也解决不了实际问题。基于此，1876年，《纽约时报》大肆赞美日本生产的瓷器、漆器和丝绸比中国好，认为日本工艺品是亚洲艺术的代表和象征，并将中日之间的交流称为"进步的日本"和"懈怠的中国"，认为中国已经落后，无法再次成为先进文化的代表和象征[121]。也正因为此，美国人对日本文化开始感兴趣，认为日本是亚洲未来的希望。

1904年，在美国圣路易斯博览会上，中国记者报道了当时中国馆的情况。"中国会场，地段狭隘，一无布置，此地介乎英、德、墨西哥会场之间，令人羞愧之至。中国会场在美术院之间，至所造中国房屋，俗呼为王宫，更属敷衍了事，矮小粗恶，莫名其丑，丢尽中国颜面矣"[122]。诚然，上述观点仅仅表达了部分观展者的心态，其目的是希望中国能够快速地发展进步，尽快强大起来，或许并非当时中国在此次博览会上各方反映的原貌。仅就中国馆建设

---

118 上海图书馆编：《中国与世博历史记录（1851—1940）》，上海：上海科学技术文献出版社，2002年，第14页。

119 上海图书馆编：《中国与世博历史记录（1851—1940）》，上海：上海科学技术文献出版社，2002年，第14页。

120 上海图书馆编：《中国与世博历史记录（1851—1940）》，上海：上海科学技术文献出版社，2002年，第58页。

121 （美）沃伦.科恩：《东亚艺术与美国文化：从国际关系视角研究》，段勇译，北京：科学出版社，2007年，第15页。

122 《圣路易会场与中国》，《警钟日报》，1904年5月7日，第3版。

而言，其采用了中国传统的宫殿建筑特色，能够代表中国传统文化，也正因为其文化特色，建成以后，到中国馆参观的人数众多，也被认为是这次博览会最引人瞩目的建筑之一。"中国馆占地超过15000平方英尺，位于英国馆与比利时馆之间，靠近行政大楼……造价昂贵、富丽堂皇、色彩鲜明……正厅有雕饰花鸟图案的木制门窗，图案栩栩如生，设计别出心裁"[123]。换言之，不同立场和观点，对事物的报道会得出不同的结论。毕竟，作为中国第一次官方正式组织参加的博览会，中国在此次博览会上也获得了巨大成功。在中国村娱乐活动展示中，来自中国的京剧、杂技、舞龙等娱乐表演引起了美国人的兴趣，也彰显了中国古老而精深的文化。中国村献唱的《茉莉花》，也获得了美国媒体的报道和关注。此外，参展此次博览会的中国工艺品，比如瓷器、丝绸、扇子、家具等，也因精美的造物技艺赢得了各方认可。新式机器产品也开始出现在博览会上，开平矿务有限公司代表天津展出的"唐山洋灰"获得金奖等，昭示了不断学习和模仿的中国形象[124]。

　　作为后发型的国家，中国参与博览会的目的是振兴中国制造业，实现国家富强。从这一视角来看，中国的进步还比较慢，亟须各方共同努力。对此，《东方杂志》曾作精彩论述："其最着要旨要点，则为振兴商业，推演工艺，代表百年之进步，鼓励国民之精神，融合万国之交际，比较全球之实业，以作二十世纪后商战之竞争也。"[125]据此，改良器物制造模式，依据其他国家消费习惯进行革新，引入机械加工，应是中国器物制造的未来之路。曾长期游历欧洲的驻外使节黄浩曾以瓷器为例，为中国器物加工提供了思考和借鉴。"瓷器一宗，法国细磁，异常精美，丹马著色莹润罕俦，日本所制为值最廉；德、义、奥、荷兰、土耳其之泥瓦器，尤为便宜，然其精粗品质，均不及我，景德镇窑产细致坚润。以销场能过我者，翻胜我者，或绘事较精，或着色较净，或式样翻新，均能取悦人目。今广东瓷品，渐输于外洋，惜其五彩绘画，粗疏凌乱，宜兴陶具，虽可畅销，而式样无新奇，凡西人多厌故喜新，瓷器销路最广，既欲与竞利，必先视其趣向为转移，万不可牢守旧式，致人厌弃"[126]。

　　民国时期，随着对博览会认识的加深，中国政府也不断学习，积极参加和融入世界博览会这一大舞台之中，力图展示新型国家形象。无论是1915年的巴拿马博览会，还是1926年的费城博览会，凡是遇到大型的世界博览会，中国都会认真准备，积极参加，也在许多次博览会上取得了可喜成绩。但如前述，取得奖励的多为一些传统的工艺品，代表先进科技发展的产品几乎没有。即便出现，也是许多年前其他国家已经展示过的产品类型，无法改变中国落后的实际，也在世界上进一步加固了传统造物的中国形象。为此，要不断向西方学习，改变落

---

123 （美）居蜜主编：《1904年美国圣路易斯万国博览会中国参展图录》（第2册），上海：上海古籍出版社，2010年，第113页。

124 （美）居蜜主编：《1904年美国圣路易斯万国博览会中国参展图录》（第1册），上海：上海古籍出版社，2010年，第4—5页。

125 《书美洲学报实业界记散鲁伊斯博览会中国人入赛情形》，《东方杂志》，1905年第2卷第9期，第80页。

126 《前驻义大臣黄浩报告》，《东方杂志》，1910年第7卷第9号，第9页。

后的面貌，塑造良好的国家形象。"费城博览会上，中国的不少展品都获了奖，但那些奖项却并不代表着褒扬。对于历年来各国所举办的博览会，我国一直采取积极参与的态度，但无论怎样，我们始终处于被动的地位，再加上当时宣传手法的落后，我们各种产品的优劣巧拙根本不能为外人所完全了解。赛会之后的金牌奖证之类，只是遵循国际间的酬酢惯例，虚应故事而已。在赛会上，我们所看到的、听到的、感受到的都是外国经济、文化、科技发展的迅猛之势。与之相比，当时的中国能得到的只有'惭愧'二字"[127]。博览会是近代科技和文化的集中体现，也是西方国家展示国家实力的舞台。对于中国而言，参与博览会的历程是中国不断认识自我、改变自我的历程。从中国参加近代博览会上的器物来看，多是传统制造业产品，这也给参观者带来了多年来中国并未进步的国家形象，认为中国一直生活在自己过去的历史之中。这种不断固化的国家形象也影响了外国人对整个中国的评价，使得中国处于被动局面。

三、追求进步改良的近代中国器物形象

鸦片战争以后，西方人首先通过其强大的造物体系摧毁了中国，给国人带来了巨大的耻辱和心理冲击，昔日中国高大完美的形象彻底崩塌。为了彻底改变落后挨打的局面，再次实现中国富强，"以洋为师"成为可资借鉴和学习的模板。诚然，在近代中国艰难的情况下，改良群体的主张或许可以理解；但与之伴随的对西洋文化的模仿也值得深思。参加博览会的历程，是中国不断向西方学习、提升造物技艺、改良国家形象的历程。

从最初的排斥和漠不关心，到鼓励商人参加，再到后期官方主导积极展示中国形象。尽管在参与博览会过程中，中国依旧有诸多不尽如人意之处，但各方力量能在参与的过程中不断调整，寻求当时"最理想"的状态，尽其所能，不断改进和提升中国的参展水平。这也体现在历次中国参与博览会的过程中。如果基于自身所能展示的器物种类和造物能力而言，无论是晚清政府还是民国政府，都在基于国际形势发展需要进行调整和改变。在前述1876年费城博览会上，第一次参会的中国官员详细记录了世界各国的参展情况，也逐步意识到了商品包装等在商品贸易中所占的重要地位。也正是在此次博览会上，李圭提出了创办女学、男女平等的观念。而这正是在参观专门展示女性制作的器物后得出的观念。"泰西风俗，男女并重，女学亦同于男……英国大书院，男女一律入学考试。德国女生八岁，例必入塾读书，否则罪其父母。美国女师、女徒多至三四百万人。其所以日兴日盛者，亦欲尽用其才耳"[128]。在此后的博览会上，中国也开始重视对自己国家场馆的包装，1904年的圣路易斯博览会，中国村展示的娱乐表演以及美食、造纸等的现场制作，为观展者带去了喜悦，也提升了中国的国家形象。"由汕头商人主导的纸业摊位，生动地将传统造纸工艺展现在博览会中外来宾面

---

[127] 恽震：《费城赛会观感录》，1927年。转引上海图书馆编：《中国与世博历史记录（1851—1940）》，上海：上海科学技术文献出版社，2002年，第96—97页。
[128] （清）李圭：《环游地球新录》，长沙：湖南人民出版社，1980年，第41页。

前,并且获得西方媒体的报道"[129]。而上述做法无疑是在参与博览会过程中,向日本和其他国家学习的结果。尽管中国无法改变由于生产力落后只能展示传统工业品和手工艺品的根本地位,但可以通过努力,表达不断追求进步的中国形象。

驻外大臣、先进的知识分子和留学生在博览会上扮演了维护国权和国家形象的重要角色。在1904年博览会上,有广东黄姓商人雇请小脚女人进行表演,以期取悦洋人达到赚钱目的的做法遭到了旅美华人的强烈反对,认为这种做法有辱国体,并将此事告知溥伦,但在去检查的时候,该商人辩称为华商家眷进行表演。为此,几名留学美国的广东学生找到游艺馆总经理,要求强行制止。"足下若不从,则惟有各行其是而已,如此则恐为公义而不顾私情,倘有所怫,幸勿怪吾等学生之鲁莽也"。后来经过双方几个小时的辩论,最后以不收取这名商人的房租,将其驱赶出去而告结束[130]。也正是因为各方的努力,才使得在此次博览会上中国得到美国媒体的多方关注,取得了较好的展示中国形象的效果。"一场隆重而丽的活动吸引众人瞩目,那就是中国馆的开幕仪式,大会主席弗兰西与溥伦贝子、中国驻美大臣梁诚都将出席……中国政府高层出席圣路易斯博览会,巩固了中美双边关系"[131]。参与博览会的过程,也是中国不断模仿、改进的过程。从最初的少量商品,到后来建造中国馆,专门展示中国商品和中国文化。以展示器物产品而论,从最初只是展示少量手工艺品,到要求各省都提供照片,实现了数量上的激增。无论是巴拿马博览会还是参与的其他形式的博览会,中国获奖产品数量越来越多,其中最为基础的一个原因是,中国参展的商品数量越来越多。在此过程中,随着中国制造工业的发展,中国也逐步展示自己机器制造的产品。在1915年巴拿马博览会上,中国展出了采矿冶金和机械制造产品几十件,尽管在总数中比重很少,但也展示了中国在制造业方面的进步。以组织态度而言,中国也在不断学习中进步。民国以后,参加巴拿马博览会的过程就能明显地体现出这一点。在筹备过程中,陈琪就注重向日本学习,了解日本筹备情况。与此同时,要求各地参展商认真准备,并鼓励和支持先行举办物品展览会,让各方认知和评价,以期对参展产品有更充分的了解。后来经过积极准备,参加此次博览会的产品有10多万种,共1500多吨[132]。随后,民国政府也非常重视对中国教育、女工、机器制造等的推广,让世界逐步了解中国在不断发展。

参与世界博览会的过程,促使国人逐步意识到举办博览会的重要意义和价值。鉴于博览会的重要国际影响力,中国举办博览会展示中国形象的呼声也越来越高。在这种背景下,晚清政府也积极筹备,投入创办博览会的工作之中。在举办的多次博览会中,以1910年的南

---

129 (美)居蜜主编:《1904年美国圣路易斯万国博览会中国参展图录》(第1册),上海:上海古籍出版社,2010年,第121页。

130 《留学美国学生力争国体》,《东方杂志》,1904年第1卷第8期。转引洪振强:《国际博览会与晚清中国"国家"之形塑》,《历史研究》,2011年第6期,第17页。

131 (美)居蜜主编:《1904年美国圣路易斯万国博览会中国参展图录》(第2册),上海:上海古籍出版社,2010年,第80页。

132 转引罗靖:《近代中国与世博会》,[博士学位论文],湖南师范大学,2009年,第128页。

洋劝业会最具影响力。在此，笔者就此次博览会所展示的器物形象进行简要论述。在南洋劝业会上，展出了来自全国不同省份的产品，还有来自美国、日本和南洋华侨等其他国家和地区的各种产品共计420类，近100万件的产品。其中还包括教育、新式机器设备、交通、化学工业等产品，彰显了不断追求进步的近代中国造物体系。即便同西方国家相比，中国依旧有很大差距，但反映出中国的进步，有参观劝业会的日本人也发出了中国发展的感慨。"清国工业现已进入工业革命时期，由手工业、家庭工业逐渐向工厂机械工业发展"[133]。甚至连国人也认为中国造物技艺取得了可喜成就。"福建、广东之漆器，为我国所特产，早已名震全球，固不定论。即如日辉之呢布，耀徐之玻璃，启新之水泥，大冶之铁器，广东之花纱、花砖、上海之棉丝、棉布，其余各省所仿造之洋货，大都质美而工精，何遽不若外人"[134]。尽管手工日用品依旧是中国产品的支柱，但革新已经成了当时中国人的共识。这从当时瓷器生产中也能反映出来。瓷器作为中国文化的象征，采用新式生产模式进行瓷业加工已经成为各方共识。1906年，在熊希龄等人的支持下，成立湖南醴陵瓷业公司，聘请日本技师进行瓷业改良。1908年，在景德镇成立江西瓷业有限公司，也采取新式产业模式进行瓷业生产和加工。两个新成立的公司，都参加了此次在南京举办的大规模的博览会。两个瓷区生产的瓷器对比也就成了各方关注的焦点。部分人认为湖南瓷器进行改良，能够生产各种新式瓷器，但江西瓷器只是仿古，且并没有掌握科学知识，仿古产品也难以达到古代的水平。"江西制造颜料以一班毫未研究化学之工人……仅凭工人之经验以致选料不精，配合失当且色种太耗，非金类掺和太多，画于瓷面非堆垛不能成色，致失古代颜料之价值"[135]。针对上述指责，已经进行新式瓷业生产的江西瓷业公司方面的相关人员对此表示异议，提出江西也已经进行了新式瓷业改良，并在学习日本的基础上，专门研制新式釉料和各种印花器具。但湖南方面仅仅是模仿日本技法，且成本太高。"湖南购买日本颜料，聘请日本技师，专绘釉下花，一切仿日本制法，若能出货成本减亦未始非抵制外货之一道。惟外国颜料昂有十倍江西瓷公司，向亦用之因成本过大不能多出货品……江西瓷业公司附设陶业学堂所处印花器具，鄙人曾于会场教育馆见之矣。湖南瓷有无印花器，鄙人未曾见"[136]。前述国内关于湖南和江西瓷业生产的争论，折射了近代中国工业发展历程。一方面，积极学习新式科学技术，采取现代化生产模式，已经成为各方共识；另一方面，也昭示了采取何种学习模式才符合未来中国器物生产需要。

民国时期，在国外商品倾销的背景下，发展民族工业，使用国货已经成了当时主流的呼

---

[133] 转引洪振强：《南洋劝业会与晚清社会发展》，《江苏社会科学》，2007年第4期，第207页。
[134] 《南洋劝业会纪事》，《东方杂志》，1909年第1卷第3期。
[135] 《南洋劝业会研究会报告书部丙》，《中国早期博览会资料汇编》，全国图书馆文献缩微复制中心，2003年，第700页。
[136] 《南洋劝业会研究会报告书部丙》，《中国早期博览会资料汇编》，全国图书馆文献缩微复制中心，2003年，第709页。

声,也出现了前述笔者提到的多次国货运动和国货展览会。1929年,中国举办了具有国际性质的西湖博览会。作为民国时期具有较大影响的博览会,此次博览会共持续128天,参观人数超过1700万人次,共包括工艺品、机械产品、教育用品、文艺品、饮食产品等12类产品以及诸多国外机器品和原料用品参展,集中展示了近代中国器物生产的成就。参展作品共评出特等奖248个,优等奖802个,一等奖240个,二等奖1600个,分别给予奖励[137]。其中,近代工业发展成就的展示在工业馆。"(该馆)占地约1平方公里,分4个陈列分馆,按地区、行业和工厂划分为98个陈列区,展出轻工、重工、机械、棉纺、手工、电子、化学、电力、仪表、矿冶、建材、食品、烟酒、水产品、粮油、五金、交电、邮政、日用工业品等物品数万件"[138]。参观陈列馆主要展示国外的机器、机械、原材料、纺织品,供中国制造厂商参观学习。此外,展览馆还专门设立了三个特别陈列处,分别为铁路陈列处、交通部电信陈列处和航空陈列处。其中航空陈列处展示飞机大模型3架,以及航天图片、图表多件。

与此同时,在吸收借鉴各种经验的基础上,为了办好此次博览会,博览会的主办者在展馆设计、产品包装、文化娱乐等方面着力甚多,并将新式的技术应用到场馆展示之中。在娱乐方面,博览会设有跳舞场、电影院、剧场、溜冰场和音乐厅等,还有各种传统文艺表演,能够吸引不同层次的群体到博览会参观,并借此传播了新式的科技文化,提升了国民对国货的认同。在众多的娱乐设施中,尤其是以音乐厅的光电技术应用的效果最好,其底部有一个大电灯,光芒随音波而转动上升,带来极佳的视觉效果[139]。此种设备是首次在中国出现,引发了民众的好奇。尽管此次博览会名义上为国际性的,但并没有外国人参加,仅展示部分国外机器等产品供民众参观和学习,其实是国货博览会。此后,民国政府也曾多次举办类似的博览会,但由于国力原因以及复杂社会局势的影响,大多难以实现预期目标。

四、博览会上的器物形象折射中国国家形象

博览会是近代世界各国展示科技文化和国际形象的最好窗口,也可以认为是现代化技术传播的重要舞台,其意义远远超出商品展示和贸易的范畴,成为彰显不同国家实力和国家形象的角力场。从1851年的伦敦万国博览会开始,中国便通过各种方式融入世界秩序之中。但总体而言,一直到民国时期,在博览会上,中国展示的仍是以农工文明为主体的国家形象,其背后昭示了"古老"和"落后"两个在世界近代史上并非褒扬的概念。在此历程中,两种复杂的心态一直伴随着国人:一是,亟须向西方学习,表现自身不断进步和发展的国家形象;一是,受到文化惯性和自身实力的影响,难以突破原有的发展模式,只能无奈地展示既有的造物技术和成熟的器物。换言之,这种矛盾的心态无法让国人找到自身的国家定位,也无法对中国自身的文化和发展模式给予较为合理的评价。此外,关于近代中国发展的各种不

---

137 周峰主编:《民国时期杭州》,杭州:浙江人民出版社,1997年,第505页。
138 周峰主编:《民国时期杭州》,杭州:浙江人民出版社,1997年,第508页。
139 周峰主编:《民国时期杭州》,杭州:浙江人民出版社,1997年,第510页。

同路径、发展模式以及国际发展的背景等影响，也意味着中国难以在此过程中探寻到自身的发展路径。为此，笔者将影响器物与近代中国国家形象之间关系的因素进行分析，以期更为明晰地认知影响国家形象塑造的诸多因素。

首先，器物质量、器物类别、造物体系和造物模式是决定器物贸易和影响国家形象最为关键的要素。不同时期，器物承载了不同的文化意蕴和造物模式。近代以来，随着机器大工业的发展，"新"完全代替"旧"成为人类社会发展的主流，任何新式的设备或者产品的出现就意味着这个国家引领了世界发展的潮流，也自然得到赞美与肯定。反之，在博览会上展出的产品是传统的手工业品，自然会形成落后的感觉。在近代特殊的历史背景下，生产器物的种类也就决定了这个国家的形象。这从笔者前述的历次博览会上的新发明新创造受到各方认可，并被认为是进步国家的象征即可得到印证。在这一独特背景下，中国展示的器物也自然而然地被各方赋予独特的含义。追求进步、希图实现中国进步的开明人士也感慨中国所呈现的落后形象。在参观了1904年中国参加日本劝业会的展品后，张謇认为中国就是把博物馆的东西搬到博览会上，没有任何改良和新式机器设备。这也就意味着，在近代国家间日益激烈竞争的背景下，自然会影响国家形象的塑造。

其次，器物营销模式和商业的诚信意识会对产品销售产生影响，进而影响国家形象的塑造和建构。尽管博览会是近代世界各国展示实力和造物技艺的重要舞台，但毕竟有一定的会期与时间，在短时期内，要想实现很好的推广和传播，商品的营销就成为近代器物形象塑造的最好模式。在博览会发展历程中，欧美发达国家都树立了榜样作用。近代日本也是中国学习的榜样。在参与博览会初期，日本所有参与人员均着装统一且全部为新式服装，给参会人员留下了较好的印象。到了后期，随着宣传自身民族文化的兴起，传统的服饰、各种娱乐活动等均起到了引领作用。在商品包装和宣传方面，精美的包装是全方位的推广模式，也推动了日本形象的推广，给欧洲留下了"进步的日本和落后的中国"的国家形象。此外，在商品销售中，诚信的经营意识也是对商品形象和国家形象最具影响力的作用。部分中国商人不遵循商业规则，以次充好的现象严重影响了中国对外形象的塑造。"某年日本入口之茶，因著色斥回。政府旋彻究之，知为乡农所为，下狱之外，又罚日币六百元云，以后乃无弊焉。该处长曰，子邦茶质，世无其右，何以政府任民作伪，此与自杀何异？……又历言我华茶入口作弊之事，屡因斥回，改用暗号。一箱茶若干，关员不能逐一查验，乃以暗号分别其优劣。发于包纸多刊数字，以为外人不识汉字。比及发觉，复于包纸绳段染色以区别之。又发觉，则异想天开，于包纸上缺其广告文之一角一画，不及二分之长，以为不易识别矣，而今又发觉……该处长恐予等不信，亲导予等同至栈房，当面要予指开一箱，分包指画，谓若者优，若者必劣"[140]。上述史料是参加1915年巴拿马博览会的屠坤华记述的关于华茶以次充好，被美国海关检查出来后屡次改变作弊手法的事例。美国海关官员为了证实自己的观点，还带领中

---

[140] 屠坤华：《万国博览会游记》，北京：知识产权出版社，2012年，第86页。

国官员到库房任意取出茶叶，当面进行验证，使得中国官员哑口无言。同日本相比，近代中国商人的诚信缺失和政府的监督缺位，让外国对中国产品形象失望，继而将中国国人形象和中国国家形象联系起来。

参与博览会的中国官员形象也会直接产生对中国国家形象的认知。由于前述诸多方面的原因，中国对参与博览会热情不高，因此参加博览会的事宜均由海关洋员主导，且不论洋员是否敬业等方面的问题。在此过程中，存在的重要问题是他们认知的中国、真实的中国以及中国人希望展示的中国等多维视角的差异。根据海关主导的近30年中国参加博览会历程中，中国产品多为传统工艺品，一方面可知中国无法生产出先进的机器设备。据此是否可以推测，在洋员的视野下，中国展示新式科技产品是"以己之短与他人之长"的较量，没有认识优势。相反，古老的中国技艺在"异文化"的西方依旧受欢迎。在巴拿马博览会上，曾出现这样一幕："惟中日则以东亚古邦，可以古物陈列。然吾国古物，寥落无几，此为事前之遗误。外人见我无古，不胜骇异。予尝问其古，咸曰，尔之今，不如古。"[141]这种现象或许对追求近现代化的中国是一个伤害，但悠久的传统文化确实是中国值得骄傲和展示的资本。认知和观察视角的差异，也会引发诸多问题。也正是基于近代中国民族主义的视野下，收回由洋员主办权昭示了某种成功或胜利。而在此后多次博览会上，在官方重视下，民众积极参与，取得了较好的成绩，也树立了改革和发展的形象。以1904年圣路易斯博览会为例，代表中国的官员统一着官服参与开幕式，展示了中国的王朝文化，引发了美国人的好奇和报道。在随后的一系列访问中，溥伦表示他将以平民衣着走访，不愿意引起太多奇异的目光，展示其亲民的一面。尤其得到西方媒体认可的是，在观看美国演出以后，他发表了种族平等的观点，为中国形象增分。"溥伦指着现场女主角之一的戴丽，向剧院经理问道：'这位演员真的是黑人吗？'此时，戴丽走近溥伦，掀开手上的袖套，露出她白色的臂膀——原来她是白人。戴丽说：'不要把我跟他们相提并论，我可不是黑人。'这使舞台现场的许多黑人演员感到尴尬，此时溥伦打破僵局，发表他对种族平等的看法"[142]。溥伦的平等意识，也赢得了美国人的好感和认可。

五、小结

传统与现代工业造物体系在很长时期内并存交织，是近代中国造物体系发展演变最典型的特征。发端于欧洲的工业革命确立了新型的工业化造物体系，在与中国手工造物体系的竞争中取得优势地位，并在全球范围内奠定了现代工业体系的地位和影响力。在维系国家利益的基础上，欧洲社会各界开始对中国传统器物体系进行诋毁和攻击，进而不断"妖魔化"中

---

141 屠坤华：《万国博览会游记》，北京：知识产权出版社，2012年，第43页。
142 "Prince Pu, From Devil Wagon, Sees Chinatown. Goes to Wall Street and Is Amazed by the Ticker", The New York Times, June 3, 1904. 转引（美）居蜜主编：《1904年美国圣路易斯万国博览会中国参展图录》（第2册），上海：上海古籍出版社，2010年，第80页。

国形象。在此基础上，欧洲列强通过侵略战争等打开了古老中国的大门，先进的中国人意识到了自身制造体系的落后，开启了"以西为师"的历程。与之相伴随的是，种类繁多的"西洋"和"东洋"器物传入中国，重塑了中国的知识体系和消费模式，也推动了中国造物体系的艰难转变。

近代手工造物体系落后的事实外化为保守、衰退的中国形象，预示了"以西为师"，追求进步改良的中国国家形象。在中西历史地位转换给国人带来强烈反差的历史语境下，先进的中国人开启了艰难的改良历程，从洋务运动到国民政府的多次尝试，尽管没有改变中国封建落后的局面，但依旧在不断寻求适合中国发展之路。从最初对机器制造业的抵制，到接受，再到主动参与，表明了国人对先进文明学习的态度。诚然，在此历程中，传统造物体系受到严重冲击，生存步履维艰，但依托人力资源优势和高超技艺，中国高端工艺品依旧保持着生存空间。在传统与现代两种生产模式的冲突过程中，不断寻求适合中国制造体系的产业发展模式。

第五章 "世界制造大国"语境下的中国形象

　　1949年,中华人民共和国的成立,意味着中国器物制造进入了新的历史时期,昭示了中国发展进入新阶段,也开启了人类文明发展史上一个新的时代。大体而论,在新中国70余年的发展历程中,中国制造的发展与海外影响力分为以下几个阶段:1949年至1978年,这一时期是中国制造起步和探索发展期;1978年至2000年,这一时期是中国制造快速发展,不断提升制造水平和产生国际影响力的时期;2001年至2015年,中国加入世贸组织以后,中国制造业迅速在全球掀起了"中国风",这一时期是中国制造进行产业调整、塑造中国品牌和中国制造影响力的时期;2015年至今,是在《中国制造2025》出台背景下,中国制造进行产业升级,实现从"制造"到"智造"改变创新的历程,也是中国器物突破创新,再次探索引领世界制造业发展潮流的过程。尽管这一阶段还处于探索和发展时期,但已经显示出了巨大优势。

　　基于过去70余年的发展,中国制造业重新回到世界舞台,并对人类社会发展作出巨大贡献。本章内容在对相关文献资料梳理的基础上,考察英国、美国和日本等国家对中国产品的报道,结合相关调研问卷,分析中国制造在其他国家得到认可的情况,进而了解和分析器物形象与国家形象之间的相互关系,了解和认知其对中国制造业产生的影响。

第一节　新式博览会与"中国制造"重新走向世界

　　博览会是中国对外宣传和展示商品的重要窗口,从广交会的"卖全球"到上海中国进口博览会的"买全球",背后昭示了中国全方位取得的巨大成就。通过博览会展示平台,能够很好地展示中国器物形象和国家形象,改变别国民众对中国形象部分错误观点,了解社会主义发展成就。为此,中华人民共和国成立以后,高度重视博览会对外交流的功能,在举办展览会的同时,积极参加在其他国家举办的博览会,实现加强国际商业贸易、宣传社会主义建设成就与提升中国国家形象的多重目的,通过博览会宣传和提升国家形象是中国参与博览会的一个主要目标。中华人民共和国成立以后,在长期战乱、满目疮痍的基础上,迅速建立了大工业生产体系,在全国范围内进行资源调配,在较短时间内恢复了国民经济,实现了真正意义上的国家独立。但由于严峻的国际局势,西方国家对中国进行了严密封锁,影响了中国的对外交往和器物贸易。在这种困难的情况下,中国通过广交会打开了对外市场,依托劳动力优势，促使中国器物的海外传播，也为中国赚取了难得的外汇。改革开放以后，中国走向世界，从经济特区，到沿海开放城市，再到内地，中国形成了全方位的对外开放格局，构筑了全世界最为完备的产品制造体系，并注重创新与对外交流。在广交会基础上，积极参与世界其他地区举办的博览会，并在国内举办世界性的博览会，宣传中国造物技艺和新时期的中国国家形象，尤其以上海世博会和上海进口博览会为代表。为此，基于博览会器物变迁的视角，了解和分析新时期博览会平台在器物贸易和文化交流中扮演的重要角色，可以认知其在建构中国国家形象中的地位。

一、广交会搭建器物文化传播新平台

广交会是中国对外贸易和文化交流的重要平台，在传播中国形象中扮演重要角色。广交会是中国出口商品交易会的简称，因交易会设在广州而得名。中华人民共和国成立以后，中国面临以美国为首的西方国家的封锁，同中国建交的国家是以苏联为首的20多个社会主义国家，仅靠当时与这些国家记账式的贸易，难以满足中国发展需要和外汇储备需求。为此，1956年冬，以"中国国际贸易促进委员会"的名义在广州举办了为期2个月的"中国出口商品展览会"，这是当时全国最大规模的一个博览会。为此，《人民日报》专门发表社论，认为此次展览在推动各国相互了解、加强中国和其他国家的经济合作与贸易往来中具有极其重大的作用，也展示了中华人民共和国成立以来的造物成就。"这次在广州举行的中国出口商品展览会，是中国开国以来规模最大的一个展览会。它展出的出口商品，有我国重工业、轻工业、手工艺的新产品和名贵的土特产品等。这些商品，有的是我国传统的出口商品，有的是我国在社会主义建设中新出产的商品"[1]。此次展览会共陈列商品1.2万多种，接待了来自全世界37个国家和地区的客商2736人参加贸易活动，出口成交额5380万美元，展览会还接待了50多个国家和地区的外宾及港澳台同胞4万多人参观，取得了可喜的成绩[2]。正是基于此次展览会的成功举办，国务院批准第二年在广州举办中国出口商品交易会。1957年4月25日至5月25日在广州郊区的原中苏友好大厦举行了首届中国出口商品交易会。截至2019年5月，广州共举办了125届中国出口商品交易会，是中国最具影响力、持续时间最长的固定商品交易会。在2006年的第100届广交会上，时任国务院总理温家宝同志宣布从第101届展会开始，展会名称更改为"中国进出口商品交易会"。尽管早在1958年的第二届广交会上就已经进口外国商品，但从名字来看，广交会已经承载着中国商品出口的重任。此次调整更多的是将中国商品放置到同一平台上进行竞争，扩大展会的影响力。广交会60余年的发展历程，是中国制造业迅速进步时期，也是中国产业发展升级的关键阶段。广交会是中国制造体系发展的缩影，也是中国对外形象展示的窗口，其发展转变历程，能够体现和折射中国制造技艺和中国形象塑造历程的变迁。

---

[1] 《祝中国出口商品展览会》，《人民日报》（社论），1956年11月10日。
[2] 刘松萍：《会展、经济与城市发展》，北京：中央编译出版社，2011年，第76页。

1. 不同历史阶段广交会商品特征

广交会的发展历程，是中国探索走向世界的窗口，也是新中国器物制造和对外贸易不断扩大世界影响力的历程。如前述，在广州设立专门出口商品的广交会，是在中国发展遭遇到严重困境下寻求突破的举措。由于受中国制造层次的影响，前期广交会的主要产品为各种农副产品和手工艺品等初级产品，这也反映了当时中国造物技艺在全球的地位。根据相关数据统计，农副产品在广交会的前三年，分别占展会成交总额的67.6%、52.7%和38.8%[3]。尽管成交比重在下降，但其在总体对外展示和出口中，一直到20世纪70年代中期，稳居所有出口商品首位。尤为值得一提的是：在1957年广交会上，展示了中国自主制造生产的5辆解放牌汽车，参展的中国观众对此都非常好奇和激动。当时展示出来的新产品还包括"17钻手表、缝纫机、金相显微镜及半导体等。它们都在展览会上露面，观众看了兴奋不已"[4]。此外，广交会还展出了车床、钻床、柴油机、收音机、电影放映机、照相器材、水泥、铁钉、铁丝等。这些产品作为展示中国工业发展成就的产品在中国工业馆展示，但它们是非成交性商品，仅仅作为展示中国在工业制造方面所取得的成就。在第一届广交会成功举办的基础上，1958年的广交会，有来自全世界49个国家和地区的参展客商共2111人，较第一届影响力有进一步提高。到了1974年，参加人数增加到17400万人次，其中增加了美国、日本和欧洲国家的客户[5]。但由于这一阶段独特的历史和政治原因，中国制造业发展缓慢，广交会上展示的商品就是当时中国代表性的农副产品和手工艺品。

图5-1 不同时期的广交会标识

---

[3]《中国出口商品交易会志（1957—2001）》，广州：中国对外贸易中心（集团），2004年，第22页。
[4] 毕清：《50年前的回忆》。选自中国对外贸易中心编：《亲历广交会（1957—2006）》，广州：南方日报出版社，2006年，第204页。
[5] 刘松萍：《会展、经济与城市发展》，北京：中央编译出版社，2011年，第134页。

广交会见证了改革开放以来中国工业制造快速发展和中国制造业体系的转型升级。改革开放以后，随着中国不断扩大对外市场以及中国巨大的劳动力资源优势，广交会上的产品主要转向以机械电子、服装、纺织等行业，中国劳动力资源优势促进了中国产业发展的迅速升级。1979年，为了扩大对外贸易，取消了光展不卖的"成就展品"，实施"以展促销、凡展必卖"的做法。1982年，《红旗》杂志就中外关系发表相关文章指出，要从以下几个方面扩大中国的出口："第一，积极扩大矿产品的出口，努力发展有色金属和稀有金属的出口……第二，要积极扩大机电产品的出口。几年来，这方面发展比较快，但潜力还很大。要动员机械工业的几百万职工，努力提高质量，改进技术，打入国际市场，为国争光。第三，要进一步发展我国的轻纺产品和特有的手工艺品，诸如瓷器、挑花、中成药、服装、刺绣、雕刻等产品的出口。第四，发展我国的土特产品，诸如茶叶、中药材、野生名茶、畜牧品等的出口。"[6]1985年4月，胡耀邦同志视察了春季广交会，提出要加大新产品的开发，要求每年展品中要有20%的新产品，其中2%—3%是中国特有的品牌产品，并争取5年更换一次[7]。此后各交易团就非常重视各种具有代表性新产品的征集，使展品质量能够体现和反映中国社会主义建设成就和科技进步。1983年，在第53届广交会秋季展上，展出了中国生产的黑白电子管电视机，也代表了当时中国最先进的电子产品生产与制造能力。1985年，国务院批转了八部委《关于扩大机电产品出口的报告》，有力地推动了机电产品出口持续、稳定、快速的发展。此后，家用电子产品和机械产品逐步取代农副产品和手工艺品，成为广交会对外贸易的主导产品。1999年第86届广交会上，机电产品成交43.4亿美元，占成交总额的36%，第一次超过轻工工艺品，居成交额第一位。2005年春季广交会上，机电产品成交57.07亿美元，占总成交额的53.8%。其中，家电和消费类电子产品是机电产品成交量的主力。成交金额排在第一位的是空调，成交6.56亿美元，其次分别为电冰箱、电视机、灯具及类似品、汽车零件、手工具、摩托车、洗衣机、电动工具、电风扇等。而在这些成就中，品牌家电企业成了主力军，包括格兰仕、美的、科龙、春兰等成交额均在1亿美元以上[8]。这也就意味着，中国品牌塑造进入了起步与发展期，许多企业开始重视自身品牌的建设。在2004年第95届广交会上，专门开辟出口品牌展区，鼓励和扶持"自有知识产权、自有品牌、自主营销、高技术含量、高附加值、高效益"的展品参展。到了2006年第99届广交会的时候，品牌展位增加到4182个，占展位总数的14%，其中包括800多家商务部重点培育和发展的出口品牌。广交会率先设立中国出口品牌展区、知识产权保护机构，鼎力支持自有品牌产品、自主高技术产品、高附加值产品出

---

6 《关于我国的对外经济关系问题》，《红旗》，1982年4月16日。转引《中国商务年鉴》，1984年，第6页。
7 广州市地方志编纂委员会编：《广州市志》（卷七），广州出版社，2000年，第347—348页。
8 杨晓君、王攀：《广交会11种机电产品成交额超亿美元 空调居第一》，《中国质量报》。转引 http://news.sina.com.cn/o/2005-04-22/14275723608s.shtml。

口，促使"中国制造"向"中国创造"的转变[9]。此外，许多高科技产品也开始在广交会上进行展示。1988年，第64届广交会上，"长征二号""长征三号"运载火箭和"东方红"通信卫星模型等一批高科技产品走进展馆。

广交会的历程，是中国器物贸易形式不断调整与突破，形成更为灵活多样贸易体系的过程。首先，参展主体的变化就能折射和体现中国不断发展变化的历程。在计划经济主导下，广交会对外贸易模式最初由12家外贸公司来负责，全国各省市的外贸产品确定后由上述各家公司负责对外贸易，生产者根本不与外商接触。改革开放以后，外资企业来华投资，这些企业对参加对外贸易交流会也有要求。为此，1983年的广交会，外商投资企业开始参展，打破了前期由专门各类产品进出口公司负责参展的局面。即便如此，广交会依旧没有对中国民营企业开放。但随着中国经济的快速发展，民营企业逐步成为中国经济发展的重要增长点。活跃在生产第一线的民营企业也特别渴望参与中国当时最为重要的商品博览会，但限于各种政策，他们并没有机会参加。到了1989年的时候，相关政策有所松动，允许民营企业可以依托外贸公司参加，也就是说把自己生产的产品交给外贸公司，以外贸公司的名义来"借展"，但企业没有任何的定价权和谈判权。随后，相关政策对在深圳注册的公司开放，可以取得自主进出口权，直到1999年，民营企业第一次以正式生产方身份参加广交会。到了2005年秋第98届广交会上，参会民营企业达到4628家，首次超过国有企业，昭示了市场经济蓬勃发展背后中国经济多元化现象。随后，外贸公司逐步退出了历史舞台，把相关经营权完全交给了商品的直接生产者，企业有了生产的自主权，能够根据不同地域、不同国家和民族的需求制造不同的产品，既能保证自身利益，又能发挥劳动力资源优势，根据市场变化进行产业调整，适应世界发展的历程。2005年，阿里巴巴公司在广东设立了分公司，昭示了线上器物贸易的开始，"网上广交会""在线广交会"以及"在线机电广交会"等智慧广交会的建设，已经成为广交会贸易模式的主要组成部分，给广交会注入了新的活力，实现了外贸进出口渠道的多样化和便捷化。

广交会见证了中国品牌成长的历程，是展示中国品牌形象的重要窗口。广交会主要商品由最初的农产品和手工艺品向高科技产品的转变历程，是社会主义建设取得伟大成就的缩影。在广交会最初阶段，中国赚取外汇的主要产品是中国传统的农副产品和手工艺品，可以说是中国传统制造体系的传承和延续。同明清对外贸易与近代中国对外贸易一样，中国对外出口依旧是手工艺品和农产品。改革开放以后，随着机械化生产技艺的提升，中国对外产品的数量和种类越来越多。在此历程中，以电子机械产品为代表的科技产品成为我国对外商品出口的主流，这在广交会上反映得尤为明显。尽管从2000年左右至今，机电和电子产品主流地位没有发生变化，但其产品的升级换代和品牌影响力则越来越强。尤其是最近十年来，技术和品牌输出已经成为广交会的主流，为中国品牌成长提供了机会。此外，20世纪80年代中期以后，在广交会上

---

9 刘松萍：《会展、经济与城市发展》，北京：中央编译出版社，2011年，第102页。

开始出现了技术和劳务输出的情况,是中国对外影响力的一个重要展示模式。

但作为发展中国家,要构建中国自身享誉世界的品牌还有很长的一段路要走。根据2006年对参加广交会的外商的一份调研报告显示,当时中国品牌在外商中的认可度并不高,外商更熟悉中国企业的名称,对中国品牌并不了解。在2629名外商说出的3104家中国企业的名称中,拥有自主品牌的企业仅143家,其余均为外商贴牌生产企业。此外,在外商喜欢的中国品牌中,单一品牌得票率普遍不高,只有三个品牌得票率超过100票,其中格兰仕(113票)、雅格尔(107票)、安溪铁观音(103票),排在后面的品牌还有美的、远大、海尔、美雅、长虹等[10]。诚然,上述情况会因为调研对象选取而出现不同的结果,不能就此作为对当时中国制造的全面且正确的评价,但可以反映出当时中国制造影响力虽大,但品牌知名度弱的现象。此后,广交会上越来越重视对中国品牌的推广,重视自主研发品牌在广交会上的地位。尽管从20世纪80年代到2000年左右,中国展出的各类商品在名称上没有本质的变化,但技术含量和科技创新力取得了突破性进展,尤其是以日用电子产品为代表。无论是电视机、纺织品还是新式电器产品,在原料、款式、环保和功能等方面都呈现出可喜的发展成就。

2. 广交会展示中国器物形象和国家形象

广交会是"贸易的桥梁、友谊的纽带"。作为中国最早对外开放的窗口,广交会的发展变迁历程也反映了中国器物制造和对外贸易的历程,折射了中国国家形象变迁的轨迹。美国前总统老布什在1985年参观广交会时说出,"从这里,我看到了中国的发展方向"[11]。在首届广交会的《中国出口商品陈列馆几点要求》中,就有对广交会参展产品的明确定位。"中国出口商品交易会集中了全国主要出口商品,以实物形式向国内外观众介绍中国出口商品的外销及其品种、规格、包装花式等情况,以显示全国生产发展面貌及丰富的可供出口的物质资源。通过参观,加深对中国的了解,提高华侨对祖国的热爱,激发外宾、侨商与中国贸易的兴趣,对建立与扩大业务经营范围,扩大出口有一定好处"[12]。加深对中国人民的了解,提升华人华侨的爱国热情,意味着广交会绝非单纯的商品贸易博览会,而是展示中国对外形象的窗口。

广交会上的国外参展商见证了中国的发展与强盛,也见证了中国崛起的奇迹。曾参加过1973年广交会的澳大利亚人Donald Moir描述了自己参加展会的经历。他们在香港和6个欧洲人勉强塞进了一节小车厢,到边境后被几个不苟言笑的中国移民官领到火车站的一个房间里面

---

10 《广交会数据调查显示:中国知名品牌寥寥无几》,《中华工商时报》。转引http://www.china.com.cn/economic/txt/2006-07/04/content_6264954.htm

11 郭伟强:《追忆老布什两次访问广交会》。选自中国对外贸易中心编:《亲历广交会(1957—2006)》,广州:南方日报出版社,2006年,第66页。

12 广州市地方志编纂委员会编:《广州市志》(卷七),广州:广州出版社,2000年,第351页。

等待，房间的周围全是农田，很难想象今后这片乡野将被新兴的深圳所取代。当时广州的东方宾馆，是西方人唯一能住的地方。宾馆的安排无论是来自哪个国家，不管认识不认识，都会被固定地安排在一个房间里面，不可能调换，也不会一个人安排一个房间。当时广州最重要的交通工具就是双脚，除非很有钱，才可能拥有一部自行车[13]。且不说国外参展商对广交会和中国巨大变化的惊异程度，就上述言论，笔者也是难以想象的，但这也恰恰证明了中国社会的巨大变化。时至今日，广交会会场也经历了多次变化，从最初的中苏友好大厦的五层商品陈列馆，再到第二年新建的10层中国出口商品陈列馆，加上后面的两个侧馆，展馆面积共49473平方米。1974年，又在流花路建新馆，建筑面积为11万多平方米。现址广州国际会展中心自1994年开始修建，截至2009年，其建筑面积达到110多万平方米，其中室内总建筑面积达到33.8万平方米，等到第四期建成以后，整个室内建筑面积将达到50万平方米，是世界上最大的会展中心之一。从最初的五层楼的临时展馆，再到如今的琶洲国际会展中心，广交会的发展演变历程也是新中国发展历程的缩影。

广交会的历程是中国制造能力不断提升、制造体系逐步完备的历程。从最初的农副产品，到机械制造产品，再到高科技产品，展示了不断强大的制造大国形象。就产品贸易对象和范围而论，也从最初的满足国家发展需要到全方位覆盖的过程。曾多次参加广交会的丹麦IB Laursen aps公司经理曾回忆自己参加1980年广交会和后来情况的对比："那些年（1980年），我们觉得广交会的商品质量很差，也很难找到适合欧洲市场的产品，而且由于会讲英语的参展商不多，他们需要用手势和画图来沟通。同样，要经过一番努力才能办好协议文件。而且在广州也很难找到地方住，来往香港也很不方便……现今，在广交会上所有人都会讲英语，服务也很好。商品的质量和设计也很不错。"[14]埃及商人哈姆迪也经常参加广交会，作为主要经营家用纺织品和床上用品的经营者，他认为中国纺织品质量过硬、价格合理[15]。改革开放以后，中国制造产品不断升级，数量和质量方面都有高速增长，具有高技术含量的工业品在对外贸易中所占比重越来越大。进入21世纪以后，这种趋势更为明显，许多中国制造业的品牌企业通过广交会的平台不断开拓国际市场，先进科技、智能环保的产品在商品贸易中也起到了决定性的作用和影响。以2018年第133届广交会为例，汽车、轻工机械和灯具成交额增幅很快，此外摩托车、电视机、智能电风扇等也取得了可喜的交易额。这也表明了在中国拥有全世界最完备的制造业生产体系以后，制造技术和制造能力有了明显提升，开启了更具影响力的新时期。

从参展国家和地区来看，广交会也反映了中国不断融入世界、为人类文明发展作出更

---

13 Donald Moir,《1973—2004，我在广交会》。选自中国对外贸易中心编：《亲历广交会（1957—2006）》，广州：南方日报出版社，2006年，第246—247页。

14 Tove Laursen,《今非昔比的广交会》。选自中国对外贸易中心编：《亲历广交会（1957—2006）》，广州：南方日报出版社，2006年，第204页。

15 李建荣：《阿拉伯的中国形象》，北京：人民出版社，2010年，第261页。

大贡献的美好愿景。在广交会初期，受邀参展的代表主要是来自亚洲的国家和地区。在第一届广交会上，共有来自19个国家和地区的代表。"第一届广交会应邀到会的客商来自香港、澳门、日本、新加坡、马来西亚、印度尼西亚、泰国、缅甸、柬埔寨、老挝、南非、毛里求斯、新西兰、加拿大、澳大利亚、英国、比利时、法国、叙利亚等19个国家和地区的商人代表1223人"。其中，港澳商人共1021人，占所有参展商人的80%以上。但到了20世纪60年代，来自非洲的许多国家的参展商代表参加了广交会，参展群体的范围和影响力进一步扩大。1972年，中美关系开始改善，《中美联合公报》发表后，便有36名美国参展商参加该年的广交会，成交额达到150多万美元。1979年，中美关系正常化后，当年参加广交会的美国商人就达2078人次，成交额为1.62亿美元[16]。此后，随着改革开放的不断深入，世界上许多国家的客商都来参加广交会，广交会的主体外商逐步演变为以香港、欧盟、日本、美国为主，其他许多国家为辅的局面。90年代以后，随着中国与俄罗斯关系由苏联时期的记账式贸易模式改为现汇贸易模式，俄罗斯以及当时独联体的许多国家也开始参加广交会，中国贸易圈越来越大。

进入21世纪以后，中国对外贸易圈越来越大，更多国家和地区的商人和贸易组织积极参加广交会。到了2019年，秋季广交会，共有214个国家和地区的186015位商人参加，全年成交额达到590.18亿美元。2015年以来，随着"一带一路"倡议得到越来越多国家的认可和支持，来自"一带一路"沿线的国家和地区采购商成了广交会的重要来源。根据2017年第121届广交会的统计数据，来自"一带一路"沿线国家的商人共88574人，占与会商人总数的45.08%。目前，广交会的十大采购商来源地中，"一带一路"沿线国家占了7个。其中，俄罗斯、印度等沿线新兴大国到会采购商人数持续增加。与此同时，近几年来，每届广交会均有超过300家的"一带一路"企业参展，展出面积占进口展总面积的近六成，在实现中国制造买全球卖全球的目标下，也推动了沿线国家快速实现这个目标[17]。从最初的通过广交会用农副产品和手工艺品的交易换取外汇，满足人民群众生活水平的需要；到20世纪80年代中期以后，通过广交会窗口，引进先进技术，实现中国制造业产品的贸易，推动中外经济技术合作，加快中国经济社会发展；再到出口产品和技术，为人类社会发展作出贡献。广交会的发展历程，是中国制造在世界制造体系中比重增加的缩影，也是中国不断融入世界，为人类社会发展作出重大贡献的过程。

广交会展示了中国制造突破创新、开放包容、自信从容的历程。已逾60年的广交会，见证了中国器物制造体系的形成、发展和壮大，全方位展示了中国突破创新、不断进步的历史进程。大体而论，广交会发展经历了几个阶段：初期阶段为依托中国资源和劳动力优势，出口各类农副产品和手工艺品，几乎为出口完全主导的阶段。尽管这一时期的出口产品也有技术含量，展现了古老中国的造物智慧，但很难展示中国科技发展成就。即便有部分展示型的

---

16 广州市地方志编纂委员会编：《广州市志》（卷七），广州：广州出版社，2000年，第296页。
17 《广交会促进中国与"一带一路"沿线国家的经济互融》，http://www.cantonfair.org.cn/cn/index.aspx

商品，但并不进行交易。当时这些产品甚至很难满足国人自身需求，也就出现前述欧洲客商到广州后，认为拥有自行车都是非常有钱的感觉。总体而言，这一时期在计划经济主导下，以及受诸多政治运动的影响，中国制造水平还处于非常落后的阶段，也只能依靠中国初级阶段的产品进行贸易。第二个阶段为改革开放以后到2000年，大致以20世纪90年代为界限，分为两个不同的时期。改革开放以后，随着对外贸易模式的调整以及大量外资进入，中国制造业迅速发展，依托劳动力优势，中低端日用品在国际市场上得到认可，并以此为契机，中国进入了高速发展阶段，不断实现制造能力的升级换代。进入90年代以后，机械制造产品、家电产品等开始成为广交会上的代表性商品，由资源密集型向劳动密集型转化，产品的附加值也越来越大，利润也逐步增加；与此同时，通过接受客商的来料、来样、来图加工和来件装配等业务，锻炼培养了一大批技术人才和外贸人才，为中国制造打下了坚实的基础。第三个阶段为2001年加入世贸组织至今，也可以分为两个不同时期。从加入世贸组织至2013年，是中国制造面临巨大机遇和挑战时期，一方面，加入世贸组织促使中国制造业以更快速度走向世界；另一方面，由于面对知识产权保护和许多发达国家对中国实施的"反倾销"调查，也要求中国必须加强自身品牌建设。

二、新中国参加的世界博览会及国家形象塑造

积极融入世界大舞台，展示新型的国际形象，为人类社会发展作出自身贡献，是中华人民共和国成立至今的一个目标和任务。从新中国成立初期，中国就参加多种外交活动，参加世界性的博览会也是展示中国发展成就、维护世界和平形象的重要组成部分。从1949年至今，随着世界性商品类型的快速增多，每年就有几百次世界性的各类展会。大体而论，以1982年中国参加美国诺科斯维尔世博会为界，分为两个阶段。前一个阶段中国主要参加了社会主义阵营国家以及部分与中国友好国家举办的国际博览会；后一个阶段则意味着中国全面融入世界。参加的众多博览会展示了不同时期中国的造物成就及文化内涵。为此，笔者就不同历史阶段，挑选有代表性的重要展览会，来反映新中国造物历程的发展。

1. 改革开放前中国参与的主要博览会与国家形象展示

莱比锡博览会展示中国社会主义工业建设的巨大成就。莱比锡博览会是中国参与次数最多、效果最好的博览会之一，早在1951年，中国就已经参加在德意志民主共和国举办的莱比锡国际博览会。在此次博览会上，从展馆设计到器物展示，具有明显的社会主义新中国气象。"中国展馆设在展览会的机械设备部的第十四厅，即人民民主国家展厅里，位于中央部分，装饰设计有八面五星红旗，二楼墙上挂着巨型的天安门和毛主席的照片。天安门巨照下面的两个小展厅里悬挂着马克思、恩格斯、列宁、斯大林、毛泽东和皮克的丝织像。左边部分是新中国的开国大典、毛主席阅兵和中国各方面的建设、人民生活和抗美援朝保家卫国运动的照片。右边部分为丝绸、皮毛、猪鬃马尾、名贵的地毯、精良的纺织品、大橡皮轮、生铁线管、各种电线、无线电及电机器材、五金工业上测量仪器'对

图 5-2 1958—2020 年世博会 logo

板',以及有名的矿产"[18]。

在当时特殊的历史背景下,与其说博览会是中国商品的展示,不如说是新中国国家形象的展示。在前述具有特别鲜明符号意义特征的参展品上,参与莱比锡博览会宣示了中国社会主义阵营的性质,商品贸易和技术交流在此次博览会上并没有占很大比重。当然,根据报道的参加此次博览会的器物,也从一个层面显示了刚刚成立的社会主义中国的造物技艺,中国传统器物产品依旧是中国器物形象和国家形象的重要载体。换言之,长期遭受侵略和战乱的中国刚刚建立自己的工业制造体系,只能依靠农业和手工业等初级产品来彰显传统古老大国的形象。但由于是中华人民共和国成立以后第一次参加世界性的博览会,并没有太多的经验可以借鉴。对此,代表团在后来总结的时候,认为当时中国的许多轻工业品和日用品,诸

---

18 陈适五:《四十万人争看中国馆——莱比锡博览会纪事》,《世界知识》,1951 年第 18 期,第 22 页。

如毛巾、牙刷、钢笔、打火机、皮革、纸等，应该进行展示。但由于当时负责参加展览会的部分负责人认为，中国的这些产品不如外国，进行展示，会有辱中国形象。但参会以后才发现，许多国家的类似产品还不如中国。博览会出现的部分产品质量太差，甚至不如在国内销售的商品。尤其是瓷器，数量少、质量差、形式不美观。上述现象也表明新生的民主政权缺乏对世界发展的了解，因此对展品陈设准备不足。"有若干产品缺乏代表性、典型性。到过中国的外国人和在民主德国生活的中国人都一致认为展品太少、太差"[19]。即便如此，由于欧洲观众对新成立的社会主义政权的好奇，中国首次在博览会上的展示还是取得了巨大成功，德国多家媒体对中国进行报道，赞美社会主义中国迅速取得的工业成就，并表达与中国进行贸易联系的未来愿景。"在博览会前夕及期间，德国各大报纸均以'世界贸易的一道门''对东方和平通商的一道门'为题撰述评论"[20]。此外，此次展示的新中国形象，改变了部分欧洲民众对中国不公正的看法，让他们对新中国建设成就另眼相看。"不久以前在他们心目中，'中国'这个字总是和真丝、难写的方块字、大米、砖茶以及汗流浃背的苦力等交织在一起，连成一片模糊的幻象。现在他们自己看到了中国的展览品，感到四亿七千五百万的人民正以极大的速度进行着他们国家的工业化"[21]。

结合首次参加博览会的成绩和不足，中国专门成立了中国国际贸易促进会，全面负责对外展览事宜。在参加1952年德国莱比锡博览会之前，便确定了展览会的目标：即展示中国在政治经济建设的伟大成就；展示苏联领导的世界社会主义阵营的强大；促进中国与民主德国及西欧间的贸易[22]。从上述记录来看，政治象征意义和新中国伟大成就的展示依旧是此次博览会的主题。

中国馆、中国制造展示了"有希望的东方大国"的国家形象。作为中华人民共和国成立以来首次展示中国形象的独立展馆，该馆以天安门为设计原型，辅以各种标语和装饰，继续展示社会主义中国建设的成就。在第一次参与博览会经验总结基础上，此次中国参加博览会的产品定位是多、博、精，也就是要充分展示社会主义建设成就的同时，挑选能够代表中国新成就的重工业机器产品等重点展示，实现政治宣传和商业贸易双丰收的目标。也正是因为前期的认真准备，此次博览会从展示模式、商品类型和展会影响等方面，都取得了良好的效果。在商品展示方面，既有先进的机器制造技艺，也有中国传统代表性的手工艺产品，这些物美价廉的商品受到德国民众的欢迎与认可。"由于中国的商品物美价廉，因此莱比锡市民

---

[19]《出国工作报告》（1951年10月1日），中国外交部档案馆藏，档案号109—00154—01（1）。转引陈弢：《新中国对欧公共外交的开端——以莱比锡博览会为中心的考察》，《中共党史研究》，2018年第2期，第95页。
[20] 陈适五：《四十万人争看中国馆——莱比锡博览会纪事》，《世界知识》，1951年第18期，第22页。
[21] 陈适五：《四十万人争看中国馆——莱比锡博览会纪事》，《世界知识》，1951年第18期，第22页。
[22]《中华人民共和国参加苏保德展览会筹备委员会第一次会议记录》（1952年6月23日），中国外交部档案馆藏，卷宗号：109—00197—01（1）。转引陈弢：《新中国对欧公共外交的开端——以莱比锡博览会为中心的考察》，《中共党史研究》，2018年第2期，第95页。

往往天没亮就去商店门口排队等候,甚至挤破了窗户和玻璃。这迫使当地政府加派警察维持秩序。几天内商品就被抢购一空,特别是丝织品和香烟"[23]。此外,在此次博览会上,中餐展示和销售也成了中国参加博览会的亮点。可口的食物和热情的服务,改变了欧洲人对中国饮食文化的误解,对中国餐饮文化表现出了极大的期待,成为此次博览会上的亮点。

正是因为前期认真准备和筹划,此次博览会中国实现了国家形象宣传和商业贸易的双丰收。民主德国的皮克总统参观完中国馆以后,认为一年的时间中国就发生了巨大变化,去年主要展示的是日用品和丝织品等,而第二年就展示了中国重工业制造技术,成就显著。同样,许多德国人在参观以后也对中国刮目相看,改变了中国落后国家形象的看法,提出了"有希望的东方大国"的观点。对于此次博览会上的巨大成就,欧洲其他国家的媒体也进行了报道,表现出了多种复杂的心态,但从效果来看,依旧可以看出中国参与博览会的影响力。联邦德国的《韦斯报》认为,中国在莱比锡展出的工作母机、纺织机器等都具有非常良好的品质和性能[24]。英国《泰晤士报》认为,中国馆面积之大,展品范围之广,使大多数观众都吃了一惊[25]。也正是因为此次博览会上的成功展示,让欧美资本主义国家看到了新生社会主义计划经济体系的作用和影响力,他们认为来自中国和苏联的竞争将成为世界经济竞争的重要力量。

参加博览会昭示中国立场,具有极强的政治象征意义。1953年,社会主义阵营内部出现了许多问题,面临着严峻的局势,是否参加莱比锡博览会就意味着自身的政治立场和国家意志。作为社会主义大国的中国,声援德国,并为社会主义阵营的团结作出贡献,是当时义不容辞的责任。为此,中国政府对此次博览会更加重视。不同于前两次博览会仅派出低级别的专业团队参加,这次博览会中国决定派出部长级别的政府代表团,表达对民主德国的支持以及展示中德之间的友谊。为此,在博览会中国馆设计方面,研究采取宫殿式的大门,广场上有高达20米的标语塔,上书"中华人民共和国馆"8个大字。中国馆大厅正中立着象征新中国的工农联盟的大塑像。厅堂上悬挂着毛主席、马林科夫主席与皮克总统的三幅巨像,四周墙上挂着中德两国人民友好的各种照片。馆内展台依然采用中国园林长廊设计形式,有丝、绸、棉、缎、毛、麻织品,各种日用品,各种农业品与土特产品和手工艺品,包括象牙雕刻、雕漆和景泰蓝等4000多种展品[26]。上述中国传统工艺品依旧是中国最受关注的产品,也是

---

23 转引陈弢:《新中国对欧公共外交的开端——以莱比锡博览会为中心的考察》,《中共党史研究》,2018年第2期,第98页。

24 《莱比锡国际博览会中国展览馆工作报告》(1952年9月),中国外交部档案馆藏,卷宗号:109—00197—01(1)。转引陈弢:《新中国对欧公共外交的开端——以莱比锡博览会为中心的考察》,《中共党史研究》,2018年第2期,第98页。

25 《中华人民共和国参加1952年度莱比锡博览会工作总结报告》(1952年10月),中国外交部档案馆藏,卷宗号:109—00197—01(1)。转引陈弢:《新中国对欧公共外交的开端——以莱比锡博览会为中心的考察》,《中共党史研究》,2018年第2期,第98页。

26 吉茵:《赞美与祝福——记莱比锡博览会中的中国馆》,《世界知识》,1953年第20期,第33页。

销量最好的产品，也永远是各方对中国参展商品关注的焦点。"可口的罐头、瓶装糖橘、咖喱鸡肉和美酒让人食欲大增，还有裹着锡纸用贵重烟草制成的香烟及瓷器，外观优美的皮革制品、皮包和皮鞋等让女性观众心醉神迷。中国的丝织衣物及长袍色彩美轮美奂。别具特色的女性毛衣、儿童外套以及用针织的精细丝织物展示了中国纺织工业产品的优美华丽"[27]。但最为重要的是：作为新中国形象的展示，新式机械产品的展示无疑是传递社会主义建设伟大成就的最好方式。在此次博览会上，中国展示了许多新的工业制造机器和产品，比如摩托脚踏车、操作机器、电械、万能手术床、X光机、各种精密仪器与电工器材等，这些显示着我国现代化的工业正在迅速发展中[28]。

多次参与世界性博览会，展示了古老而年轻的中国形象。改革开放以前，除了参加社会主义阵营的博览会外，中国还参加了其他国家举办的博览会，以1956年参加巴黎世博会为代表。在参与此次博览会之前，中国参加了1955年的法国里昂世界博览会，这也是新中国第一次参加西方资本主义国家的博览会。由于准备仓促以及对博览会的运作模式不了解，参加展览的中国并没有将展品类似其他国家进行分类展示，而是集中在中国馆统一展示。这次展示的展品类别类似以前述莱比锡博览会，但其最为明显的区别是此次更多的是商品展示，并没有各种政治话语叙事的表达。诚然，如同前期的历次展览会，同西方国家相比，中国在机械制造方面并没有明显的优势，但依旧表现出了快速的发展和进步，也改变了部分外国人认为中国非常落后的看法，开始意识到中国在机器制造等领域取得的可喜成就。有参观者指出，这个展览馆表示了中国工业的恢复和发展并不是神话，人民中国的进步是惊人的，令人鼓舞的[29]。

在参与里昂世博会的基础上，中国认真筹备参与巴黎世博会。此次世博会中国馆的设计者依旧由张仃负责，设计风格依旧是吸收中国传统文化元素，展示中国古老优秀的华夏文明。中国馆的正门是宫殿式城楼，很像天安门城楼，底下是雄伟的红墙衬托着三个大拱门，红墙上镶着绿色的琉璃瓦，再上边是雕梁画栋支持着的两层盖着琉璃瓦的飞檐。中间大拱门的两旁，乳白色的石基上蹲着一对古铜色的狮子[30]。富有中国特色的设计，赢得了法国人的赞赏。"精致和优美，谁都比不上中国。你看那辉煌的宫殿城楼，那红墙绿瓦，那巧妙的线条，使人看到了中华民族所特有的艺术。你们的展览馆用不着大字写着表明国籍的符号，你们特有的民族形式和风格就是你们最好的符号，这是你们的特点。你看远远那边的那座方块

---

27 China Pavillon.Ein Bild vom Machtvollen Aufstieg des500 Millionenvolkes,3.9.1953,Neues Deutschland. 转引陈弢：《新中国对欧公共外交的开端——以莱比锡博览会为中心的考察》，《中共党史研究》，2018年第2期，第103页。

28 吉茵：《赞美与祝福——记莱比锡博览会中的中国馆》，《世界知识》，1953年第20期，第33页。

29 吉茵：《留在法国人民的心里——记里昂国际博览会中的中国馆》，《世界知识》，1955年第13期，第33页。

30 柳门：《记1956年的巴黎博览会》，《世界知识》，1956年第11期，第28页。

的建筑物,如果你看不见那几个大字USA,谁也看不出它是哪一个国籍"[31]。上述是一个法国年老警卫的看法,笔者且不去评判中国馆和美国馆的优劣,但从文化标识的意义来看,中国达到了所期望呈现的效果。换言之,美国也可能达到了他们希望呈现的效果,只是年老的法国人难以理解。毕竟,对器物或者文化标识评判的时候,不同的人有不同的看法。在此次博览会上,受到欢迎的依旧是漆器、瓷器以及丝绸做成的各类商品。如笔者前述那样,尽管同自身相比,中国机器制造技艺已经取得了很大的进步,但同西方国家相比,仍然有很大的差距。1966年以后,由于国内局势发生变化,中国参加博览会的次数明显减少,即便有少量的几次参与,也因为诸多政治因素影响难以进行很好的呈现和表达。

2. 改革开放后中国参与的世界性博览会

20世纪70年代中期以后,随着国际局势的相对缓和,中国迎来了难得的发展机遇期。对此,邓小平同志曾有战略性的论断:"现在世界上真正大的问题,带全球性的战略问题,一个是和平问题,一个是经济问题或者说发展问题。和平问题是东西问题,发展问题是南北问题。概括起来,就是东西南北四个字。"[32]参加更广范围的世界博览会,也是展示中国成就,让世界认识快速发展变迁的中国,建构中国新时期国家形象的历程。在中国参与的众多博览会之中,笔者以10年为期,选取有代表性的博览会,描述在新的历史时期中国快速融入世界的历程。

1982年,美国诺可斯维尔博览会展现了中国积极主动融入世界的姿态。由于政治体制和意识形态的差异,在改革开放之前很长的一段历史时期,中国一直与以美国为首的资本主义世界缺乏直接联系。尽管在社会主义工业化方面中国也取得了较大的成就,但与世界发达国家相比还有很大差距。这种差距外化为在长期、多次缺席世界博览会后,中国对新时期博览会的认知还停留在对传统博览会商品交易的层面。首先,不同于以往的传统博览会的功能,即以商品贸易为参与博览会的旨归,新阶段的博览会侧重关注人类发展的主题。换言之,不同国家借助器物载体传递对博览会主题的理解。1982年,美国博览会的主题是"能源——世界的原动力",借此表示各国在新能源技术发展所取得的成就。如前述,由于中国长期的缺席以及自身技术能力的限制,在此次博览会上,展示的产品依旧以长城砖为主题,展示中国轻工业品和手工艺品。但为了呼应博览会主题,中国也展示了自己的太阳能产品和其他的节能产品。值得一提的是:专门在展馆外面修建了一个沼气池,来体现中国农村节省能源的理念。对于中国而言,在长期发展受到影响的情况下,再次出现在世博会的舞台上,西方高度发达的科技文明和先进的造物理念给中国带来了巨大震撼,促使中国不断开启学习和模仿的步伐。此后,中国先后参加了:1984年美国新奥尔良以"世界河流、淡水——生命的源泉"为主题的世博会;1985年,日本以"居住与环境——人类的家居科技"为主题的世博会;1986

---

31 柳门:《记1956年的巴黎博览会》,《世界知识》,1956年第11期,第29页。
32 中共中央文献编辑委员会编辑:《邓小平文选》(第3卷),北京:人民出版社,1993年,第105页。

年以"世界在运动、世界在交流"为主题的温哥华世博会等。但上述几次世博会，中国馆也基本上沿袭原有世博会的中国馆造型，其展示的器物多是象征中国古代文明的手工艺品。中国参与世博会并没有很好地展示发展与变化的中国形象。

参与世界博览会展示科技文明快速发展大国国家形象。随着不断扩大对外开放，中国也日渐认知和了解了博览会的展示主题和意义。到了1992年西班牙赛维利亚博览会的时候，中国展示模式和科技应用已经开始呈现出科技大国的趋势，也与该世博会的主题要求相吻合。此次世博会是为了纪念哥伦布发现美洲新大陆500年而举办，主题为"发现的时代"。此次世博会中国馆占地面积2000平方米，整个建筑结构为轻钢龙骨外附着聚氨酯白色钢板，房顶为球状网架结构，网架以下净空8米。南面是正门，正面局部为玻璃幕墙，结构是铝合金框架固定双层蓝色真空镀膜玻璃。整个中国馆分为六个区域，包括展示区、工艺表演区、环幕电影区、商品销售区、餐饮区和办公区，其中展示区和环幕电影区占地1500平方米左右[33]。为了体现和表达博览会主题，此次博览会中国馆分三条主线展示，完全体现和表达中国科技成就发展和演变历程。第一条主线，以中国探索海洋为主题，描述了从中国古代探索海洋文化，尤其是整合航海线路图为主，直到中国自主制造的30万吨油轮。第二条主线以古代武器"火龙出水"所带出的中国各种型号的通信卫星和长征2号E火箭为主题，昭示中国不断探索的进步历程；在这个区域布置了一个模拟太空，太空上悬挂着中国自行研制的通信卫星和气象卫星，下面是中国西昌火箭发射基地的全景画面和模型。第三条主线是从造纸法、活字印刷、浑天仪、地震仪等古代科技到卫星回收等现代科学。三条主线以单循环通道回旋，并由中国的园林贯穿，最后汇入环幕电影院[34]。鲜明的主题、高科技的演示形式以及传统与现代的融合，昭示了中国开启了新的时代，也逐步赶上世界发展的步伐。从改革开放后第一次参加世博会，到此次世博会，仅10余年的时间，中国已经在器物展示和国家形象构建上取得了可喜进步。

日本爱知博览会，传递了和谐共生主题的"中国方案"。2005年，日本爱知世博会是上海世博会之前的一次综合性博览会，也是进入21世纪以后，中国参与的一次较为重要的博览会。此次博览会的主题是"自然的睿智"，以期达到呼吁人类保护自然、与自然和谐共生的目标。5月19日，中国馆开馆的主题是"自然、城市、和谐——生活的艺术"。此主题一方面回应爱知博览会的主题，另一方面展示中华民族在生存中探索的"天人合一"的理念。就中国馆布置而言，以红色为主色调，外墙面采用中国传统文化中的剪纸艺术十二生肖和活字印刷艺术，象征着源远流长的中华文明。中国馆主展馆包括生命之树造型、华夏文明之旅大型多媒体浮雕墙、紫檀斋、水晶影视厅以及中国礼品售卖厅五部分。尤其是水晶展示厅最能体现中国的科技进步。该厅位于中国馆的二楼，影视厅的墙面和顶部有许多水晶镜面装饰，起到折射影片放映的效果，产生一种超现实主义的艺术感觉。影片演示中国漫长的城市发展变

---

[33] 陈燮君、刘健编著：《世博与艺术》，上海：东方出版中心，2009年，第85—86页。
[34] 陈燮君、刘健编著：《世博与艺术》，上海：东方出版中心，2009年，第86页。

化历程,演绎了中国的自然面貌、历史文化和生活状态,起到了很好的展示效果[35]。

中华人民共和国成立以来参加的多次世博会,无论是专题性的还是综合性的,多是以中国传统文化为基础,彰显厚重的历史和灿烂辉煌的文化。20世纪70年代以后,世界性的博览会开始由以商品交易和科技展示转向文化和精神的展示。对于任何国家而言,参加世博会首先是国家形象展示的最好舞台,中国也是如此。但参与世博会的历程,是中国不断学习、不断创新理念的过程,也是探索自我融入世界发展历程的过程。但总体而言,中华人民共和国成立70多年来,参与世博会的过程,能够看到中国不断追求进步、不断探索和快速融入世界的历程。诚然,在此过程中,肯定存在不尽如人意的地方,比如过分重视对中国传统的展示,这样给其他国家参观者带来一种中国一直没有发展和改变的感觉。无疑,从这个视角来看,部分博览会展示中国国家新型大国形象的效果还有待提升。但必须看到的是,无论是中国自身发展的纵向历程,还是与其他国家横向历程相比,中国参与博览会的历程,是彰显中国不断进步、追求和平、探索同世界其他民族与文化和谐共生的历程,也是中国向世界展示造物技艺不断进步的历程。

三、博览会上器物产品重塑中国形象

进入21世纪以后,中国经济快速发展,取得了一个个巨大成就,逐步实现了由追赶者向引领者的角色改变。构建人类命运共同体,探索中国与世界其他国家的共赢之道,展示负责任的大国形象,是中国追求的目标和任务。在此历程中,上海世博会和中国进口博览会的举办较好地实现了前述目标和任务。为此,笔者就这一阶段举办的众多博览会中,就两者做进一步阐释和分析,力求从个案视角,探索新时期中国国家形象的建构与塑造。

1.上海世博会彰显强大、负责任的大国形象

上海世博会展示了新时期开放、强盛、负责任的大国国家形象。此次世博会是近代以来第一次在中国举办的真正意义的世博会,昭示了中国进入了新的历史时期。在此次世博会上,从主题、前期准备、展馆设计、城市服务、新式理念等全方位展示了中国高速发展的改革成就,诠释了新时期的中国国家形象,向全世界宣告了中国开放的态度。此次世博会也是历届世博会规模最大、参观人数最多、参加主体最多的一次世界性博览会。参与此次博览会共有190个国家、56个国际组织、18个国际企业和中国31个省、市、自治区和直辖市。在整个世博会期间,共有约7300万人入园参观。上述众多国家和国际组织共同诠释了此次上海世博会的主题——城市,让生活更美好。为人类文明进步发展作出贡献,是上海世博会承载的一个目标,通过世博会展示了和平友好的中国形象以及快速发展的世界大国形象。就前述关于上海世博会的诸多之最的描述,也可以预见此次世博会产生的重要影响。一方面,超过7000

---

35 陈爱君、刘健编著:《世博与艺术》,上海:东方出版中心,2009年,第88—89页。

万人的参观人数表明个体传播能力在展示国家形象中扮演的不可替代的角色；另一方面，在信息时代，大众传媒和各国媒体的报道也能展示博览会的各个方面，进而分析此次世博会对中国国家形象构筑中的影响。

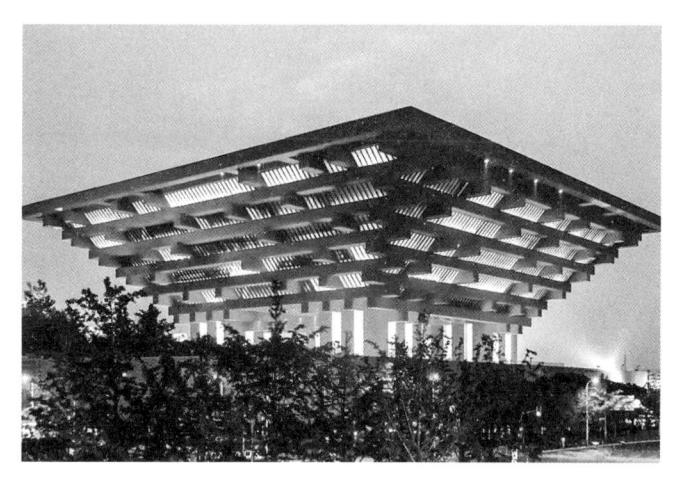

图 5-3 上海世博会 logo　　　　　　　图 5-4 上海世博会中国馆

　　世博会中国馆诠释了和谐包容的"中国价值"。上海世博会中国馆在多次设计和修改以后，以中国传统天圆地方的宇宙观为基础，外观似中国的帽子，得名"东方之冠"。在建设中，沿用中国传统的榫卯斗拱结构，斗拱层层叠加，用四根大柱子撑起一个"斗冠"，斗冠有56根横梁，象征着56个民族的团结。世博会中国馆用的是在中国象征吉祥的红色，来传递中国传统审美文化。中国馆鲜明的民族文化特色昭示了中国希望彰显的悠久古老的东方大国的国家形象。世博会中国馆的复杂修造程度也彰显了中国先进的建筑营造技艺。通过中国馆很好地实现了传统与现代的融合。中国馆有三个展区，包括"东方足迹""寻觅之旅"和"低碳行动"，展示内容既有鲜明的中国传统文化内涵，又展示出新时期中国对生命尊重、对和谐、美好城市追求的向往，尤其是以影视展示内容为代表。此次世博会共展示了《清明上河图》《历程》《和谐中国》和装置艺术《同一屋檐下》。《清明上河图》是宋代画家张择端描述当时北宋都城东京的繁华景象，预示着不同群体和谐共处的场景。此次博览会应用现代科技手段，将原本静态的艺术画面通过动态的展示效果，重点揭示和呈现不同阶层、不同身份的人们在同一个城市的和谐场景。《历程》中展示了上千万张普通人的面孔，通过从农村出来的祖孙三代的变化，昭示中华人民共和国成立以后的快速发展局面，尤其是改革开放后中国的发展与变迁。《和谐中国》展示了许多普通中国人的家庭，以亲情为主线，通过三代同堂吃饭和辅导孩子作业、四世同堂过寿场景，诠释中国独特的和谐家庭观，进而以"小家"寓意"大家"，从和谐家庭到和谐社会，进而彰显和谐中国的目标。《同一屋檐下》依旧传递的是中国的和谐观，通过对同一单位楼不同家庭面临问题的描述，传递中国邻里相望、和谐共存的理念。上海世博会整个视频演示是一个整体，从历时性来看，表达了传统持续至今的中国人对城市的看法，不同阶层、不同身份在中国传统文化影响下，形成独特的民族文化。从共时性来看，四个穿越时空的艺术作品均传递了中国人和谐共存的理念以及对美好生活追求的想法。此外，上海世博会上展示的中国四大发明、古长城、美丽的自然风光以及独特的手工技艺，都诠释和表达了独特的中国魅力，展示了古老文明与现代文明和谐共生的理念。此外，中国每一个省、市等的展馆也用现代科技展示出具有自身区域特色的文化，向世界全方位传递中国理念。通过具体的展示诠释了一个坚持人与自然和谐共生、天人合一理念的中国，传递了相互包容、共存共生的和平大国形象。

博览会传播了热爱和平、追求美好的中国国家形象。随着信息技术的普及，不同国家的民众可以迅速通过媒体了解和认知中国举办的博览会，继而更进一步了解中国。为了更有效地推动世界各国民众对中国的认知，世博会期间，中国开展了一系列的外交推广活动。上海世博会共接待重要贵宾团组872批，外国国家元首和政府首脑101位，副总统、副总理、议长、王室成员、政府部长、政党领袖360批[36]。通过密集的外交活动联络了与其他国家的外交关系，传播了中国热爱和平，愿意同各国一道，构建更美好的世界的愿望。推出"跟着大使看世博"主题活动，安排20多个外交部大使向其他国家推介世博会，通过举办发布会、与网友交流，引导别国民众全方位了解世博会，引导媒体客观、全面和综合报道。此外，积极发展民间外交活动，通过多样化的活动，向世界各国民众传递热情、善良的中国形象，让更多的人了解更加真实的中国。

2.中国国际进口博览会展现开放的中国形象

中国国际进口博览会树立了开放共赢、负责任的新型大国国家形象。改革开放以后，中国经济高速发展，凭借物美价廉的器物及高度完备的器物制造体系，中国实现了商品"卖全球"的目标。暂且不论中国商品与中国器物在海外的认可度，但全球任何一个地方都能看到中国商品的影子，已经是不争的事实。近年来，随着单边主义和贸易保护主义的抬头，承担自身的国际责任，拉动全球经济增长，就成了作为负责任大国中国的选择。为此，2018年，中国决定在上海举办"首届中国国际进口博览会"，让世界各国分享中国发展的红利，也让中国人民享受因为开放而带来的生活质量的提升。作为世界上首个专门以进口为主题的商品贸易模式，也昭示了中国由曾经的出口大国向进出口大国综合发展的转变，其背后也意味着中国经济实力的增强。在11月5日的开幕式上，习近平总书记发表了《共建创新包容的开放型世界经济》的主旨演讲。他指出，改革开放40年来，中国人民自力更生、发愤图强、砥砺前行，依靠自己的辛勤和汗水书写了国家和民族发展的壮丽史诗。中国坚持打开国门搞建设。开放已经成为当代中国的鲜明标识。中国不断扩大对外开放，不仅发展了自己，也造福了世界。中国开放的大门不会关闭，只会越开越大[37]。作为首个以进口为主题的世界性博览会，此

---

36 吴海龙：《上海世博外交的实践与启示》，《公共外交季刊》，2011年第5期，第55页。
37 《习近平出席首届中国国际进口博览会开幕式并发表主旨演讲》，《新华网》，2018年11月5日。
http://www.xinhuanet.com/world/2018-11/05/c_1123665163.htm

次博览会共有130多个国家和地区的3000多家企业参展，这些企业既有来自发达国家的知名品牌，也有很多来自"一带一路"沿线的发展中国家。在全世界44个最不发达国家中，也有30个国家参展。在首届进口博览会上，来自全世界的商品以各种优惠政策进入中国，既包括许多新型的科技产品，也包括大量的日用品，在提升中国人民消费水平的基础上，实现了中国与世界的共赢，显示了世界第二大经济体的担当，树立了良好的国际形象。许多国家领导人和企业对参加此次博览会非常重视。为了打开中国牛肉市场，法国农业部长专程前来，为产品推介和销售提供支持。在此次博览会上，展示的高科技产品也昭示了人类造物技艺进入了新的历史阶段。

第二届国际进口博览会，彰显了中国坚定不移对外开放的决心，意味着中国国际地位提升和影响力增强。在此次博览会上，参与各方取得了比首届更为耀眼的成果，全球和中国大陆首发新产品、新技术或服务达391件，为中国和世界其他国家发展提供了交流的平台。许多国家的商务代表对进博会给予了较好的评价。俄罗斯亚洲工业企业家联盟主席维塔利·曼克维奇认为，进博会是中国奉行开放贸易政策的鲜明例证，中国积极邀请全球企业进行合作，

图 5-5 第二届中国国际进口博览会

图 5-6 中国国际进口博览会中国馆

向中国市场供应产品。进博会是外国企业进入中国的"一扇大门"。率团参加此次博览会的美国华盛顿州商务厅厅长莉萨·布朗表示,进博会是世界维护和加强与中国关系的重要纽带,是世界与中国这个世界第二大经济体和快速增长的消费市场进行对接的绝佳机会,华盛顿州企业借此可以在华巩固现有市场,开拓新市场[38]。

博览会是展示国家形象的窗口,进入21世纪,随着中国国家实力增强和国际地位的提升,承担更多的国际义务,无疑能为中国国家形象的塑造添光增色。在此历史背景下,上海中国国际进口博览会的举办,通过博览会的平台,彰显了中国文化影响力,既显示了中国造物技艺的提升,又充分展示开放包容的大国国家形象。

第二节 "中国制造"的复合形象

器物形象是国家形象重要组成要素和基础性表达。20世纪80年代以来,随着经济全球化的迅速扩展,器物贸易已经推动商品销售到世界上的任何一个角落。商品的质量与声誉、国家品牌与国家形象密切联系在一起。对于绝大多数异文化视域下的他国国民而言,对另外一个国家的认知最为直接的就是购买和使用这些国家的产品,并感知产品价格、质量及影响力。器物形象反映和体现了国家形象,国家形象也会反作用于器物形象。早在1965年,美国学者Schooler,R.D.就提出了良好的国家形象,影响消费者对商品来源国的消费决策;反之,这个观点也成立。近年来,随着中国综合国力的迅速提升,中国已经成为全球第一的制造大国,中国商品已经成为其他国家民众生活中必不可少的组成部分,在全球范围内具有广泛影响力。在2018年中国国家形象全球调查报告中,使用中国产品进而对中国了解的比例高达47%。这一比例在发展中国家更为明显,达到59%,超过所在国的传统媒体,居于第一位[39]。可见,器物形象对国家形象有重要影响。如前述,近代以来,中国器物形象塑造过程中受到各种因素的影响。诚然,器物形象是一种客观存在,但基于各国的国家利益、国家发展程度等诸多复杂因素的影响,器物承载的国家客观形象在不同国家有不同的体现和反映。基于此,笔者根据相关学术研究以及课题组在部分国家进行的访谈,分析改革开放以来,中国器物形象在不同时期、不同国家的反映和体现。

一、"中国制造"风靡世界

1. 中国制造发展历程

"中国制造"风靡世界的历程,是中国经济快速发展、不断为世界发展作出重大贡献的

---

[38] 《增强世界与中国共同发展的信心——国际社会高度评价中国成功举办第二届进博会》。https://baike.baidu.com/reference/22989427/2befCtZ-9I86eV3LfTYP1xuXLdmHCvQ84sD58eqCToxcoJAgTIKLl6nIGUBwGDcnX6Csphwv5PrW38X6aSC7_0723E1gbLTB9nUc8sY1NElhfUE2yUfj

[39] 《中国国家形象全球调查报告2018》,http://theory.gmw.cn/2019-10/18/content_33244879.htm

历程。大体而论，中国制造主要分以下几个阶段：1949年至1978年改革开放前期，中国对外贸易产品主要是农副产品及其加工品为主。这一阶段中国主要依靠资源优势维系对外贸易和出口；第二个阶段是1979年至2001年，中国加入世贸组织；第三个阶段是2001年到2015年，这一个阶段是中国制造业迅速发展，并向信息化、智能化和高科技的转变时期；第四个阶段是2015年，提出《中国制造2025》计划，中国不断进一步发展，向更高目标迈进。从经济总量变化也能看出中国快速发展的历程：1992年中国工业增加值突破1万亿元大关，2007年超过10万亿元，2012年突破20万亿元，2018年突破30万亿元[40]。从1万亿到30万亿，中国工业制造值不断增加的背后是中国的迅速复兴。

1978年以前，以美国为首的资本主义国家对中国进行经济封锁，加之复杂的国际形势，中国主要同亚非拉等许多发展中国家建立经济联系和贸易往来。但由于自身工业发展基础限制，当时中国对外出口的产品多为初级农副产品和手工艺品。改革开放以后，在新的历史语境下，中国开启了新的历史征程。"1983年，我国对外贸易进出口总额达到407亿美元，比1978年增长近一倍，平均每年增长14%……其中出口贸易额为222亿美元，比1978年增长1.3倍，平均每年增长17.9%。1983年，我国出口贸易在世界贸易中的比重，由1978年的0.75%上升到1.23%，在世界出口国中的位次已由第32位上升到第16位"[41]。由于生产活力被激发出来，中国器物对外出口的种类，也由1978年的1万多种上升到1983年的5万多种。但总体而言，中国出口的商品依旧是丝织品、棉布、黑白钨矿、锑等原料和矿物质产品，上述产品的出口量已经居世界首位。此外，随着国门的打开，依托劳动力的优势，中国也开始承担对外劳务承包服务，也因此扩大了中国海外影响力。1984年，结合深圳等经济特区建设取得的可喜成就，邓小平同志认为主要原因是实行承包制度，调动了大家的积极性。因此他提出，可以在更大范围对外开放的想法。"除现在的特区之外，可以考虑再开放几个点，增加几个港口城市，如大连、青岛。这些地方不叫特区，但可以实行特区的某些政策。这样做，肯定是利多弊少。我们还要开发海南岛，如果能把海南岛的经济发展起来，那就是很大的胜利"[42]。随着中国产品质量的不断提升，许多中国的各种产品在国际博览会上获得金奖，也逐步提升了中国品牌的对外影响力。这些产品主要包括粮油食品、土畜产品、轻工业品、纺织品、工艺品、丝绸、电子产品、机械设备、五金矿产品等。其中，江苏504型四轮驱动拖拉机，在1984年澳大利亚农机博览会上，获得9000磅级拉力比赛一等奖。此外，金杯牌足球、篮球、729乒乓球胶片以及中国制作的各种男女西服等也因质量过硬、设计精良，出口到世界上的许多国家和地区，昭示了中国器物出口由初级加工品向机器制作产品的转向。

---

40 李金华：《新中国70年工业发展脉络、历史贡献及其经验启示》，《改革》，2019年第4期，第5页。
41 贾石：《中国对外贸易的新发展》，《中国商务年鉴》，1984年，无页码。http://history.mofcom.gov.cn/book/catalog.asp?id={9BE78150-0466-4A97-A7F0-B367361E5DA6}&pyear=1984
42 《关于经济特区和增加对外开放城市问题》，《中国商务年鉴》，1985年，第4页。http://history.mofcom.gov.cn/book/book.asp?p=4&bid={14C666CC-56D5-4C1C-8F0B-645631DCB0F1}

在长期的对外贸易过程中,国人逐步了解和认识了世界贸易规则、不同国家商品需求等,出口产品结构进一步调整,进而更进一步地融入世界。1990年工业制品占中国出口比重的70%以上,特别是深加工、高技术产品出口增加较多。出口商品的种类有所增加,商品包装得到改进。美国、西欧和日本依旧是中国主要商品出口市场。为了更进一步加强对中国出口产品的管理,保证产品质量,1990年,经贸部对全国经贸系统出口商品商标进行了全面的清理整顿,商标滥用情况得到了进一步解决,许多企业开始使用商标,成为企业经营战略的重要一环。这一时期,中国出口商品商标不多,而且品牌少。对商品品牌的重视,是树立中国商品形象的一个关键环节[43]。随后,在一系列对外开放举措的推动下,中国制造进入了高速发展时期,在满足国内人民生活的同时,也在全球范围内产生了巨大的影响。

2001年,中国加入世贸组织,宣告了中国制造进入了新的历史阶段,也迎来了新的发展契机。许多国家承诺逐步取消对中国产品的限制,也意味着中国制造以更快的速度进入了世界市场,在全球范围内产生重要的影响力和作用。此后,中国经济快速发展,逐步扩大了自身的影响力。在这一时期,中国制造飞速发展,取得了一个又一个突破和传奇。2009年,中国商品出口额达到1.2万亿美元,超过德国,居世界出口贸易第一位,进口额居世界第二位,中国成为真正名副其实的"世界工厂"。2010年,中国GDP总量达到41.2万亿元,超过日本,居世界第二位。在此过程中,中国对外贸易结构不断优化。根据相关数据统计,1953年,中国出口产品总额中,农副产品占总值的55.7%,农副产品加工品占出口总额的25.9%,工矿产品占出口总额的18.4%。到1979年,农副产品出口比例下降到23%,农副产品加工品占总额的32.9%,工矿产品占总额的44%。总体来说,机械加工品在出口产品中占的比重越来越大,意味着中国制造技术的进一步提升。2010年,中国玩具占全世界份额总量的70%,鞋类占50%,电视占45%,空调占30%,纺织品和服装占24%[44]。2011年,机电产品和高新技术产品分别占出口比重的50.5%和27.8%。2015年,中国出口额高达2.275万亿美元,占全世界出口比重的13.8%,排名第一位。排名第二位的美国出口额为1.505万亿美元,第三位的德国出口额为1.329万亿美元,遥遥领先于其他国家的出口额,也意味着中国制造在世界范围内的巨大影响力。在此过程中,进出口商品结构进一步优化……机电产品出口额1.31万亿元……占出口总额的57.6%……[45]这也意味着,从新中国成立初期,经过短短60年发展,尤其是改革开放以后30多年的发展,中国工业结构发生了质的变化,已经由传统的农业大国迈向了工业制造大国。2013年,中国货物进出口总额为4.16万亿美元,超过美国,成为世界第一的货物贸易大国,意味着中国器物制造能力的大幅度

---

43 李国栋:《1990年我国的对外贸易管理工作》,《中国商务年鉴》,1991年,第40页。http://history.mofcom.gov.cn/book/book.asp?p=37&bid={015898F2-1A90-4435-9324-901991C99337}
44 Xiaoming Pang, Shigemi Ishii and Takashi Kondoh., A Study of IT Management Problem in the International Business Development of the Chinese Production Company,日本管理诊断学会杂志,2013年12月,第69页。
45 《2015年世界主要国家(地区)货物贸易额》,《中国商务年鉴》,2016年,第342页。http://history.mofcom.gov.cn/book/book.asp?p=342&bid={06F95037-5D37-42F6-B69E-9FC0136F94D0}

提升，也昭示了"中国制造"在世界范围内的更进一步推广和传播[46]。

表5-1 2015年世界主要国家（地区）货物贸易额

（金额单位：亿美元）

| \multicolumn{5}{c|}{出 口} | \multicolumn{5}{c}{进 口} |
排名	国别（地区）	出口额	比重（%）	年增长率（%）	排名	国别（地区）	进口额	比重（%）	年增长率（%）
1	中国	2275	13.8	−2.9	1	美国	2308	13.8	−4.3
2	美国	1505	9.1	−7.1	2	中国	1682	10.0	−14.2
3	德国	1329	8.0	−11.0	3	德国	1050	6.3	−13
4	日本	625	3.8	−9.5	4	日本	648	3.9	−20.2
5	荷兰	567	3.4	−15.7	5	英国	629	3.7	−9.4
6	韩国	527	3.2	−8.0	6	法国	573	3.4	−15.4
7	中国香港	511	3.1	−2.6	7	中国香港	559	3.3	−6.9
8	法国	506	3.1	−12.8	8	荷兰	506	3.0	−14.2
9	英国	460	2.8	−8.9	9	韩国	436	2.6	−16.9
10	意大利	459	2.8	−13.4	10	加拿大	436	2.6	−9.1
11	加拿大	408	2.5	−14.0	11	意大利	409	2.4	−13.8
12	比利时	398	2.4	−15.7	12	墨西哥	406	2.4	−1.5
13	墨西哥	381	2.3	−4.1	13	印度	392	2.3	−15.3
14	新加坡	351	2.1	−14.5	14	比利时	375	2.2	−17.5
15	俄罗斯	340	2.1	−31.6	15	西班牙	309	1.8	−138
16	瑞士	290	1.8	−6.9	16	新加坡	297	1.8	−19.0
17	中国台湾	285	1.7	−10.8	17	瑞士	252	1.5	−8.7
18	西班牙	282	1.7	−13.2	18	中国台湾	238	1.4	−15.7
19	印度	267	1.6	−17.2	19	阿联酋	230	1.4	−8.0
20	阿联酋	265	1.6	−29.3	20	澳大利亚	208	1.2	−12.0

---

[46] 黄群慧、李芳芳等：《中国工业化进程报告（1995—2015）》，北京：社会科学文献出版社，2017年，第23页。

（续表）

	出口					进口			
排名	国别（地区）	出口额	比重（%）	年增长率（%）	排名	国别（地区）	进口额	比重（%）	年增长率（%）
21	泰国	214	1.3	-5.8	21	土耳其	207	1.2	-14.4
22	沙特阿拉伯	202	1.2	-41.1	22	泰国	203	1.2	-11.0
23	马来西亚	200	1.2	-14.6	23	俄罗斯	194	1.2	-37.0
24	波兰	198	1.2	-10,0	24	波兰	193	1.1	-13.9
25	巴西	191	1.2	-15.1	25	巴西	179	1.1	-25.2
26	澳大利亚	188	1.1	-21.9	26	马来西亚	176	1.0	-15.7
27	越南	162	1.0	7.9	27	沙特阿拉伯	172	1.0	缺失
28	捷克共和国	158	1.0	-9.7	28	越南	缺失	1.0	缺失
29	奥地利	152	0.9	-14.5	29	奥地利	155	0.9	-14.7
30	印度尼西亚	150	0.9	-14.8	30	印度尼西亚	143	0.9	-19.9
	以上合计	13848	84.0	/		以上合计	13126	78.3	/
	世界	16482	100.0	-13.2		世界	16766	100.0	-12.2

［资料来源：《中国商务年鉴》，2016年。http://history.mofcom.gov.cn/book/catalog.asp?id={06F95037-5D37-42F6-B69E-9FC0136F94D0}&pyear=2016］

中国制造风靡全球的过程，是中国自身对外贸易主体和制造体系转型升级的过程。从最初由专门的各类国有进出口公司负责对外贸易，转变为经济实体直接进行对外贸易，包括外资企业、中外合资企业。尤其是进入21世纪以后，大量私营和个体企业直接参与对外贸易，可以根据市场的需求灵活地进行调整。但中国制造迅速发展，在全球产生影响的同时，也遇到了诸多问题，中国制造海外贸易压力也日渐增加。首先，针对中国产品的各种反倾销越来越多。2007年，中国受到的贸易调查近70起，连续12年成为全球遭受反倾销贸易调查最多的国家，连续5年成为全球贸易调查最多的国家[47]。2009年，受欧盟惩罚性关税影响，中国近90万吨固件无法出口到欧洲，给相关制造带来了很大影响。2011年，欧盟以《反倾销基本条例》中的"单独税率"规定，对中国鞋类制品提出制裁，严重影响了此类产品在欧洲的销售。诚然，上述诸多举措并非针对中国，但由于中国是世界上最大的贸易国，在各种不公正的做法

---

47 《中国商务关键词》，《中国商务年鉴》，2008年，第2页。http://history.mofcom.gov.cn/book/book.asp?p=3&bid={D3F3B3AF-2524-4862-9811-53910D9F171D}

中，中国受到的冲击和影响最大。其次，以产品质量和国家安全为名，不断针对中国制造提出质疑和挑战，进而试图削弱中国制造业的影响。2007年8月，美国玩具商美泰玩具公司以含铅涂料过多为由大规模召回中国产玩具，对中国产玩具出口造成重大冲击。其后，美泰表示召回玩具绝大部分是因为设计问题，与中国制造无关，美泰公司表示道歉[48]。虽然最后结果证实并非中国制造的质量原因，但已经对中国产品声誉造成了严重伤害。2008年以后，由于受到全球性金融危机影响，世界经济增速放缓，购买能力下降，中国制造受到了更为严重的冲击。从2012年开始，西方国家频频以"国家安全"的名义，为中国产品和中国企业走出去制造很大障碍，也多次对中国产品进行各种污蔑和攻击。"由于中国制造在海外影响力的进一步扩大，中国企业也面临着越来越大的挑战。2012年10月8日，美国众议院情报委员会发表调查报告称，华为、中兴两家中国公司对美国国家安全构成威胁，建议阻止两家企业在美开展投资贸易活动"[49]。对中国有针对性的贸易制裁，引起了中国对自身制造业发展模式的反思，昭示了中国制造业开启了转型升级之路。

表5-2 中国进出口总额（1981—2014）

（金额单位：亿美元）

年份	进出口	出口	进口	贸易差额	进出口	出口	进口
1981	44022	22007	22015	−8			
1982	41606	22321	19285	3036	−5.5	1.4	−12.4
1983	43616	22226	21390	836	4.8	−0.4	10.9
1984	53549	26139	27410	−1271	22.8	17.6	28.1
1985	69602	27350	42252	−14902	30.0	4.6	54.1
1986	73846	30942	42904	−11962	6.1	13.1	1.5
1987	82653	39437	43216	−3779	11.9	27.5	0.7
1988	102784	47516	55268	−7752	24.4	20.5	27.9
1989	111678	52538	59140	−6602	8.7	10.6	7.0
1990	115436	62091	53345	8746	3.4	18.2	−9.8
1991	135701	71910	63791	8119	17.6	15.8	19.6
1992	165525	84940	80585	4355	22.0	18.1	26.3
1993	195703	91744	103959	−12215	182	8.0	29.0
1994	236620	121006	113614	3392	20.9	31.9	11.2
1995	280864	148780	132084	16696	18.7	23.0	14.2
1996	289881	151048	138833	12215	3.2	1.5	5.1

---

[48]《中国商务关键词》，《中国商务年鉴》，2008年，第4页。http://history.mofcom.gov.cn/book/book.asp?p=3&bid={D3F3B3AF-2524-4862-9811-53910D9F171D}

[49]《中国商务关键词》，《中国商务年鉴》，2013年，第7页。

（续表）

年份	进出口	出口	进口	贸易差额	进出口	出口	进口
1997	325162	182792	142370	40422	12.2	21.0	2.5
1998	323949	183712	140237	43475	−0.4	0.5	−1.5
1999	360630	194931	165699	29232	11.3	6.1	18.2
2000	474297	249203	225094	24109	31.5	27.8	35.8
2001	309651	256093	243553	22545	7.5	6.8	8.2
2002	620766	325596	295170	30426	21.8	22.4	21.2
2003	850988	438228	412760	25458	37.1	34.6	39.8
2004	1154554	593326	561229	32097	35.7	35.4	36.0
2005	1421906	761953	659953	102001	23.2	28.4	17.6
2006	1760439	958978	791461	177508	23.8	27.2	19.9
2007	2176572	1220456	956116	264340	23.6	26.0	20.8
2008	2563260	1430693	1132567	298126	17.8	17.3	18.5
2009	2207535	1201612	1005923	195689	−13.9	−16.0	−11.2
2010	2974001	1577754	1396247	181507	34.7	31.3	38.8
2011	3641864	1898381	1743484	154897	22.5	20.3	24.9
2012	3867119	2048714	1818405	230309	6.2	7.9	4.3
2013	4158993	2209004	1949989	259015	7.5	7.8	7.2
2014	4303037	2342747	1960290	382456	3.4	6.1	0.4

［资资料来源：《中国商务年鉴》，2015年。http://history.mofcom.gov.cn/book/catalog.asp?id={4F8DF70B−18B4−4A9C−9281−738B5F3B2924}&pyear=2015］

2. 中国对外贸易和文化交流产品类别

中华人民共和国成立以后，非常重视对外贸易和文化交流。在70余年的对外贸易和文化交流中，"中国制造"国际影响力越来越大。但由于历史原因、科技发展水平等诸多因素的影响，中国在不同时期，对外贸易产品表现为不同特征，主要分为以下几个阶段。

从中华人民共和国成立初期到改革开放，中国对外贸易的范围比较小，且对外贸易产品主要集中在农副产品、手工艺品以及矿物产品等。此外，当时中国采取对外贸易的方式，主要由对外进出口公司负责，且大多数产品仅通过广交会的平台进行对外贸易和文化交流。从产品的性质来看，这一时期中国对外出口的产品为初级产品，无论是技术含量还是文化影响力方面都微乎其微。当时出口也仅仅维系中国外汇需要。但总体而论，中国对外贸易和出口的比重也在发生变化。以1953年为例，中国出口的农副产品和农副加工品的比例占到全部出口总额的80%以上，工矿产品出口仅有18.4%。但到了1984年，中国出口工矿产品的比重已经增加到55.6%，且整体性的出口总额上升到244.16亿美元。具体商品构成见下表：

表5-3 对外贸易出口商品构成（1953—1984）

（金额单位：亿美元）

年份	出口总额	一、农副产品 金额	占总额%	二、农副产品加工品 金额	占总额%	工矿产品 金额	占总额%
1953	10.22	5.69	55.7	2.65	25.9	1.88	18.4
1954	11.46	5,53	48.3	3.18	27.7	2.75	24.0
1955	14.12	6.51	46.1	4.01	28.4	3.60	25.5
1956	16.45	7.01	42.6	5.15	31.3	4.29	26.1
1957	15.97	6.40	40.1	5.03	31.5	4.54	28.4
1958	19.81	7.03	35.5	7.33	37.0	5.45	27.5
1959	22.61	8.50	37.6	8.75	38.7	5.36	23.7
1960	18.56	5.75	31.0	7.85	42.3	4.96	26.7
1961	14.91	3.09	20.7	6.84	45.9	4.98	33.4
1962	14.90	2.89	19.4	6.84	45.9	5.17	34.7
1963	16.49	3.99	24.2	7.07	42.9	5.43	32.9
1964	19.16	5.37	28.0	7.49	39.1	6.30	32.9
1965	22.28	7.37	33.1	8.02	36.0	6.89	30.9
1966	23.66	8.50	35.9	8.87	37.5	6.29	26.6
1967	21.35	8.39	39.3	7.75	36.3	5.21	24.4
1968	21.03	8.41	40.0	8.03	38.2	4.59	21.8
1969	22.04	8.24	37.4	8.62	39.1	5.18	23.5
1970	22.60	8.29	36.7	8.52	37.7	5.79	25.6
1971	26.36	9.55	36.2	9.20	34.9	7.61	28.9
1972	34.43	10.77	31.3	14.10	41.0	9.56	27.7
1973	58.19	20.80	35.8	23.00	39.5	14.39	24.7
1974	69.49	25.30	36.4	20.73	29.8	23.46	33.8
1975	72.64	21.50	29.6	22.61	31.1	28.53	39.3
1976	68.55	19.46	28.4	22.41	32.7	26.68	38.9
1977	75.90	20.96	27.6	25.74	33.9	29.20	38.5
1978	97.45	26.91	27.6	34.14	35.0	36.40	37.4
1979	136.58	31.57	23.1	44.86	32.9	60.15	44.0
1980	182.72	34.19	18.7	53.97	29.5	94.56	51.8
1981	208.93	36.81	17.6	54.62	26.2	117.50	56.2
1982	218.19	32.43	14.9	53.61	24.6	132.15	60.5
1983	221.97	35.29	15.9	59.20	26.7	127.48	57.4
1984	244.16	41.20	16.9	67.16	27.5	135.80	55.6

［资料来源：《中国商务年鉴》，1985年。http://history.mofcom.gov.cn/book/catalog.asp?id={14C666CC-56D5-4C1C-8F0B-645631DCB0F1}&pyear=1985］

改革开放以后，中国产业体系迅速发展和完善。1986年，国务院颁布《国务院关于鼓励外商投资的决定》，对外商投资给予一定的优惠政策，尤其是对从事新产品开发的新式企业加大引进力度。在此背景下，中国工业产业迅速发展，进入了产品升级换代的快速发展时期。在此基础上，中国依托自身的劳动力优势，加大对外劳务输出的支持。也正是基于中国对外开放的政策，中国制造业开始迅速发展，尤其是重工业方面，更是取得了瞩目的发展成就。以1989年的技术进口为例，中国签订的石油化工合同额比1988年增加了19倍，化学工业增加了88.2%，有色金属工业增加了57.2%，邮电业增加了29.3%，能源工业增加了26.7%[50]。也正是通过不断的对外开放，中国积极融入世界，在为人类文明进步作出巨大贡献的同时，也实现了自身产业体系的逐步发展和完善。无论是工业制造能力还是技术创新方面，都得到快速发展，逐步确立了自身完备的工业制造体系。出口产品既包括各种农副产品、手工业品，也包括汽车、计算机、生产机器等各种工业品，中国制造业在全球范围的影响力进一步提升。

强大的经济实力，支撑文化产品发展和传统文化的复兴。2001年，中国加入世界贸易组织，依托原有的工业发展优势，中国再次进入了快速发展时期。在原有产业体系和工业发展规模基础上，中国自身经济实力和国际影响力进一步扩大。2001年，中国外汇储备达2122亿美元，外汇储备居世界第二位。在自身经济实力发展到一定程度以后，中国进一步加强对自身企业品牌的重视，也对文化产业发展给予一定的支持和政策优惠。与此同时，中国民营企业快速发展，创新性的理念和灵活的经营模式，在中国对外贸易和产业发展中发挥更大的作用和影响。在此历程中，中国文化产品在对外贸易中的影响进一步扩大。以2003年为例，中国文化产品贸易占市场总份额的5.39%，超过同期中国商品市场总份额的4.7%[51]。但相比较而言，中国文化产品在全球范围的影响力与自身的国家实力和国家地位还不匹配，中国文化创意产品与欧美发达国家还有一定的距离。具体表现在中国报刊出口还未进入世界前20位，中国图书出口的总量和影响力也远远不够，中国文化产品影响力还多集中在绘画、雕刻以及其他装饰品等类别。这也意味着中国在世界文化影响力方面还没有达到自身期望的高度，尚未发挥出更大作用。进入21世纪以后，中国在互联网、游戏、影视等文化产业发展取得了巨大的进步，成效也越来越明显。通过文化产品，中国也逐步树立了历史悠久、负责任的世界大国的国家形象。

---

50 张旭明：《1989年我国技术进出口概况》，《中国商业年鉴》，1990年。http://history.mofcom.gov.cn/book/book.asp?p=47&bid={9E02E54E-4860-4F24-A715-8D32225DD125}
51 http://tradeinservices.mofcom.gov.cn/article/yanjiu/hangyezk/200711/45143.html

表5-4 2002年世界前10位国家（地区）核心文化商品进出口额排行榜

（金额单位：亿美元）

国家（地区）	进出口 总额	位次	占货物进出口总额比重	出口 总额	位次	占货物出口总额比重	进口 总额	位次	占货物进口总额比重
世界	1183.4		0.9	546.7		0.8	636.7		0.9
美国	229.9	1	1.2	76.5	2	1.1	153.4	1	1.3
英国	164.2	2	2.7	85.5	1	3.1	78.7	2	2.3
德国	99.5	3	0.9	57.9	3	0.9	41.6	3	0.8
中国	63.8	4	1.0	52.7	4	1.6	11.1	15	0.4
法国	59.3	5	0.9	25.2	5	0.8	34.1	5	1.0
加拿大	54.1	6	1.1	15.8	9	0.6	38.3	4	1.7
瑞士	38.5	7	2.2	13.8	13	1.6	24.7	6	3.0
日本	38.2	8	0.5	18.1	8	0.4	20.1	8	0.6
意大利	32.0	9	0.6	13.8	14	0.5	18.2	9	0.8
西班牙	30.1	10	1.1	15.3	12	1.3	14.8	11	1.0

［资料来源：中国贸易服务指南网。http://tradeinservices.mofcom.gov.cn/article/yanjiu/hangyezk/200711/45143.html］

3. 树立"中国品牌"之路

中国制造业的迅速发展历程，彰显了改革开放以来中国决策的正确性，也显示了中国人民勤奋务实的敬业态度，但前期的高速发展也暴露出一些亟须解决的问题。首先，中国制造业依旧存在着大而不强、缺乏核心技术的尴尬局面，中国制造有影响力，但缺少知名品牌。虽然中国制造业已经在全球产生巨大影响力，但技术难度低的"产品代加工"一直是中国制造的重要支撑力量，最关键因素是"中国品牌"影响力小，科技创新能力亟待提升。以科技创新对经济增长贡献率为例，尽管中国制造在全球范围内产生了巨大的影响力，但中国制造的科技含量低，科技创新对中国GDP的贡献率不到40%，远低于发达国家的70%左右。这在某种程度上也意味着，中国制造虽然在全球产生了巨大的影响，也为其他国家民众生活带来了极大的便利，但是中国制造多被定为中低端产品。甚至出现一种奇怪现象，中国制造的产品贴上其他国家制造的标签以后价格就会增加几倍。

世界知名品牌少、产品附加值低依旧是中国制造面临的主要问题。"在成为世界第一贸易大国以后，中国向贸易强国迈进仍然任重道远。中国出口产品附加值低、出口产品质量和服务水平有待提高"。换言之，"中国制造"受到欢迎的原因，无非就是物美价廉。而这背后也意味着，中国工业迅速发展所带来的一系列社会问题，包括环境污染、资源浪费以及创新能力低下等各方面的问题。其次，中国对外产品缺少品牌价值，更缺少带有文化竞争力的产品等。上述现象也会影响别国民众对中国国家形象的认知，进而影响中国的国际影响力和国际地位。最后，长期以来，中国许多企业从事委托代加工，也影响中国企业自身品牌的塑造。众所周知，国外许多品牌，尤其是美国的知名品牌，大多都是在中国进行代加工生产，但在其过程中，进行生产的中国工厂并没有取得多少利润，而拥有品牌的国际制造商却赚取了大量的利润。"中国工厂制造一个芭比娃娃，自己赚35美分，美国的品牌却可以赚20美元！一个零售价40美元的罗技鼠标，中国生产商只能获得大约3美元的利润"。上述案例在中国制造历程中比比皆是，这也从另外一个方面预示了中国可以制造出质高物美的产品。诚然，上述事例也反映出国际分工合作中的通行事实。按照施振荣提出的微笑曲线理论显示，在产业生产链中，附加值高的在两端，即在设计和销售部分，而生产部分在利润分配中处于最低点。对于许多发展中国家而言，在产业起步和发展的初期，就要从制造业分工入手，融入世界产业发展体系之中。但随着自身制造能力的成熟和发展，则需要积极进行产业发展的创新，创造自身的产业品牌，提升企业和国家的自身影响力。

  政府积极主导和支持器物形象的塑造，高度重视中国品牌建设。20世纪90年代初期，中国经贸部通过对全国出口商品的管理和完善，强调重视品牌建设。在此过程中，许多中国品牌也因此得到重视和加强，诞生了许多有影响力的中国品牌。但由于各种复杂的原因，中国品牌国际影响力进程较慢，难以在激烈的国际竞争中取得领先地位。在新的历史时期，由于中国经济实力迅速增长，需要承担更大的国际责任，但在部分国家，尤其是发达国家对中国制造认可度不高，且时常存在诋毁中国制造的情况。为此，加强对中国品牌重视的力度，建立中国制造标准，就成为势在必行的首要任务。2009年11月，美国有线新闻网（CNN）播出了时长30秒的"中国制造、世界合作"的主题广告，宣传和推广不断走向世界的中国制造。2011年1月，在美国时代广场首次出现了关于"中国形象"的宣传片，在全方位推广中国形象的时候，也加强了对中国制造的推广。在此背景下，中国品牌构建也成为近年来中国不断推广和加强的重要内容，《中国制造2025》的出台，也宣告了中国制造将进入新阶段。在该计划中，明确规定了要重点突破的十大重点领域，包括航天航空装备、海洋工程装备、先进轨道交通装备、节能与新能源汽车、电力装备、农机装备、新材料、生物医药及高性能医疗器械等。在该计划实施过程中，实现中国制造从中低端向中高端转变，推动中国制造的转型升级。此后，部分机构和企业均开展了多种多样的活动，不断推动中国企业提升产品质量、塑造企业品牌等。

  中国品牌越来越得到认可，中国器物文化影响力不断提升。也正因为各方共同努力，"十二五计划"期间，中国积极探索由传统要素驱动向创新驱动的方式，并提出了"大众创新""万众创业""中国制造2025""互联网+"等各种行动计划，引发了《关于深化科技体制改革加快国家创新体系建设的意见》，在创新驱动的引领下，中国制造科技创新能力进一步提升，自主创新能力不断增强，以数字化、网络化、信息化、智能化为特征的智能制造业兴起，成为制造业的新兴力量，出现了一批具有标志性的成果，如量子调控、探月工程、

图 5-7 中国品牌海外宣传海报

"蛟龙"入海、高档数控机床与基础制造设备、大型油气田与煤气开发技术等[52]。此外，许多著名的中国品牌也越来越得到了全世界的认可。2018年，依据《中国品牌全球影响力报告》对全球五大洲33个国家消费者进行的调研，中国品牌逐步在国外消费者群体中树立了自身的品牌意识。中国品牌在数码电子产品、App应用和家电类产品上取得了比较大的进步。在南亚、东南亚和东欧等国家和地区，民众至少认知一种中国电子产品的被调查对象超过了90%的比例。而在中国知名品牌调研中，华为、联想、猎豹移动、海尔和OPPO等产品居前五位。表明了中国品牌日益走进世界许多国家和地区民众的心中，产生越来越深刻的影响。

以智能手机为代表的电子产品在海外影响力进一步扩大。"在西班牙，根据《五日报》分析报告显示，华为成为西班牙五大受欢迎智能手机之一。结合凯度消费者指数公司的数据表明，西班牙最近半年销量最好的十款终端设备有四款是华为手机。在俄罗斯，根据GFK等第三方报告显示，荣耀手机在当代的销量已连续13个月排名前三，且从今年2月起，市场份额占比均超10%，5月更以13%份额超过苹果，排名第二。而在印度高端智能手机市场，Counterpoint发布的市场份额报告显示，一加在2018年的二季度和三季度蝉联第一，超越苹果三星"[53]。在美通社对全球企业品牌影响力调研中，全球最受关注的20大企业中，中国有6家

---

52 黄群慧、李芳芳等：《中国工业化进程报告（1995—2015）》，北京：社会科学文献出版社，2017年，第12页。

53 《中国手机全球影响力扩大 中国制造精品迈向全球》，https://www.baidu.com/link?url=NboXcZpu4LmkTNIzMspmSF11AOzgzAqOaprFRyr31l4hn8p_vWy2GDdCZbX-IJp6AhRkpeV9V0na6i2Hh6jdgq&wd=&eqid=dd0fba3200001b39000000055e85526a

企业上榜，其中阿里巴巴公司排在第一位。2019年Twitter亚太地区关于中国品牌的调查也表明了迅速崛起的国际影响力。在高科技类品牌中，大疆、华为、联想、一加、OPPO、TCL、传音、VIVO、小米等入选。其中，一加在全球400美元以上高端智能手机市场份额排名前五，是2018年全球高端手机市场增长最快的品牌，传音旗下的手机品牌在非洲的市场总份额排名第一。小米手机也进入了全球80多个国家和地区销售，已经是全球最大的LoT物联网销售平台，设备数达到约1.51亿台。在电子商务行业，阿里巴巴、Club Factory、环球易购等也有全球的影响力。此外，在游戏和移动应用行业，中国的新式科技企业也扮演了越来越重要的角色和影响力[54]。从各方的调研数据均显示，2018年中国品牌海外影响力不断扩展，尤其是在日本、法国和西班牙等发达国家。而在铁路、桥梁和基建等领域，中国也通过自身的优势，巩固原有的领先地位，确保自身的品牌形象。

根据世界知识产权组织、美国康奈尔大学等机构发布的《2018年全球创新指数》（GII）排行榜，中国创新指数得分53.06分，全球排名第17位；其中，商业成熟度56.0分，排名第9位；知识和技术产出56.5分，排名第5位；创意产出得分45.4分，排名第21位；人力资本和研究得分47.8分，排名第23位，已经进入全球最具创新力经济体20强。2018年，世界经济论坛发布《全球竞争力报告》，中国全球竞争力指数得分72.6分，在全球140个经济体中排名第28位，在新兴国家中表现非常突出[55]。2019年，中国有联合国公布的39个工业大类，191个种类和525个小类，是全球唯一一个拥有全部工业门类的国家，能够自主生产从日用品到高科技产品，满足包括日常生活、基建、高端产品生产制作等在内的所有工序。中国品牌的影响力不断增强，也意味着中国国家各方面形象的提升，标志着在新的全球化语境下，中国不断开创自身的发展之路，并为人类世界发展作出更大贡献。

二、海外媒体呈现的中国器物形象

随着中国制造在海外贸易的迅速发展，其影响力也越来越大，这些影响既包括积极、正面的影响，也有消极、负面的影响。从时间段来看，从改革开放初期到20世纪90年代中期，海外较少有关于"中国制造"的全方位评价，但这一时期，中国制造物美价廉的形象已经深入许多国家和地区民众的心中。随着中国出口的器物种类和数量越来越多，也越来越具有全球影响，关于"中国制造"的报道以及相关评价也逐步增加，并经常与中国经济、政治和文化联系在一起。大体而论，中国制造海外形象分为发达国家和发展中国家两个不同的类别。发展中国家对中国器物的评价相对比较高，发达国家对中国制造的评价不一。为此，我们结合相关研究以及在日本、美国等的报道，对中国器物的海外形象进行分析和论述。

器物或者商品来源国对消费者的影响一直受到学术界研究的重视，早在1965年，美国学者Robert D Schoole通过对中美等几个国家市场的调研发现，这些国家的民众会对进口产品

---

54 《2019 Twitter 中国品牌出海影响力报告》，http://www.199it.com/archives/881662.html
55 李金华：《新中国70年工业发展脉络、历史贡献及其经验启示》，《改革》，2019年第4期，第5页。

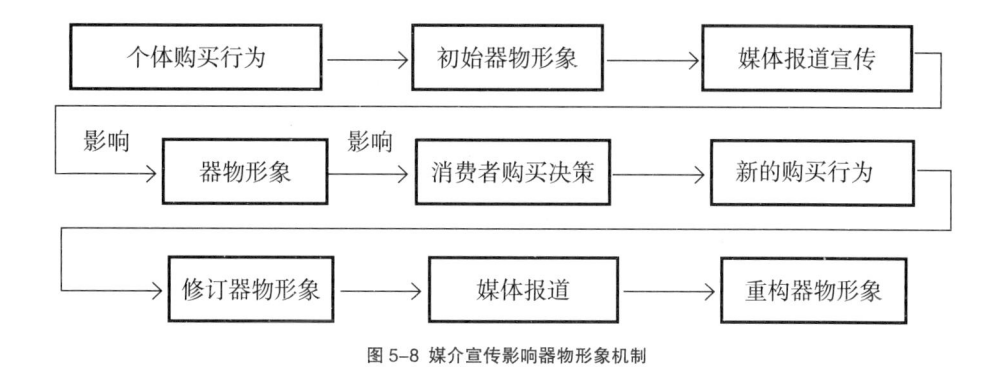

图 5-8 媒介宣传影响器物形象机制

的生产国度比较重视。这些发展中国家的民众倾向于购买来自发达国家品牌的商品[56]。具体就中国器物的海外影响力的报道，许多国家的媒体也会有所涉猎，但对中国政治和人权关注相比还是比较少。其对中国器物的表达也多在2000年以后，随着中国器物的大量出口，许多国家的民众开始使用来自中国的产品，也正因为此，才出现对中国产品的报道。就总体对中国制造和中国品牌的报道，在不同时期、不同国家具有自身不同的特点。鉴于中国制造在全球范围的广泛影响，且呈现出时段性和地区性的不同特征，笔者结合相关学者的研究，侧重对美国、日本、澳大利亚等国家和中国台湾、香港地区对中国器物形象的报告分析。

1. 美国媒体对中国器物报道分析

不同时期，美国不同媒体对"中国制造"相关报道表现均不同，呈现为多元、复杂的中国器物形象。作为世界上传媒最发达的国家，美国一直信奉所谓"传媒自由"的理念，随着近年来中国国力迅速增强，美国对中国相关报道非常多，但相比较而言，大多数关注中国政治、人权和环境污染等方面的问题，对器物报道比较少。以《纽约时报》和《华盛顿邮报》为例，根据笔者以"made in China"和"Chinese products quality"为关键词进行模糊检索，从1999年到2019年，大约20年间，仅有近600篇的报道。除去关于中美贸易争端以及中国市场经济的相关内容，与器物有直接关系的内容不到一半。其大致分布与中国制造的产品出口到美国对其产生的影响有关。从报道内容和时段来看，大致分为两个阶段：第一个阶段是从1999年到2010年左右，第二个阶段是从2011年至2019年，不同阶段报告的中国产品既有共性，也有个性。

在第一个阶段，报道内容多与中国产品的质量有关。在上述数据中，从2006年到2008年，关于中国产品的报道年均超过100篇，其中，2007年的报道达到井喷的194篇，2008年，数量为162篇。其后，关于中国制造的报道在下降，但随着中美贸易战的不断升温，关于中国制造的报道也不断增加。第二个阶段的报道主要集中在中兴、华为、阿里巴巴等新式科技企

---

[56] Robert D Schoole.,Product bias in Central Amercian common market.Journal of Marketing Research,1965,2:p394-397.

业。有关中国制造的报道主要是在国际贸易领域，其他内容相对比较少。根据不同的时段，关于中国制造的关注点也不同。从2000年到2010年，报道中国制造的主要产品包括玩具、纺织品、食品、家具等；从2011年至2019年，报道的主要产品转向电子产品、软件、游戏产品和电子商务等方面。这也反映了中国制造在美国主流媒体上地位的相应变化。在对中国产品的总体评价中，"便宜"是出现最高的词汇，包括cheap、inexpensive等表述，这一表述贯穿整个美国对中国制造产品的评价过程之中。此外，威胁、不安全、不合格、有害等词语也是对中国制造描述的高频词汇。2013年以后，对中国制品关注的关键词还包括转移、阿里巴巴、华为、中心、贸易冲突、能源掠夺等相关内容。中国市场由于受到劳动力价格上涨等因素的影响，大量中国工厂搬迁到越南、柬埔寨、印度等国家和地区，许多商品已经不再是中国制造。许多欧美公司，包括Lever Style、Nordstrom、Coach、Armani Collezioni、John Varvatos、Hugo Boss、Uniqlo等奢侈品和大众商品的公司，都表示由于中国工业转向创新型的高科技产业，给中国带来劳动力成本的上升，导致这些企业把加工工厂转移到其他国家和地区。但由于中国制造业体系的成熟，Nordstrom公司的发言人指出，该公司近年来在中国生产的服装数量没有发生"实质性变化"。虽然成本很重要，但产品质量和工厂工作条件也很重要[57]。

通过美国媒体对中国制造的报道分析，能得出中国器物在美国社会日渐增加的巨大影响力。从1978年至20世纪90年代中期，美国媒体上很少有关中国器物或者中国制造的报道，这也就意味着即便这一时期中国产品大量出口到美国，并没有引起美国人的关注；从1995年以后，美国媒体对中国制造的报道逐步增多，且有相关学术研究论文的出现，分析中国制造在美国产生巨大影响力的原因。尽管这一阶段美国对中国器物报道多为中立甚至负面报道，但已经有美国媒体关注中国制造业崛起对美国制造业的冲击与影响。2010年以后，中国经济总量超过日本居世界第二位，尤其是中国高科技企业和创新制造的迅速崛起，美国媒体对中国科技公司、知识产权和贸易摩擦的报道日益增多，且对中国产品质量低下的报道越来越少。一方面表明美国媒体对中国制造关注的重心转向了对他们带来更大威胁的贸易冲突以及对中国高科技企业的关注，另一方面也意味着中国制度建设越来越完善，中国产品质量问题越来越少。

2. 其他国家和地区媒体对中国器物报道分析

部分发达国家和地区媒体无视"中国制造"在各方面取得的巨大成就，侧重对中国器物形象负面因素的报道。据相关学者的研究，对中国制造的报道表现为不同的特点，并与国际政治局势紧密联系在一起。澳大利亚、日本、中国台湾地区的媒体与美国对中国器物形象的报道非常接近，出现对中国报道的问题也大同小异。有学者以《澳大利亚人报》在2004—2013年关于中国制造的报道为研究对象，进行分析。在新闻来源方面，在213篇有效报道中，该报

---

57 Chu,Kathy., China's Changing Workforce:Not Made in China—As Labor Costs Keep Rising,More Factories Flee to Vietnam and India,Wall Street Journal, 1th May,2013:B1.

自采消息和转载其他西方媒体消息，占总体信息源的90%，来自中国企业自身的报道占8%，而仅有2%的报道是引用中国官方媒体的报道。在涉华品牌报道中，中性报道为55%，负面报道为39%，正面报道仅为6%[58]。中国台湾地区对中国大陆产品形象的关注和研究也多从负面视角对中国大陆产品进行报道。在相关报道中，不同媒体的政治倾向以及对中国大陆的态度，也就决定了报道内容的倾向性。标榜"自由"的《自由时代》《苹果日报》等媒体多以"假品牌""中国商品威胁论""黑心"等具有价值倾向性的标题来表明自身的立场。也有媒体以中立者或者客观报道视角来展示对中国大陆制造的看法。但总体来说，由于诸方面影响，中国台湾媒体对中国大陆制造负面因素依旧大于正面报道[59]。

许多发展中国家和独立研究机构认可中国器物制造的成就，认为中国是世界上最具活力的国家。许多亚洲、非洲、中东等国家和地区的相关报道尽管数量少，总体上还是认为中国在发展中为世界作出了巨大贡献。以新加坡和马来西亚为代表的传统报纸《海峡时报》为例，在227篇样本中，其中外国媒体的有68篇，来自中国媒体的有47篇，可见其对中国媒体的关注和重视程度。在涉华产品报道中，正面报道65篇，中性报道108篇，负面报道54篇。[60]正面和中性报道占了很大一部分，负面报道多集中在产品质量安全，尤其是2007年和2008年最为集中，此后负面报道多侧重知识产权等方面。在非洲，许多国家对中国形象正面评价高于其他地区。据美国智库佩尤研究中心2009年全球调查显示，中国在非洲形象高于中国在世界上的平均形象。其中，中国在肯尼亚和尼日利亚的正面评价分别高达86%和76%[61]。

对"中国制造2025"的报道，也是国外媒体和学术界关注的对象。"中国制造2025"也是其他各国媒体和学者关注的核心内容。《经济学家》杂志的一篇文章指出：中国制造业虽然建立在低端科技基础上，但中国制造依旧是世界上最有竞争力的一个主体。在德国等国家提出用机器人制造技术代替中国制造的时候，中国在2015年5月提出了"中国制造2025"计划。根据沃顿商学院的研究，尽管中国制造的低端产品已经向亚洲的周边国家转移，但中国依旧是"亚洲工厂"网络的核心。因为中国拥有一个优秀的基础设施和一个庞大的、勤奋且熟练的劳动力市场。虽然工资在上涨，但其劳动生产率远高于印度、越南和其他竞争对手。基于此，沃顿商学院预测，一直到2025年，中国将会保持6%—7%的经济增长率。基于此，巴克莱银行的Kirk Yang认为，制造业正从"中国制造"转向"中国智造"。在20世纪80年代和90年代，大多数工厂都是由台湾地区（如富士康）或西方（如Flex）的公司拥有的。他预

---

[58] 江大庆：《澳大利亚报纸上的中国产品品牌形象研究——以〈澳大利亚人报〉为例》，[硕士学位论文]，华中科技大学，2015年，第28—29页。

[59] 张芷雁：《从报纸新闻看中国大陆商品形象——以〈自由时报〉〈联合报〉〈苹果日报为例〉》，[硕士学位论文]，暨南国际大学，2017年。

[60] 姚晴：《〈海峡时报〉上的中国产品品牌形象研究》，[硕士学位论文]，华中科技大学，2015年，第28—30页。

[61] 王现江：《中国在非洲的国家形象：现状、问题与构建》，[硕士学位论文]，华中师范大学，2011年，第13页。

测,这一部门将越来越多地由中国企业管理。台湾地区过去曾在高端电子产品市场占据主导地位,但他认为,许多中国大陆零部件供应商,如比亚迪(BYDE),是电动汽车公司比亚迪(BYD)的子公司,现在都很优秀[62]。

三、国外民众认知的中国器物形象与国家形象

1. 日本国民心目中的"中国制造"与中国形象

为了深入了解最近国外关于"中国器物"海外影响力的情况,课题组通过发放调查问卷、深度访谈等形式,了解日本、美国、韩国、伊拉克等国家的民众对中国制造的看法,尤其在日本进行了较为详细的调研。通过近期的调查和分析,课题组也逐步了解和认知了有关中国器物近年来在国外的有关情况,也认识和了解了不同区域和不同发展层次的民众对中国器物的认知情况。日本作为制造业强国,其关于制造业发展的许多方面值得中国学习。为此,课题组于2019年在日本福冈县、贺佐县、长崎县等地发放调查问卷330份,回收可信问卷312份。此次调研问卷中,调研对象包括大学生、研究生、大学教师、公司职员和家庭主妇等群体;年龄在20岁到60岁之间。诚然,由于相关调研对象选取的差异以及样本数量相对较少,在一定程度上有片面性和主观性。此外,需要考虑的问题是:尽管消费者的评价是动态的,但也有其相对稳定的一面,尤其基于器物使用和消费的现实情况,形成对一国产品的一个评价方面。也基于此,我们可以从相关调研中发现不同地区对中国制造的看法,进而了解其背后对中国国家形象的认知情况。

调研对象对中国器物和中国国家形象的认知和看法。从样本性别来分析,参与调研问卷男性人数138人,比例约为45%,女性人数为171人,比例约为55%。在年龄结构上,20岁到30岁之间人数为92人,30岁到40岁之间人数为52人,40岁到50岁之间人数为63人,50岁到60岁之间人数为69人,60岁以上人数为46人。

图 5-9 调查问卷男女比例

---

62 Anonymous.,"Still made in China.The Economist",Vol.416,12th Sep,2015.

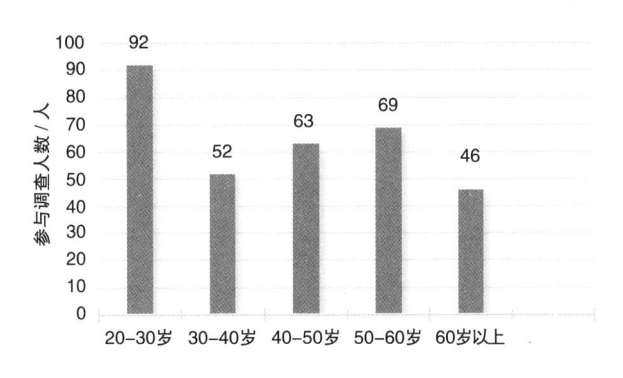

图 5-10 调查问卷年龄结构分布

在"了解中国商品途径"调研问题的回答中，通过本国报纸和电视了解的有19人，占全部比例的6%；通过互联网了解的有241人，占全部比例的77%；通过朋友介绍的有50人，占全部比例约为16%；通过中文网站了解的有3人，不到全部比例的1%。在"本国是否看过中国商品的广告"调研问题的回答中，"经常看到"的人数有12人，占全部比例的不到4%；"有时看到"的人数有50人，占全部比例约为16%；"偶尔看到"的人数有171人，占全部比例约为55%；从未看到的人数有60人，占全部比例的19%；此外还有19人没有进行选择。

在"是否使用中国制造产品"的回答中，经常使用的回答有78人，占样本比例25%；有时使用的回答有159人，占样本比例的51%；偶尔使用的回答为35人，比例为12%；从不使用的回答有17人，占比例的5%；没有回答的22人，占比例约为7%。样本显示绝大多数日本人使用中国制造的各种产品。在"对中国商品印象如何"的回答中，对中国商品总体印象很好的有12人，占比例为4%；对中国商品总体印象一般的有50人，占比例为16%；对中国商品印象较差的有167人，占比例为53%；对中国商品总体印象很差的有59人，占比例约为19%；没有回答的有24人，占比例约为8%。

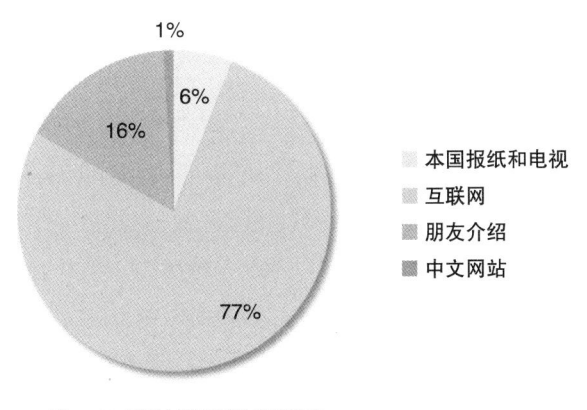

图 5-11 了解中国商品的途径调查

第五章 "世界制造大国"语境下的中国形象

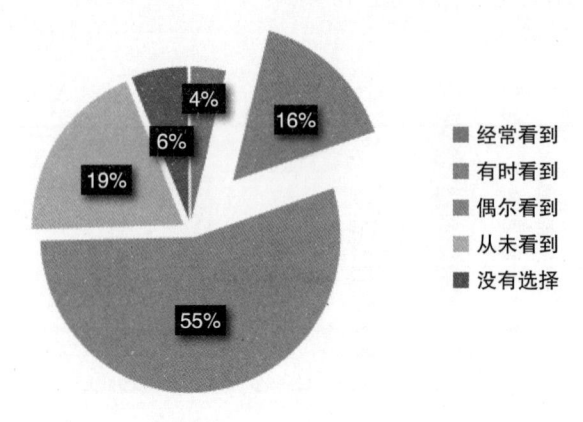

图 5-12 本国是否看过中国商品的广告

根据调研群体反映，日本对中国商品总体印象较差。中国产品质量是本次受调研群体反馈意见最为集中的一项。在对"中国产品质量"的评价中，认为中国产品价格低廉的有253人，占全部人数比例的83%；认为中国产品质量优质的有28人，占全部人数比例不到9%；质量一般的回答有10人，占全部人数比例的6%；质量很差的有21人，占全部人数比例的7%。

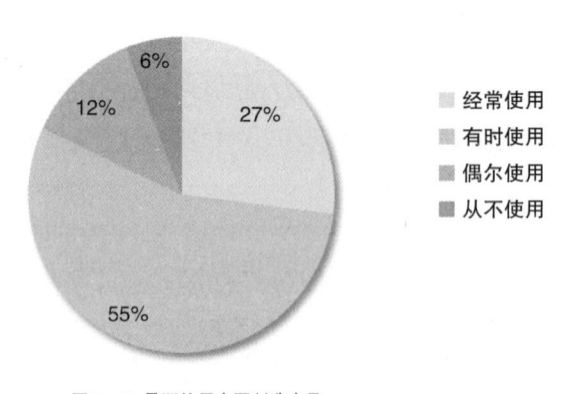

图 5-13 是否使用中国制造产品

在"关于如何看待中国产品售后服务"的回答中，认为中国产品售后服务非常好的有19人，占全部人数比例的6%；认为中国产品售后服务一般的有51人，占全部人数比例的16%；认为中国产品售后服务差的有31人，占全部人数比例的9%；认为中国产品没有售后服务的有20人，占全部人数比例的6%；回答为"不知道"的人数有191人，占全部人数比例的61%。

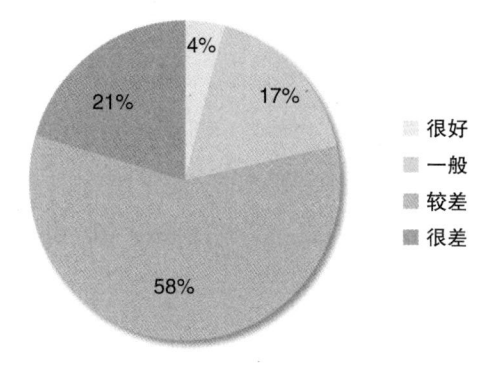

图 5-14 对中国商品印象如何

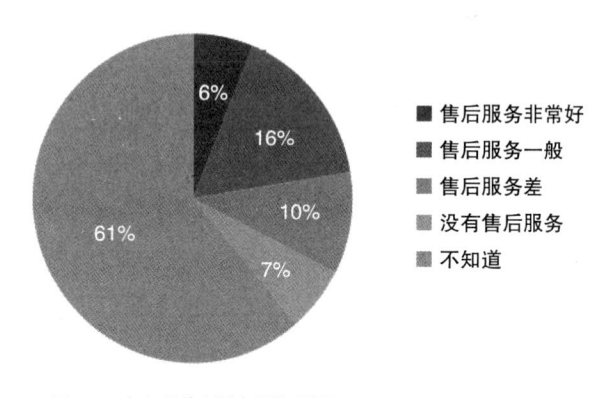

图 5-15 如何看待中国产品售后服务

结合相关调研问题，日本国民使用中国日用品和电子产品的比例非常高，证明了"中国制造"在日本有广泛影响。这从"经常使用中国哪种商品"的反馈数据中可知一二。使用中国电子产品的有101人，占全部人数比例的32%；使用中国家电产品的有110人，占全部人数比例的35%；使用包括服装在内的日用品的有191人，占全部人数比例的61%；使用和购买中国食品的有136人，占全部人数比例的44%；使用和购买中国工艺品的有31人，占全部人数比例的约10%；该问题有20人没有给出答案，占全部人数比例的约6%（该问题为复选问题）。在就"如何看待和评价中国产品质量和设计"问题时，认为中国产品"质量好，设计又漂亮"的有16人，占全部人数比例的5%；认为中国产品"质量一般，设计也一般"的有241人，占全部人数比例的77%；认为中国产品"质量很差，设计也很差"的有20人，占全部人数比例的6%；回答"没用过，不了解"的有35人，占全部人数比例的11%。

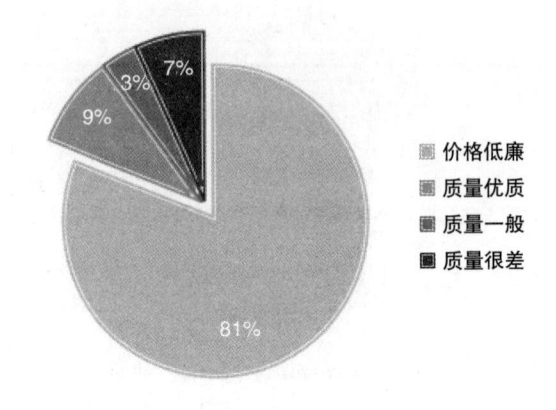

图 5-16 对中国商品质量评价

在对中国具体的器物了解和认知方面，许多日本人对中国传统器物文化非常熟悉。在"你了解中国传统器物"的问题中，我们设定的四个选项，包括瓷器、丝绸、茶叶和书画等，受调研对象表现出了对中国传统器物文化的极大热情。仅选择一个选项的有58人，其余的全部为多项，而全选的人数达到117人。这一情况同对当下中国器物制造的认知形成了鲜明的反差，也可以反映出日本民众对中国传统文化的热爱，覆盖人群从20岁到60岁之间的大部分日本人，从另外一个视角印证了他们对当下中日器物制造的态度（该问题为复选问题）。在对"是否了解中国制造的汽车"的回答中，被调研的群体对"知道，也买过"问题回答人数为0；对"知道，但没买过"的回答有69人，占全部人数比例的22%；回答"不太了解，也没买过"的有60人，占全部人数比例的19%；回答"不知道"的有183人，约占全部人数比例的59%。

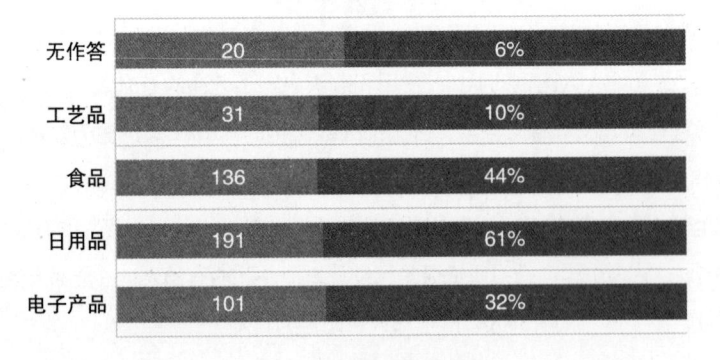

图 5-17 经常使用中国哪种商品

相比较而言，使用和购买中国手机的情况就相对乐观一些。在"是否购买和了解中国手机"问题调研中，"使用和购买中国手机"的人数有81人，占全部人数比例的26%；"打算购买中国手机"的有20人，占全部人数比例的6%；"了解但不打算买"的人数有52人，占全部人数比例的17%；"没买过"的有159人，占全部人数比例的51%。

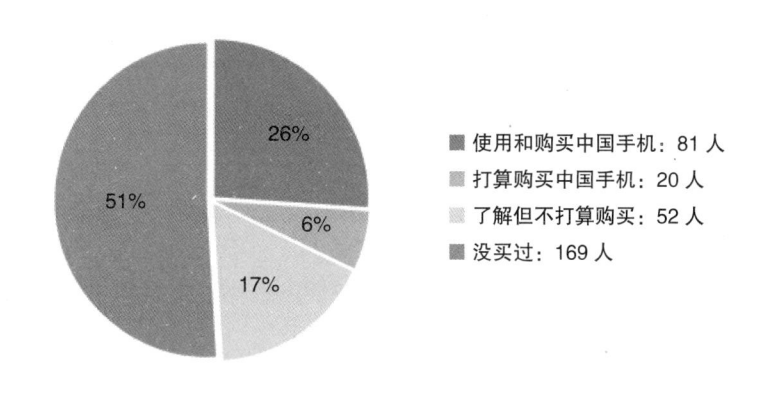

■ 使用和购买中国手机：81人
■ 打算购买中国手机：20人
■ 了解但不打算购买：52人
■ 没买过：169人

图 5-18 使用和购买中国手机

这从关于中国品牌的问卷调查中，也可以反映出来。在对"认知和了解中国品牌"的调研中，华为和联想两个品牌在日本的知名度较高。其中，熟悉华为品牌的有136人，占全部人数比例的44%；熟悉联想品牌的有175人，占全部人数比例的56%；熟悉和了解大疆无人机的有112人，占全部人数比例为36%；熟悉中国高铁的有37人，占全部人数比例为13%；熟悉海尔品牌的有67人，占全部人数比例的22%。但该选项有50人没有回答（该问题为复选问题）。也就是说，中国制造产品在日本产生了较为积极的影响。

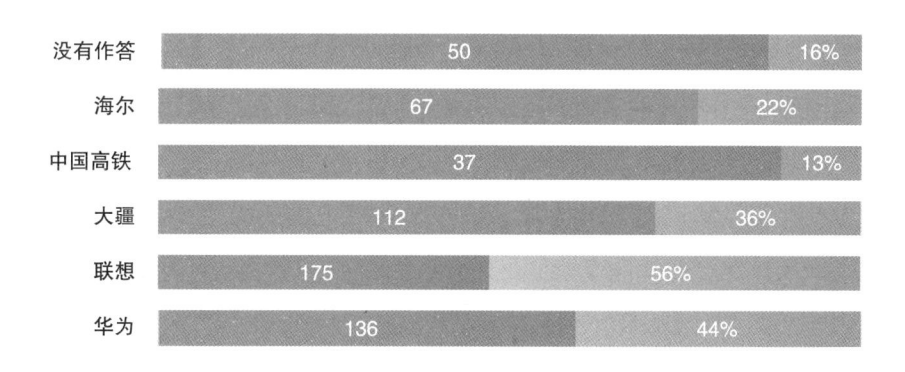

没有作答	50	16%
海尔	67	22%
中国高铁	37	13%
大疆	112	36%
联想	175	56%
华为	136	44%

图 5-19 认知和了解中国品牌

这一数据也与"当前能够代表中国形象的产品"认知比例接近。其中，认为电子科技产品能够代表中国形象的有112人，占全部人数比例的36%；认为日用产品能够代表中国形象的有90人，占全部人数比例的29%；认为工艺产品能够代表中国形象的有34人，占全部人数比例的

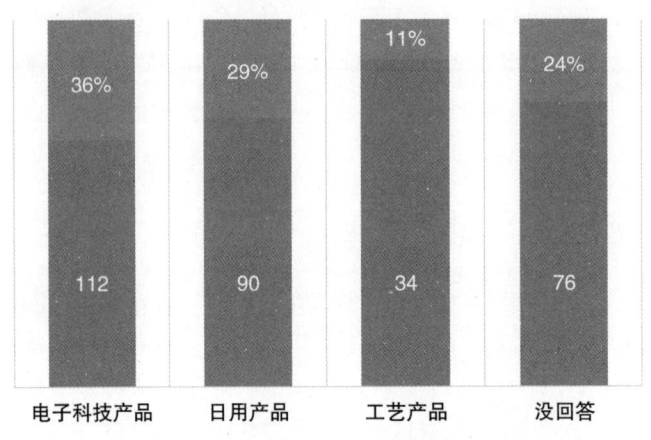

图 5-20 当前能够代表中国形象的产品

11%；值得注意的是：这一问题有76人没有回答，占全部人数比例的24%。换言之，部分日本民众依旧无法形成对中国器物的明晰评价，从另外一个层面表明提升中国品牌的国际影响力还需各方进一步努力。

值得关注的是：在前述对中国当下制造品牌认知中，一个可喜的现象是认为电子科技产品代表中国形象的多为20岁到30岁之间的年轻人，这一比例达到79%。换句话说，日本年轻一代对中国电子产品比较熟悉，也在使用各类中国的电子产品。在"是否去过中国"问题回答中，有36人表示"经常到中国"，占被调研群体近12%；有131人表示"没到过中国"，占被调研比例约42%；有140人表示"没有到过中国，但认为中国发展速度很快"，占被调研比例的45%；有5人没有选择。在"如何看待中国发展？对中国印象跟以前相比有变化吗？"的问题调研中，选择"中国比以前好"的有171人，占被调研比例的56%；选择"中国一直很好"的有41人，占被调研比例的13%；选择"中国一直很差"的有40人，占被调研比例的约13%；选择"中国比以前差"的有5人，占被调研比例不到2%；选择"无所谓"的有55人，占全部比例的18%。

对器物形象及其折射的国家形象的看法是动态的，且受到多重因素的影响。课题组所在的

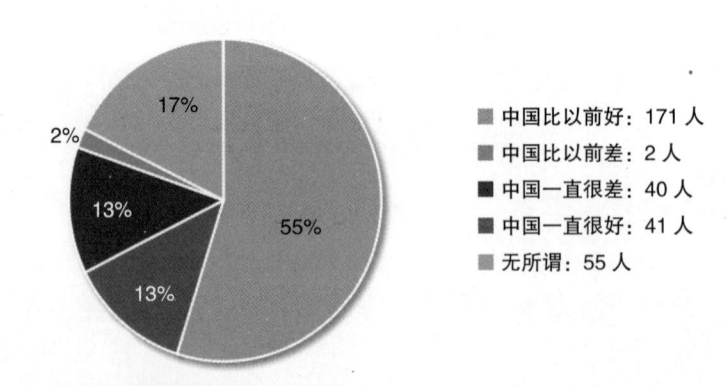

图 5-21 如何看待中国发展？今昔印象变化

抽样调查也仅仅为抽样群体对中国器物形象以及笼统的对中国的看法，不能就此认为是中国器物海外形象全面、真实的反映，但或多或少会反映出以下几个方面的现象。首先，由于日本自身制造能力强，通过20世纪60年代至今的发展，日本已经是几个发达的代表性国家之一，且近年来塑造了精良的日本造物体系。因此，其总体上对中国器物形象不是很乐观也在情理之中。这从日本人购买中国消费品的种类和层次也可以证明，大量日本人购买来自中国的日用品和服饰等产品，这些产品也多为价格便宜的商品，这也是日本人对中国产品整体印象中，价格便宜占主导地位的因素。这种认知与日本人的消费观点改变和日本近年来经济发展也有密切的关系。总体来看，由于日本自身制造器物的精良，在日本人的观念里形成了"日本制造"和"别国制造"的差异。一般来说，日本制造产品精良，但价格贵；而其他国家，尤其是以中国为代表的发展中国家制造商品价格便宜，在经济实力难以支撑的情况下，选择中国制造的商品也是合情合理的。但总体而言，如果同日本制造相比，中国制造仍然有需要提升的空间。换言之，对于日本国民而言，选择中国制造的产品就是基于中国制造的价格优势。其次，大部分日本人对中国的高速发展表示认同，体现在对中国器物印象方面也比较明显。

如前述，在调研中，尽管大部分日本人没有到过中国，或许也没有到中国的打算，但依旧认为中国总体发展好的占了很大的一个比例。在对中国品牌认知和使用方面，华为手机、大疆无人机、联想电脑等中国品牌已经为日本人所熟悉，海尔电器作为中国日用家电的代表，也融入日本人的生活之中，也有部分日本人了解中国高铁发展技术，并认为这是中国了不起的发展成就。最后，值得欣喜的是，通过抽样的少量调研数据也可以反映日本年轻一代对中国品牌电子产品等比较熟悉，到过中国的人也认为中国各方面发展特别快，对中国制造和中国形象总体评价比较好；没有到过中国的老一辈和家庭主妇等，尤其是60岁以上的群体对中国制造的总体评价不高，依旧认为能代表中国形象的是传统器物产品。作为信息时代成长的年轻一代能更多地了解中国发展信息，越年轻，对中国制造的认知就越积极。此外，受教育程度虽然不是对中国产品认知积极的决定性因素，但这个群体的民众大多对中国制造采取理性的态度，认为中国制造越来越进步。此外，在调研中反映出来的问题也需要各方深思。有较少的日本人在本国看到关于中国产品的广告，这从课题组成员在日本的经历也可反映出来。2019年，在日本九州看到最多的中国产品广告为华为公司发布的，其他广告多是在商场里面看到。尽管移动支付在日本推广，但依旧无法取得更为明显的效果。课题组在调研中，虽然没有具体去分析到底有多少日本人使用移动支付工具，但可以肯定的是，由于大量中国游客到日本，作为最敏感的商业经营机构，率先引入中国支付模式也是情理之中的事情。

2. 其他国家国民认知的中国器物形象和国家形象

不同国家和地区因为发展水平、文化差异、国际关系和国家利益等都是影响原产地国商品形象的因素。也正因为如此，不同个体、不同国家和地区对中国器物形象和国家形象的认知也有差异。为了更立体、全面地了解中国器物形象，课题组也通过各种形式对部分国家民众进行了访谈。伊拉克人Hussein Summary的访谈内容给了课题研究很多启发。他是伊拉克的艺术家，也是共产党员，在他看来，中国制造的产品非常好，数量和种类都非常多，在中东许多国家有大量中国商品，也深受各国民众的喜爱和认可。他本人使用的手机就是华为的，他说即便以后换手机，还是会选择华为。在谈及为什么中国高端产品在伊拉克等中东国家还没有完全得到认可的原因，他认为许多中东商人只是从中国购买价格低廉的商品，这样更好销售。而质量好价格高的产品购买群体少，资金周转慢，这样也会影响这些高端产品在中东国家的传播。在谈及中国制造在伊拉克等中东国家宣传的时候，他提到也会经常看到中国商品广告，但宣传策略和模式还没有达到令人满意的程度，也没有考虑受众群体需求等方面的问题[63]。前述伊拉克艺术家多次到过中国，对中国文化非常喜欢，加之全家都是伊拉克共产党员，在文化认同方面对中国有亲近感。提及前述个案也是为了证实不同个体在对同一个国家器物选择和评论的观点，会受到很多因素的影响。

与Hussein Summary观点有差别的是，韩国人박주아，她也多次来到中国，也对中国非常了解。在她看来，韩国首尔的商店里面到处都是中国商品，包括各种服饰、日用品和食品，但她认为总体上韩国人购买中国产品的原因依旧是价格便宜，在手机等电子产品上，她本人依旧会购买韩国和美国的产品。此外，许多中国产品也会因为质量检测标准与韩国不一样的原因，自己在购买的时候，会非常谨慎[64]。韩国受访谈对象的看法在许多国家或多或少地存在。即便他们会对中国保持尊重，认可中国发展的成就。美国人Denis Naymark就是其中一位，他本人是俄裔美国人，父母因为政治原因移民美国，但他本人喜欢中国传统文化和艺术，也曾在中国留学。在谈及中国商品的时候，他认为中国商品质量以及商人诚信问题是影响自己购买中国产品的重要原因。他提到在决定到中国留学的时候，他的父母在他第一次到中国的时候，提醒他千万不要购买中国牛奶等产品。但他本人也认可即便存在质量问题，也是企业生产者的问题，与整个国家并没有太大的联系。美国也曾经出现过各种质量问题，但国家的诚信机制还是非常有必要的[65]。此外，课题组也对部分其他国家的民众进行了访谈，但大体上的情况也多是如此。"价格便宜"是许多国外民众对中国产品的看法，但迅速发展的中国科技产品也得到了越来越多的认知和肯定。尽管被访谈群体没有购买中国手机等产品，但对于华为、小米等电子产品大多数访谈者能通过各种渠道了解，也认可中国快速发展的成就。

课题组相关问卷调查与访谈和近年来相关调查机构的调查结果也大致相近。2014年中国外文局发布了《中国国家形象全球调查报告》，调查报告指出：海外民众最喜欢的中国品牌包括联想、华为、中国国际航空公司、海尔、阿里巴巴、中兴、海信等。这也就显示了近年来，中国科技创新越来越在世界上产生作用和影响。此后，历年相关的调查报告都证明了中国在科技

---

63 访谈人：课题组成员，被访谈人：Hussein Summary，访谈时间：2018年12月16日，访谈方式：网络访谈。
64 访谈人：课题组成员，被访谈人：박주아，访谈时间：2017年9月15日，访谈方式：网络访谈。
65 访谈人：课题组成员，被访谈人：Denis Naymark，访谈时间：2017年3月21日下午，访谈地点：景德镇陶瓷大学国际交流学院。

方面影响力的不断提升,也在许多国家和地区提升了中国国家认可度,彰显了在全球影响力日益增加的中国国家形象。在2018年中国国家形象全球调查中,中国科技创新力认可度提升,中国产品、互联网企业等塑造的中国形象表现亮眼。在科技领域,66%的海外受访者都认为中国是科技创新能力强的国家,其中高铁、超级计算机和载人航天技术认可度最高[66]。

四、中国器物"他者形象"的多重因素

根据中国外文局和其他相关机构的调研数据显示,在中国媒体尚未构筑其全球影响力的时候,中国器物所体现和折射出来的国家形象,是他国民众建构中国国家形象的重要渠道之一。这也就意味着,现阶段,器物形象在中国国家形象塑造中起着非常重要的作用。诚然,要全面系统地了解所有国家对中国器物形象的认知仍有难度,尤其在信息时代各种大众传媒影响下,中国器物形象也因为越来越多的民众从各方面认知和了解,变得更为全面和丰富,逐步摆脱了线性、单一的形象,表现出多元化趋势。总体上分析,随着"中国制造"的转型升级和质量提升,器物形象呈良性发展趋势。但在新的历史时期,器物形象的建构受到多重复杂因素影响,与国家利益、政治体制、意识形态及国家竞争等密切联系在一起。基于此,课题组通过对上述因素的分析,思考影响器物形象的各种因素,并分析器物形象与国家利益、国家形象之间的关系。

1. 功能、价格与消费习惯影响器物形象

器物的基础形象是对器物形象认同的关键要素,进而影响他者对中国形象的认同。如前述,器物的基础形象包括器物的质量、设计和包装等各方面的因素。2000年以后,随着中国造物技艺的大幅提高,无论是日用品还是机电产品大量出口到世界各地,许多国家的民众在日常生活中都难以离开"中国制造"。美国人萨拉·邦焦尔尼曾以自己一家的亲身经历记述了离开中国制造一年中,在生活上遭遇的诸多麻烦。在美国的超市里面,到处是随手可见的中国商品,在抵制中国产品的时间里,他们一家遇到了很多麻烦,给生活带来了许多的不便。"我回到独立日的货架上,靠近仔细看,我暗想这肯定是一次中国货大井喷,结果差不太多,虽说偶有意外……中国控制着美国国庆日的装饰品……一套木质的中国风铃,用手写体写着'让自由之声响彻山岗',在召唤着我。在同一个架子上,我找到一个印着'我们同心同意'字样的花瓶,一套拼出'神佑美国'四个大字的中国彩灯……上班的时候,上司向我指出,不管产品标签上怎么说,要想不买中国产品,是自欺欺人"[67]。尽管作者的目的并非对来自中国的商品进行抵制,而是想表明中国制造在美国的全方位的影响力。但从作者全家一年的经历来看,对于美国人来说,离开中国制造是难以想象的事情。

---

66 《中国国家形象全球调查报告2018》,http://www.chinareports.org.cn/rdgc/2019/1022/11539.html
67 (美)萨拉·邦焦尔尼:《离开中国制造的一年——一个美国家庭的生活历险》,闫佳译,北京:机械工业出版社,2008年,第100—102页。

从上述美国人的实践证实,中国器物在美国畅销的根本原因是物美价廉。为此,美国纽约时报记者约瑟夫·卡恩曾撰文指出:无论美国多么提倡使用美国货,但美国超市和民众都不愿意为这种行为买单,在面对同样性质商品的时候,美国人不愿意因为"爱国"而购买自己本国的产品[68]。当然,对于消费者而言,物美价廉的前提是质量合格。这从美国等国家媒体对中国制造产品质量的大量报道就可以看出来。2007年,由于中国产品质量的一系列问题,引起了对中国产品的抵制和退货潮。在媒体的推波助澜下,关于中国玩具安全、食品安全、轮胎质量的报道迅速在铺开,对"中国制造"在全球范围产生了恶劣的影响。一时间,曾在全球范围建立的中国器物质量影响力出现了严重的倒退,也对中国形象产生消极影响。可见,产品质量是器物形象的关键,良好的质量是基础,这从近年来中国加强质量监督,国外关于中国制造大范围的负面报道已经大大减少就可证明。

器物的包装与设计等基础形象也会对器物形象产生影响。在2007年中国玩具从美国召回事件中,最后证明并非质量的问题,而是由于包装而引发的误解。尽管最后美国相关方面澄清了这个事情,但也由此引发美国民众对中国制造质量的严重怀疑,影响了中国的经济利益和国家形象,这就意味着中国需要在提升器物包装等方面作出更大努力。此外,器物形象一旦形成,在短时期内很难改变。由于消费习惯和发达资本主义已经构筑的优势,他们非常重视产品包装与设计等在产品销售中的作用。长时间以来,中国仅重视器物的实用性,忽视了与器物形象有关的其他因素,在国际市场上形成了低端和低质量的印象。即便当下世界上许多奢侈品和高端产品也是中国生产的,但中国品牌要走向世界还有很长的一段路要走。诚如前述在对伊拉克留学生的调研中,他提出的中国也有许多质量特别优良、价格也高的产品。但批发商并不从中国进口这些"中国制造"的产品,只是进口那些价格低廉的产品,也因此在国外形成了中国产品处于中低端的局面。前述观点诚然也存在值得商榷之处,但也反映出品牌构建的复杂问题。

2. 国家利益、政治体制等因素在器物形象塑造中有重要作用

国家利益影响中国器物形象,进而影响中国形象。维护自身国家利益是国外媒体对中国制造报道的基本出发点,将"中国制造"与中国"威胁"论结合在一起,进而达到维护自身国家利益的目标,尤其以美国为代表。近年来,无论是有意还是无意,美国各大新闻媒体对"中国制造"的报道较少以正面的形象展示。换言之,在预设了报道立场后,对各类中国制造产品进行选择的时候有意"筛选"。即便出现关于积极正面的报道,也会淹没在其他众多新闻之中,让美国民众产生对"中国制造"影响不好的思维惯性。美国媒体这种对中国器物报道的模式绝非个案。20世纪80年代,当大量日本器物销售到美国的时候,也引起美国各界的恐慌,新闻报道中充斥着美国经济将会被以日本为首的其他国家控制,甚至提出抵制日货的各种观点。

---

68 Joseph Kahn.New York Times.17th May,2000.

"9·11"事件以后,美国也出现了谴责开各种油耗极大的汽车的国人,认为他们的行为为中东恐怖分子提供了资金[69]。尽管上述有些激进的行为不太可能在全社会范围达成共识,大多数人依然会根据自身的需求购买各种商品。但上述具有号召性的口号非常有吸引力,也会逐步影响人们的认知,进而形成对"某国制造"的固化印象,从各方面带来负面影响。

近年来,随着中国的迅速崛起,中国产品迅速走向世界,美国部分政客和学者提出的"中国威胁论"观点在很长一段时间内非常盛行。对于美国部分人而言,破除上述中国"威胁"的方法就是中国产品存在各种各样的问题。这从前述美国媒体对中国制造的各种报道内容的增加和不同时期的特点也能看出来。2000年至2010年间,关于产品质量的报道是美国媒体对"中国制造"报道的核心。中国制造从最初的"物美价廉"形象转向"低价劣质"形象,其根本原因是中国出口的各类产品影响到了美国的实际利益,尤其是相关从业者的利益。近年来,许多发达国家出现的抵制中国产品的民间行为也均与此有关。根据美国学者对1988年到2007年中国制造的玩具被美国召回的研究表明:第一,中国玩具被召回,随着时间的推移被召回的数量呈上升趋势;第二,由于产品设计缺陷被召回的数量要远远大于产品质量,而这些设计并非由中国完成,而是相关玩具公司总部设计,中国只是进行生产的主体;第三,按照比例来说,中国制造的玩具并不比其他国家制造的更有缺陷[70],但为什么单单"中国制造"在美国媒体的塑造下成为"质量低下"的代称,其核心原因就在于中国迅速发展的制造业影响到了美国的国家利益。

近年来,因为中美贸易争端问题,美国多次对中国高科技公司进行制裁。在《纽约时报》上有多篇关于华为手机的报道,经常鼓吹华为不再需要美国,认为华为公司在知识产权保护等方面存在很多问题[71]。这种没有任何证据的新闻在美国权威媒体的出现,也极大影响了"中国制造"的海外形象,表明了美国以自身国家利益为核心的立场。近年来,中国高科技产品的迅速发展,已经对美国主导的科技创新地位产生了巨大的冲击。在这种情况下,为了自身的国家利益,美国开始对中国制造的产品进行诋毁。2020年2月14日,美国众议院议长佩洛西在慕尼黑安全会议上警告欧洲不要使用中国的5G技术,认为这会对民主体制带来威胁,并再次诋毁中国华为公司,认为使用华为5G技术会对世界民主体制带来威胁。为此,中国全国人大外事委员会副主任委员傅莹女士进行了精彩的回应。她首先指出,技术是一种工具,自改革开放以来,中国从全世界引进了许多先进的科学技术,包括微软、IBM、亚马逊等。中国科技技术从1G、2G、3G、4G所有的技术都是来自西方发达国家,而中国保持了自身的政治

---

69 (美)葛凯著:《制造中国——消费文化与民族国家的创建》,黄振萍译,北京:北京大学出版社,2016年,第1页。

70 Beamish,P.W.&Bapuji,h, Toy Recalls and China:Emotion vs.Evidence,Management and Organization Review, 2008,Vol.4,No.2.pp197-209.

71 Corinne Ramey,Kate o'keeffe., China's Huawei Charged with Racketeering,Stealing Trade Secrets,4th April 2020.

体制,共产党领导的政治体制取得了成功。而为什么中国的5G技术会给西方政治制度带来冲击,民主制度真的这么脆弱,区区一家中国华为公司就能威胁到它?[72]从现场的掌声也能反映出与会者对傅莹女士回应的认同。

美国政客将新型技术领域竞争上升到国家竞争,并对中国制造无端诋毁。不同于中国主张的合作共赢理念,部分美国政客认定中美之间是竞争对立关系。在佩罗西之前,已经有多位美国官员提出对华为公司进行抵制的想法。"特朗普政府升级了与华为技术有限公司(Huawei Technologies Co.)的对抗,采取了两项行动,可能会切断这家中国电信巨头与美国供应商的联系,并禁止它在美国开展业务。特朗普总统星期三说,他签署了一项行政命令,使美国能够禁止'外国对手'提供电信网络设备和服务。该命令没有提到任何国家或公司的名字,但官员和行业高管表示,目标可能是包括华为及其中国竞争对手中兴通讯股份有限公司(ZTE Corp.)"[73]。美国总检察长william P.Barr认为,中国在电信网络领域与美国的竞争,是美国遭遇的巨大挑战,这将使美国失去主要技术领域的领导地位。美国的情报官员也认为,中国电信公司制造的设备可能对国家安全构成威胁,为此敦促其盟国不要在系统中使用。美国联邦调查局反情报部门的约翰·布朗更是露骨地指出,世界各国必须在美国和中国通信之间做出选择,因为没有一个国家比共产主义中国更有威胁,并认为使用中国5G技术会造成信息泄露,也会带来安全问题。为此,美国通过各种手段敦促各国不要使用中国的技术[74]。对于部分美国政客而言,面临中国科技的迅速发展,不是探究通过合作共赢的模式,为整个人类社会发展作出自身的贡献,而是基于"美国优先"的理念,对中国5G技术妄加指责,无中生有。

在现有的国际局势下,作为承载技术的中国器物,尽管为人类社会发展作出了贡献,但以美国为代表的国家公然宣称希望他们自己的朋友和盟友不要安装华为的电信基建设施,这种荒唐的言论不仅公然在重大外交和政治场合发表,也在美国等国家有影响力的报刊上出现,也从另外一个层面表明器物不仅仅是满足人类社会发展的工具,在有国家利益存在的时候,也与国家利益紧密地联系在一起,呈现自身的国家形象和国际影响力。近年来,随着中国制造在美国日益增加的影响力,影响到了美国国内问题,尤其是就业问题。其根本出发点就是提高美国的就业率。由于担心大量进口中国产品导致越来越多的美国人失业和工资下降,美国政府甚或多次利用侵犯人权的借口来减少从中国进口商品的数量[75]。

无论是媒体报道还是美国部分政客的态度,前述内容从某种程度上反映出美国部分社

---

[72] 《佩洛西警告欧洲"别接近华为",傅莹当场回怼》,《人民日报》,2020年2月15日。https://baijiahao.baidu.com/s?id=1658580581413334315&wfr=spider&for=pc

[73] Ana Swanson, Trump Steps Up Assault on China's Huawei Latest U.S. moves could have grave implications for the company, its American suppliers and telecommunications infrastructure world-wide,The Nytimes, June 7,2018.

[74] Katie Benner, China Dominance of 5G Networks Puts U.S.Economic Future at Stake,Barr Warns,6th Feb 2020.

[75] Jagdish Bhagwati, Made in China ,18th Feb 2007.

会人士对中国制造的看法。从根本上来讲，美国对中国制造的各种看法是基于美国自身的国家利益。在中美贸易的最初阶段，美国对中国制造物美价廉的评价是基于中国产品给美国生活带来了便利，且这种初级产品与美国中高端产品形成互补；在第二个阶段，随着中国制造能力的提升，已经在许多层面与美国展开竞争，也由此引发了美国各方的焦虑与抵制。在新一轮的科技竞争中，中国制造已经同美国展开了全方位竞争。"30年前，中国对美国的出口主要是服装和鞋类。美国对中国的出口则比较复杂，既有大宗商品，也有高科技、创新型产品，比如飞机。现在，美国更关注大宗商品，而中国的主要出口产品是电脑等复杂商品"[76]。可见，在过去30余年的中美贸易历程中，中美贸易产品已经发生了根本性的变化，中国已经在高附加值服务出口领域在全世界处于领先地位，并影响到了以美国为首的部分国家的利益，从最初的互补性关系变成了竞争性的对手。在美国看来，中国已经成为美国重要的竞争对手。对于美国而言，中国的高速发展已经严重影响到了美国国家利益，这从近年来美国对中国高科技产品的"敌意"可窥一二。国家利益和意识形态差异也会影响器物形象的塑造。在部分美国人看来，中国的高速发展并没有给他们带来好处，而是削弱了美国在全球的影响力，进而对中国的污蔑直接表现在对"中国制造"的攻击上面。也正因为如此，部分关于"中国制造"片面、不公正报道诱导所在国民众产生对中国产品的不信任，进而产生对中国国家形象的影响。2007年8月18日，《澳大利亚人报》报道了中国玩具因为质量被召回的新闻。在其报道中指出：由于激烈的制造业竞争和低廉的价格，中国企业利润非常低，只能在低利润中进行生产，也只有生产这种价格低廉的产品[77]。上述观点根本没有正视近年来中国制造所取得的巨大成就，贴上了"简单化""片面化"的标签。

  对于美国和其他西方发达国家而言，中国的高速发展和产品质量的提升，影响到了它们产品在中国市场的销售。在很长一段时期内，使用"洋货"是国人身份的象征，是质量和品质的保证。对许多国家来说，都非常看重拥有14亿消费群体的中国市场，尤其是迅速富裕起来非常重视质量和品牌的中产阶级。近年来，中国政府不断加强对质量的监管，企业自身也进行了各种创新，在追赶世界潮流上发展越来越快。中国制造越来越受到中国市场的认可和欢迎，这也无形中给其他国家产品在中国销售带来了不利影响。"现在，一个新的现实正在形成：中国消费者不打算拯救西方品牌。'现在质量差不多了，为什么不买中国的呢？'39岁的高洋（音译）在北京一家购物中心浏览时表示。他从事家装工作。高志凯曾是耐克（Nike）和阿迪达斯(Adidas)产品的狂热买家，他说自己已经完全转向李宁，这是一家总部位于北京的运动品牌，在中国已经变得很流行。在1998年的一项Hill+Knowlton战略调查中，几

---

[76] Jon Sindreu,In Trade With China, the U.S. Is Missing the Point What matters isn't plugging the trade deficit but making sure the U.S. keeps exporting complex products,The WSJ,Jan 21,2020.

[77] Rowan Callick.Where quality's game.The Australian, 18th Aug,2007. 转引江大庆：《澳大利亚报纸上的中国产品品牌形象研究——以〈澳大利亚人报〉为例》，［硕士学位论文］，华中科技大学，2015年，第41页。

乎没有中国受访者表示他们认为中国品牌很酷"[78]。随着中国制造技术能力不断提升和品牌影响力等方面的扩大,曾经是"洋货"巨大消费市场的中国,也逐步接受高端的中国产品。从这个视角而言,无疑与发达国家产品在中国形成竞争,也影响到了上述国家的商业利益和经济利益。为此,基于包括国家利益等诸多方面的利益,从各个视角对中国制造进行片面、不公正报道,也是他们认为最为有效的方式和手段。

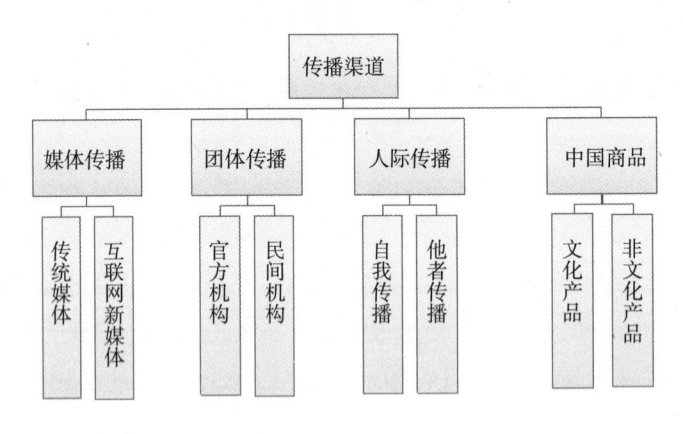

图 5-22 器物跨文化传播路径

　　片面化报道,通过扩大对中国"山寨"仿制产品的宣传,传递中国不尊重知识产权的信息。在国外媒体,尤其是美国媒体报道中,多次出现关于中国仿制产品的宣传,向消费者传递中国器物制造中"假冒商品、缺乏诚信"等方面的内容。课题组相关研究认可的是,无论是积极或消极方面,国外媒体的诸多报道多是依据中国产品的实际情况。但必须看到的是,这种有选择性的片面报道并非基于事实与客观的评价。从关于中国产品物美价廉的报道,再到中国不尊重知识产权的转变,夸大对中国产品负面报道的宣传。"中国长期不尊重知识产权,知识产权在中国依旧是非常罕见和脆弱的,复制和模仿成为在中国通行的规则。在那里,知识被视为公开或由国家掌握的而不是私有的,借用别人的知识也不被视为偷窃"[79]。诚然,在个体企业生产中,为了规避法律责任和追求商业利益,出现了各类"山寨"产品。从诚信市场意识角度来看,这种行为应该受到谴责,也需要国家制定更为细致的法律进行规范。但这种现象或多或少地在任何一个国家都会出现,但部分西方媒体却夸大中国这种"山寨文化"的宣传,并认定是中国人不诚信的行为[80]。在此基础上,美国媒体侧重对中国各种违法行为的报道。为了应对美国对青少年的各种检查及约束,美国

---

78 Julie Wernau, America is Losing the Chinese Shopper China was once eager to spend on U.S. brands. Then citizens of the world's biggest country shifted their allegiances, The WSJ, OCT.12, 2019.

79 Rowan Callick., Patents face Great Wall of piracy. 转引江大庆:《澳大利亚报纸上的中国产品品牌形象研究——以〈澳大利亚人报〉为例》,[硕士学位论文],华中科技大学,2015 年,第 43—44 页。

80 Burkitt, Laurie; Chao Loretta; Powers; Melissa; Zhang, Yoli, Made in China: Fake Stores.Vol.258, No.28, 2011.

许多学生从中国购买伪造的身份证件。这种证件被隐藏在他们伪造的产品盒子下面。购买这种身份证件的学生就可以用来做美国法律禁止的各种事情。来自中国的伪造证件，对美国诚信体制产生了很坏的影响[81]。

将中国制造质量等问题与中国政治体制、国家监管模式结合起来。在产品制造、销售或使用过程中，官方的监管在保证器物质量和树立国家器物形象中扮演着至关重要的角色。也正是因为中国在器物制造过程中出现或多或少的问题，才不断推动了中国对各种产品监督法律法规的完善以及监管机构的设立。但必须看到的是，国家并非生产主体，没有能力也不该对产品质量担负"无限责任"。换言之，任何一个国家的媒体或者使用者不能将产品质量好认为是企业制造者的追求，也不能因为产品质量差就认为是国家的监管责任。但部分媒体在对中国器物质量的报道中，总是和中国国家制度、体制联系起来。此外，基于常识我们可以提出的理念是，无论是程序正义还是事实正义，随着中国制造的迅速崛起，有全球影响力的中国品牌会越来越多，中国也会越来越重视器物质量和品牌价值，也会为人类文明进步作出更大贡献。但西方发达国家媒体或者部分政客动辄将中国制造与政治体制结合起来，无视或者忽视中国在加强监管和社会正义方面所取得的巨大成就，无端对中国进行诋毁，对中国器物形象和国家形象造成了严重的伤害。

第三节　建构新时期中国器物形象传播机制

器物在人们生活、国际关系和国家形象等构建中有着重要的作用和影响力，从不同视角认知器物的作用和影响力，了解其蕴含的价值和意义，对提升"中国制造"能力也有积极意义。基于此，要重视器物形象在国家形象建构中的地位和作用，重视器物自身形象的塑造，提升新时期中国器物造物技艺；还要重视器物形象建构的机制，维护中国器物形象，进而维护自身的国家利益。

一、重视器物基础形象建设

基础形象是器物形象的关键组成部分，是对器物进行评价的最可量化的指标体系。近年来，中国在国际市场形成"物美价廉"的产品形象，最核心的要素是基于中国产品的基础形象，包括产品质量、产品设计、产品定位等诸方面的要素。目前，"中国制造"还处于以价格优势为支撑的国际竞争力层面，缺乏有影响力的国际品牌，这体现在"中国制造"的品牌价值、产品声誉以及创新引领力等方面。在当下激烈的国际竞争中，"中国制造"在中低端领域有竞争优势，在中高端领域依旧还有极大的发展和提升空间。为此，以"中国制造2025"行动纲领为契机，以中国古代良好的器物形象和当下全球具有引领性器物品牌为示

---

[81] Oren Fliegelman, Made in China: Fake IDs, The WSJ, 6th Feb 2015.

范,重视器物的基础形象,塑造全球消费市场的中国器物形象,才能在现有基础上彰显中国制造的国际影响力,为人类命运共同体建设作出独特的"中国贡献"。

图 5-23 2019 年世界包容大会上展示的具有中阿融合风格的瓷器产品

图 5-24 2019 年世界包容大会上展示的具有中阿融合风格的瓷器纹饰

　　重视产品质量体系建设,形成以质量品牌为标识的中国器物形象,是利益各方需要重视的问题。产品质量是综合国力的体现,是企业赖以生存的根本。重视对器物质量的监管,既是中国实现从低端粗放的发展模式向高端创新发展的必由之路,也是企业生存发展、满足人民生活需要的基本依据。从国家层面而言,要健全质量体系建设,重视法律法规建设,为市场主体在创新质量体系建设中提供支持。首先,加强针对产品质量的各种法规制定和完善,规范企业主体行为。改革开放以后,中国市场经济高速发展,在全球化的语境下,中国面临非常复杂的国际国内问题,对国家监管体制提出了挑战。为了应对和解决中国所面临的产品问题,中国在法律制定、监管举措等方面有了长足进步,但仍然有需要提升的地方。为此,要进一步加大监管力度、产品质量安全和问责制度等,让不遵守规则和没有诚信意识的企业为自身的行为付出代价。在产品制造以及国内外贸易的过程中,曾经出现部分企业产品不合格以及造假问题,给中国诚信机制带来严重伤害,也有损国家形象。近年来,在日益加强的国家监管体系下,中国制造取得可喜成就,但也存在一些问题。基于此,根据市场的不断变化和造物系统变化的需求,加快法制建设步伐,加强监督和管理,维系中国器物的国际形象。其次,采取积极的政策,为企业和个人创新提供各种机会。产品质量背后是不断发展的创新能力,尽管由于诸多复杂的因素,在国家利益竞争的历史语境下,迅速崛起的中国在器物形象和国家形象方面面临一些问题和压力,但这是任何一个国家在崛起过程中或多或少都曾经面临的问题。中国当下在美国等发达国家遭遇的情况并非个案。在日本汽车业迅速发展的时候,美国的汽车业受到巨大的冲击。底特律的汽车制造商和硅谷的芯片制造商也从多方面对日本进行妖魔化,并把日本描述为一个邪恶商人的国度[82]。但日本依旧专注于自身的制造技术,不断提升自身产品的质量,并通过不断创新逐步树立了"日本制造"在全世界的良好影响。对于中国而言,最为关键的还是基于自身器物制造系统本身,不断调动和激发民众创新创业能力,利用中国自身的人力资源等方面优势,在"中国制造2025"的引领下,有步骤地推动产业发展升级,提升中国制造的质量与技术含量。就目前中国器物制造而言,总体上处于由工业制造向信息制造的转折阶段,从制造大国向制造强国转型的关键时期。但由于不同地区发展程度不一样,外化出更为复杂的器物制造情况。为此,国家相关部门既要有步骤和阶段性地为国家支持产业发展提供帮助,也要关注工业转型期企业的发展,在遵守世贸组织等相关国际规则的前提下,为企业发展提供政策上的支持。具体而论,"中国制造"已经在许多方面具有很强的国际竞争力,但在营销人才、对外贸易法律人才、企业形象营销人才、突发事件应急人才等方面还非常缺乏,这些已经成为影响当前中国器物在海外构筑良好国际形象的重要因素。相关部门要从宏观人才政策培养和国家形象的角度去思考,如何推动企业更好地建构自身的形象,形成良性的运作模式。

牢固树立质量意识,营造"质量至上"的企业文化。将重视产品质量上升到事关企业生存和发展,事关国家形象的高度,加强企业自我监管的力度。重视器物基础形象建设,既能保证企业经济利益,又能维护国家形象。龙永图曾提出中国企业走出去不仅仅是经济和贸易上的问题,更关乎国家形象,要从重视国家形象的高度加强品牌建设。企业要遵循国际上的规则和规范,也要与时俱进、不断更新观念,培养一种宽容、大度、理解、友善的文化体系,成为全球主流思想的一个组成部分[83]。

加强制度建设,重视企业诚信意识建设。进入21世纪以后,随着中国产品大量出口国外,也难免存在少数失去诚信的企业生产一些质量不合格的产品。尽管上述企业非常少,无法反映和体现中国的整体水平,但依旧对整个中国制造声誉带来很坏的影响,前述多个案例均证实上述判断。在有关中国国家形象报道中,即便对中国发展非常认同的国家,也会对中国产品质量问题提出批评,而这些负面报道会引发这些国家国民在购买中国产品时采取谨慎的态度,尤其是涉及食品安全的问题。2007年,在遇到一系列中国食品安全问题以后,根据美国一份民调显示,有94%的美国民众愿意买美国食品,只有6%的人愿意购买中国食品[84]。无论是从国家形象还是企业自身利益来说,都给我们带来巨大的伤害。在新的历史机遇期,以产品质量为核心的器物基础形象成了决定器物形象的最基本要素,也直接影响到了一个国家的国家形象。如前所述,近年来,中国产品在海外的器物形象有待提升的根本因素还是在于生产者本身。部分企

---

[82] Angie Hunt, How 'Made in China' Got a bad reputation, March 7, 2016. https://www.futurity.org/
[83] 龙永图:《中国企业走出去关乎国家形象》,《现代企业研究》,2011年第3期,第6页。
[84] 由盖洛普组织开展的民意调查银行罗珀民意研究中心是基于9月24日至27日对全国1006名成年人的电话采访。转引杨霄、李彬:《食品安全问题对中国国家形象的影响》,《现代国际关系》,2010年第6期,第42页。

业销售的各种仿制商品和假冒伪劣商品不仅让这些企业陷入困境，也伤害了中国制造的国际形象，进而影响中国国家形象。"根据咨询公司前沿经济（Frontier Economics）最近一份报告可知，截至2013年，中国所有假货的销售额估计高达2800亿美元。报告称，到2022年，这一数字可能会飙升至5880亿美元，与全球趋势保持同步"[85]。诚然，上述观点有对中国污蔑和夸大其词的成分，其他国家也存在着各种假冒和仿制生产的情况。部分中国企业不负责任的态度，不仅对企业发展是一种伤害，也严重影响到了中国产品质量的国际声誉。质量是企业的生命，绝非一句口号，而是实实在在的东西。只有真正重视产品质量，才能树立企业品牌和中国品牌，提升中国的国家形象。

加大对产品设计和创新的投入，不断提升企业的自主研发能力和科技创新能力。随着全球消费理念的快速转变，各种产品尤其是电子产品升级换代越来越快，这也就意味着科技研发能力在产品影响力方面扮演着越来越重要的角色。近年来，随着中国科技能力的提升，中国制造在转型升级方面也越来越快，许多企业也注重自身的品牌建设，中国正在逐步实现由产品代加工（OEM模式）向自主创新的转化，也诞生了越来越多具有国际影响力的品牌。以华为为例，通过多年的研发，华为已经在信息技术领域取得了领先地位。"截至2010年年底，华为累计申请中国专利31869件，申请PCT国际专利892件，海外专利8,279件。已获授权专利17765件。其中海外授权3060件。在LTE/EPC领域，华为核心专利数居全球领先地位"[86]。也正因为如此，2019年，华为才会在全球取得销售收入8588亿元的成绩，日益成为世界电信领域的引领者。在坚持自我创新的同时，华为积极与世界上其他通信巨头合作，不断提升自我的创新能力。2003年，华为与36m合作成立合资公司，专注于企业数据网络解决方案的研究；2004年，与西门子合作成立合资公司，开发TD-SCD-MA解决方案；2005年以后，华为与沃达丰、英国电信、意大利电信、法国电信、德意志电信、西班牙电信等领先运营商成立了20多个联合创新中心，把领先技术转化为客户的竞争优势和商业成功。2007年，与赛门铁克合作成立合资公司，开发存储和安全产品与解决方案；与Global Marine合作成立合资公司，提供海缆端到端网络解决方案[87]。正是通过不断参与国际合作，与跨国公司结成战略联盟，提升自身的地位和影响力，华为才取得了当下的发展成就。由于近几年中美贸易摩擦，美国对包括华为公司在内的诸多科技企业进行了限制，部分企业也因此受到影响，华为公司更是深受其害。但相比较而言，华为公司依旧能保持平稳发展，其根本原因也在于早已形成了自身强大的研发创新能力。在接受美国《华尔街日报》采访的时候，华为创始人任正非谈道：贸易冲突对华为冲击不大，华为几乎没有在美国开展业务往来。对于华为来说，离开美国，我们也能很好地生存下去。尽管美国商务部把华为列入实体名单，但由于美国许多公司

---

85 More Chinese Consumers Say No to Fake Goods：Consumers' rising spending power and a booming film industry are driving sales for licensed entertainment merchandise,The WSJ, March.27,2017.
86 田文美、郭秀君：《华为研发国际化战略分析》，《中国对外贸易》（英文版），2012年第2期，第340页。
87 田文美、郭秀君：《华为研发国际化战略分析》，《中国对外贸易》（英文版），2012年第2期，第340页。

要与华为进行贸易，为了维护自身经济利益，美国多次推迟对华为的限制。针对此，任正非认为，离开美国公司，华为也能生存得很好[88]。诚然，作为一个正在发展中的企业，华为会不断面临这种技术升级和转型的问题，也会遇到各种挑战。但华为前期的实践给中国其他企业提供了可资借鉴的发展思路，即重视科技研发，尊重和保护知识产权，不断探索构建中国品牌发展的历程。

重视自身品牌建设，树立品牌意识。随着中国经济的高速发展，中国人已逐步意识到了在器物贸易和产品消费中，品牌的重要意义和价值。"企业决策者也应该认识到，品牌形象对消费者评价的影响比他们的国家、行业或产品的形象更显著。因此，他们应该投入时间、金钱和精力来建立一个强大的品牌形象，使他们的商品对海外消费者有吸引力"[89]。但品牌的构筑绝非一朝一夕，在此过程中，要充分认识到当下中国品牌构建过程中所遇到的难题，一步一步地树立自身的品牌形象。这一过程必然是艰难而又痛苦的过程，也会遇到各种挫折。近年来，中国品牌建设取得了巨大成就，但依旧存在着国际市场上认同度不高的情况。"中国经济发展中最薄弱的方面之一就是未能打造自己的品牌。除了青岛啤酒(Tsingtao beer)和海尔(Haier)白色家电等少数例外，中国品牌在西方市场几乎无人知晓"[90]。即便当下中国品牌在"走出去"过程中遇到一些问题，但这无疑是企业自身不断强大、发展的历程。因为无论是在中国还是在全球范围，越来越多的消费者注重产品质量和品牌效应。以中国消费者为例，近年来，随着人们收入的不断提升，越来越多的人开始关注产品的质量和品牌，形成了新的消费理念。"四个城市的中等收入居民表示，选择品牌的关键因素是对品牌质量的信任、对健康的积极影响和对消费者的关爱；公平的价格只排在第五位。在选择购物目的地时，质量、服务和种类是三个最重要的因素，价格排在第五位"[91]。北京、上海、成都和沈阳等城市发生的新的消费理念的变化，也昭示了中国未来的发展方向。一直以来，传统的理念认为中国人只会买最便宜的东西，很少关注产品的质量及其品牌影响力，但这种情况已经发生了悄然变化。据相关调查表明，近年来中国人对品牌的忠诚度和认知度很高，大多数人只会购买自身认同的品牌。"至于化妆品，78%的人说他们会买自己熟悉的品牌。如果他们认可的品牌出现各种问题，他们不太可能换别的品牌"[92]。

日益增加的品牌意识和不断提升的精品消费理念，也意味着企业需要更多地根据市场变化进行调节，不断满足日益变化的市场需求。在商品选择上，尽管市场上也出现了许多

---

[88] Dan Strumpf; Eva Dou,Huawei Founder Says Chinese Giant Doesn't Need the U.S. 'The China-U.S. trade talks are not something I'm concerned with,Ren Zhengfei declared ,The WSJ, Nov.6,2019.

[89] Leonidas C.Leonidou,Dayananda Palihawadana,Michael A.Talias.,British consumer's evalation of US versus Chinese goods:A multi-level and multi-cue comparison,European Journal of Marketing Vol.41 NO.7/8,2007. pp813.

[90] Sky Canaves ,China Slams Luxury Goods' Quality,The WSJ, March.17,2010.

[91] Leslie,Quality Trumps Price in China, The WSJ, Aug.6,2004.

[92] Leslie ,Quality Trumps Price in China, The WSJ, Aug.6,2004.

仿制的"山寨产品",但许多消费者愿意花更多的钱购买正品,更多的人愿意购买设计和质量都优质的产品,无论这种产品是来自国内还是国外。迪士尼大中华区总经理Luke Kang就看到了这种变化,"中国消费者是世界上最成熟的消费者之一,他们追求真正的世界级产品"[93]。同理,无论是中国消费者还是国外消费者,对品牌需求都非常大。在课题组对韩国民众进行访谈的过程中,在谈及中国器物在韩国影响力的时候,他们指出:在生活中,许多产品都来自中国,这些物美价廉的产品给他们的生活带来了极大的便利。但在选择商品品牌的时候,他们往往会选择美国或者本国的品牌,尤其是手机和汽车等消费品。但近年来,随着中国制造的迅速发展,中国品牌全球影响力越来越大,尤其是在年轻一代中,认同度不断提升。这不仅意味着中国海外影响力的进一步提升,还昭示了中国未来的巨大潜力和影响力。

实现产品功能性、价值性与文化性的有机统一,提升产品的竞争力和影响力,也是各方需要重视的问题。随着消费理念和消费体系的形成,需要建构立体化的产品传播模式。首先,基于器物品牌的巨大作用和形象力,中国企业应该在品牌宣传上投入更多的金钱、精力,以更为有效的传播模式构筑品牌的影响力;其次,在营销模式、产品质量等方面进行精细化的分类,从产品出口国的需求出发,进行差异化的服务,保证产品的需求;最后,关注最新消费理念的变化,从消费者的需求出发,加强企业文化和产品文化内涵建设,提升产品的吸引力。数字化社交媒体的出现,推动了器物和消费者关系平等化并凸显了社交媒体独特的作用和价值。体验性不仅是产品最为关键的要素,也是奠定企业应对关于自身产品和自身信誉的重要力量。让消费者在体验中产生对产品的忠诚度和认可度,提升产品的影响力,能够较快地构筑产品的市场地位和备受信赖的产品形象[94]。消费者期待消费品不仅满足生活需要,还能满足精神需求,让使用该产品的消费者产生一种自豪感。对于企业而言,要关注企业内部文化和外部宣传文化的融合,推动和构建自身良好的企业形象,形成全方位影响力。此外,还要重视产品售后服务。在前述研究和课题组的调研中,对中国产品售后服务等问题的关注也是海外消费群体对中国产品评价的重要方面。对于企业而言,销售产品的目标不仅仅是取得利润,而是传播一种理念,构建一种文化,担负起一定的社会责任。而体现上述目标的重要方面就包括为购买和使用产品的群体提供足够满意的产品售后服务。尤其是在当下社交媒体时期,更应该如此。任何关于产品不满意的话题,都有可能通过社交媒体进一步扩大,进而产生更大范围的不良影响。同样,对于产品各方面的认可,也会通过上述传播机制,构建良性的社会影响力。

---

93 More Chinese Consumers Say No to Fake Goods:Consumers'rising spending power and a booming film industry are driving sales for licensed entertainment merchandise,The WSJ, March.27,2017.
94 《社交媒体加速赋能消费者,品牌与消费者关系平等化》,《福布斯发布2018全球最具影响力CMO研究报告》。http://pinpai.china.com.cn/201807/11/content_40416513.htm

二、打造全方位、多主体的器物形象传播机制

挖掘中国造物体系的积极作用，总结社会主义建设过程中的伟大造物成就，多主体、多渠道宣传中国器物形象。宣传和推广器物形象也是宣传国家形象的重要组成部分，新中国70余年的发展成就无疑是最好的例证。从宏观来说，我们需要用中国快速崛起的事实，全面综合地展现中国器物形象和国家形象。第一，作为最大的发展中国家，中国发展提高了人民的生活水平和生活质量，解决了世界上人口最多国家的贫困问题和发展问题。从中华人民共和国成立时的一穷二白到如今世界第二大经济体，人民因为发展而逐步富裕起来，享受到了高度发达造物体系带来的各种生活便利。第二，中国的工业制造模式，为其他发展中国家提供了可资借鉴的发展模式。在现代人类文明发展历程中，还存在诸多类似中国的发展中国家，发展是这些国家的核心任务。通过"中国制造"形成的经验，为他国发展提供借鉴。实际上，长期以来，中国的做法也得到了许多国家的认可。近年来"一带一路"倡议影响力范围越来越广，就是例证。第三，用器物讲述和平、文明的大国国家形象和大国担当。近年来，西方一些媒体和学者提出"中国威胁论""中国崩溃论"等观点，但对于中国而言，用中国制造的进步和不断提升的质量向全世界讲述和平、文明、开放的不断崛起的国家形象，会得到越来越多国家的认可和支持。

直面中国器物的成就和不足，明晰国家、企业和个体在器物影响力等各方责任，构建立体化的国家形象传播体系。在全球化的语境下，对于任何一个国家而言，都会存在着产品质量等方面的问题。中国作为高速发展的大国，其"中国制造"存在的部分问题也是客观事实。在遇到问题的时候，涉及的相关部门要理性对待，客观回应。2007年，在中国制造产品遭遇危机的时候，时任国务院副总理的吴仪同志在美国主流媒体《华尔街日报》发表署名文章，介绍了中国政府在加强监管和提升中国制造质量方面持续不断的努力。首先，中国政府就加强食品安全制定了各种法律、法规，并成立了专门的监管机构，并通过不断努力，在加强产品质量和食品安全监督管理方面取得了长足进步。但与此同时，吴仪副总理也指出必须理性面对的几个问题：第一，要客观对待各国的产品质量和食品安全问题。不同国家在不同发展阶段，对产品质量监督和管控的方式也不尽相同。第二，要理性客观地对待产品质量，不能仅仅把产品安全全部归结为生产者。第三，涉及产品质量和食品安全的个别事件要实事求是地处理，不能对这些问题妄下结论，特别反对将这些问题政治化，利用这些问题设置新的贸易壁垒[95]。吴仪副总理的分析有理有据，既表明了中国政府负责任的态度，也对当时美国媒体对中国制造的攻击进行了回应。后来的发展也证实了吴仪副总理的判断。部分西方媒体只是简单地将其归因为中国，并与中国的发展模式和政治体制等联系起来。但很多并非制造的原因，前述的中国被召回的玩具，很多是因为产品设计的原因，而中国当时仅仅是产品

95　Wu Yi, China stands for quality , The WSJ, Dec.11, 2007.

制造方，把所有问题归结为制造方是对中国的不公平。此外，在关于"中国制造"相关报道中，少数西方媒体只关注中国制造存在的问题，无视中国所取得的巨大成就，也需要我们探索新的推广模式和宣传策略，将"中国制造"的优势和影响力体现和发挥出来。为此，要尤为重视国家、企业等不同主体的责任。属于国家层面的回应，要体现和说明近年来中国在对中国产品质量和器物形象所做出的努力。对于个别媒体或者学者对中国制造的污蔑或者不正当言论，要有理有据地进行反驳。属于企业层面的问题，就由企业主体来处理，避免将企业责任与国家责任混为一谈。

重视媒体宣传、文化名人等在器物形象建构中的作用，提升"中国制造"的国际形象。中华人民共和国成立至今70多年的发展历程，取得了举世瞩目的成就，在国际上形成了中国制造的全球影响力。但由于受到器物基础形象诸因素影响，中国器物难以在中高端领域得到广泛的认同。这种现象与中国制造自身的发展成就并不相符，其主要原因还在于中国自身器物宣传体系以及国际媒体对中国器物宣传过程中存在不了解甚至误解的情况。以前述华为通信等为代表的先进科技制造为例，无论是技术还是服务都处于世界领先水平，但依旧在许多国家，尤其是欧美发达国家得不到认可。一方面与传统认知习惯有关，另一方面也在于各国媒体对中国制造宣传过程中"有选择性"的报道有关。在对中国产品报道的过程中，部分国家的媒体多侧重对其不利的报道和宣传，忽视或者无视"中国制造"在科技创新、产品质量等方面取得的巨大成就。在当下消费社会和快节奏的社会背景下，消费者容易受到媒体宣传的引导，进而形成对一国或者一种器物的消费习惯。以欧洲发达国家为例，长期以来，对中国器物制造宣传中的各种偏见和不实报道，影响了中国制造的国际形象，进而使得这些国家民众对中国高端产品出现各种不信任甚或抵制的情况。在西方高度发达的传媒体系影响下，也使得许多发展中国家民众产生类似前述的现象。上述情况出现的一个主要原因是中国自身宣传能力不强、宣传路径少。为此，要高度重视中国媒体宣传机制建设，在国际社会传播中，充分发挥有国际影响力的文化名人、各种传播媒体的正向引导作用，在基于客观事实基础上传播中国器物形象。

正确认知"中国制造"历史阶段，理性看待当下的各种评价，以提升中国器物形象为基础，建构新时期的中国形象。影响国家形象的因素非常多，在不同时期呈现出不同的特征，与历史特征、文化传统和国家关系等有密切关系。但在众多因素中，器物形象是重要的因素之一，尤其是全球化贸易视角下的当代社会，全球性的自由贸易与生活国际化已经成为司空见惯的经济现象，器物形象与国家形象之间有着密不可分的关联。

首先，器物使用与每一个人的生活密切相关，在潜移默化的日常生活中，会将其文化象征力和影响力渗透到每一个人的生活中。随着现代性法律体系的构建，每件产品均会有明确的产地、产品功能介绍以及所承载的消费理念。消费者可以明确地了解器物的所有信息，进而根据自身的判断来确定对产品的评价，进而上升到对制造国以及生产企业的认知定位，前述国内外相关机构的调研也能证实前述判断。无论是有意还是无意，都会形成一个固定的认知和评价，并内化为自身的生活习惯。无论是曾经"物美价廉"的中国器物形象，还是当下迅速崛起的"高科技造物技艺"形象，不同时期国内外消费者对中国器物的评价与中国器物制造历程大体吻合。

其次，器物形象与国家的工业发展水平、文化传统、国际关系等有密切关系。消费者会从产地国的形象来推断产品相关信息，进而选择和购买自身认同的国家或者有文化友好往来国家的产品。美国等国家产品在海外影响力大的因素就在于其曾经长时间引领世界工业生产，形成了固定的良性消费习惯，进而外化为对产品的认同。任何一个国家都或多或少地经历过这个阶段，无论是日本、韩国，还是中国的器物，都曾遭遇到不公正的待遇和低于自身象征意义的评价。政治体制、国家关系和文化传统等也会影响消费者对器物形象的评价。在前述相关研究中，发展中国家对中国器物形象的认同明显高于发达国家。同理，发达国家相互之间的器物认同，也要高于对中国器物的认同。英国民众对美国和中国器物的印象就是例证[96]。毕竟在文化传统和国家关系上，英国和澳大利亚等国与美国的关系要优于与中国的关系。

最后，国家利益是一个国与国之间最核心的要素，外化在器物形象方面就非常明晰。近年来，通过对美国等国家对中国器物报道的分析，能够清晰地得出相关结论。贸易摩擦或者中国产品在国际市场上遇到的一个最为关键的因素是，中国低成本制造业在国际市场上有巨大竞争力，引起受冲击高成本制造业的国家和企业的不满。他们认为自己产品不再受欢迎的根本原因是中国制造的崛起。为此，从各方面对中国制造进行诋毁。当贸易关系表现为竞争性而非互补性的时候，诸多原本并非器物内在因素的外部原因都会体现出来。可以预见的是，当中国由"世界工厂"向"世界科技中心"转变的过程中，难免要面临一系列对"中国器物"不公正的评价。

新中国70余年器物制造和对外贸易的过程，是中国主动走向世界，不断扩大对外开放的历程，也是中华民族日益实现伟大民族复兴的历程。在不同的历史阶段，器物形象折射了不同的中国国家形象。但必须清晰认知的是：这一过程是动态的过程，会受到各种复杂因素的影响，比如消费传统、文化习惯以及国际关系等，还包括各种突发的因素。但从根本上来讲，中国器物形象的构建还是自身的问题。从器物内部因素来看，要提高质量、尊重知识产权以及了解不同国家的消费习惯，进而确立诚信的器物体系。日本等许多国家发展历程也给中国揭示了可资借鉴的发展模式；从影响器物形象外部因素来看，要展示和平的国家形象、具有担当的大国责任、友好诚信的大国国民等。"中国制造"逐步发展和提升的过程，是中国积极融入国际社会，并为人类社会发展作出巨大贡献的过程，也必然是中国器物形象在全世界确立质优价廉、科技创新、诚信公平的过程。"当中国的文化如润物细无声的水滴滴入中国产品的品质中，让世界感受到中国文化的美好，让世人感到中国的崛起也是一头温和的

---

[96] Leonidas C.Leonidou,Dayananda Palihawadana,Michael A.Talias.,British consumer's evaluation of US versus Chinese goods:A multi-level and multi-cue comparison,European Journal of Marketing Vol.41 NO.7/8,2007.

大象，那么中国品牌也将水到渠成地辉映于世界民族之林"[97]。

三、小结

在信息革命和全球化推动下，人类造物能力取得了空前的增长，也推动了器物、信息和人才在全球范围的流动。精细化分工和跨国合作为器物共同体机制的形成提供必要条件，交通工具和通信技术的进步形成了新的全球化生产机制和器物文化传播模式。全球性器物贸易把整个世界紧密联系在一起，出现你中有我、我中有你的局面。也正是器物及其制造技术在全球范围的流动，才迅速推动了人类社会的进步，整体上实现了人类文明的快速发展。依托先进的政治制度优势和得天独厚的劳动力资源，中国成为全球最大制造国，也是绝大多数国家的贸易合作伙伴，在全球范围具有深远影响力，为人类文明发展作出了独特贡献。

在新的历史时期，影响器物文化传播的因素和机制更为复杂，"中国制造"呈现为多元、复合的国际形象，既包括各种赞美和肯定，也包括怀疑和否定。上述各种评价与政治体制、意识形态、国家发展水平以及国际关系等有密切的联系，也与中国器物自身基础形象与定位有关。但值得肯定的是，中国通过自身的努力，建立起全球最完备的制造业体系，不仅解决了中国发展问题，还为世界整体发展提供了机遇。在新的历史时期，以"中国制造2025"为契机，以打造人类命运共同体为目标，全方位提升器物制造能力和创新意识，继续采取更为开放的对外政策，将会进一步树立和平大国的中国形象。

---

[97] 舒咏平：《中国大品牌》，北京：人民出版社，2012年，第234—236页。

结　语

　　器物是人类文明的载体。"观象制器、器以载道、纳礼于器、道器合一"等中国古代以器喻人的观念，均传递了器物承载的文化功能和社会意义。与虚拟或模糊的文化差异和精神信仰不同，器物形象是建立在使用和消费基础上的，这种内涵丰富的形象，能够提供更为清晰、准确的反馈信息，从而得到各方认同。

　　器物文化传播影响中国国家形象的机制包括两个层面的内涵，形成两条主线：一是，器物形象塑造受到多重因素影响，既受到器物自身的基础形象和延伸形象等直接因素的作用，又会受到国家利益、政治体制与民族文化等间接因素的影响。课题组研究通过对影响器物形象塑造的各种因素的分析，认知器物形象形成机制，进而把握器物形象对国家形象的影响。二是，器物形象是国家形象的"物化"载体，是国家形象的基础要素。在数千年的器物文化交流过程中，器物传递造物理念、推动文明进步，在国家形象塑造中有着至关重要的作用。

　　器物是他国对一个国家了解和认知的最为便捷和有效的方式。从历史上看，中国在很长时间内一直引领世界造物体系的发展，并在明清时期形成了全球性的影响力，塑造了国力强盛、包容开放的大国国家形象。但近代以来，在工业化生产体系的冲击下，中国传统手工造物体系受到了严重冲击，逐步落后于世界发展。在现代制造业快速发展的语境下，中国能向全世界展示的依旧是以"丝绸、茶叶和瓷器"等传统手工业品，也无形中传递了"封闭落后"的国家形象。中华人民共和国成立以后，迅速确立了现代化工业发展体系。尤其是改革开放以来，随着制造能力的增强和造物技艺的提升，中国已经是世界第二大经济体，成为名副其实的"世界工厂"，再次为人类社会发展和文明进步作出了重要贡献。但作为"后发追赶型"的发展中国家，"中国制造"还处于中低端发展阶段，仍有进一步提升的空间。如何提升自身的制造能力，塑造更为积极的影响力和器物形象，需要各方共同努力。本课题的研究，将器物形象和国家形象关系置于长时段的历史发展之中，从跨文化交流和传播学的视角探究不同历史时期器物形象塑造的多重影响因素，思考器物形象在国家形象建构中扮演的重要角色。

　　一、器物形象是中国国家形象的基础性表达

　　国家形象是对一国物质、制度和精神等方面的综合性印象与评价，涉及面非常广，包括内容也很多。其中物质层面的形象主要通过器物贸易和文化交流来体现，是他国民众对该国家认同的重要途径之一。课题研究表明：在生活方式差异、文化信仰不同的语境下，器物是联结世界各国民众感情的最好纽带。有别于文化政治体制、意识形态、军事实力以及文化信仰等，器物具有的具象、直观、丰富、稳定的特征，在国家形象建构过程中体现出与其他层面建构所不同的微观细致性。在长时段的中外器物贸易和文化交流中，器物背后是中国高度发达的文明体系。诚如詹姆斯·迪兹的精彩论断，器物变迁背后是文化的变迁，没有文化所决定的人类行为，就不会有物的变化[1]。从汉朝至清前期，在1000余年的对外器物文化交流中，中国输出的多为人工制造的各种器物产品，输入的是其他国家的各种特产。"丝国""瓷国"等象征性器物作为中国的"代称"，意味着器物在国家形象建构中有重要作用。同理，近代以来，中国传统造物体系衰落导致了中国经济瓦解，这成为中国沦为半殖民地半封建社会的重要因素之一，外化为封闭、落后的国家形象。中华人民共和国成立后，依托自身制度和体制优势，在吸收借鉴其他国家先进制造理念历程中，中国制造业迅速发展，在很短时间内成为世界第二大经济体，中国国际地位和影响力进一步扩大。

器物既是国家硬实力的象征，又蕴含了国家文化软实力。造物能力是一个国家、一个民族硬实力的直接体现，代表了一个国家的科技水平、经济发展程度和创新能力。不同的器物形象意味着不同的造物模式和生产能力，体现不同的文明模式。以手工制作为基础的生产模式表明传统农业生产体系，以机械化造物体系的造物模式意味着人类进入工业文明的发展阶段。不同历史阶段，中国器物外传和文化交流的案例就能证明上述论断。凡是能引领科技创新发展的国家，就会在国际竞争中处于有利地位，对人类文明发展作出更大贡献；反之，失去创新能力，就会在国际竞争中处于不利地位。器物形象昭示一个国家的文明程度，传递国民的文化素养和诚信意识。依靠高度发达的手工造物体系以及开放包容的文化，中国塑造了器物质量精良、文明发达的国家形象，展示了诚信、坚守规则的国民形象。在早期的中西贸易中，中国也正是凭借诚信的商业意识在竞争中得到认可，塑造了自身的商业形象。明末清初的战乱以及清朝前期的"海禁"政策，中国商品对外贸易受到严重影响，但此时欧洲许多国家依旧有大量的中国商品需求。在此背景下，这些国家向亚洲的其他国家购买中国商品的替代品，荷兰开始向迅速崛起的制瓷国日本购买各类瓷器产品。但日本商人在经营瓷器中多次出现的商业欺诈行为，让荷兰人对日本失去信心。"（1715年10月16日）每捆短缺的问题，因为这些瓷器运到出岛已经很迟了，无法全部仔细检查，使我们年复一年地越来越感到日本人的诚信严重下降，故不能被信任"[2]。诚然，影响荷兰人购买中日两国瓷器的原因非常多，但日本瓷器商人在商业贸易中的欺诈行为不仅严重影响了商业贸易，也让别国商人对日本人的诚信产生了怀疑，进而上升到影响当时日本国家形象。与此形成强烈反差的是，中国人依靠诚信的商业精神和精良的产品，在社会局势稳定以后，再次迅速占领了当时的欧洲市场。

---

1 James Deeze, Small Things Forgotten: The Archaeology of Early American Life, Knopf Doubleday publishing Group, 1996, p47.
2 T.Volker, The Japanese Porcelain of the Dutch East India Company after 1683, p40. 转引熊寰：《中日古瓷国际竞市研究——以景德镇和肥前瓷器为例》，《中山大学学报》（社会科学版），2012年第1期，第121页。

上述情况在世界器物贸易往来中也多次体现，近代以来，中国形象也因此受到影响。在清末民初中美贸易过程中，由于部分中国商人在商品贸易中的欺诈行为，让美国加强了对中国商品的检查，加重了对中国的不信任。"又历言我华茶入口作弊之事，屡因斥回，改用暗号。一箱茶若干，关员不能逐一查验，乃以暗号分别其优劣。发于包纸多刊数字，以为外人不识汉字。比及发觉，复于包纸绳段染色以区别之。又发觉，则异想天开，于包纸上缺其广告文之一角一画，不及二分之长，以为不易识别矣，而今又发觉"[3]。改革开放以后，中国经济迅速发展，国际地位不断提升，也构筑了有担当、负责任的大国形象，但在器物制造和器物贸易过程中部分不文明的商业行为在一定程度上影响了中国的国家形象。也正是因为如此，在全球新一轮的科技革命背景下，中国政府提出了"中国制造2025"战略目标，也是希望通过制造业的创新发展及相关诚信机制建设，提升器物文化影响力，建构新时期的器物形象和国家形象。

二、器物文化传播对中国国家形象的影响机制

器物蕴含的丰富文化内涵及其在传播中的多重复杂因素，构筑了立体化传播机制，既包括器物基础形象的具象特征与抽象内涵，也包括不同主体在器物传播中的作用，还意味着器物形象的"自塑"与"他塑"的共性与差异。

产品质量、造物技艺、包装设计等是器物形象的具象特征，让使用者对器物产生直观、感性的评价。如果器物质量优质、设计精良就会产生良好的形象，构筑好的原产国形象；反之，就会因此而得出不太理想的评价，就会对国家形象产生消极影响。近年来，"中国制造"因为质量和设计等方面的因素而影响自身器物形象的案例也比较多。正因为如此，中国政府一直高度重视器物质量和品牌意识建设[4]。器物承载的文化功能及背后的商业利益是器物形象的抽象内涵，在不同时期以不同形式影响国家形象。多样化的器物种类，在器物形象建构中的作用不同。通常来说，高技术含量、承载文化功能的科技产品和文化产品的影响力要大于日常生活用品。在中国器物文化对外影响力方面，以书籍形式外化的中国社会文明和科技文化在国家形象构筑过程中具有重要的意义和价值，前述的瓷器、丝绸也因高超的造物技艺具备同样功能。

商业利益和国家利益的改变也会对器物形象的评价产生影响，进而影响国家形象。仍以早期全球化时期中欧贸易过程中的器物形象为例，在此过程中，大量中国的瓷器、丝绸和茶叶等产品出口到西班牙、荷兰、英国和法国等许多国家，引起了这些国家民众对中国产品的狂热追求，形成了完美的"中国造物形象"，其根本性因素是中国产品的稀缺性和不可替代性。但因为中国器物"质优物美"影响部分企业自身的利益以及他们的国家利益，在掌握了

---

[3] 屠坤华：《万国博览会游记》，北京：知识产权出版社，2012年，第86页。
[4] 《李克强主持召开国务院常务会议》，2016年8月25日。https://baike.baidu.com/reference/16432644/5152vdNAjkJClRRVl6CuYIQnhzPkkvO47nQakyfd6w7-o7U9-mt9LxHuKTdFfwcQZdnk22NvoQRG7DKDN7WzuiQVEiT6IdnJSTmE3AyuP0zDJb5szwpCRSv35g

上述产品制造技艺后，欧洲社会各界开始对中国瓷器等产品进行猛烈攻击，认为中国瓷器装饰丑陋，让人难以接受和理解，继而形容为是"女性""脆弱易碎"的象征，是感性奢靡生活的体现，消费中国瓷器产品就是生活堕落、极端浪费的表现。

商业贸易传播、文化名人传播和新闻媒介传播是器物文化的重要传播群体，在器物形象塑造中有重要作用。器物的背后是多重传播主体从不同层面进行努力和建构，无论是古代中国引领性的器物形象，还是近代落后的器物形象，抑或近年来多元、复合的中国器物形象，无不是基于器物自身形象，各方传播主体塑造形成的，但不同时期、不同传播主体在器物文化传播和国家形象塑造中扮演不同角色。古代器物贸易和文化传播中，器物形象多由商人、使臣和文化名人来传播。近代以来，随着信息技术的快速发展，各种媒体在器物形象塑造中的地位愈加凸显。任何关于器物形象宣传的信息，都有可能经过媒体传播而扩散放大，出现更广范围的影响作用。国际媒体关于"中国制造"的宣传，对中国器物形象塑造有着决定性作用，也影响到了消费者对中国产品的认知或购买意向。在新的历史机遇期，突出和宣扬器物的文化价值，让更多的受众了解器物的意义和价值，是构筑器物形象的重要组成部分。

重视器物形象和国家形象的"自塑"和"他塑"两种模式的作用，建构合理公正的器物形象和国家形象。器物形象的自我建构与他者建构相互影响、相互制约，是器物形象的两个最重要组成部分。无论是器物形象自我建构还是他者建构，都是各方基于制造和使用过程中的客观认知而进行的本土性表达，但也包括民族感情、国家意识等，具有复杂的特征。自我建构是器物形象的基础，是国民确立文化自信和国家认同的重要因素之一。在古代中国，依托高超的造物技艺，中国人一直有强烈的文化自信，无论遭遇何种情况，器物文化均是维系民族精神的重要纽带之一。同理，近代中国产生"洋货"崇拜的背后是文化的不自信以及国家认同的减弱。"他者建构"是他国民众在器物文化传播过程中，形成的对器物形象的认知。鉴于影响器物形象的各种复杂因素，器物形象的"他塑"会影响"自塑"。近年来，欧美发达国家对"中国制造"的负面评价，也影响国人在购买产品时的选择，反作用于"自塑"。为此，在加强器物形象"自塑"的同时，要重视和加强对"他塑"的反馈，提升中国器物形象的国际地位，从器物视角提升中国国家形象。

三、器物形象丰富国家形象塑造

进入21世纪以来，大国关系及其博弈成为国际局势的常态。大国博弈是全方位的博弈，它融合了经济、政治、军事、文化、科技、人才等主要因素在内的综合国力博弈。一直以来，中国国家形象的塑造都依托于中国制造，并在大国博弈过程中，伴随中国综合国力提升而不断塑造新的中国国家形象。在国家形象宏观塑造中，器物文化传播的微观因素也因此扮演了越来越重要的角色。特别是随着经济全球化和世界市场的蓬勃发展，商品的承载物即器物的流动与影响力在提升，并从隐性存在转化为显性要素。一个国家的综合国力在具象过程中，器物具有承载综合国力的稳定特质，成为可视、可见、可体验的客观物。消费和体验器物，产生的器物形象往往会成为体验者对器物生产国的国家形象的重要评判依据。

基于微观细致和中观表达的视角，建构器物文化传播影响国家形象的新机制。从国家层面而言，要从以下几个方面着力：第一，通过完备的立法、制度建设等举措为器物形象的塑造提供最基本的保障。在立法和制度建设层面，在吸收借鉴世界其他优良器物形象国家经验的基础上，结合中国制造的实际情况，加强对器物形象的宣传和宏观指导。第二，重视文化产品在文化交流和器物形象中的作用。在大国博弈过程中，商贸作为国与国之间的压舱石，成为民间交流的重要路径，其交流面之广泛是其他领域所不能替代的。尤其是文化产品的影响力更大，可以在潜移默化中构筑良好的器物形象和国家形象。基于此，新时期在中国器物形象的塑造上要注重中国传统文化、中国价值理念的设计与挖掘，有意识地借助中国制造去阐释中国价值。第三，探索多途径、全方位的器物文化传播路径，通过信息技术、时尚引领等，加强人物关联与流动，构建政府和民间共同协作的器物文化传播格局。

从企业层面而言，既要重视企业自身硬实力的建设，也要注重企业文化软实力的建设。在器物贸易和对外文化交流过程中，器物自身因素是最为关键的要素，企业要高度重视产品的质量，在其基础上，通过加大研发投入，提升科技创新能力在制造中的作用，不断提升企业自身的地位和影响力。近年来，华为公司、大疆无人机等产品在全世界范围得到欢迎和认可，就在于其重视质量基础上不断加强科技创新能力的结果。在加强器物质量的同时，还要重视器物形象的宣传。根据课题组在日本进行的小范围调研，中国企业在产品宣传人才、营销人才以及售后服务方面还需要做大量的工作，也需要更进一步加强和推广，提升参与国际竞争的能力，全方位融入世界竞争之中，注重宏观和细节宣传。把握国家宏观政策，中国企业应积极融入世界竞争体系之中，在为人类发展作出巨大贡献的同时，能够在全球范围塑造"中国器物"的国际形象，打造"中国品牌"的价值。

总体而论，基于器物文化在国家形象构建中的重要地位和影响力，要从器物制造自身、媒体传播等多角度加强对器物自身形象的建设，以由"中国制造"向"中国智造"转型发展为契机，提升器物的科技含量、品牌地位，在现有基础上构筑更具影响力的器物形象，为人类命运共同体的构建提供中国力量和中国智慧。与此同时，也要树立对中国器物形象的自信，无论是曾经引领世界辉煌的中国古代器物，还是当下"中国制造"在全球的影响力，都证明了中国器物蕴含他国难以比拟的历史地位。通过器物文化传播能够塑造更为强盛、更具影响力的中国国家形象。

四、本课题研究不足和需要深入之处

本课题研究将中国器物形象和国家形象之间的关系，置于历史发展长河之中，从古代、近代和现代三个阶段，分析不同时期的器物形象和国家形象之间的关系。在古代器物贸易过程中，凭借高超的造物技艺和强大的国家实力，中国在全世界贸易过程中，奠定了技艺精良、种类繁多的领先全球的器物形象，进而塑造了国力强大、文化繁盛的国家形象。近代以来，中国传统的造物技艺在机械化造物体系冲击下成了落后的象征，带来的后果是不仅中国器物制造体系在转型过程中遇到困难和压力，也在中国形成了长时期对"洋货"的崇拜，中国自身器物也陷入了前所未有的困境中，形成了"落后愚昧"的中国形象。中华人民共和国成立以后，中国制造迅速发展，拥有了最完备的造物体系，在全世界范围内形成了巨大影响力，也大大提升了中国的国际形象。但在此过程中，由于长期在国际制造体系中处于中低端阶段，没有形成有全球影响力的"中国品牌"，影响到了中国器物形象，进而影响到了中国的国家形象。在课题研究中，课题组也基于共时性的研究模式，思考中国器物在不同国家的影响力，进而更为全面地了解和认知在不同国家、不同地区的中国器物形象。本课题研究不足之处主要有以下三个方面：

一是，将器物形象作为一个整体进行研究，部分遮蔽了不同器物所承载的功能的差异。当代中国已经构筑了全世界最完备的造物体系，器物种类繁多，不同时期、不同器物所起到的作用和功能有一定差异。课题研究基于长时段、宏观的视角，能从发展变化中认知不同历史时期器物形象和国家形象之间的关系，但难以从细节上反映其整体性的变化。尽管课题组已经尽可能重视这一问题，仍难以关照到大多数器物。此外，在课题研究中，定性分析大于定量分析，也会影响整个课题研究的可信度和实际意义。

二是，研究样本方面存在一定局限和不足。样本的范围和取样方法会对课题研究结论产生深刻影响。在研究中，课题组尽量关照到研究样本的区域、器物的类别以及其他学者的研究成果。但由于课题涉及面广，课题研究依旧关注发达国家对中国器物形象与国家形象认知的关系，较少关注非洲、南美等国家和地区对中国形象的认知。即便如此，选取发达国家的某一地区，依旧很难代表该国对中国器物形象和国家形象认知的全貌。

三是，对器物文化传播的动态变化与国家形象对器物形象反作用影响研究关注较少。近年来，新媒体的即时性影响作用越来越大，课题组在研究中难以把握海量信息对器物形象的影响，这会在一定程度上影响课题研究的前沿性。此外，由于课题研究侧重器物文化传播对国家形象的研究，因此在研究中较少涉及国家形象对器物形象建构的影响。

在未来研究中，课题组将引入动态因素，从更细微的视角，认知器物形象和国家形象之间的关系。在研究样本方面，利用大数据的相关资源和研究理论，进行多学科交叉研究，提升研究的质量和影响力。在此基础上，挑选能够代表器物形象的多个元素，进行深入细致的分析和讨论，以期全面分析和了解器物形象和国家形象之间的关系。课题组还将在研究中引入动态因素，侧重对某一时期器物文化传播对国家形象影响的研究。

主要参考文献

古籍、史料汇编、档案资料

1.（汉）司马迁撰：《史记》，北京：中华书局，1975年。

2.（后晋）刘昫等撰：《旧唐书》，北京：中华书局，1975年。

3.（魏）王弼、（晋）韩康伯注，（唐）孔颖达疏：《周易正义》，北京：九州出版社，2004年。

4.（北魏）杨衒之著，周振甫释译：《〈洛阳伽蓝记〉校释今译》，北京：学苑出版社，2001年

5.（宋）欧阳修、宋祁撰：《新唐书》，北京：中华书局，1975年。

6.（汉）范晔撰：《后汉书》，北京：中华书局，2000年。

7.（宋）赵汝适著：《诸蕃志》，北京：中华书局，1985年。

8.（元）脱脱等撰：《宋史》，北京：中华书局，1977年。

9.（元）脱脱等撰：《金史》，北京：中华书局，1975年。

10.（元）汪大渊著，苏继庼校释：《岛夷志略校释》，北京：中华书局，1981年

11.（明）巩珍著，向达校注：《西洋番国志》，北京：中华书局，1982年。

12.（明）费信，冯承钧注：《星槎胜览》，北京：中华书局，1955年。

13.（明）马欢，冯承钧注：《瀛涯胜览》，北京：中华书局，1954年。

14.（清）葛元煦撰，郑祖安标点：《沪游杂记》，上海：上海书店出版社，2006年。

15.（清）郭嵩焘：《伦敦与巴黎日记》，钟叔河主编：《走向世界丛书》，长沙：岳麓书社，1984年。

16.（清）李圭：《环游地球新录》，长沙：湖南人民出版社，1980年。

17.（清）王韬：《漫游随录》，钟叔河主编：《走向世界丛书》，长沙：岳麓书社，1984年。

18.康有为：《物质救国论》，上海：长兴书局，1919年。

19.（朝）朴趾源著，朱瑞平校点：《热河日记》，上海：上海书店出版社，1997年。

20.陈旭麓等主编：《汉冶萍公司》，上海：上海人民出版社，1984年。

21.弘华文主编：《燕行录全编》，南宁：广西师范大学出版社，2013年。

22.全国图书馆文献缩微复制中心编：《中国早期博览会资料汇编》，北京：全国图书馆

文献缩微复制中心，2003年。

23.闻人军译注：《〈考工记〉译注》，上海：上海古籍出版社，2008年。

24.姚贤镐编：《中国近代对外贸易史料（1840—1895）》，北京：中华书局，1962年。

25.张静庐辑注：《中国近代出版史料初编》，上海：群联出版社，1953年。

26.张星烺编注：《中西交通史料汇编》，北京：中华书局，1977年。

27.中国第一历史档案馆编：《英使马戛尔尼访华档案史料汇编》，北京：国际文化出版公司，1996年。

28.《莱比锡国际博览会中国展览馆工作报告》（1952年9月），中国外交部档案馆藏，卷宗号：109—00197—01（1）。

29.《出国工作报告》（1951年10月1日），中国外交部档案馆藏，档案号109—00154—01（1）。

30.《中华人民共和国参加苏保德展览会筹备委员会第一次会议记录》（1952年6月23日），中国外交部档案馆藏，卷宗号：109—00197—01（1）。

31.《中华人民共和国参加1952年度莱比锡博览会工作总结报告》（1952年10月），中国外交部档案馆藏，卷宗号：109—00197—01（1）。

经典文献

1.马克思：《资本论》（第1卷），北京：人民出版社，1975年。

2.中共中央马克思恩格斯列宁斯大林著作编译局编：《马克思恩格斯文集》（第1卷），北京：人民出版社，2009年。

3.中共中央文献编辑委员会编辑：《邓小平文选》（第3卷），北京：人民出版社，1993年。

4.江泽民：《江泽民文选》（第3卷），北京：人民出版社，2006年

5.胡锦涛：《论构建社会主义和谐社会》，北京：中央文献出版社，2013年。

6.胡锦涛：《高举中国特色社会主义伟大旗帜　为夺取全面建设小康社会新胜利而奋斗——在中国共产党第十七次全国代表大会上的报告》，北京：人民出版社，2007年。

7.胡锦涛：《坚定不移沿着中国特色社会主义道路前进　为全面建成小康社会而奋斗——在中国共产党第十八次全国代表大会上的报告》，北京：人民出版社，2012年。

8.中共中央宣传部编：《习近平总书记系列重要讲话读本》，北京：学习出版社、人民出版社，2014年。

9.习近平：《习近平谈治国理政》，北京：外文出版社，2014年。

10.习近平：《决胜全面建成小康社会　夺取新时代中国特色社会主义伟大胜利——在中国共产党第十九次全国代表大会上的报告》，北京：人民出版社，2017年。

11.新华社总编室编：《治国理政新实践——习近平总书记重要活动通讯选（一）》，北京：新华出版社，2019年。

报刊杂志

1.《申报》。

2.《台湾日日新报》。

3.《民国日报》。

4.《警钟日报》。

5.《中国质量报》。

6.《中华工商时报》。

7.《人民日报》。

学术专著

1.陈文力、陶秀璈主编：《中国文化对外传播战略研究》，郑州：九州出版社，2012年。

2.陈燮君、刘健编著：《世博与艺术》，上海：东方出版中心，2009年。

3.陈宇：《国家形象》，北京：九州出版社，2008年。

4.戴元光、邵培仁、龚炜编著：《传播学原理与应用》，兰州：兰州大学出版社，1988年。

5.戴逸主编：《18世纪的中国与世界·导言卷》，沈阳：辽海出版社，1999年。

6.范存忠：《中国文化在启蒙时期的英国》，南京：译林出版社，2010年。

7.范红、胡钰主编：《国家形象多维塑造》，北京：清华大学出版社，2017年。

8.甘险峰：《中国对外新闻传播史》，福州：福建人民出版社，2004年。

9.葛桂录：《雾外的远音——英国作家与中国文化》，银川：宁夏人民出版社，2002年。

10.葛兆光：《宅兹中国—重建有关"中国"的历史论述》，北京：中华书局，2011年。

11.管文虎主编：《国家形象论》，成都：电子科技大学出版社，1999年。

12.关世杰：《国际传播学》，北京：北京大学出版社，2004年。

13.关世杰：《中华文化国际影响力调查研究》，北京：北京大学出版社，2016年。

14.广州市地方志编纂委员会编：《广州市志》，广州出版社，2000年。

15.胡晓明：《国家形象：探究中国国家形象构建新战略》，北京：人民出版社，2011年。

16.黄应贵主编：《物与物质文化》，民族学研究所，2004年。

17.黄盛璋：《中外交通与交流史研究》，合肥：安徽教育出版社，2002年。

18.何芳川主编：《中外文化交流史》，北京：国际文化出版公司，2008年。

19.黄群慧、李芳芳等：《中国工业化进程报告（1995—2015）》，北京：社会科学文献出版社，2017年。

20.姜吉仲：《高丽与宋金外交经贸关系史论》，北京：文津出版社，2004年。

21.姜智芹：《美国的中国形象》，北京：人民出版社，2010年。

22.金伯扬：《世界工厂的品牌突围》，北京：中国经济出版社，2012年。

23.李彬：《唐代文明与新闻传播》（修订版），北京：中国人民大学出版社，2014年。

24.李建荣：《阿拉伯的中国形象》，北京：人民出版社，2010年。

25.李敬一：《中国传播史》，武汉：武汉大学出版社，1996年。

26.李漫：《元代传播考——概貌、问题及限度》，北京：北京大学出版社，2013年。

27.李喜所主编，陈尚胜著：《五千年中外文化交流史》（第1卷），北京：世界知识出版社，2002年。

28.李明伟主编：《丝绸之路贸易史》，兰州：甘肃人民出版社，1997年。

29.林金水：《利玛窦与中国》，北京：中国社会科学出版社，1996年。

30.蒙象飞：《中国国家形象与文化符号传播》，郑州：五洲传播出版社，2016年。

31.刘松萍：《会展、经济与城市发展》，北京：中央编译出版社，2011年。

32.刘继南、何辉等：《中国形象：中国国家形象的国际传播现状与对策》，北京：中国传媒大学出版社，2006年。

33.刘继南、周积华、段鹏等：《国际传播与国家形象——国际关系的新视角》，北京：北京广播学院出版社，2002年。

34.《中国出口商品交易会志（1957—2001）》，广州：中国对外贸易中心（集团），2004年。

35.罗志田：《近代中国史学十论》，上海：复旦大学出版社，2003年。

36.孟悦、罗钢主编：《物质文化读本》，北京：北京大学出版社，2008年。

37.钱穆：《中国文化精神》，北京：九州出版社，2011年。

38.沙莲香主编：《传播学：以人为主体的图像世界之谜》，北京：中国人民大学出版社，1990年。

39.上海图书馆编：《中国与世博历史记录（1851—1940）》，上海：上海科学技术文献出版社，2002年。

40.沈福伟：《中西文化交流史》，上海：上海人民出版社，1985年。

41.舒咏平：《中国大品牌》，北京：人民出版社，2012年。

42.孙机：《中国古代物质文化》，北京：中华书局，2014年。

43.田自秉：《中国工艺美术史》，北京：东方出版中心，2010年。

44.童之侠：《中国国际新闻传播史》，北京：中国传媒大学出版社，2007年。

45.王汉强编辑：《国货调查录》（第6期），学生书局，1982年。

46.王宁、钱林森、马树德：《中国文化对欧洲的影响》，石家庄：河北人民出版社，1999年。

47.王思齐：《国家软实力的模式建构——从传播视角进行的战略思考》，杭州：浙江大学出版社，2013年。

48.王玉君：《国家形象》，北京：中国言实出版社，2014年。

49.王玉哲主编：《中国古代物质文化》，北京：高等教育出版社，1990年。

50.王众一、朴光海：《日本韩国国家形象的塑造与形成》，北京：外文出版社，2007年。

51. 武斌：《中华文化在海外的传播》，吉林：辽宁教育出版社，1995年。

52. 忻剑飞：《世界的中国观》，北京：学林出版社，1991年。

53. 许明龙：《欧洲18世纪"中国热"》，太原：山西教育出版社，1999年。

54. 许明龙主编：《中西文化交流的先驱：从利玛窦到郎世宁》，上海：东方出版社，1993年。

55. 严建强：《十八世纪中国文化在西欧的传播及其反应》，杭州：中国美术学院出版社，2002年。

56. 杨志玖：《马可波罗在中国》，天津：南开大学出版社，1999年。

57. 杨美惠：《礼物、关系学与国家——中国人际关系与主体性建构》，赵旭东、孙珉译，南京：江苏人民出版社，2009年。

58. 尹韵公：《中国明代新闻传播史》，重庆：重庆出版社，1994年。

59. 袁宣萍：《十七至十八世纪欧洲的中国风设计》，北京：文物出版社，2006年。

60. 乐黛云：《跨文化之桥》，北京：北京大学出版社，2002年。

61. 郑师渠主编：《中国文化通史》，北京：北京师范大学出版社，2009年。

62. 张廷茂：《明清时期澳门海上贸易史》，澳门：澳亚周刊出版有限公司，2004年。

63. 张允熠等编著：《中国：欧洲的样板——启蒙时期儒学西传欧洲》，合肥：黄山书社，2010年。

64. 张辛：《礼与礼器——中国古代礼器研究札记之一》，《考古学研究》（5），北京：科学出版社，2003年。

65. 张昆：《国家形象传播》，上海：复旦大学出版社，2005年。

66. 张维为：《中国震撼：一个"文明型国家"的崛起》，上海：上海人民出版社，2011年。

67. 中国对外贸易中心编：《亲历广交会（1957—2006）》，广州：南方日报出版社，2006年。

68. 中国硅酸盐学会编：《中国陶瓷史》，北京：文物出版社，2013年。

69. 邹雅艳：《13—18世纪西方中国形象演变》，天津：南开大学出版社，2016年。

70. 周宁：《2000年西方看中国》（下），北京：团结出版社，1999年。

71. 周宁：《永远的乌托邦——西方的中国形象》，武汉：湖北教育出版社，2000年。

72. 周宁：《中国形象：西方的学说与传说》，北京：学苑出版社，2004年。

73. 周宁编：《世界之中国：域外中国形象研究》，南京：南京大学出版社，2007年。

74. 周峰主编：《民国时期杭州》，杭州：浙江人民出版社，1997年。

75. 周一良主编：《中外文化交流史》，郑州：河南人民出版社，1987年。

76. 朱培初编著：《明清陶瓷和世界文化的交流》，北京：轻工业出版社，1984年。

77. 朱雍：《不愿打开的中国大门——乾隆时期的中英关系》，南昌：江西人民出版社，1989年。

外文译著

1.（德）G.G.莱布尼兹：《中国近事：为了照亮我们这个时代的历史》，梅谦立、杨保筠译，郑州：大象出版社，2005年。

2.（德）利奇温：《十八世纪中国与欧洲文化的接触》，朱杰勤译，北京：商务印书馆，1962年。

3.（德）齐奥尔格·西美尔：《时尚的哲学》，费勇等译，北京：文化艺术出版社，2001年。

4.（法）白晋：《康熙皇帝》，赵晨译，哈尔滨：黑龙江人民出版社，1981年。

5.（法）布尔努瓦：《丝绸之路》，耿昇译，济南：山东画报出版社，2001年。

6.（法）佛朗斯瓦·魁奈：《中华帝国的专制制度》，谈敏译，北京：商务印书馆，1992年。

7.（法）克洛德·莱维—斯特劳斯：《结构人类学》，谢维扬、俞宣孟译，上海：上海译文出版社，1995年。

8.（法）米歇尔·布莱、埃夫西缪斯·尼古拉依迪斯主编：《科学欧洲的建构》，高煜译，北京：中国人民大学出版社，2007年。

9.（法）沙海昂注：《马可·波罗行纪》，冯承钧译，上海：上海古籍出版社，2014年。

10.（美）T.克里斯托弗·杰斯普森：《美国的中国形象》，姜智琴译，南京：江苏人民出版社，2010年。

11.（美）雷蒙·道森：《中国变色龙——对于欧洲中国文明观的分析》，常绍民、明毅译，北京：时事出版社，1999年。

12.（美）葛凯：《制造中国——消费文化与民族国家的创建》，黄振萍译，北京：北京大学出版社，2016年。

13.（美）哈罗德·拉斯韦尔：《社会传播的结构和功能》，何道宽译，北京：中国传媒大学出版社，2013年。

14.（美）哈德罗·伊罗生：《美国的中国形象》，于殿利、陆日宇译，北京：中华书局，2006年。

15.（美）吉尔伯特·罗兹曼主编：《中国的现代化》，国家社会科学基金"比较现代化"课题组译，南京：江苏人民出版社，2010年。

16.（美）杰里·本特利、（美）赫伯特·齐格勒：《新全球史：文明的传承与交流》，魏凤莲等译，北京：北京大学出版社，2009年。

17.（美）居蜜主编：《1904年美国圣路易斯万国博览会中国参展图录》（第2册），上海：上海古籍出版社，2010年。

18.（美）罗伯特·芬雷：《青花瓷的故事：中国瓷的时代》，郑明萱译，海口：海南出版社，2015年。

19.（美）马士：《东印度公司对华贸易编年史》，区宗华、林树惠译，广州：中山大学出版社，1991年。

20.（美）梅尔文·德弗勒，（美）桑德拉·鲍尔—洛基奇：《大众传播学诸论》，杜力平译，北京：新华出版社，1990年。

22.（美）乔舒亚·库珀·雷默等著：《中国形象：外国学者眼里的中国》，北京：社会科学文献出版社，2006年。

23.（美）芮乐伟·韩森：《丝绸之路新史》，张湛译，北京：北京联合出版公司，2015年。

24.（美）萨拉·邦焦尔尼：《离开中国制造的一年——一个美国家庭的生活历险》，闾佳译，北京：机械工业出版社，2008年。

25.（美）威尔伯·施拉姆、（美）威廉·波特：《传播学概论》，陈亮、周立方、李启译，北京：新华出版社，1984年。

26.（美）沃尔特·李普曼：《公众舆论》，阎克文、江红译，上海：上海人民出版社，2011年。

27.（美）沃伦·科恩：《东亚艺术与美国文化:从国际关系视角研究》，段勇译，北京：科学出版社，2007年。

28.（美）沃纳丁·赛弗林、小詹姆斯·W.坦卡特：《传播学的起源、研究与应用》，陈韵昭译，福州：福建人民出版社，1985年。

29.（美）巫鸿：《武梁祠——中国古代画像艺术的思想性》，柳扬、岑河译，上海：生活·读书·新知三联书店，2015年。

30.（美）谢弗：《唐代的外来文明》，吴玉贵译，北京：中国社会科学出版社，1995年。

31.阎云翔：《礼物的流动：一个中国村庄中的互惠原则与社会网络》，李放春、刘瑜译，上海：上海人民出版社，2000年。

32.（美）约瑟夫·S·奈：《硬权力与软权力》，门洪华译，北京：北京大学出版社，2005年。

33.（美）约瑟夫·奈：《软力量：世界政坛成功之道》，吴晓辉、钱程译，北京：东方出版社，2005年。

34.（摩洛哥）伊本·白图泰口述；（摩洛哥）伊本·朱甾笔录：《伊本·白图泰游记（下册）》，李光斌、李世雄译，北京：中国旅游出版社；商务印书馆，2016年。

35.（墨）维罗·加西亚：《马尼拉帆船（1739—1745）》，上海：上海译文出版社，1984年。

36.（日）木宫泰彦著：《日中文化交流史》，胡锡年译，北京：商务印书馆，1980年。

37.（葡）巴洛斯、（西）艾斯加兰蒂等：《十六世纪葡萄牙文学中的中国中华帝国概述》，何高济译，北京：中华书局，2013年。

38.（葡）费尔南·门德斯·平托：《葡萄牙人在华见闻录》，王锁英译，海口：海南出版社，1998年。

39.（西）门多萨撰：《中华大帝国史》，何高济译，北京：中华书局，1998年。

40.（匈）卢卡奇：《历史与阶级意识》，杜章智等译，北京：商务印书馆，1992年。

41.（意）利玛窦、（比）金尼阁：《利玛窦中国札记》，何高济等译，北京：中华书局，2012年。

42.（英）C.R.博克舍编注：《十六世纪中国南部行纪》，何高济译，北京：中华书局，1990年。

43.（英）泰勒：《原始文化》，蔡江浓编译，杭州：浙江人民出版社，1988年。

44.（英）哈里·加纳：《东方的青花瓷器》，叶文程、罗立华译，上海：上海人民美术出版社，1992年。

45.（英）G.F.赫德逊著：《欧洲与中国》，王遵仲、李申、张毅译，北京：中华书局，1995年。

46.（英）亨利·埃利斯：《阿美士德使团出使中国日志》，刘天路、刘甜甜译，北京：商务印书馆，2013年。

47.（英）雷蒙·道森：《中国变色龙——对欧洲中国文明观的分析》，常绍民、明毅译，北京：中华书局，2006年。

48.（英）乔治·马戛尔尼、（英）约翰·巴罗：《马戛尔尼使团使华观感》，何高济、何毓宁译，北京：商务印书馆，2013年。

49.（英）马戛尔尼：《1798乾隆英使觐见记》，刘半农原译，林延清解读，天津：天津人民出版社，2006年。

50.（英）斯当东：《英使谒见乾隆纪实》，叶笃义译，北京：群言出版社，2014年。

期刊论文

1.《关于我国的对外经济关系问题》，《红旗》，1982年4月16日。

2.陈适五：《四十万人争看中国馆——莱比锡博览会纪事》，《世界知识》，1951年第18期。

3.陈弢：《新中国对欧公共外交的开端——以莱比锡博览会为中心的考察》，《中共党史研究》，2018年第2期。

4.程丽红：《论传媒文化在清代文化结构中的地位和作用》，《吉林大学社会科学学报》，2009年第49卷第2期。

5.丁方舟、韦路：《西方传播学研究的理论体系及其演化》，《南京社会科学》，2017年第3期。

6.杜立婷、武瑞娟：《国家形象对产品质量感知影响效应研究——中国消费者地区性差异检验》，《预测》，2014年第5期。

7.范金民：《明清时期中国对日丝绸贸易》，《中国社会经济史研究》，1992年第1期。

8.高劳：《对于筹备巴拿马赛会之意见》，《东方杂志》，1913年第10卷第1号。

9.古伟瀛：《从"炫奇"、"赛珍"到"交流"、"商战"：中国近代对外关系的一个侧面》，《思与言》，1986年第24卷第3期。

10.郭伟强：《追忆老布什两次访问广交会》。选自中国对外贸易中心编：《亲历广交会（1957—2006）》，广州：南方日报出版社，2006年。

11.韩桂华：《由商品贸易论宋代与东北亚诸国的互动关系》，《中国历史学会史学集刊》，2011年第43期。

12.韩琦：《礼物、仪器与皇帝——马戛尔尼使团来华的科学使命及其失败》，《科学文化评论》，2005年第2卷第5期。

13.韩启群：《物质文化研究——当代西方文化研究的"物质转向"》，《江苏社会科学》，2015年第3期。

14.（韩）郑沃根：《中国古代小说在韩国的流传和影响》，《华东师范大学学报》（哲学社会科学版），1994年第4期。

15.洪振强：《国际博览会与晚清中国"国家"之形塑》，《历史研究》，2011年第6期。

16.洪振强：《南洋劝业会与晚清社会发展》，《江苏社会科学》，2007年第4期。

17.黄启臣：《16—18世纪中国文化对欧洲国家的传播和影响》，《中山大学学报》（社会科学版），1992年第4期。

18.吉茵：《赞美与祝福——记莱比锡博览会中的中国馆》，《世界知识》，1953年第20期。

19.吉茵：《留在法国人民的心里——记里昂国际博览会中的中国馆》，《世界知识》，1955年第13期。

20.姜可雨：《建构主义视域下"国家形象"的概念辨析》，《湖北社会科学》，2016年第5期。

21.江轶：《论中国国家形象的历史变迁与现实构建》，《湖南工业大学学报》（社会科学版），2013年第18卷第1期。

22.金筱萍：《美国学术界文化软实力研究综述》，《科技进步与对策》，2010年第17期。

23.景德镇陶瓷馆文化资料室编：《殷弘绪关于景德镇的两封信件》，1978年第1期。

24.康加恩：《马克思与海德格尔思想中的"物""事物"和"物化"》，《南京社会科学》，2015年第9期。

25.李长莉：《晚清"洋货流行"与消费风气演变》，《历史教学》（下半月刊），2014年第1期。

26. 李光斌:《论伊本·白图泰和他的〈旅途各国奇风异俗珍闻记〉》,《海交史研究》,2003年第1期。

27. 李金华:《新中国70年工业发展脉络、历史贡献及其经验启示》,《改革》,2019年第4期。

28. 李琰、马静:《塔吉克斯坦〈亚洲之声〉传播的中国形象》,《新疆师范大学学报》(哲学社会科学版),2014年第35卷第3期。

29. 李英顺:《试述唐朝与新罗文化的交流与影响》,《东疆学刊》,2005年第22卷第2期。

30. 梁碧莹:《民初中国实业界赴美的一次经济活动——中国与巴拿马太平洋万国博览会》,《近代史研究》,1998年第1期。

31. 梁晓波:《国家形象的概念隐喻塑造研究》,《湖北大学学报》(哲学社会科学版),2013年第40卷第2期。

32. 柳门:《记1956年的巴黎博览会》,《世界知识》,1956年第11期。

33. 刘禾:《燃烧镜底下的真实:笛福、"真瓷"与18世纪以来的跨文化书写》,《视界》,2003年第10辑。

34. 刘洪顺:《关于国家文化软实力的几点思考》,《理论学刊》,2008年第1期。

35. 刘辉:《国家形象塑造:大众传播不可承受之重》,《现代传播》,2015年第12期。

36. 刘少华、唐洁琼:《中国国家形象:问题与思考》,《湖北师范大学社会科学学报》,2010年第4期。

37. 刘水深:《如何提高国家产品品牌形象》,《管理评论》,1983年第4期。

38. 刘勇:《中国茶叶与近代荷兰饮茶习俗》,《历史研究》,2013年第1期。

39. 龙永图:《中国企业走出去关乎国家形象》,《现代企业研究》,2011年第3期。

40. 吕秀娟:《邓小平国家形象思想及其历史价值》,《信阳农业高等专科学校学报》,2011年第1期。

41. 马敏:《中国近代博览会事业与科技、文化传播》,《历史研究》,2004年第2期。

42. 马敏、洪振强:《民国时期国货展览会研究:1910—1930》,《华中师范大学学报》(人文社会科学版),2009年第48卷第4期。

43. 麦劲生:《中英贸易与18世纪政治经济学者的自由贸易论争》,《清史研究》,1996年第2期。

44. 潘一禾:《"国家形象"的内涵、功能之辩与中国定位探讨》,《杭州师范大学学报》(社会科学报),2011年第1期。

45. 邱澎生:《物质文化与日常生活的辩证》,《新史学》,2006年第4期。

46. 邱登成:《从三星堆遗址考古发现看南方丝绸之路的开通》,《中华文化论坛》,2013年第4期。

47.邱林川：《多重现实：美国三大报对李文和的定型和争辩》，《新闻与传播研究》，2002年第1期。

48.仇小卫：《日本主流媒体视野中的中国形象研究——以〈读卖新闻〉〈每日新闻〉对中国游客的报道为例（2006—2015）》。

49.孙键：《南海沉船与宋代瓷器外销》，《中国文化遗产》，2007年第4期。

50.孙英春：《中国国家形象的文化建构》，《教学与研究》，2010年第11期。

51.万明：《明代青花瓷的展开：以时空为视点》，《历史研究》，2012年第5期。

52.王乐、张鹏：《英国国家形象品牌推广案例："非凡英国"计划》，《公共外交季刊》，2017年第1期。

53.王秀丽、韩纲：《"中国制造"与国家形象传播——美国主流媒体报道30年内容分析》，《国际新闻界》，2010年第9期。

54.武斌：《近代欧洲的茶叶贸易与中国茶文化的西传》，中国中外关系史学会2013年学术研讨会论文集。

55.吴海龙：《上海世博外交的实践与启示》，《公共外交季刊》，2011年第5期。

56.吴建雍：《清前期中西茶叶贸易》，《清史研究》，1998年第3期。

57.吴献举、张昆：《国家形象：概念、特征及研究路径之再探讨》，《现代传播》，2016年第1期。

58.肖清风：《制器尚象——中国古代的造物方式》，《湖北美术学院学报》，2013年第4期。

59.谢雪屏：《文化软实力竞争：关注中国国家文化安全》，《福建师范大学学报》（哲学社会科学版），2008年第5期。

60.许雨燕：《中国国家形象的国际认知差异及其原因分析》，《深圳大学学报》（人文社会科学版），2015年第32卷第5期。

61.闫隽、石静远：《"中国制造"的西方媒介形象——对2007年、2008年〈华尔街日报〉的内容分析》，《河南社会科学》，2010年第1期。

62.杨淳伟：《中国"文化软实力"研究现状综述》，《中国文化研究》，2011年第2期。

63.杨霄、李彬：《食品安全问题对中国国家形象的影响》，《现代国际关系》，2010年第6期。

64.叶舒宪：《物的叙事：中华文明探源的四重证据法》，《兰州大学学报》（社会科学版），2010年第38卷第6期。

65.叶文程、丁炯淳：《从新安海底沉船打捞的文物看元代我国陶瓷器的发展与外销》，《海交史研究》，1985年第2期。

66.叶文程：《宋元时期我国陶瓷器的对外贸易》，《中国社会经济史研究》，1984年第2期。

67. 詹霞：《后结构主义视域下的德国国家形象构建》，《中国外语》，2016年第6期。

68. 张承椿：《景德镇瓷业之概况及今后发展计划》，《商业杂志》，1930年第5卷第3期。

69. 张昆、刘旭彬：《中国国家形象传播的思考》，《理论月刊》，2008年第9期。

70. 张昆、徐琼：《国家形象刍议》，《国际新闻界》，2007年第3期。

71. 赵旭东：《礼物与商品——以中国乡村土地集体占有为例》，《安徽师范大学学报》（人文社会科学版），2007年第35卷第5期。

72. 赵祐志：《跃上国际舞台：清季中国参加万国博览会之研究（1866—1911）》，《台湾师范大学历史学报》，1997年第25期。

73. 朱英：《清末商会与抵制美货运动》，《华中师范大学学报》（哲学社会科学版），1985年第6期。

74. 《书美洲学报实业界记散鲁伊斯博览会中国人入赛情形》，《东方杂志》，1905年第2卷第9期。

75. 《前驻义大臣黄浩报告》，《东方杂志》，1910年第7卷第9号。

76. 《留学美国学生力争国体》，《东方杂志》，1904年第1卷第8期。

学位论文

1. 戴长征：《〈中国日报〉国家形象建构研究（1981—2013）》，[博士学位论文]，上海大学，2014年。

2. 邓昌友：《宋朝与越南关系研究》，[博士学位论文]，暨南大学，2004年。

3. 侯铁军：《他者之物与自我之物——18世纪英国文学中的瓷器研究》，[博士学位论文]，武汉大学，2015年。

4. 姜清波：《入唐三韩人研究》，[博士学位论文]，暨南大学，2005年。

5. 金正恩：《明代历史演义小说在韩国的传播研究》，[博士学位论文]，东北师范大学，2014年。

6. 李琳：《约瑟夫·奈"软实力"理论及其对中国的启示》，[博士学位论文]，大连理工大学，2014年。

7. 罗靖：《近代中国与世博会》，[博士学位论文]，湖南师范大学，2009年。

8. 肖玥：《中国近代对外贸易思想——基于留学生博士论文的研究》，[博士学位论文]，中南财经政法大学，2018年。

9. 邵静：《〈纽约时报〉和〈华盛顿邮报〉的涉华报道研究》，[博士学位论文]，上海大学，2011年。

10. 吴志国：《近代中国抵制洋货运动研究（1905—1937）》，[博士学位论文]，华中师范大学，2009年。

11. 杨昕：《"朝天录"中的明代中国形象研究》，[博士学位论文]，中央民族大学，

2009年。

12.袁赛男：《哲学视域下的国家形象建设研究》，[博士学位论文]，中共中央党校，2011年。

13.毕笑楠：《香港英文媒体如何塑造中国大陆形象—以〈南华早报〉为例》，[硕士学位论文]，上海外国语大学，2004年。

14.韩宏：《德国〈明镜〉周刊中的中国国家形象研究（2008—2016年）》，[硕士学位论文]，华中科技大学，2017年。

15.高鹏飞：《海外消费者对于中国品牌认知的研究——基于来源国效应》，[硕士学位论文]，华中科技大学，2016年。

16.陈美玉：《马来西亚90后消费者对"中国制造"的感知与购买意向研究》，[硕士学位论文]，东华大学，2016年。

17.纪勇敢：《〈亚洲日报〉中国国家形象建构分析》，[硕士学位论文]，广西大学，2012年。

18.江大庆：《澳大利亚报纸上的中国产品品牌形象研究——以〈澳大利亚人报〉为例》，[硕士学位论文]，华中科技大学，2015年。

19.李彦驹：《来源国形象对产品选择的影响——涉入程度之干扰效果》，[硕士学位论文]，暨南大学，2008年。

20.刘宇文：《国家形象、企业形象与产品形象对品牌延伸与命名决策之影响》，[硕士学位论文]，台湾大学，2010年。

21.吕可丁：《泛阿拉伯报纸上的中国国家形象——以2011年〈中东报〉〈生活报〉为例》，[硕士学位论文]，北京外国语大学，2013年。

22.莫心渊：《中国自主品牌形象感知对国家形象的作用研究——基于外国消费者品牌认同的中介分析》，[硕士学位论文]，华南理工大学，2018年。

23.裴氏黄银：《越南报网中的中国国家形象研究——以〈人民报网〉与〈越南快讯〉2016年涉华报道为例》，[硕士学位论文]，南京大学，2017年。

24.邵雪琪：《印度英文报纸上的中国产品品牌形象研究——以〈印度斯坦时报〉为例》，[硕士学位论文]，华中科技大学，2015年。

25.王现江：《中国在非洲的国家形象：现状、问题与构建》，[硕士学位论文]，华中师范大学，2011年。

26.夏金娇：《1905—1906年美国视域中的中国抵制美货问题——基于美国报纸的考察》，[硕士学位论文]，贵州师范大学，2017年。

27.姚晴：《〈海峡时报〉上的中国产品品牌形象研究》，[硕士学位论文]，华中科技大学，2015年。

28.喻静：《1905年抵制美货运动及其影响——对1905—1908年中日在美形象的分析》，

〔硕士学位论文〕，北京外国语大学，2017年。

29.张华：《1931年至1933年抵制日货运动研究》，〔硕士学位论文〕，山东师范大学，2006年。

30.张帅：《马来西亚华文报纸镜像中的中国国家形象——以〈南洋商报〉为例（2009—2013）》，〔硕士学位论文〕，暨南大学，2015年。

31.张媛：《〈纽约时报〉中的中国形象研究：2007—2008》，〔硕士学位论文〕，陕西师范大学，2010年。

32.张芷雁：《从报纸新闻看中国大陆商品形象——以自由时代、联合报、苹果日报为例》，〔硕士学位论文〕，暨南国际大学，2009年。

33.赵立师：《原产地形象对消费者产品评价的影响研究》，〔硕士学位论文〕，河北经贸大学，2013年。

34.钟建珊：《〈良友〉画报洋货广告与上海市民文化变迁（1926—1945）》，〔硕士学位论文〕，广西大学，2014年。

35.朱伟婧：《英国电视媒体BBC中国国家形象报道》，〔硕士学位论文〕，中共中央党校，2015年。

外文文献

1.Alain Gruber,Chinoiserie:Der Einfluss Chinas auf die euro-paische Kunst 17.-19. Jahrhuntdert,Abegg-Stifung Bern,1984.

2.Benkovskis, K.;Wörz, J. B.E, made in China: How does it affect our understanding of global market shares? Journal of Macroeconomics, 2018 ,Vol.18. No.2.

3.Bojan pancevski, U.S. Officials Say Huawei Can Covertly Access Telecom Networks Trump administration ramps up push for allies to block Chinese company, WSJ,Feb.12,2020.

4.Burkitt Laurie;Chao Loretta;Powers Melissa;Zhang Yoli,Made in China: Fake Stores, Wall Street Journal - Eastern Edition,Vol.258, No.2, B1-B2, 2011.

5.Corinne Ramey and Kate O'Keeffe, China's Huawei Charged With Racketeering,Stealing Trade Secrets New charges filed by federal prosecutors in Brooklyn amp up the pressure on the telecommunications giant, WSJ,Feb.13,2020.

6.Dan Strumpf,U.S. Judge Orders China's ZTE to Two More Years of Monitoring Court appointed monitor to scrutinize telecom until 2022 after it violated a settlement over dodging sanctions, WSJ,Oct.4,2018.

7.Daniel M. DuBois, Made in China: How Ideas About China Have Defined America, 2017,Vol.45. No.3.

8.David S.Howard:A Tale of Three Cities:Three Centures of Sino-British Trade in the Decorative

Arts,Sotheby's,1997.

9.Defoe,Daniel.The Life and Adventures of Robinson.Manchester:Printed and Published for J.Gleave,1816.

10.Dawn Jacobson,Chinoiserie,Phaidon Press Limit-ed.,1993.

11.Donald F.Lach,Asia in the Eyes of Europe:Sixteenth Century ,The university of Chicago Library,1991.

12.Eleanor von Erdberg:Chinese Influence on European Gargen 7.Structures,Hacker Art Books,New York,19985.

13.Fish Isaac Stone, Still made in China, Atlantic Edition, Vol.156, No.22, 2010.

14.Goodman Mark C.;Brown-Barrett,LaRhonda, Coping with 'Made in China' Scandals, Business Week Online,2009.

15.Hugh Honour,Chinoiserie,John Murrary Ltd.London,1961,New York,1973.

16.Jakobson;Linda;Manuel;Ryan,How are Foreign Policy Decisions Made in China? ,Asia & the Pacific Policy Studies,2016, Vol.3. No.1.

17.Jon Sindreu, In Trade With China, the U.S. Is Missing the Point What matters isn't plugging the trade deficit but making sure the U.S. keeps exporting complex products, WSJ,Jan.21,2020.

18.Jon Sindreu, In Trade With China, the U.S. Is Missing the Point What matters isn't plugging the trade deficit but making sure the U.S. keeps exporting complex products, WSJ,Jan.21,2020.

19.Katy Stech Ferek and Josh Zumbrum, As China Tariffs Loom, Some U.S. Companies Say Buying American Isn't an Option Business owners struggling to lind alternatives to Chinese imports urge Trump administration to drop taris plans, WSJ,June.16,2019.

20.Kemp Rodi, Made in china to created in China,International Journal of Cultural Studies, Vol.9, No.3, 2006.

21.Kunze Frederik;Windels Torsten;Zenglein;Max J.;Holzmann Anna, Made in China 2025: Technologietransfer und Investitionen in ausländische Hochtechnologiefirmen - Chinas Weg zum Konkurrenten um die Zukunftstechnologien, ,ifo Schnelldienst , Vol.71. No.14, 2018.

22.Leonidas C.Leonidou;Dayananda Palihawadana;Michael A.Talias.,British consumer's evalation of US versus Chinese goods:A multi-level and multi-cue comparison,European Journal of Marketing Vol.41 NO.7/8,2007.

23.Molinolo Susana,A Year Without Made in China,Herizons,Vol.21, No.4,2008.

24.Orlik Tom;Lahart Justin, Made in China,Made in America, Wall Street Journal- Eastern Edition, Vol.259,No.57, 2012.

25.Patrick Conner,The China Trade 1600-1860,The Royal Pavilion Art Gallery and Museums,Brighton,J.Paul Getty Trust,1986.

26.Ralph Jennings Correspondent,Around Asia, 'Made in China' no longer means cheap or shoddy,Christian Science Monitor,2015.

27.Reed,Marcia,and Paola Dematte,eds.China on Paper:European and Chinese Works from the Late Sixteenth to the Early Nineteenth Century,Getty Research Institute,2011.

28.Ross, John,Made in China 2025 - A Key Step in China's Development ,China Today, Vol.64, No.8, 2015.

29.Thomas H.C.Lee.China and Europe:Images and Influences in Sixteenth toEighteenth Centuries,The Chinese University Press,HongKong,1991.

30.Williams James, poorly Made in China, Supply Management, Vol.16, No.14, 2011.

31.Wu Yi, China stands for quality, WSJ, Dec.11,2007.

32.Yeung Godfrey, 'Made in China 2025': the development of a new energy vehicle industry in China,Area Development and Policy,Vol.4.No.1,2019.

33.蓑田光，中国の現在（いま）中国モノづくりの現在(上)ハイスピードで変化する中国に、日本の製造業はどう対応するか，とみん経営ビジネスVol.21,No.328,2017.

34.広田堅志, 日本と中国の製造業輸出競争力再考：付加価値貿易（TiVA）の観点から, 日本貿易学会誌No.55,2018.

35.田中裕之，現代製造業のグローバルな再編と21世紀前半世界（1）中国・アジア産業構造転換と情報ネットワーク化，経済学季報，Vol.65 No.3-4, 2016.

36.小林美月；新宅純二郎；朴英元；藤本隆宏, 賃金高騰に直面した中国製造業の変貌 Vol.13 No.6,2014.

37. 庞箫明；石井成美；近藤高司, 中国製造企業の国際ビジネス展開におけるIT経営課題, 日本経営診断学会論集，Vol.13,2013.

38.黄双全；丹治秀明；浦邊信太郎;齋藤邦夫；手塚大，生産計画システムの中国市場展開のための現地製造業を対象とした生産計画実態の調査；Vol.124, No.03,2014.

39.大久保今朝秀, 海外（中国）での品質保証事情と製造現場での問題点，エレクトロニクス実装学会誌。Vol.14 No.2,2011.

40. Liang Hao;Fang Suchun, 17世紀から19世紀前半期の中国対日貿易に関する研究,聖泉論叢,No.25,2018.

41.林康史，経営とガバナンスから見た食の安全：日本・中国・韓国の比較,経済学季報，Vol.67,No.2-3, 2017.

42.厳善平，中国経済の発展と構造転換, ,比較経済体制学会年報，Vol.40 No.1, 2003.

43.金堅敏，産業高度化を狙う「中国製造2025」を読む，研究レポート，No.440,2017.

44.金森俊樹，国際経済 中国製造業はどこに向かう：「25年目標」の実現可能性を探る,時事トップ・コンフィデンシャル+,No.10613, 2016.

45.近藤信一，中国のIOT市場の現状と『中国製造 2025』に関する日系企業のビジネスチャンス一，産業学会研究年報，Vol.2017,No.32,2017.

46.차정미 세계정치, 중국의 4차 산업혁명 담론과 전략, 제도,Vol.28,2018.

网络资料

1.《2019Twitter中国品牌出海影响力报告》，http://www.199it.com/archives/881662.html Robert D Schoole.,Product bias in Central Amercian common market.Journal of Marketing Research,1965,2.

Chu,Kathy., China's Changing Workforce:Not Made in China—As Labor Costs Keep Rising,More Factories Flee to Vietnam and India,Wall Street Journal, 1thMay,2013:B1.

2.《广交会促进中国与"一带一路"沿线国家的经济互融》，http://www.cantonfair.org.cn/cn/index.aspx

3.李健亚：《英国两大博物馆携148件瓷器精品亮相国博》，人民网，http://culture.people.com.cn/n/2012/0626/c22219-18379702.html

4.《品牌中国：中国品牌梦想新舞台》，http://finance.sina.com.cn/hy/20091117/14476976598.shtml

China Pavillon.Ein Bild vom Machtvollen Aufstieg des500 Millionenvolkes,3.9.1953,Neues Deutschland.

5.《习近平出席首届中国国际进口博览会开幕式并发表主旨演讲》，《新华网》，2018年11月5日。http://www.xinhuanet.com/world/2018-11/05/c_1123665163.htm

6.《增强世界与中国共同发展的信心—国际社会高度评价中国成功举办第二届进博会》。https://baike.baidu.com/reference/22989427/2befCtZ-9I86eV3LfTYP1xuXLdmHCvQ84sD58eqCToxcoJAgTIKLl6nIGUBwGDcnX6Csphwv5PrW38X6aSC7_0723E1gbLTB9nUc8sY1NElhfUE2yUfj

7.《关于经济特区和增加对外开放城市问题》，《中国商务年鉴》，1985年。http://history.mofcom.gov.cn/book/book.asp?p=4&bid={14C666CC-56D5-4C1C-8F0B-645631DCB0F1}

8.张旭明：《1989年我国技术进出口概况》，《中国商业年鉴》，1990年。http://history.mofcom.gov.cn/book/book.asp?p=47&bid={9E02E54E-4860-4F24-A715-8D32225DD125}

9.李国栋：《1990年我国的对外贸易管理工作》，《中国商务年鉴》，1991年。http://history.mofcom.gov.cn/book/book.asp?p=37&bid={015898F2-1A90-4435-9324-901991C99337}

10.《中国商务关键词》，《中国商务年鉴》2008年。http://history.mofcom.gov.cn/book/book.asp?p=3&bid={D3F3B3AF-2524-4862-9811-53910D9F171D}

11.《中国商务关键词》，《中国商务年鉴》，第2014年。http://history.mofcom.gov.cn/book/book.asp?p=3&bid={1EE60778-C1BD-47D2-8920-AB9971576E15}

12.《2015年世界主要国家（地区）货物贸易额》，《中国商务年鉴》，2016年。http://

history.mofcom.gov.cn/book/book.asp?p=342&bid={06F95037-5D37-42F6-B69E-9FC0136F94D0}

13.《中国国家形象全球调查报告2018》，http://theory.gmw.cn/2019-10/18/content_33244879.htm

http://history.mofcom.gov.cn/book/catalog.asp?id={9BE78150-0466-4A97-A7F0-B367361E5DA6}&pyear=1984

14.《中国手机全球影响力扩大 中国制造精品迈向全球》，https://www.baidu.com/link?url=NboXcZpu4LmkTNIzMspmSF11AOzgzAqOaprFRyr31l4hn8p_vWy2GDdCZbX-IJp6AhRkpeV9V0na6i2Hh6jdgq&wd=&eqid=dd0fba3200001b39000000055e85526a

后 记

趁着暑假，在完成书稿的最后一次校对后，我鼓起勇气将它交给出版社的编辑老师，不仅仅是无知者无畏的心态，更是想把自己的想法与大家分享。此外，我更希望以这个不太成熟的研究成果继续激励自己从更多元视角去思考器物文化交流中经济与文化、物质与精神等的内在逻辑关系。

对物质文化以及对中国制造感兴趣发端于我读大学阶段，在新旧千年更替之际，中国各方面迅速发展，北京申奥成功、中国加入世界贸易组织等一个个振奋人心的大事，让中国越来越受到世界瞩目。与此同时，随着中国经济的快速发展，大量国人和中国商品走出国门。受到诸多因素的影响，各国媒体关于中国人道德素质的报道和讨论已经超出了一般的个人修养和社会交往层面，上升到国家形象层面。正是在这一历史背景下，关于中国形象的各类研究成果开始大量出现。在关注相关各类报道和研究中，我一直思考从哪个视角入手，来关注这一话题。在各国文化传统、生活习俗等存在差异的情况下，有没有一种可以超越文化而沟通各国的媒介？无疑，器物是最好的选择。在中外文明交往史上，物质文明的沟通也曾经是联络各国文明、展示中华文明的重要媒介之一。正是因为自己浓厚的兴趣和对这一问题长期关注的"执念"，在后面的继续学习和工作中，我一直关注相关的研究。但在自己申请到相关研究课题后，我意识到，要把自己的个人兴趣转化为系统性的研究成果，并上升到理论，需要不断的学术训练和严密的逻辑思维体系。尽管参加工作以后，我也关注物质文化的相关研究理论，并结合具体器物个案进行了探索，但从宏观、长时段研究视角，对器物文化在不同历史时期国家形象建构中的作用进行研究，不仅涉及多学科交叉研究方法的应用，还需要查阅不同时期、不同区域的资料和史料。上述关于研究兴趣和研究体系的赘述，无疑证明自己驾驭这一研究课题的难度，相应的难度也外化为研究成果中的诸多不足。

非常感谢国家社科规划办各位盲审专家对本课题研究提出的宝贵意见和建议。各位专家既有宏观上定性分析和定量分析的建议，也有关于论著行文和注释等细节上的建议，正是各位评审专家的宝贵建议，坚定了我进一步深入研究的信心。感谢李兴华教授、蔡定益博士、王磊峰博士、董明利副教授、王伦副教授和李雨晨副教授对课题研究的支持。在初稿完成后，几位老师和我一起对全书进行了校对，并就相关问题进行了深入细致的讨论。正是各位老师的支持，才使本课题研究质量有了质的提升。感谢我的两个研究生时瑜潞和邵晨同学。瑜潞同学帮我校对文字、调整图片，邵晨同学也对文中的文字和观点进行了核对。正是两位学生的帮助，加快了我对本书的校对和修改工作。

　　在这里还要感谢江苏凤凰美术出版社的王左佐和孙剑博老师，两位老师不仅包容我的拖拉，还积极帮我申请项目资助。在此，也要感谢长期关心我的各位师长和家人，尽管自己取得的成绩难以匹配他们的期望和关照。